DER AUTOR: Christian Jacq, geboren 1947 bei Paris, promovierte in Ägyptologie an der Sorbonne. Er veröffentlichte zahlreiche wissenschaftliche Aufsätze und wurde von der Académie française ausgezeichnet. Im Zuge seiner Forschungen gründete er das Institut Ramsès, das sich insbesondere der Erhaltung gefährdeter Baudenkmäler der Antike widmet. Neben Beiträgen zur Fachliteratur schrieb er mehrere erfolgreiche Romane. Mit «Ramses» gelang ihm der Sprung auf die internationalen Bestsellerlisten.

Weitere Informationen zum Werk des Autors finden sich im Anhang dieses Buches.

Christian Jacq

RAMSES

Band IV:

Die Herrin von Abu Simbel

Deutsch von Ingrid Altrichter

Wunderlich Taschenbuch

Die Originalausgabe erschien
1996 unter dem Titel «Ramsès. La Dame d'Abou Simbel»
bei Éditions Robert Laffont, S. A., Paris

Redaktion Heiner Höfener

Neuausgabe November 2001

Veröffentlicht im Rowohlt Taschenbuch
Verlag GmbH, Reinbek bei Hamburg,
Oktober 1999

Umschlaggestaltung any.way, Barbara Hanke / Cordula Schmidt
(Foto: Archiv für Kunst und Geschichte, Berlin)
Gesamtherstellung Clausen & Bosse, Leck
Printed in Germany
ISBN 3 499 26353 x

DIE HERRIN VON ABU SIMBEL

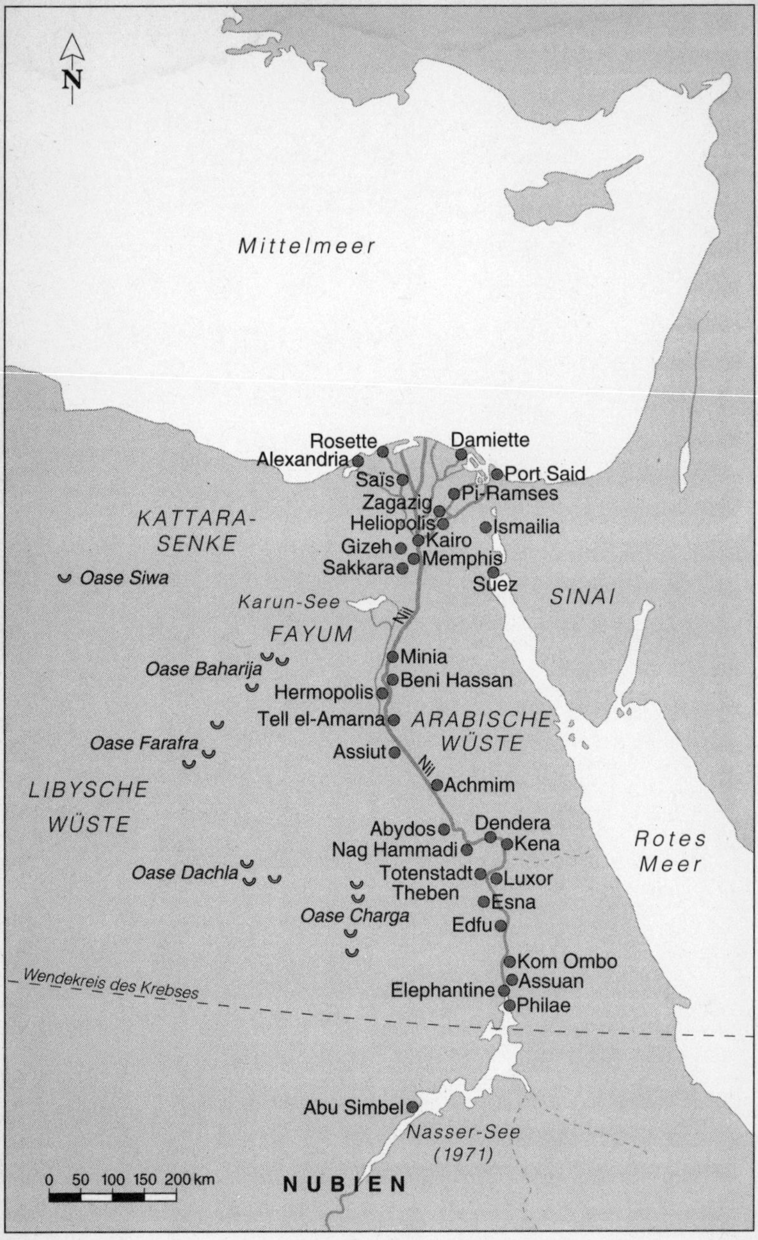
N
Mittelmeer
Rosette
Damiette
Alexandria
Saïs
Port Said
Pi-Ramses
Zagazig
KATTARA-
SENKE
Heliopolis
Ismailia
Kairo
Gizeh
Memphis
Sakkara
Oase Siwa
Suez
SINAI
Karun-See
Nil
FAYUM
Minia
Oase Baharija
Beni Hassan
Hermopolis
Tell el-Amarna
ARABISCHE
WÜSTE
Oase Farafra
Assiut
Nil
Achmim
LIBYSCHE
WÜSTE
Abydos
Dendera
Kena
Nag Hammadi
Rotes
Meer
Oase Dachla
Totenstadt
Luxor
Theben
Esna
Oase Charga
Edfu
Kom Ombo
Assuan
Wendekreis des Krebses
Elephantine
Philae
Abu Simbel
Nasser-See
(1971)
0 50 100 150 200 km
NUBIEN

- Ägypten -

Schwarzes Meer
Ägäisches Meer
Troja
HATTI
Hattuscha
EUBÖA
ANATOLIEN
HETHITERREICH
RHODOS
KRETA
ZYPERN
Mittelmeer
Sidon
Tyros
Beth-Shean
Sichem
Gaza
DELTA
Pi-Ramses
Sile
Kantir
Memphis
SINAI
ÄGYPTEN
Berg Sinai
Nil
Rotes Meer
Koptos
El-Koseir
Theben
0 100 200 300 400 500 km

N
Kaspisches Meer
ys
Karkemisch
Ninive
NAHARINA (MITANNI)
Aleppo
ASSYRIEN
Assur
Kadesch
YRIEN
maskus
Euphrat
Tigris
Babylon
BABYLONIEN
AB
Persischer Golf
ARABISCHE WÜSTE

EINS

SCHLÄCHTER, DER LÖWE des Pharaos, brüllte so laut, daß sowohl die Ägypter als auch die Aufständischen vor Schreck erstarrten. Die riesige Raubkatze, für ihre guten und treuen Dienste in der Schlacht bei Kadesch von Ramses mit einem goldenen Halsband ausgezeichnet, war so schwer wie etliche Scheffel Getreide und maß an die acht Ellen. Ihre dichte, flammende Mähne umwallte nicht nur den oberen Teil des Kopfes, sondern auch die Kinnbacken, den Hals sowie die Schultern und die Brust. Das übrige Fell, glatt und kurz, schimmerte in hellem, leuchtendem Braun.

Ihr Unmut war im Umkreis von mehreren Meilen vernehmbar, und jeder begriff, daß Ramses, der seit dem Sieg bei Kadesch «Ramses der Große» genannt wurde, ebenso zornig war.

Doch trug der Pharao diesen Beinamen wirklich zu Recht? Schließlich war es ihm trotz seines Ansehens und seiner Tapferkeit nicht gelungen, den barbarischen Hethitern seine Gesetze aufzuzwingen.

Das ägyptische Heer hatte sich bei dem Kräftemessen auf dem Schlachtfeld als recht enttäuschend erwiesen. Die Generäle, entweder feig oder unfähig, hatten Ramses im Stich gelassen und ihn ganz allein einer unübersehbaren Zahl von Feinden ausgesetzt, die sich ihres Sieges bereits sicher wähnten. Aber der im Licht verborgene Gott Amun hatte das Gebet seines Sohnes erhört und dem Arm des Pharaos übernatürliche Kräfte verliehen.

Nach fünf stürmischen Jahren der Herrschaft war Ramses der Meinung gewesen, sein Sieg bei Kadesch werde die Hethiter lange daran hindern, wieder aufzubegehren, und in den Ostländern werde eine verhältnismäßig friedliche Zeit anbrechen.

Doch darin hatte er sich in hohem Maße getäuscht, er, der mächtige Stier, von der Maat geliebt, der Ägypten beschützt, der Sohn des Lichts. Verdiente er angesichts des erneuten Aufruhrs in seinen angestammten Schutzgebieten Kanaan und Südsyrien diese Krönungsnamen noch? Nicht genug damit, daß die Hethiter den Kampf nicht aufgaben, hatten sie sich auch noch für einen Angriff auf breiter Front mit den Männern des Sandes, den Beduinen, verbündet, mit diesen plündernden Mordgesellen, die es von jeher nach den reichen Landstrichen des Deltas gelüstete.

Der Befehlshaber des nach dem Gott Re benannten Regiments näherte sich dem König.

«Majestät ... die Lage ist bedenklicher als erwartet. Das ist kein gewöhnlicher Aufstand. Unseren Spähern zufolge ist ganz Kanaan im Begriff, sich gegen uns zu erheben. Wenn wir dieses erste Hindernis überwunden haben, wird es ein zweites geben, dann ein drittes, dann ...»

«Und du verlierst die Hoffnung, daß wir ans Ziel gelangen?»

«Wir laufen Gefahr, große Verluste zu erleiden, Majestät, und die Männer wollen sich nicht für nichts töten lassen.»

«Ist das Überleben Ägyptens etwa kein ausreichender Grund?»

«Ich wollte damit nicht sagen ...»

«Dennoch hast du genau das gedacht, Heerführer! Die Lehren, die wir aus Kadesch gezogen haben, waren also vergebens. Bin ich dazu verdammt, nur Feiglinge um mich zu haben, die ihr Leben verlieren, weil sie danach trachten, es zu retten?»

«Mein Gehorsam ist ebenso unerschütterlich wie der Gehorsam der anderen Befehlshaber, Majestät, aber wir wollten dich nur bitten, auf der Hut zu sein.»

«Haben unsere Kundschafter etwas von Acha gehört?»

«Zu meinem Bedauern, Majestät, nein.»

Acha, Ramses' Freund aus Kindertagen und sein Oberster Gesandter, war in einen Hinterhalt geraten, als er dem Fürsten von Amurru im Land der Zedern einen Besuch abstatten wollte. Wurde er gefoltert, lebte er überhaupt noch, sahen seine Kerkermeister in ihm einen Tauschwert?

Sobald die Kunde von Achas Gefangennahme zu Ramses gedrungen war, hatte er seine Truppen wieder zu den Waffen gerufen, obwohl ihnen das Grauen von Kadesch noch in den Knochen steckte. Um Acha zu retten, mußte er Regionen durchqueren, die ihm inzwischen feindlich gesinnt waren, denn einmal mehr hatten die dort herrschenden Fürsten ihren Ägypten geleisteten Treueschwur gebrochen und sich für eine Handvoll Edelmetall und trügerische Versprechungen an die Hethiter verkauft. Aber wer träumte nicht davon, in das Land der Pharaonen einzufallen und sich seiner als unerschöpflich geltenden Reichtümer zu erfreuen?

Dabei hatte Ramses der Große so viele Bauwerke begonnen, die noch der Vollendung harrten: sein Tempel der Millionen Jahre in Theben, das Ramesseum, die Tempel von Karnak, Luxor und Abydos sowie sein Haus für die Ewigkeit im Tal der Könige. Obendrein trug er sich mit der Absicht, zwei neue Tempel in Abu Simbel errichten zu lassen, einen Traum aus Stein, den er seiner geliebten Gemahlin Nefertari zum Geschenk machen wollte ... Und nun stand er wieder hier, an der Schwelle zum Lande Kanaan, auf der Kuppe eines Hügels, und beobachtete eine feindliche Festung.

«Majestät, darf ich mich erdreisten ...»

«Nur Mut, Heerführer!»

«Die Stärke, die du bekundest, ist sehr eindrucksvoll ... Sicher hat König Muwatalli die Botschaft verstanden und wird Acha freilassen ...»

Der hethitische König Muwatalli, ein kriegslüsterner und listenreicher Mann, wußte wohl, daß er seine Tyrannei nur mit Gewalt aufrechterhalten konnte. Dabei war er an der Spitze eines breit angelegten Bündnisses in seinem Bemühen gescheitert, Ägypten zu erobern, doch nun schob er Beduinen und Aufrührer vor, um erneut zum Angriff zu blasen.

Nur Muwatallis oder Ramses' Tod konnte diesem Kampf ein Ende bereiten, dessen Ausgang entscheidenden Einfluß auf die Zukunft zahlreicher Völker haben sollte. Falls Ägypten unterlag, würden die hethitischen Machthaber mit ihren Streitkräften dem Land am Nil eine grausame Zwangsherrschaft auferlegen und eine uralte Kultur zerstören, die sich seit König Menes, dem ersten der Pharaonen, entwickelt hatte.

Einen Augenblick lang dachte Ramses auch an Moses. Wo mochte sich dieser weitere Freund aus Kindertagen verbergen, der aus Ägypten geflohen war, nachdem er eine Bluttat begangen hatte? Die Nachforschungen nach ihm waren ergebnislos verlaufen. Manche behaupteten, der Wüstensand habe den Hebräer verschluckt, der so tatkräftig am Bau der neuen, im Delta errichteten Hauptstadt Pi-Ramses mitgewirkt hatte. War Moses zu den Aufständischen übergelaufen? Nein, er würde nie Ramses' Feind werden.

«Majestät ... Majestät, hörst du mir zu?»

Während der Pharao in das feiste und von Angst verzerrte Gesicht des Generals blickte, der nur sein eigenes Wohlergehen im Sinn hatte, sah er für einen Moment die Züge jenes Mannes vor sich, der ihn am meisten haßte: Chenar, sein älterer Bruder. Der Schurke hatte sich in der Hoffnung, Ägyptens Thron zu erringen, mit den Hethitern verbündet. Und als er aus dem großen Gefängnis von Memphis zur Zwangsarbeit in die Oasen gebracht werden sollte, war er während eines Sandsturms verschwunden. Gleichwohl glaubte Ramses, daß er noch am Leben sei und nach wie vor die Absicht hege, ihn zu stürzen.

«Bereite die Truppen auf ein Gefecht vor, Heerführer!»

Kleinmütig schlich der hohe Offizier von dannen.

Wie gern hätte der König mit Nefertari, seinem Sohn und seiner kleinen Tochter die friedliche Stille eines Gartens ausgekostet, wie hätte er dieses bescheidene Glück genossen, fernab vom Klirren der Waffen! Doch er mußte sein Land vor dem Einfall nach Blut dürstender Horden bewahren, die nicht zaudern würden, die Tempel einzureißen und die Gesetze der Maat mit Füßen zu treten. Es ging um mehr als nur um ihn. Er hatte nicht das Recht, an sein Wohlbehagen, an seine Familie zu denken, sondern mußte Unheil abwenden, selbst wenn es ihn das Leben kosten sollte.

Ramses betrachtete die Festung, die ihm den Zugang zum Landesinneren von Kanaan verwehrte, zu seinem angestammten Schutzgebiet. Zwölf Ellen hohe Mauern mit doppelter Neigung umschlossen diesen wichtigen Stützpunkt. Auf den Zinnen standen Bogenschützen. Die Gräben waren mit scharfkantigen Tonscherben aufgefüllt worden, um den Soldaten, die die Sturmleitern aufstellen mußten, die Füße zu zerschneiden.

Ein vom Meer hereinwehender Wind brachte den Ägyptern ein wenig Kühlung. Sie standen in einer Senke zwischen zwei in praller Sonne liegenden Hügeln. Während ihres Gewaltmarsches bis in diese Region hatten sie sich in behelfsmäßig errichteten Lagern nur kurze Ruhepausen gegönnt. Allein die reichlich entlohnten Söldner fanden sich damit ab, kämpfen zu müssen, indes die erst vor kurzem eingezogenen jungen Krieger schon beim bloßen Gedanken, ihre Heimat auf unbestimmte Zeit zu verlassen, in Trübsal versunken waren und nun befürchteten, in grauenvollen Schlachten ihr Leben zu verlieren. Jeder hatte gehofft, der Pharao werde sich damit zufriedengeben, die Grenzbefestigungen im Nordosten zu verstärken, anstatt sich in ein Wagnis zu stürzen, das in einem furchtbaren Blutbad zu enden drohte.

Es war noch nicht lange her, daß der Statthalter von Gaza, der Hauptstadt Kanaans, den ägyptischen Heerführern ein glanzvolles Festmahl bereitet und gelobt hatte, sich nie wieder mit den Hethitern zu verbünden, mit diesen ob ihrer Grausamkeit berüchtigten Barbaren aus dem Norden. Seine allzu augenfällige Heuchelei hatte Ramses' Abscheu erregt. Heute überraschte sein Verrat den jungen Herrscher, der erst siebenundzwanzig Jahre zählte, nicht mehr, denn er durchschaute allmählich das verborgene Wesen der Menschen.

Voller Ungeduld brüllte der Löwe von neuem.

Schlächter hatte sich sehr verändert seit jenem Tag, da Ramses das damals noch kleine, todkranke Tier in der nubischen Steppe gefunden hatte. Es war von einer Schlange gebissen worden und wäre unweigerlich verendet. Doch der Löwe und der junge Mann hatten sogleich eine tiefe, geheimnisvolle Zuneigung zueinander gefaßt, und zum Glück hatte der heilkundige Setaou – auch er ein Freund aus Kindertagen und Gefährte während der gemeinsamen Jahre in der Schreiberschule – ihm die richtigen Arzneien zu verabreichen gewußt. Dank seiner unglaublichen Widerstandskraft war das Löwenjunge genesen und zu furchterregender Größe herangewachsen. Der König konnte sich keinen besseren Leibwächter vorstellen.

Liebevoll kraulte Ramses die Mähne der Raubkatze, aber auch das vermochte Schlächter nicht zu besänftigen.

In einem Gewand aus Antilopenleder, dessen unzählige Taschen er mit allerlei Heilmitteln in kleinen Kästchen und Fläschchen gefüllt hatte, kam Setaou den Hügel herauf. Er war stämmig, von mittlerem Wuchs, hatte einen kantigen Schädel und schwarzes Haar, schabte sich nur selten seinen Bart ab und hegte eine Vorliebe für Schlangen und Skorpione. Aus ihrem Gift bereitete er wirksame Arzneien zu. Gemeinsam mit seiner Gemahlin Lotos, einer bezaubernden Nubierin, deren bloßer Anblick die Truppen erfreute, setzte er unermüdlich seine Forschungen fort.

Ramses hatte das Paar mit der Aufsicht über die Pflege kranker oder verwundeter Soldaten betraut. Setaou und Lotos nahmen an allen Feldzügen des Königs teil, nicht etwa aus Begeisterung für den Krieg, sondern weil sie dabei neue Kriechtiere einfangen konnten. Und Setaou vertrat die Ansicht, daß niemand besser als er geeignet sei, seinem Freund Ramses zu Hilfe zu eilen, falls ihm etwas zustoßen sollte.

«Deine Männer sind nicht gerade bester Stimmung», bemerkte er.

«Die Generäle möchten, daß wir den Rückzug antreten», gab Ramses zu.

«Was erwartest du denn, wenn du bedenkst, wie sich die Soldaten bei Kadesch verhalten haben? Im Davonlaufen kann es keiner so schnell mit ihnen aufnehmen. Du wirst deine Entscheidung, wie üblich, allein treffen müssen.»

«Nein, Setaou, nicht allein. Ich hole mir Rat bei der Sonne, den Winden, der Seele meines Löwen, dem Geist, der diesem Boden innewohnt … Sie lügen nicht. Ich muß nur ihre Botschaft richtig deuten.»

«Es gibt keinen besseren Kriegsrat.»

«Hast du mit deinen Schlangen geredet?»

«Auch sie sind Boten des Verborgenen. Ja, ich habe sie befragt, und sie haben mir ohne Umschweife geantwortet: Kehre nicht um! Weshalb ist Schlächter so unruhig?»

«Wegen des Eichengehölzes da drüben, links vor der Festung.»

Setaou schaute in diese Richtung und kaute dabei an einem Schilfrohr.

«Das verheißt nichts Gutes, du hast recht. Eine Falle, wie bei Kadesch?»

«Die hatte doch ihren Zweck sehr gut erfüllt. Deshalb könnten die Hethiter eine neue ersonnen haben, von der sie hoffen, daß sie ebenso wirksam ist. Sobald wir angreifen, werden wir dort aufgehalten, während die Bogenschützen auf den Zinnen mühelos unsere Reihen lichten können.»

Menna, der Knappe des Königs, verneigte sich vor seinem Herrn.

«Dein Wagen steht bereit, Majestät.»

Lange tätschelte der Herrscher seine zwei Pferde, die die Namen «Sieg in Theben» und «Göttin Mut ist zufrieden» trugen. Außer dem Löwen waren sie die einzigen gewesen, die ihn bei Kadesch nicht im Stich gelassen hatten, als die Schlacht verloren schien.

Dann ergriff Ramses die Zügel, vor den ungläubigen Augen seines Knappen, der Heerführer und der in hohem Ansehen stehenden Streitwagentruppe.

«Majestät», rief Menna besorgt, «du wirst doch nicht ...»

«Machen wir einen Bogen um die Festung», befahl der König, «und stürmen wir das Eichengehölz!»

«Majestät ... du hast deinen Harnisch vergessen! Majestät!»

Einen ledernen, mit Metallschuppen besetzten Brustpanzer schwenkend, rannte Menna vergebens hinter dem Streitwagen des Königs her, der allein dem Feind entgegenpreschte.

ZWEI

WÄHREND RAMSES der Große auf dem dahinjagenden Wagen stand, glich er eher einem Gott als einem Menschen: von hohem Wuchs, mit breiter, entblößter Stirn, darüber eine blaue, helmartige Krone, die sich genau der Form seines Kopfes anpaßte, auffallend geschwungene, buschige Augenbrauen über dichten Wimpern, der Blick so durchdringend wie der eines Falken, die Nase lang, schmal und leicht gebogen, sanft gerundete Ohren, volle Lippen und ein kräftiges Kinn – die pure Verkörperung der Macht.

Als er sich dem Eichengehölz näherte, verließen die Beduinen ihr Versteck. Die einen spannten ihren Bogen, die anderen schwangen ihren Speer.

Wie bei Kadesch war der König schneller als der Sturmwind und flinker als ein fliehender Schakal. Gleich einem Stier, der seine Feinde niedertrampelt oder auf die spitzen Hörner nimmt, überrollte er die ersten Angreifer und schoß Pfeil um Pfeil ab, die den Aufständischen die Brust durchbohrten.

Dem Anführer der Männer des Sandes war es gelungen, dem erbitterten Ansturm des Herrschers zu entgehen. Mit einem Knie auf dem Boden schickte er sich an, einen langen Dolch zu schleudern, der Ramses von hinten treffen sollte.

Da setzte Schlächter zu einem Sprung an, und den Aufrührern

gerann vor Entsetzen das Blut in den Adern. Trotz seines Gewichts und seiner Größe schien der Löwe zu fliegen. Mit ausgestreckten Krallen stürzte er sich auf den Mann, schlug seine Zähne in dessen Kopf und schloß die Kiefer.

Der Anblick war so grauenvoll, daß viele Krieger ihre Waffen fallen ließen und die Flucht ergriffen, um der Raubkatze zu entrinnen, die bereits zwei weitere, ihrem Anführer vergebens zu Hilfe geeilte Beduinen zerfleischte.

Inzwischen hatten die ägyptischen Streitwagen, denen Hunderte von Fußsoldaten folgten, Ramses eingeholt, und es bereitete ihnen keinerlei Mühe, die letzten Widerstandsnester auszuheben.

Bald danach leckte Schlächter sich beruhigt die blutverschmierten Pranken und betrachtete mit nunmehr wieder sanften Augen seinen Herrn. Die Dankbarkeit, die er in Ramses' Blick wahrnahm, entlockte ihm ein zufriedenes Knurren. Dann legte sich der Löwe neben den Streitwagen des Königs, blieb aber wachsam.

«Das ist ein großer Sieg, Majestät», erklärte der Befehlshaber des Regiments Re.

«Wir sind soeben furchtbarem Unheil entgangen. Weshalb war kein Späher imstande, uns zu melden, daß sich in diesem Gehölz Feinde zusammengerottet hatten?»

«Wir ... wir haben diesem Ort keine Beachtung geschenkt, er erschien uns unwichtig.»

«Muß ein Löwe meine Heerführer ihr Handwerk lehren?»

«Majestät wünscht sicher, den Kriegsrat einzuberufen, um den Sturm auf die Festung vorzubereiten.»

«Nein, wir greifen unverzüglich an.»

Am Tonfall des Pharaos erkannte Schlächter, daß die Rast zu Ende war. Ramses streichelte die Kruppen seiner zwei Pferde, die einander ansahen, als wollten sie sich gegenseitig Mut machen.

«Majestät, Majestät ... bitte!»

Atemlos vor Aufregung reichte Menna dem König das mit Metallplättchen verstärkte Lederhemd. Jetzt war Ramses bereit, diesen Brustpanzer anzulegen, zumal er der Pracht seines weißen Gewandes mit den weiten Ärmeln nicht allzusehr schadete. Die beiden Armreife aus Gold und Lapislazuli, die der Herrscher an den Handgelenken trug, waren mit zwei Wildenten verziert. Sie symbolisierten das Königspaar und schienen sich gleich Zugvögeln in die geheimnisvollen Gefilde des Himmels zu erheben. Würde Ramses Nefertari noch einmal wiedersehen, ehe er seine große Reise ins Jenseits antreten mußte?

«Sieg in Theben» und «Göttin Mut ist zufrieden» scharrten vor Ungeduld mit den Vorderhufen. Auf ihren Köpfen wippten rote Federn mit blauen Spitzen, und der Harnisch, der ihre Rücken schützte, war ebenfalls rot und blau. Sie konnten es kaum erwarten, auf die Festung loszustürmen.

Die Fußtruppen stimmten ein Lied an, das nach dem Sieg bei Kadesch wie von selbst entstanden war und dessen Worte auch den Furchtsamen Zuversicht verliehen: «Ramses' Arm ist kraftvoll, sein Herz tapfer, er ist ein Bogenschütze ohnegleichen, ein Schutzwall für seine Soldaten, eine Flamme, die seine Feinde verschlingt.»

Mit zitternden Händen füllte Menna die zwei Köcher des Königs mit neuen Pfeilen.

«Hast du sie überprüft?»

«Ja, Majestät, sie sind leicht, aber robust. Du wirst allein imstande sein, die feindlichen Bogenschützen zu überwältigen.»

«Weißt du nicht, daß Schmeichelei verwerflich ist?»

«Doch, aber ich habe so große Angst! Ohne dich hätten uns diese Barbaren umgebracht.»

«Bereite kräftiges Futter für meine Pferde vor. Wenn wir zurückkommen, werden sie hungrig sein.»

Als sich die Streitwagen der Festung näherten, schossen die kanaanäischen Bogenschützen und die mit ihnen verbündeten Männer des Sandes reihenweise ihre Pfeile ab, die vor und zwischen den ägyptischen Gespannen niederprasselten. Die Pferde wieherten, manche bäumten sich auf, doch die Ruhe des Königs verhinderte, daß seine Elitetruppe in Panik ausbrach.

«Spannt die großen Bogen», befahl er, «und wartet auf mein Zeichen!»

Die Waffenschmiede von Pi-Ramses hatte Bogen aus Akazienholz mit Spannsträngen aus Ochsensehnen verfertigt. Ihre sorgfältig berechnete Krümmung erlaubte es, die Flugbahn eines Pfeils sogar über eine Entfernung von mehr als vierhundert Ellen genau zu planen. Dadurch boten auch die Zinnen, hinter denen sich die in der Festung Eingeschlossenen verschanzten, keinerlei Schutz mehr.

«Alle auf einmal!» rief Ramses mit so dröhnender Stimme, daß sie seine Männer anspornte.

Die meisten Pfeile erreichten ihr Ziel. Am Kopf getroffen, mit durchbohrtem Auge oder durchlöcherter Kehle, sanken unzählige feindliche Bogenschützen tot oder schwer verwundet zu Boden.

Diejenigen, die ihren Platz einnahmen, erlitten das gleiche Schicksal.

In der Gewißheit, daß seine Fußsoldaten nun nicht mehr den Pfeilen der Aufrührer zum Opfer fallen würden, erteilte der König ihnen den Befehl, auf das hölzerne Portal der Festung loszugehen und es mit ihren Äxten zu zertrümmern.

Die ägyptischen Streitwagen fuhren näher heran, so daß die Bogenschützen des Pharaos noch genauer zielen und jede Abwehr vereiteln konnten. Auch die scharfkantigen Scherben in den Gräben blieben wirkungslos, denn entgegen seinen Gewohnheiten ließ Ramses keine Leitern aufstellen, sondern wollte durch das große Tor in das Bollwerk eindringen.

Die Kanaanäer stemmten sich zwar in Scharen gegen das Portal, schafften es aber nicht, dem Druck der Ägypter standzuhalten. Es kam zu einem furchterregenden Kampfgetümmel. Die Fußsoldaten des Pharaos stiegen über einen Berg von Leichen und strömten gleich einer zerstörerischen Flutwelle in das Innere der Festung.

Nach und nach wichen die Belagerten zurück. Dabei verfingen sich manche noch in ihren weiten, blutbefleckten Gewändern und fielen übereinander.

Ägyptische Schwerter zerschmetterten Helme, brachen Knochen, gruben sich in Lenden und Schultern, durchschnitten Sehnen, schlitzten Bäuche auf.

Dann senkte sich plötzlich beklemmende Stille über die Garnison. Frauen flehten die Sieger an, die Überlebenden zu schonen, die sich auf einer Seite des großen Innenhofes aneinanderdrängten.

Ramses' Streitwagen fuhr in die zurückeroberte Zitadelle ein.

«Wer befiehlt hier?» fragte der König.

Aus dem kläglichen Häufchen der Besiegten trat ein Mann von etwa fünfzig Jahren vor, dem der linke Arm fehlte.

«Ich bin der älteste Soldat ... Alle meine Vorgesetzten sind tot. Ich bitte den Herrn der Beiden Länder untertänig um Gnade.»

«Weshalb sollte ich Milde gegen jene walten lassen, die ihr Wort nicht gehalten haben?»

«Dann möge der Pharao uns wenigstens einen schnellen Tod gewähren.»

«Vernimm meine Entscheidungen, Kanaanäer: In deiner Provinz werden alle Bäume gefällt und ihr Holz nach Ägypten gebracht. Die Gefangenen – Männer, Frauen und Kinder – werden ins Delta geführt und dort zu Arbeiten herangezogen, die für das Wohl des Staates von Nutzen sind. Alle Viehherden und Pferde gehen in unseren Besitz über. Die dem Tode entronnenen Soldaten werden in meine Armee eingezogen und fortan unter meinen Befehlen kämpfen.»

Glücklich, daß sie mit dem Leben davongekommen waren, verneigten sich die Besiegten tief.

Setaou war nicht unzufrieden. Es gab nur wenige wirklich schwer Verwundete, und der Heilkundige hatte genügend rohes Fleisch und Honig zur Verfügung, um Verbände anzulegen, die das Blut stillen würden. Mit flinken, sicheren Fingern schob Lotos die klaffenden Ränder der Wunden zusammen und hielt sie durch Haftbinden aneinander, die sie über Kreuz anbrachte. Dabei linderte das Lächeln der schönen Nubierin die Schmerzen der Versehrten. Auf Bahren wurden sie zum Siechenzelt des Feldlagers getragen, wo man sie mit Salben und Ölen einrieb und ihnen einen Heiltrank verabreichte, ehe sie nach Ägypten zurückkehrten.

Ramses dankte den Soldaten, die, um ihr Land zu verteidigen, Schaden an ihrem Leib auf sich genommen hatten. Dann rief er die hohen Offiziere zusammen und tat ihnen seine Absicht kund, den Feldzug gen Norden fortzusetzen, wobei er nach und nach wieder alle Festungen Kanaans einzunehmen gedachte, die mit Hilfe der Männer des Sandes unter den Einfluß der Hethiter geraten waren.

Die Begeisterung des Pharaos übertrug sich auf seine Heerführer. Die Angst wich aus ihren Herzen, und jeder freute sich über die Nacht und den Tag, die er ihnen als Ruhepause zugestand. Ramses aß mit Setaou und Lotos zu Abend.

«Wie weit willst du vordringen?» fragte der Heilkundige.

«Wenigstens bis in den Norden Syriens.»

«Bis ... bis Kadesch?»

«Das werden wir noch sehen.»

«Falls der Feldzug zu lange dauert», bemerkte Lotos, «dann reichen unsere Arzneien nicht aus.»

«Die Hethiter haben sehr schnell einen neuen Vorstoß gewagt, deshalb müssen wir noch schneller sein.»

«Wird dieser Krieg jemals enden?»

«Ja, Lotos, an dem Tag, an dem der Feind seine endgültige Niederlage erleidet.»

«Mir ist es ein Greuel, über Staatsgeschäfte zu reden», wandte Setaou mürrisch ein. «Komm, Liebste, laß uns dem Feuer der Hathor huldigen, ehe wir uns auf die Suche nach Schlangen begeben. Ich habe das Gefühl, daß wir in dieser Nacht einige einsammeln werden.»

In der kleinen Kapelle neben seinem Zelt inmitten des Lagers hielt der Pharao die Morgenriten ab. Verglichen mit den Tempeln von Pi-Ramses war sie ein sehr bescheidenes Heiligtum, doch das tat dem Eifer, den der Sohn des Lichts dabei an den Tag legte, keinen Abbruch. Nie würde sein Vater Amun den Menschen sein wahres Wesen enthüllen, nie würde er sich in irgendeine Form pressen lassen, dennoch spürten alle die Gegenwart des Verborgenen.

Als der Herrscher die Kapelle verließ, gewahrte er einen Soldaten, der mit einem Strick eine Säbelantilope festhielt und diesen Spießbock nur unter Mühen zu bändigen vermochte.

Ein sonderbarer Soldat, fürwahr, in seinem bunten Gewand, mit langen Haaren, einem kurzen und spitzen Kinnbart und einem Blick, der dem des Pharaos auswich. Und weshalb hatte er dieses ungezähmte Tier ins Feldlager geführt, so nahe an das königliche Zelt?

Ramses blieb keine Muße, sich weitere Fragen zu stellen, denn in diesem Augenblick ließ der Beduine den Spießbock los, der mit gesenktem Kopf, die spitzen Hörner gegen den Bauch des unbewaffneten Herrschers gerichtet, auf ihn zurannte.

Schlächter schnellte mit einem Satz über die linke Flanke der

Antilope und hieb ihr seine Krallen in den Nacken. Sie brach unter der Last des Löwen zusammen und war auf der Stelle tot.

Fassungslos zog der Mann des Sandes einen Dolch aus seinem Gewand, doch er kam nicht mehr dazu, ihn zu benutzen. Er fühlte einen heftigen Schmerz im Rücken. Gleich darauf wurde sein Blick von einem eisigen Nebel getrübt, der ihn zwang, die Waffe fallen zu lassen. Der Kopf sank ihm auf die Brust, und er sackte sterbend zu Boden, mit einem Speer zwischen den Schulterblättern.

Ruhig und lächelnd stand Lotos hinter ihm. Die hübsche Nubierin hatte überraschende Geschicklichkeit bewiesen und ließ nicht einmal das geringste Anzeichen von Erregung erkennen.

«Danke, Lotos.»

Da trat Setaou aus seinem Zelt. Auch unzählige Soldaten liefen herbei, sahen den Löwen seine Beute verschlingen und entdeckten den Leichnam des Beduinen. Tief erschüttert warf sich der Knappe Menna zu Ramses' Füßen.

«Das tut mir leid, Majestät! Ich verspreche dir, ich werde die Wachposten ausfindig machen, die diesem Verbrecher Zutritt zum Lager gewährt haben, und sie hart bestrafen.»

«Rufe die Trompetenträger zusammen, und weise sie an, zum Aufbruch zu blasen.»

DREI

Zunehmend verärgert, vor allem über sich selbst, brachte Acha seine Tage damit zu, durch das Fenster im Obergeschoß des Palastes, in dem er gefangengehalten wurde, auf das Meer hinauszublicken. Wie hatte er, der Vorsteher der geheimen Kundschafterdienste Ägyptens und der Oberste Gesandte Ramses' des Großen, nur in die Falle gehen können, die ihm der Fürst von Amurru gestellt hatte?

Als einziger Sohn einer wohlhabenden adligen Familie war Acha gemeinsam mit Ramses an der höchsten Schule von Memphis ausgebildet worden, hatte dort glanzvolle Ergebnisse erzielt und sich zu einem eleganten jungen Mann mit erlesenem Geschmack entwickelt, von dem die Frauen angetan waren. Er hatte ein schmales Gesicht, feingliedrige Hände, vor Scharfsinn sprühende Augen, eine einschmeichelnde Stimme und liebte es, neue Kleidermoden einzuführen. Doch hinter diesem unbestechlichen Verfechter der Eleganz verbarg sich ein tatendurstiger Mann und ein Gesandter ersten Ranges, der mehrere fremde Sprachen beherrschte, ein überragender Kenner der ägyptischen Schutzgebiete und des hethitischen Königreichs.

Nach dem Sieg bei Kadesch, der den Gelüsten der Hethiter nach Ausdehnung ihres Machtbereichs endgültig hätte Einhalt gebieten müssen, war es Acha ratsam erschienen, sich so schnell wie möglich in die Provinz Amurru zu begeben, die sich jenseits des Berges Hermon, im Westen der Handelsstadt Damaskus, am Mittelländischen Meer entlangzog. Der Gesandte hatte gehofft, diese Provinz zu einem wehrhaften Stützpunkt zu machen, von dem aus aufs beste unterwiesene Einsatztrupps jeden Versuch der Hethiter, nach Kanaan und in die Grenzgebiete des Deltas vorzurücken, im Keim ersticken könnten.

Als der Oberste Gesandte Ägyptens an Bord eines mit Geschenken für den Fürsten von Amurru, den bestechlichen Benteschina, beladenen Schiffes im Hafen von Berytos eingelaufen war, hatte er keinen Zweifel daran gehegt, daß er auch von Hattuschili empfangen werde, dem Bruder des Hethiterkönigs, der sich dieser Region bemächtigt hatte.

Inzwischen wußte Acha seinen Widersacher genau einzuschätzen: von kleinem Wuchs, kränklichem Aussehen, aber klug und listig, war Hattuschili ein gefährlicher Gegner. Er hatte seinen Gefangenen genötigt, Ramses einen Brief zu schicken, mit dem er das Heer des Pharaos in einen Hinterhalt locken sollte. Doch Acha war es gelungen, eine verschlüsselte Warnung in seinen Worten zu verstecken, von der er hoffte, daß sie das Mißtrauen des Königs geweckt hatte.

Wie würde Ramses sich verhalten? Das Wohl des Staates gebot ihm schließlich, seinen Freund den Händen der Feinde zu überlassen und einen Feldzug gen Norden anzutreten. Und so, wie Acha ihn kannte, war er überzeugt, daß der Pharao nicht zögern würde, mit äußerster Härte gegen die Hethiter vorzugehen, welches Wagnis er auch immer damit auf sich nehmen mochte. Aber stellte der Oberste Gesandte Ägyptens nicht ein vortreffliches Tauschmittel dar? Benteschina hegte sicher den Wunsch, ihn gegen eine ansehnliche Menge edlen Metalls an Ägypten zu verkaufen.

Genaugenommen hatte Acha nur eine dürftige Aussicht, am

Leben zu bleiben, aber sie war seine einzige Hoffnung. Indes machte ihn diese erzwungene Untätigkeit reizbar. Seit seinen Jugendjahren war er daran gewöhnt, den Dingen nicht ihren Lauf zu lassen, sondern sie selbst in Gang zu bringen, und es war ihm unerträglich, die Ereignisse einfach nur abzuwarten. Auf die eine oder andere Art mußte er handeln. Vielleicht dachte Ramses ja, Acha sei bereits tot, oder er plante einen Angriff auf breiter Front, nachdem er seine Armee mit den neuesten Waffen ausgerüstet hatte.

Je länger Acha darüber nachdachte, desto klarer wurde ihm, daß ihm keine andere Wahl blieb, als sich selbst zu befreien.

Ein Diener brachte ihm, wie jeden Tag, ein üppiges Mittagsmahl. Über den Vorsteher des Palastes, der den gefangengehaltenen Ägypter wie einen Gast hohen Ranges behandelte, konnte Acha sich wahrlich nicht beklagen. Noch während er sich an einem Stück gebratenen Rindfleisches gütlich tat, vernahm er den schweren Schritt des Herrn über diese Stätte.

«Wie ergeht es unserem edlen ägyptischen Freund?» fragte Benteschina, der Fürst von Amurru, ein überaus wohlbeleibter Mann von etwa fünfzig Jahren mit einem dichten, schwarzen Schnurrbart.

«Dein Besuch ehrt mich.»

«Ich verspürte Lust, mit Ramses' Oberstem Gesandten eine Schale Wein zu trinken.»

«Weshalb begleitet Hattuschili dich nicht?»

«Unser edler hethitischer Freund ist andernorts beschäftigt.»

«Wie schön es ist, nur edle Freunde zu haben … Wann werde ich Hattuschili wiedersehen?»

«Das weiß ich nicht.»

«Ist das Land der Zedern nunmehr ein Stützpunkt der Hethiter geworden?»

«Die Zeiten ändern sich, mein lieber Acha.»

«Fürchtest du nicht Ramses' Zorn?»

«Zwischen dem Pharao und meinem Fürstentum ragen fortan unüberwindliche Festungswälle auf.»

«Sollte ganz Kanaan unter hethitischem Einfluß stehen?»

«Stelle mir nicht zu viele Fragen ... Lasse dir gesagt sein, daß ich mich durchaus mit der Absicht trage, dein kostbares Leben gegen einige Reichtümer einzutauschen. Ich hoffe nur, daß dir bei der Übergabe nichts Böses zustößt, aber ...»

Mit hämischem Lächeln kündigte Benteschina dem Gesandten an, daß man ihn womöglich aus dem Wege räumen würde, ehe er erzählen könnte, was er in Amurru gesehen und gehört habe.

«Bist du sicher, daß du dich für die richtige Seite entschieden hast?»

«Gewiß, mein Freund! Um die Wahrheit zu sagen, die Hethiter haben dem Gesetz des Stärkeren Geltung verschafft. Und da die Rede davon ist, daß Sorgen in großer Zahl Ramses hindern, frohen Mutes die Geschicke seines Landes zu lenken ... Sei es eine Verschwörung, sei es eine verlorene Schlacht, vielleicht auch beides zusammen, irgend etwas führt bestimmt zu seinem Tod oder dazu, daß er von einem Herrscher abgelöst wird, der zu mehr Zugeständnissen bereit ist.»

«Da kennst du Ägypten schlecht, Benteschina, und Ramses noch schlechter.»

«Ich vermag mir ein Urteil über die Menschen zu bilden. Trotz der Niederlage bei Kadesch wird der hethitische König Muwatalli letzten Endes den Sieg davontragen.»

«Du läßt dich auf ein gewagtes Spiel ein.»

«Ich liebe den Wein, die Frauen und das Gold, aber ich bin kein Glücksritter. Die Hethiter haben den Krieg im Blut, die Ägypter nicht.»

Verstohlen rieb sich Benteschina die Hände.

«Falls du einen bedauerlichen Unfall bei deiner Übergabe vermeiden möchtest, mein lieber Acha, dann solltest du ernsthaft darüber nachsinnen, das Lager zu wechseln. Nehmen wir einmal an, du würdest Ramses falsche Auskünfte erteilen ... Nach unserem Sieg wird man dich dafür belohnen.»

«Verlangst du von mir, dem Obersten Gesandten Ägyptens, daß ich Verrat übe?»

«Hängt nicht alles von den Umständen ab? Ich habe dem Pharao auch einmal Treue gelobt ...»

«Einsamkeit ist meinen Überlegungen nicht gerade förderlich.»

«Möchtest du vielleicht ... eine Frau?»

«Eine Frau von erlesener Bildung, sehr einfühlsam ...»

Benteschina trank seine Schale Wein leer und wischte sich mit dem rechten Handrücken die feuchten Lippen.

«Welches Opfer würde ich nicht bringen, wenn es gilt, deine Überlegungen zu beflügeln!»

Die Nacht war hereingebrochen. Der schwache Schein zweier Öllampen erhellte das Gemach, in dem Acha, mit einem kurzen Schurz bekleidet, auf seinem Bett lag.

Ein Gedanke ließ ihn nicht zur Ruhe kommen: Hattuschili hatte Amurru verlassen. Dieser Aufbruch und ein gleichzeitiger Vorstoß der Hethiter in die ägyptischen Schutzgebiete längs des Mittelländischen Meeres paßten nicht zusammen. Wären die hethitischen Krieger in großen Horden in diese Regionen eingefallen, warum hätte Hattuschili dann seinen Stützpunkt aufgeben sollen, von dem aus er die Lage im Blick behalten könnte? Gewiß wagte sich Muwatallis Bruder auch nicht weiter gen Süden vor. Es stand also zu vermuten, daß er in seine Heimat zurückgekehrt war, aber aus welchem Grund?

«Hoher Herr …»

Eine leise, bebende Stimme schreckte Acha aus seinen Gedanken. Er richtete sich auf und sah im Halbdunkel eine junge Frau in einem kurzen, hemdartigen Gewand, mit gelöstem Haar und nackten Füßen.

«Fürst Benteschina schickt mich her … Er hat mir aufgetragen … Er verlangt …»

«Setze dich zu mir.»

Zögernd gehorchte sie.

Sie mochte etwa zwanzig Jahre alt sein, war blond und ein wenig rundlich, sehr anziehend. Behutsam streichelte Acha ihre Schulter.

«Bist du verheiratet?»

«Ja, Hoher Herr, aber der Fürst hat mir versprochen, daß mein Gemahl nichts davon erfährt.»

«Welchen Beruf übt er aus?»

«Er ist Zöllner.»

«Gehst du auch einer Beschäftigung nach?»

«Ich leite im Amt für Briefschaften die dringenden Sendschreiben an die richtigen Boten weiter.»

Acha ließ die Träger des Kleides über ihre Schultern gleiten, küßte die blonde Frau in den Nacken, dann legte er sie auf das Bett.

«Kommen dir dort Neuigkeiten aus der Hauptstadt von Kanaan zu Ohren?»

«Bisweilen ja … Aber darüber darf ich nicht sprechen.»

«Halten sich hier viele hethitische Krieger auf?»

«Auch darüber darf ich nicht sprechen.»

«Liebst du deinen Gemahl?»

«Ja, Hoher Herr, ja …»

«Ist es dir nicht widerwärtig, ihn zu betrügen?»

Sie wandte den Kopf ab.

«Antworte auf meine Fragen, dann rühre ich dich nicht an.»

Mit Hoffnung im Blick betrachtete sie den Ägypter.

«Gibst du mir dein Wort?»

«Bei allen Göttern Amurrus, ja, ich gebe dir mein Wort.»

«Es sind noch nicht sehr viele Hethiter hier. Nur einige Dutzend Ausbilder unterweisen unsere Soldaten.»

«Ist Hattuschili abgereist?»

«Ja, Hoher Herr.»

«Wohin?»

«Das weiß ich nicht.»

«Wie steht es um Kanaan?»

«Die Lage ist unklar.»

«Wird die Provinz nicht von den Hethitern beherrscht?»

«Es sind Gerüchte in Umlauf, die einander widersprechen. Manche behaupten, der Pharao habe Gaza, die Hauptstadt Kanaans, wieder in seine Gewalt gebracht und der Statthalter der Provinz sei bei dem Angriff getötet worden.»

Acha spürte, wie neue Hoffnung in ihm aufstieg, als werde er dem Leben wiedergegeben. Ramses hatte nicht nur seine Botschaft entschlüsselt, sondern holte zum Gegenschlag aus und hinderte die Hethiter daran, weiter vorzudringen. Deshalb war Hattuschili abgereist, um König Muwatalli zu warnen.

«Tut mir leid, meine Schöne.»

«Du … du hältst dein Wort nicht!»

«Doch, aber ich muß gewisse Vorkehrungen treffen.»

Acha fesselte sie und steckte ihr einen Knebel in den Mund. Er brauchte einige Stunden Vorsprung, ehe sie Alarm schlug. Als er ihren Mantel entdeckte, den sie an der Tür des Gemachs abgestreift hatte, kam ihm der rettende Einfall, wie er aus dem Palast schleichen könnte. Er warf sich das Kleidungsstück über, setzte die Kapuze auf und eilte zur Treppe.

Im Erdgeschoß fand ein Festmahl statt.

Einige Gäste, die zuviel getrunken hatten, waren bereits eingeschlafen, andere gaben sich zügellos ihrer Leidenschaft hin. Acha stieg über zwei nackte Leiber hinweg.

«Wo willst denn du hin?»

Der Ägypter konnte nicht weglaufen. Mehrere Bewaffnete bewachten die Tür des Palastes.

«Bist du mit dem Ägypter schon fertig? Komm her, Kleine ...»

Nur wenige Schritte trennten den Gesandten von der Freiheit.

Da zog Benteschina ihm mit schmieriger Hand die Kapuze vom Kopf.

«Du hast Pech, mein lieber Acha.»

VIER

Pi-Ramses, die im Delta neu erbaute Hauptstadt, trug den Beinamen «die Türkisfarbene», da blaugrün schimmernde Kacheln die Fassaden der Häuser schmückten. Wer in den Straßen von Pi-Ramses lustwandelte, bestaunte die Tempel, den Königspalast, die künstlich angelegten Seen, den Hafen. Er weidete sich am Anblick der mit Obstbäumen bestandenen Haine, der Kanäle voller Fische oder geriet in helles Entzücken über die vornehmen Wohnsitze adliger Familien und über die von Blumen gesäumten Alleen. Jeder tat sich gütlich an Datteln und Granatäpfeln, an Oliven und Feigen, wußte den fruchtigen Geschmack edler Weine zu schätzen und sang ein bei allen beliebtes Lied: «Welche Wonne ist es, in Pi-Ramses zu wohnen, wo der Kleine so geachtet wird wie der Große, wo Akazie und Sykomore ihren Schatten spenden, wo die Wände in Gold und Türkis erstrahlen, wo der Wind voller Sanftmut weht und Vögel über die Weiher flattern.»

Doch Ameni, der Oberste Schreiber des Königs, sein Gefährte seit jenen Tagen, da sie gemeinsam die Schule besucht hatten, und ein unermüdlicher Diener seines Herrn, vermochte diese Lebensfreude nicht zu teilen. Wie so viele andere Bewohner der Stadt hatte er das Gefühl, daß in ihr nicht mehr die vertraute Fröhlichkeit herrschte, weil Ramses ihr fern war.

Fern und in Gefahr.

Keiner Mahnung zur Vorsicht Gehör schenkend, keinen Aufschub duldend, war er gen Norden aufgebrochen, um Kanaan und Syrien zurückzuerobern, und hatte seine Truppen in ein Abenteuer von ungewissem Ausgang geführt.

Wiewohl Ameni auch das Amt des «Sandalenträgers des Pharaos» innehatte, war er ein Mann von kleinem Wuchs, schmächtig und beinahe kahlköpfig, mit zartem Knochenbau, bleicher Gesichtsfarbe und langen, schmalen Händen, die schöne Hieroglyphen zeichnen konnten. Zwischen diesem Sohn eines Gipsbrenners und Ramses bestanden unsichtbare Bande. Ganz im Sinne der seit den Anfängen des Pharaonenreichs überlieferten Redensart war er «Auge und Ohr des Königs». Er hielt sich selbst stets im Hintergrund, führte aber die Aufsicht über etwa zwanzig ergebene und äußerst sachkundige Schreiber. Als unermüdlicher Arbeiter schlief er nur wenig, aß hingegen viel, ohne dabei jemals dicker zu werden. Nur selten verließ er seine Amtsstube, in der ein Binsenhalter aus vergoldetem Holz prangte, ein Geschenk des Pharaos. Sobald Ameni diesen wie eine Säule geformten, von einer Lilie gekrönten Gegenstand berührte, erwachte seine Tatkraft zu neuem Leben und er nahm den nächsten Berg von Schriftstücken in Angriff, der jedweden anderen Schreiber entmutigt hätte. In seiner Amtsstube, die er mit eigener Hand sauberhielt, waren die sorgsam geordneten Papyrusrollen in hölzernen Truhen und Tonkrügen verwahrt oder lagen, in Leder gehüllt, auf Wandbrettern.

«Soeben ist ein Bote der Armee eingetroffen», meldete ihm einer seiner Gehilfen.

«Führe ihn herein.»

Der mit Staub bedeckte Soldat schien am Ende seiner Kräfte zu sein.

«Ich überbringe eine Nachricht des Pharaos.»

«Zeige sie mir!»

Ameni stellte fest, daß sie tatsächlich Ramses' Siegel trug, und obwohl er dabei außer Atem geriet, brachte er sie im Laufschritt in den Palast.

Königin Nefertari hatte an diesem Tag bereits den Wesir empfangen, dann den Obersten Verwalter des Palastes, den Schreiber des Rechnungswesens, den Aufseher über die königliche Tafel, den Vorsteher der Ritualpriester, den Obersten Bewahrer der Geheimnisse, den Ersten Priester aus dem Haus des Lebens, den Oberkämmerer, den Vorsteher des Schatzhauses, den der Speicher sowie zahlreiche andere hohe Beamte, die alle genaue Anweisungen erhalten wollten, um nur ja nichts ohne die Zustimmung der Großen königlichen Gemahlin zu unternehmen, der es während der Abwesenheit des Pharaos oblag, das Land zu regieren. Zum Glück stand ihr Ameni unermüdlich zur Seite, und Tuja, die Mutter des Königs, leistete ihr mit wertvollen Ratschlägen Beistand.

Die Schönste der Schönen, wie Nefertari wegen ihres schwarzen, glänzenden Haars, der blaugrünen Augen und des gleich einer Göttin strahlenden Antlitzes auch genannt wurde, stellte sich tapfer der Prüfung, die ihr Macht und Einsamkeit auferlegten. Von den Schriften der Weisen überaus angetan, hatte sich die ehemals dem Tempel geweihte Musikantin ein zurückgezogenes Leben voll stiller Andacht erhofft, doch durch Ramses' Liebe war aus dem scheuen jungen Mädchen die Königin Ägyptens geworden, die nun entschlossen und ohne jedwede Anzeichen von Schwäche ihre Aufgaben zu erfüllen suchte.

Allein die Verwaltung des Hofstaats der Königin stellte eine schwere Bürde dar. Seit mehr als tausend Jahren gehörte ihm eine Lehranstalt an, in der sowohl Ägypterinnen als auch fremdländische Mädchen ausgebildet wurden, darüber hinaus eine Schule der Weberei und Werkstätten, die Schmuck, Spiegel, Vasen, Fächer,

Sandalen und Gegenstände für den Vollzug der religiösen Riten verfertigten. Nefertari herrschte über eine vielköpfige Schar von Priesterinnen, Schreibern, Verwaltern ihrer Liegenschaften, über Handwerker und Bauern, und ihr lag daran, die für jeden Bereich Verantwortlichen persönlich zu kennen. Sie war geradezu davon besessen, Ungerechtigkeiten und Fehler zu vermeiden.

Doch in diesen von Angst erfüllten Tagen, in denen Ramses sein Leben wagte, um Ägypten vor einem Überfall der Hethiter zu bewahren, mußte die Große Königsgemahlin ihre Mühen verdoppeln und das ganze Land regieren, ungeachtet dessen, wie erschöpft sie sich auch fühlen mochte.

«Ameni, endlich! Hast du Neuigkeiten für mich?»

«Ja, Majestät, einen Papyrus, den ein Bote der Armee gebracht hat.»

Die Königin hatte sich nicht in Ramses' Arbeitszimmer niedergelassen, das bis zu seiner Rückkehr verwaist bleiben sollte, sondern in einem geräumigen, mit hellblauen Kacheln verzierten Gemach mit Blick auf den Garten, in dem Wächter, der goldgelbe Hund des Pharaos, unter einer Akazie vor sich hin döste.

Nefertari brach das Siegel des Papyrus und las die in hieratischer Schrift abgefaßten und von Ramses selbst unterzeichneten Worte.

Kein Lächeln erhellte ihr ernstes Antlitz.

«Er bemüht sich, meinen Kummer zu zerstreuen.»

«Hat der König Erfolge erzielt?»

«Kanaan ist aufs neue unterworfen, der treubrüchige Statthalter wurde getötet.»

«Welch schöner Sieg!» rief Ameni begeistert aus.

«Der König rückt weiter gen Norden vor.»

«Und weshalb bist du so betrübt?»

«Weil er bis Kadesch ziehen will, wie groß dieses Wagnis auch sein mag. Zuvor wird er versuchen, Acha zu befreien, und dabei ohne Zögern sein eigenes Leben aufs Spiel setzen. Und wenn sich das Glück von ihm abwendet?»

«Seine Magie wird ihn gewiß nicht im Stich lassen.»

«Wie könnte Ägypten ohne ihn weiterleben?»

«Fürs erste, Majestät, führst du, die Große königliche Gemahlin, die Staatsgeschäfte ganz vortrefflich, und schließlich wird Ramses zurückkehren, dessen bin ich mir sicher.»

Auf dem Flur wurde das Geräusch hastiger Schritte vernehmbar. Dann klopfte es an die Tür, und Ameni öffnete sie.

«Majestät … Iset steht kurz vor der Niederkunft, sie verlangt nach dir!»

Iset die Schöne hatte lebhafte grüne Augen, eine zierliche Nase sowie einen edel geformten Mund, und für gewöhnlich lag etwas überaus Verführerisches in ihren Zügen. Selbst in diesen Stunden der Wehen bewahrte sie sich noch die Anmut der Jugend, mit der sie einst Ramses in ihren Bann gezogen hatte und seine erste Liebe geworden war. Oft dachte sie an die Schilfhütte am Rande eines Weizenfeldes zurück, in der sie und der Prinz sich einander hingegeben hatten.

Doch dann entbrannte Ramses für Nefertari, die zur Königin wie geschaffen war. Iset zog sich zurück, zumal sie weder Ehrgeiz noch Eifersucht kannte und mit Nefertari ebensowenig in Wettstreit hätte treten können wie irgendeine andere. Und Macht erschreckte sie eher. Nur ein Gefühl lebte in Isets Herzen fort: die Liebe zu Ramses.

In einem Augenblick der Torheit hätte sie einmal beinahe an einer Verschwörung gegen ihn teilgenommen, aus verletzter Eitelkeit, brachte es dann aber doch nicht über sich, ihm Schaden zuzufügen, und kehrte den Mächten des Bösen rasch den Rücken.

Gereichte es ihr nicht zu höchstem Ruhm, daß sie seinem Sohn Kha, einem Knaben von außerordentlicher Klugheit, das Leben schenken konnte?

Nachdem Nefertari bei der Geburt ihrer Tochter Merit-Amun nur mit knapper Not dem Tod entronnen war, durfte sie keine Kinder mehr zur Welt bringen. Deshalb hatte die Königin verlangt, Iset die Schöne möge dem Herrscher einen zweiten Sohn und noch weitere Nachkommen gebären, obgleich der Pharao eine Schule gegründet hatte, deren Zöglinge er zu «Kindern des Königs» ernannte, so daß er aus verschiedenen Schichten der Bevölkerung Mädchen und Knaben auswählen konnte, die im Palast erzogen wurden. Ihre Anzahl sollte als Zeichen für die unerschöpfliche Fruchtbarkeit des Königspaares gelten und jegliche Schwierigkeit bei der Nachfolge ausschließen.

Doch Iset, die ganz ihrer Leidenschaft für Ramses lebte, wollte ihm noch ein Kind schenken. Nach einem von alters her bekannten Verfahren waren einige Weizenkörner sowie ein wenig Gerste mit ihrem Urin benetzt worden, und da die Gerste zuerst gekeimt hatte, wußte Iset bereits, daß sie einen Knaben zur Welt bringen würde.

Vier Hebammen, die man auch «die Sanften» und «die mit den festen Daumen» nannte, leisteten ihr in ihrer schweren Stunde Beistand. Sie hatten bereits die rituellen Formeln gesprochen, um die Dämonen der Finsternis zu vertreiben, die die Geburt zu verhindern suchten. Darauf hatten sie wohlriechende Kräuter verbrannt, und deren Rauch sowie der Trank, den sie Iset verabreicht hatten, linderten ihre Pein.

Schließlich spürte sie, wie das kleine Wesen den labenden See verließ, in dem es neun Monate lang herangewachsen war.

Als eine Hand sie sanft berührte und der Duft von Lilien und Jasmin sie umwehte, vermeinte Iset die Schöne einen paradiesischen Garten zu betreten, in dem aller Schmerz verebbte. Da wandte sie den Kopf um und merkte, daß Nefertari den Platz einer Hebamme eingenommen hatte. Mit einem feuchten Tuch betupfte die Königin die Stirn der Gebärenden.

«Majestät ... ich habe nicht geglaubt, daß du wirklich kommst.»

«Du hast nach mir geschickt, und da bin ich.»

«Hast du eine Nachricht vom König erhalten?»

«Ja, es gibt vortreffliche Neuigkeiten. Ramses hat Kanaan zurückerobert, und es wird nicht mehr lange dauern, bis er auch die anderen Aufrührer unterworfen hat. Er ist schneller als die Hethiter.»

«Wann kehrt er zurück?»

«Sicher kann er es kaum erwarten, sein Kind zu sehen.»

«Dieses Kind ... Wirst du es lieben?»

«Ich werde es lieben wie meine eigene Tochter und wie deinen Sohn Kha.»

«Ich hatte Angst, daß ...»

Nefertari ergriff die Hände der jungen Frau und drückte sie fest.

«Wir sind keine Feindinnen, Iset. Du mußt diesen Kampf gewinnen.»

Plötzlich wurde der Schmerz übermächtig. Sie stieß einen Schrei aus, und die Oberhebamme waltete eifrig ihres Amtes.

Iset wollte nur noch das Feuer vergessen, das ihren Leib verzehrte, in tiefen Schlaf sinken, von Ramses träumen ... Aber Nefertari hatte recht: sie mußte das geheimnisvolle Werk vollenden.

Kurz darauf hielt die Königin das Kind in ihren Händen, als die Hebamme die Nabelschnur durchschnitt. Iset die Schöne schloß die Augen.

«Ist es ein Knabe?»

«Ja, Iset. Ein schöner, kräftiger Knabe.»

FÜNF

KHA, DER SOHN RAMSES' und Isets der Schönen, fertigte auf einem jungfräulichen Papyrus eine Abschrift der Lehren des Weisen Ptah-hotep an, der es im Alter von einhundertundzehn Jahren als nützlich erachtet hatte, einige Ratschläge für künftige Generationen niederzuschreiben. Der Prinz war zwar erst zehn Jahre alt, verabscheute aber kindliche Spiele und brachte die Zeit damit zu, sein Wissen zu mehren, wenngleich er dafür bisweilen den sanften Tadel Nedjems erntete. Dem mit seiner Erziehung betrauten Obersten Verwalter der Felder und Haine wäre es lieber gewesen, wenn Kha sich mehr Zerstreuung gegönnt hätte, dennoch beeindruckten ihn seine geistigen Fähigkeiten sehr. Der Knabe lernte schnell, behielt alles im Gedächtnis und wußte die Binse bereits wie ein erfahrener Schreiber zu führen.

Nicht weit von ihm entfernt spielte die hübsche Merit-Amun, Ramses' und Nefertaris Tochter, Harfe. Mit ihren knapp sechs Jahren ließ sie bereits eine bemerkenswerte Begabung für Musik erkennen und war sich durchaus schon dessen bewußt, daß alle sie bezaubernd fanden. Wenn Kha Hieroglyphen zeichnete, lauschte er dabei gern den Melodien seiner Schwester. Auch Wächter, der Hund des Königs, seufzte von Zeit zu Zeit voller Wohlbehagen, während sein Kopf auf den Füßen des kleinen Mädchens ruhte, dessen Ähnlichkeit mit Nefertari unübersehbar war.

Als die Königin den Garten betrat, hörte Kha auf zu schreiben und Merit-Amuns Harfe verstummte. Besorgt und vor Neugierde ungeduldig liefen die Kinder ihr entgegen.

Nefertari schloß beide in ihre Arme.

«Alles ist gut vorübergegangen. Iset hat einen Knaben zur Welt gebracht.»

«Sicher hast du mit meinem Vater schon einen Namen für ihn vorgesehen.»

Sie lächelte.

«Meinst du, wir können alles voraussehen?»

«Ja, ihr seid doch das Königspaar.»

«Dein kleiner Bruder heißt Merenptah, ‹der, den Ptah liebt›, der Schutzgott der Künstler und Handwerker, der mit seinem Wort die Welt erschaffen hat.»

Dolente, Ramses' ältere Schwester, war eine hochgewachsene, unablässig müde Frau mit dunklem Haar. Nach Jahren des Müßiggangs und des von Langeweile geprägten Lebens einer wohlhabenden jungen Adligen hatte sie ihre Erfüllung im Glauben des Ketzerkönigs Echnaton gefunden, im Glauben an einen einzigen Gott, von dem ihr der libysche Magier Ofir erzählt hatte. Gewiß, der Magier hatte einen Mord begehen müssen, um sich seine Freiheit zu bewahren, aber Dolente billigte seine Tat und war bereit, ihm zu helfen, was auch immer kommen mochte.

Nachdem er, noch innerhalb Ägyptens, Unterschlupf gefunden hatte, war sie auf seinen Rat hin in den Palast zurückgekehrt und hatte Ramses belogen, damit er ihr verzieh. Sie hatte vorgegeben, der Magier habe sie als Geisel genommen und sich ihrer bedient, um außer Landes zu gelangen. Dolente verstand es damals, lauthals ihre Freude zu beteuern, daß sie dem Schlimmsten entronnen und wieder mit ihrer Familie vereint war.

Glaubte Ramses diese Darstellung der Ereignisse wirklich? Jedenfalls hatte er angeordnet, sie müsse am Hof von Pi-Ramses bleiben. Genau das hatte sie sich erhofft, um Ofir auf dem laufenden halten zu können, sobald sich dazu die Gelegenheit bot. Da der König zur Zeit in den Schutzgebieten des Nordens abermals Krieg führte, hatte sie ihn weder wiedersehen noch erreichen können, daß er ihr von neuem Vertrauen schenkte.

So scheute Dolente keine Mühe, um Nefertari hinters Licht zu führen, von der sie wußte, wieviel Einfluß sie auf ihren Gemahl ausübte. Als die Königin aus dem Audienzsaal trat, in dem sie sich mit den Aufsehern über die Kanäle beraten hatte, verneigte sich Dolente vor der Herrscherin.

«Majestät, gestatte mir, mich um Iset zu kümmern.»

«Was möchtest du denn tun, Dolente?»

«Ihre Dienerschaft beaufsichtigen, jeden Tag ihr Gemach reinigen, die Mutter und das Kind mit einem aus der Rinde und dem Milchsaft des Seifenbaums gewonnenen Mittel waschen, jeden Gegenstand, den sie benutzt, mit einer Mischung aus Asche und Natron säubern ... Ich habe schon ein Kästchen für sie vorbereitet, das kleine Töpfe mit Schminke, Tiegel mit köstlichen Duftölen sowie Kohol und Pinsel zum Auftragen enthält. Iset soll doch schön bleiben, nicht wahr?»

«Sie wird deine Aufmerksamkeit zu schätzen wissen.»

«Wenn es ihr genehm ist, werde ich sie selbst schminken.»

Nefertari und Dolente schritten durch einen mit Lilien, Kornblumen und Mandragoren ausgemalten Flur.

«Wie es heißt, soll das Neugeborene prächtig sein.»

«Merenptah wird ein kräftiger Mann werden.»

«Gestern wollte ich mit Kha und Merit-Amun spielen, aber man hat es mir verwehrt. Ich war darüber sehr betrübt, Majestät.»

«Das haben Ramses und ich befohlen, Dolente.»

«Wie lange wird man sich noch vor mir in acht nehmen?»

«Verwundert dich das? Du hast dich auf diesen Magier eingelassen, du hast Chenar unterstützt ...»

«Habe ich nicht mein gerüttelt Maß an Unglück erdulden müssen, Majestät? Mein Gemahl wurde von Moses getötet, dieser fluchbeladene Magier hätte mich beinahe um den Verstand gebracht, Chenar hat mich stets verabscheut und gedemütigt, und dennoch werde ich angeklagt! Ich sehne mich nur noch nach Ruhe und würde so gern die Zuneigung und das Vertrauen der Meinen wiedererlangen ... Ich habe schwere Fehler begangen, das gebe ich ja zu, aber wird man mich bis in alle Ewigkeit für eine Verbrecherin halten?»

«Hast du dich nicht an einer Verschwörung gegen den Pharao beteiligt?»

Dolente sank vor der Königin auf die Knie.

«Ich war die Sklavin übelgesinnter Männer und stand unter ihrem Einfluß. Aber das ist jetzt vorüber. Ich möchte alleine leben, im Palast, wie Ramses es verlangt, und die Vergangenheit vergessen ... Wird man mir je vergeben?»

Nefertari war erschüttert.

«Kümmere dich um Iset, Dolente! Hilf ihr, ihre Schönheit zu bewahren.»

Meba, der Stellvertreter des Obersten Gesandten, suchte Ameni in seiner Amtsstube auf. Nur auf seine Laufbahn bedacht und Erbe einer überaus wohlhabenden Familie, die seit Generationen Botschafter hervorbrachte, war Meba von Natur aus hoheitsvoll und herablassend. Entstammte er nicht einer Gesellschaftsschicht ersten Ranges, die über Macht und Reichtum verfügte und es ihm verbot, sich mit Leuten niederen Standes abzugeben? Dennoch war Meba auf eine harte Probe gestellt worden, als Chenar, der ältere Bruder des Königs, ihn aus dem Amt für die Beziehungen zu den Fremdländern verdrängt hatte und selbst dessen Vorsteher geworden war. Gedemütigt und abgeschoben, hatte Meba schon geglaubt, er würde nie mehr eine bedeutende Rolle spielen, bis zu jenem Tag, da ein in Ägypten ansässiger Spion der Hethiter mit ihm in Verbindung getreten war.

Er sollte Verrat üben ... Meba hatte keine Zeit gehabt, darüber nachzudenken. Mit wiedergewonnener Freude an undurchsichtigen Machenschaften und einer Begabung für Winkelzüge hatte er sich wieder das Vertrauen der Obrigkeit und neue Ämter erschlichen. Obgleich er einst Achas Vorgesetzter gewesen war, erweckte er nun den Anschein, ihm treu ergeben zu sein. Trotz seines scharfen Verstandes hatte sich der junge Oberste Gesandte von Mebas geheuchelter Bescheidenheit täuschen lassen. Einen erfahrenen Mann als Mitstreiter zu haben, und noch dazu einen ehemaligen Prügelknaben Chenars, hatte Acha dazu verleitet, weniger auf der Hut zu sein.

Seit der Magier Ofir, der Drahtzieher des hethitischen Kundschafternetzes, verschwunden war, wartete Meba auf dessen Anweisungen, die jedoch nicht eintrafen. Er genoß diese Ruhe und nutzte sie, um festere Bande zu Freunden in seinem Amt und zu den Vornehmen des Landes zu knüpfen, ohne dabei seinen Groll zu vergessen. War er nicht Ungerechtigkeiten zum Opfer gefallen? War Acha nicht ein Mann von zwar überragender Klugheit, aber gefährlich und zu zaghaft? Allmählich gelang es Meba, die Hethiter und seinen Verrat aus dem Gedächtnis zu drängen.

Eine gedörrte Feige kauend, verfaßte Ameni einen Brief, in dem er die Verwalter der Kornspeicher zurechtwies, dann las er die Beschwerde des Vorstehers einer Provinz über den Mangel an Brennholz.

«Was gibt es, Meba?»

Der Gesandte konnte diesen barschen und schlecht erzogenen kleinen Schreiber nicht ausstehen.

«Solltest du zu beschäftigt sein, um mich anzuhören?»

«Ein halbes Ohr kann ich dir leihen, vorausgesetzt, daß du dich kurz faßt.»

«Während der Abwesenheit des Pharaos bestimmst doch du die Geschicke der Beiden Länder?»

«Falls du Anlaß zur Unzufriedenheit hast, suche bei der Königin um Audienz nach. Ihre Majestät selbst billigt meine Entscheidungen.»

«Machen wir uns nichts vor, die Königin würde mich zu dir schicken.»

«Was beklagst du?»

«Das Fehlen klarer Weisungen. Der Oberste Gesandte weilt außer Landes, der König schlägt Schlachten, und meine Beamten werden von Ungewißheit und Zweifeln geplagt.»

«Warte die Rückkehr von Ramses und Acha ab.»

«Und wenn ...»

«Wenn sie nicht zurückkehren?»

«Muß man diese erschreckende Möglichkeit nicht in Betracht ziehen?»

«Ich glaube nicht.»

«Du sprichst sehr entschieden.»

«Ja, das tue ich.»

«Dann werde ich also warten.»

«Du könntest keinen besseren Entschluß fassen.»

Auf Sardinien geboren, zum Anführer einer berüchtigten Bande von Seeräubern aufgestiegen, nach einem Scharmützel mit Ramses von ihm begnadigt und zum Vorsteher seiner Leibwache ernannt: das war der unglaubliche Werdegang Serramannas, eines Hünen mit keckem Schnurrbart, den Ameni des Verrats verdächtigt hatte, ehe er ihm Abbitte leistete und seine Freundschaft gewann.

Der Sarde hätte zu gern gegen die Hethiter gekämpft, ihnen den Schädel eingeschlagen oder die Brust durchbohrt, doch der Pharao hatte ihm aufgetragen, für den Schutz der königlichen Familie zu sorgen, und so widmete Serramanna sich dieser Aufgabe mit dem gleichen Eifer, mit dem er einst reiche Handelsschiffe zu überfallen pflegte.

In den Augen des Sarden war Ramses der großartigste Kriegsherr, dem er je begegnet war, und Nefertari die schönste und zugleich unnahbarste Frau. Das Königspaar stellte für ihn Tag um Tag ein solches Wunder dar, daß der ehemalige Seeräuber nicht mehr missen wollte, ihnen zu dienen. Er wurde gut entlohnt, genoß die Freuden einer reich gedeckten, erlesenen Tafel, wußte die Gesellschaft herrlicher Frauen zu nutzen und war bereit, für den Fortbestand des Königreichs sein Leben hinzugeben.

Dennoch trübte ein Schatten das schöne Bild: Sein angeborener Jagdsinn ließ ihn nicht zur Ruhe kommen. Hinter Dolentes Rückkehr an den Hof wähnte er eine Arglist, die Ramses und Nefertari Schaden zufügen könnte. Er hielt die Schwester des Königs für wankelmütig und verlogen, und seiner Meinung nach mißbrauchte der Magier, auf den sie hereingefallen war, sie immer noch für seine Zwecke, obgleich es dafür keinerlei Beweis gab.

Serramanna stellte Nachforschungen über die blonde Frau an, deren Leichnam in einem Haus aufgefunden worden war, das Chenar gehört hatte, Ramses' heimtückischem, bei einem Sandsturm in der Wüste verschwundenem Bruder.

Dolentes Erklärungen klangen recht verworren. Daß das Opfer dem Magier dazu gedient haben sollte, Verbindungen zum Jenseits aufzunehmen, mochte der Sarde nicht in Abrede stellen, aber daß Dolente nicht mehr über die Unglückliche wußte, erschien ihm unglaubwürdig. Weshalb schwieg sie? Weil sie die Wahrheit verschleiern wollte. Dolente mimte die Verfolgte, um wichtige Tatsachen im dunkeln zu lassen. Aber da sie bei Nefertari wieder Gnade gefunden hatte, konnte Serramanna nicht aufgrund bloßer Mutmaßungen Anklage gegen sie erheben.

Hartnäckigkeit zählte indes zu den guten Eigenschaften eines Seeräubers. Zuweilen regte sich ja auch auf dem Meer tagelang nichts, bis die Beute plötzlich in Sicht kam. Und selbst dann galt es noch, den richtigen Kurs einzuschlagen und abzuschätzen, ob sich der Fang lohnen mochte. Also hatte der Sarde seine Spürhunde ausgeschickt, in Memphis wie in Pi-Ramses und darüber hinaus, und sie mit Zeichnungen ausgestattet, die das Gesicht der ermordeten blonden Frau getreu wiedergaben.

Irgend jemand würde letzten Endes schon mit der Sprache herausrücken.

SECHS

DIE SONNENSTADT ACHET-ATON, zu Zeiten des ketzerischen Pharaos Echnaton auf halbem Weg zwischen Memphis und Theben erbaut, war nur noch eine öde Stätte: leer die Paläste, die Wohnsitze der Vornehmen, die Arbeitsräume der Künstler, die Häuser der Handwerker; die Tempel für immer der Stille anheimgefallen; verwaist die breite Allee, durch die Echnatons und Nofretetes Prunkwagen gerollt war, die Straßen der Händler und die Gassen der einst dicht bevölkerten Wohnviertel.

Diesen nunmehr trostlosen, vom Halbrund einer Gebirgskette geschützten Ort in einer weiten Ebene östlich des Nils hatte Echnaton einem einzigen Gott geweiht: dem in der Sonnenscheibe verkörperten Aton.

Keines Menschen Fuß betrat mehr die vergessene Hauptstadt. Nach dem Tod des Königs waren ihre Bewohner nach Theben zurückgekehrt und hatten alles Kostbare, Archive, Möbel sowie ihren Hausrat mitgenommen. Da und dort waren einige Töpferwaren zurückgelassen worden und in der Werkstatt eines Bildhauers eine unvollendete Büste Nofretetes.

Im Laufe der Jahre verfielen die Bauwerke. Die weiße Farbe blätterte von den Wänden, der Gips bröckelte. Zu schnell errichtet, vermochte die Sonnenstadt Gewitterregen und Sandstürmen nicht standzuhalten. Die gemeißelten Inschriften der Stelen, mit denen Echnaton den heiligen Bezirk Atons abgegrenzt hatte, verwitterten, die Zeit machte die Hieroglyphen unleserlich und ließ das wahnwitzige Abenteuer des geheimnisvollen Pharaos ins Nichts zurücksinken.

Aus dem Fels waren Gräber für die Würdenträger des Landes herausgehauen worden, doch keine Mumie ruhte in ihnen. Sie waren ebenso aufgegeben worden wie die Stadt und seither seelenlos und ohne Schutz. Niemand wagte sich hierher, denn es ging das Gerücht um, Dämonen, die allzu neugierigen Besuchern das Genick brachen, hätten sich dieser Stätten bemächtigt.

Hier verbargen sich Chenar, Ramses' älterer Bruder, und der Magier Ofir. Sie waren in das für den Oberpriester des Aton vorgesehene Grab eingezogen, dessen Säulenhalle sich als recht behaglich erwies. An den Wänden erinnerten die Darstellungen der Tempel und Paläste an die verlorene Pracht der Sonnenstadt, und ein Bildhauer hatte Echnaton und Nofretete Unsterblichkeit verliehen, als er in den Stein meißelte, wie sie der Sonnenscheibe huldigten, aus der sich lange, in Hände mündende Strahlen auf das Königspaar herabsenkten und ihnen Leben spendeten.

Oft kniff Chenar seine kleinen, braunen Augen zusammen und betrachtete die Reliefs, die Echnaton als Inkarnation der siegreichen Sonne darstellten. Der wohlbeleibte Mann mit dem runden, nahezu mondförmigen Gesicht, mit Pausbacken, wulstigen Lippen und schweren Knochen war mittlerweile fünfunddreißig Jahre alt, und er haßte die Sonne, das Schutzgestirn seines Bruders.

Ramses, dieser Tyrann, den er mit Unterstützung der Hethiter zu stürzen versucht hatte! Ramses, der ihn in die Oasen verbannt hatte! Ramses, der ihn vor ein Gericht hatte stellen wollen, das die Todesstrafe über ihn verhängt hätte!

Als man ihn aus dem großen Gefängnis von Memphis zur Zwangsarbeit in die Oasen bringen wollte, hatte Chenar während eines Sandsturms fliehen können. Der Haß auf seinen Bruder und sein Rachedurst hatten ihm die nötige Kraft gegeben, diese Prüfung lebend zu bestehen. Darauf hatte Chenar an dem einzigen Ort Zuflucht gesucht, an dem er in Sicherheit sein würde: in der ehemaligen und nunmehr verlassenen Hauptstadt des Ketzerkönigs.

Hier war er von dem Mann empfangen worden, mit dem er die Verschwörung ausgeheckt hatte: Ofir, der geistige Führer der hethitischen Kundschafter. Der Libyer, dessen hageres Gesicht mit den vorstehenden Wangenknochen, der auffallend großen Nase, den schmalen Lippen und dem stark ausgeprägten Kinn an einen Raubvogel erinnerte, hätte Chenar dazu verhelfen sollen, Ramses' Nachfolger zu werden.

Erzürnt hob der Bruder des Pharaos einen Stein auf und schleuderte ihn gegen ein Bildnis Echnatons, wobei die Krone des Herrschers Schaden nahm.

«Er sei verflucht, und die Pharaonen mögen samt ihrem Königreich für immer untergehen!»

Chenars Traum war zerronnen. Er, der nunmehr über ein riesiges Reich herrschen müßte, das sich von Hatti bis Nubien erstreckte, fand sich entwürdigt wieder, ein Ausgestoßener im eigenen Land. Ramses hätte bei Kadesch geschlagen werden sollen, dann wären die Hethiter in Ägypten eingefallen, Chenar hätte den Pharaonenthron bestiegen, zum Schein mit den Eroberern zusammengearbeitet und sich danach des hethitischen Königs entledigt, um der alleinige Herr über Ägypten und die Ostländer zu werden. Ramses, der Schiffbrüchige, und Chenar, der Retter! Das wäre die Wahrheit gewesen, die er den Völkern hätte bringen sollen.

Er wandte sich an Ofir, der im hintersten Winkel des Grabes saß.

«Weshalb sind wir gescheitert?»

«Eine Pechsträhne. Das Blatt wird sich wenden.»

«Das ist eine dürftige Antwort, Ofir.»

«Wiewohl die Magie eine genau zu berechnende Wissenschaft ist, vermag sie Unvorhergesehenes nicht auszuschließen.»

«Und dieses Unvorhergesehene war Ramses selbst!»

«Dein Bruder verfügt über außerordentliche Begabungen sowie über eine Widerstandsfähigkeit, wie sie nur selten anzutreffen und überaus beeindruckend ist.»

«Beeindruckend … Solltest du dich etwa auch von diesem Tyrannen in seinen Bann ziehen lassen?»

«Ich gebe mich damit zufrieden, ihn genau zu beobachten, damit ich ihn leichter auslöschen kann. Ist ihm in der Schlacht bei Kadesch nicht der Gott Amun zu Hilfe gekommen?»

«Schenkst du diesem törichten Geschwätz etwa Glauben?»

«Die Welt besteht nicht nur aus Sichtbarem. Geheime Mächte durchströmen sie und formen das, was wir als Wirklichkeit wahrnehmen.»

Chenar hieb mit der Faust gegen eine Wand, auf der Aton als Sonnenscheibe dargestellt war.

«Wohin haben uns deine Reden geführt? Hierher, in dieses Grab, fernab der Macht! Wir sind allein und dazu verdammt, wie Elende zugrunde zu gehen.»

«Das stimmt nicht ganz, denn die Anhänger Atons bringen uns Speis und Trank und gewährleisten unsere Sicherheit.»

«Die Anhänger Atons … eine Horde Verrückter, besessen von ihrem Glauben, Gefangene ihrer eigenen Wunschbilder!»

«Da hast du nicht unrecht, aber sie sind uns nützlich.»

«Gedenkst du, aus ihnen eine Armee zu machen, die das Heer von Ramses bezwingen kann?»

Ofir zeichnete sonderbare geometrische Figuren in den Staub.

«Ramses hat die Hethiter besiegt», fuhr Chenar beharrlich fort, «dein Netz von Kundschaftern ist zerschlagen, und ich habe keinen einzigen Anhänger mehr. Was harrt denn noch meiner, außer hier zu vermodern?»

«Die Magie wird uns helfen, das zu ändern.»

«Es ist dir nicht gelungen, Nefertari zu beseitigen, und du warst nicht fähig, Ramses zu schwächen.»

«Du bist ungerecht», wandte der Magier ein. «Die Königin hat den Anschlag, den ich auf sie verübt habe, nicht unbeschadet überstanden.»

«Iset die Schöne wird Ramses noch einen Sohn schenken, und der König wird so viele Erben an Kindes Statt annehmen, wie er nur will. Keinerlei familiäre Unbill wird meinen Bruder am Regieren hindern.»

«Er wird Tiefschläge erleiden, die ihn aufzehren.»

«Ist dir nicht bekannt, daß sich die Kräfte eines ägyptischen Pharaos nach dreißig Jahren Herrschaft erneuern?»

«Soweit sind wir noch nicht, Chenar. Die Hethiter haben dem Kampf nicht abgeschworen.»

«Ist das Bündnis, das sie eingegangen sind, nicht bei Kadesch aufgelöst worden?»

«König Muwatalli ist ein listenreicher Mann, der Vorsicht walten läßt. Er verstand es, im richtigen Augenblick den Rückzug anzutreten, und er wird einen für Ramses überraschenden Gegenangriff einleiten.»

«Mir ist die Lust zum Träumen vergangen, Ofir.»

Aus der Ferne ertönte der Hufschlag galoppierender Pferde.

Chenar wappnete sich mit einem Schwert.

«Das ist nicht die Zeit, zu der uns die Anhänger Atons etwas zu essen bringen.»

Ramses' Bruder eilte zum Eingang des Grabes, von wo aus er die tote Stadt und die Ebene überblicken konnte.

«Es sind zwei Männer.»

«Kommen sie auf uns zu?»

«Sie haben die Stadt hinter sich gelassen und reiten auf die Felsen zu ... in unsere Richtung! Wir gehen besser hinaus und verstecken uns an einem anderen Ort.»

«Keine übertriebene Hast, es sind ja nur zwei!»

Ofir erhob sich.

«Vielleicht ist es das Zeichen, auf das ich gewartet habe, Chenar. Sieh doch genau hin!»

Der Bruder des Pharaos erkannte einen Anhänger Atons; dessen Gefährte versetzte ihn indes in größtes Erstaunen.

«Meba ... Meba hier?»

«Er steht in meinen Diensten und ist unser Verbündeter.»

Chenar legte das Schwert wieder beiseite.

«An Ramses' Hof hegt niemand Verdacht gegen Meba. Es ist an der Zeit, unsere früheren Meinungsverschiedenheiten zu vergessen.»

Chenar antwortete nicht. Er empfand nur Verachtung für Meba, der allein danach trachtete, sich sein Vermögen und seine Bequemlichkeit zu erhalten. Als der Gesandte sich ihm gegenüber als neuer Mittelsmann der Hethiter zu erkennen gegeben hatte, vermochte Chenar nicht zu glauben, daß er es aufrichtig meinte.

Wo der Weg zum Grab des Oberpriesters von der Straße abzweigte, sprangen die beiden Reiter von den Pferden. Der Verfechter des Sonnengottes blieb bei den Tieren, während Meba dem Schlupfwinkel der Verschwörer zustrebte.

Besorgnis schnürte Chenar die Kehle zu. Und wenn dieser hohe Beamte sie verraten hatte, wenn er den Soldaten des Pharaos nur ein Stück vorausgeritten war? Doch nichts regte sich am Horizont.

Mit vor Angst verzerrtem Gesicht unterließ Meba die üblichen Höflichkeitsfloskeln.

«Ich gehe ein großes Wagnis ein, wenn ich hierherkomme ... Weshalb diese Botschaft, die mir auferlegt, dich an diesem Ort zu treffen?»

Ofirs Erwiderung klang scharf wie ein Peitschenhieb.

«Du stehst unter meinem Befehl, Meba. Wo ich dich hingehen heiße, gehst du hin. Welche Neuigkeiten bringst du?»

Chenar staunte. Also befehligte der Magier selbst aus der Abgeschiedenheit dieses Verstecks noch seine Kundschafter!

«Keine allzu erfreulichen», bekannte Meba. «Der Gegenangriff der Hethiter verläuft nicht gerade erfolgreich. Ramses ist mit Härte eingeschritten und hat bereits Kanaan zurückerobert.»

«Dringt er bis Kadesch vor?»

«Das weiß ich nicht.»

«Du mußt dich nützlich machen, Meba, viel nützlicher, und mir mehr Auskünfte beschaffen. Sind die Männer des Sandes ihren Verpflichtungen nachgekommen?»

«Wie es aussieht, ist der Aufruhr überall zur selben Zeit ausgebrochen ... Aber ich muß bei meinen Erkundigungen sehr behutsam vorgehen, um nicht Amenis Argwohn zu wecken.»

«Arbeitest du nicht im Amt für die Beziehungen zu den Fremdländern?»

«Die Vorsicht ...»

«Hast du Gelegenheit, an den kleinen Kha heranzukommen?»

«An Ramses' erstgeborenen Sohn? Ja, aber weshalb ...»

«Ich brauche einen Gegenstand, an dem er besonders hängt, und ich brauche ihn sehr schnell.»

SIEBEN

MOSES, SEINE GEMAHLIN und sein Sohn verließen das südlich von Edom und im Osten der Bucht von Akaba gelegene Land Midian. Hier hatte sich der Hebräer lange Zeit verborgen, ehe er aufbrach, um nach Ägypten zurückzukehren, obgleich ihm der Vater seiner Frau davon abriet. Beging er, der des Mordes angeklagt war, nicht eine Torheit, wenn er sich den Soldaten des Pharaos auslieferte? Womöglich nahm man ihn gefangen und verurteilte ihn zum Tode.

Aber kein Einwand brachte Moses ins Wanken. Gott hatte in den Bergen zu ihm gesprochen und ihm befohlen, seine hebräischen Brüder aus Ägypten herauszuführen, auf daß sie in einem Land, das ihnen gehören sollte, ihrem wahren Glauben leben könnten. Eine schier unmögliche Aufgabe, doch der Prophet würde die Kraft finden, sie zu erfüllen.

Auch seine Frau, Zippora, hatte versucht, ihn davon abzuhalten. Vergebens.

So machte sich die kleine Familie auf den Weg ins Delta. Zippora folgte ihrem Mann, der mit einem langen, knorrigen Stock in der Hand gemessenen Schrittes voranging, ohne jemals zu zögern, welche Richtung er einschlagen mußte.

Als eine Staubwolke das Herannahen einiger Reiter ankündigte, drückte Zippora ihren Sohn fest an sich und suchte hinter Moses

Schutz. Hochgewachsen, mit üppigem Bart und breiten Schultern, strahlte er große Kraft aus.

«Wir müssen uns irgendwo verstecken», flehte sie.

«Das ist sinnlos.»

«Falls es Beduinen sind, werden sie uns töten, und falls es Ägypter sind, werden sie dich festnehmen.»

«Sei ohne Angst!»

Moses blieb stehen. Er dachte an die Jahre zurück, in denen er die höchste Schule von Memphis besucht und man ihn die ganze Weisheit Ägyptens gelehrt hatte, während ihn tiefe Freundschaft mit Prinz Ramses verband, dem späteren Pharao. Nachdem er zunächst ein nicht unbedeutendes Amt im Harim Mer-Our innegehabt hatte, war er Aufseher in den königlichen Baustätten geworden. Schließlich hatte Ramses ihn mit der Oberaufsicht über den Bau der neuen Hauptstadt betraut und ihn damit zu einem der wichtigsten Männer des Königreichs gemacht.

Doch Moses war von Zweifeln geplagt gewesen. Seit seinen Jugendjahren zerfraß ein Feuer seine Seele, und erst angesichts des brennenden Dornbusches, der loderte, ohne daß die Flammen ihn verzehrten, war die Unrast aus seinem Inneren gewichen. Endlich hatte der Hebräer seine wahre Bestimmung gefunden.

Die Männer auf den Pferden waren Beduinen.

An ihrer Spitze ritten der kahlköpfige, bärtige Amos und der hochgewachsene, hagere Baduk, die beiden Stammesfürsten, die Ramses bei Kadesch belogen hatten, um ihn in eine Falle zu lokken. Der Trupp umzingelte Moses.

«Wer bist du?»

«Moses, und das sind meine Frau und mein Sohn.»

«Moses … Bist du der ehemalige Freund von Ramses, der hohe Würdenträger, der sich einer Bluttat schuldig gemacht hat und in die Wüste geflohen ist?»

«Der bin ich.»

Amos saß ab und beglückwünschte den Hebräer.

«Dann stehen wir auf derselben Seite. Auch wir bekämpfen Ramses, der einst dein Freund war und heute deinen Kopf fordert.»

«Er ist noch immer mein Bruder», beteuerte Moses.

«Du irrst. Sein Haß verfolgt dich ohne Unterlaß. Beduinen, Hebräer und Nomaden müssen sich mit den Hethitern verbünden, um diesen gewalttätigen Herrscher zu stürzen. Er ist so stark geworden, daß man sich die unglaublichsten Geschichten darüber erzählt, Moses. Komm mit uns, wir wollen die ägyptischen Truppen daran hindern, in Syrien einzufallen.»

«Ich bin nicht auf dem Weg nach Norden, sondern nach Süden.»

«Nach Süden?» wunderte sich Baduk voller Argwohn. «Wohin gedenkst du zu gehen?»

«Nach Ägypten, nach Pi-Ramses.»

Amos und Baduk blickten einander fassungslos an.

«Machst du dich über uns lustig?» fragte Amos.

«Ich sage euch die Wahrheit.»

«Aber ... man wird dich festnehmen und hinrichten!»

«Jahwe wird mich beschützen. Ich muß mein Volk aus Ägypten herausführen.»

«Du willst die Hebräer aus Ägypten herausführen? Hast du den Verstand verloren?»

«Das ist die Mission, die Jahwe mir aufgetragen hat, und ich werde sie erfüllen.»

Nun stieg auch Baduk vom Pferd.

«Rühre dich nicht von der Stelle, Moses!»

Die beiden Stammesfürsten traten ein wenig beiseite, um sich zu beraten, ohne daß der Hebräer sie hören konnte.

«Er ist von Sinnen», mutmaßte Baduk. «Gewiß hat er sich zu lange in der Wüste aufgehalten, das muß ihm den Kopf verwirrt haben.»

«Da täuschst du dich.»

«Ich? Ich täusche mich? Dieser Moses ist ein Narr, daran besteht kein Zweifel.»

«Nein, er ist ein listiger und entschlossener Mann.»

«Ein Unglücklicher, der mit Weib und Kind durch die Wüste irrt ... Welch großartige List!»

«Ja, Baduk, großartig! Wer nimmt sich schon vor einem so Elenden in acht? Aber Moses ist in Ägypten noch sehr beliebt, und er trägt sich mit der Absicht, einen Aufstand der Hebräer anzuzetteln.»

«Ihm wird nicht der geringste Erfolg beschieden sein. Dazu lassen es die Soldaten des Pharaos erst gar nicht kommen.»

«Wenn wir ihm helfen, könnte er für uns nützlich werden.»

«Ihm helfen ... Wie denn?»

«Indem wir ihn über die Grenze bringen und die Hebräer mit Waffen ausstatten. Wahrscheinlich werden die Ägypter sie niedermetzeln, aber dann hätten sie zuvor wenigstens in Pi-Ramses Unruhe gestiftet.»

In vollen Zügen atmete Moses die Luft des Deltas ein. Obschon er hier nur Feindseligkeiten zu gewärtigen hatte, schlug ihn dieser Landstrich immer noch in seinen Bann. Er hätte ihn im Grunde hassen müssen, doch das sanfte Fruchtland und die lieblichen Palmenhaine bezauberten ihn aufs neue und riefen ihm den Traum eines jungen Mannes ins Gedächtnis, der einst Freund und Vertrauter des Pharaos von Ägypten gewesen war: den Traum, ein ganzes Leben lang an Ramses' Seite zu bleiben und ihm Beistand zu leisten, wenn er seine Wunschvorstellungen von Wahrheit und Gerechtigkeit, die schon die Dynastien vor ihm gehegt hatten, an künftige Generationen weitergab. Aber das gehörte der Vergangenheit an; fortan würde Jahwe des Hebräers Schritte lenken.

Mit Baduks und Amos' Hilfe waren Moses, seine Frau und sein Sohn des Nachts auf ägyptisches Gebiet vorgedrungen und den Spähern entronnen, die zwischen zwei Festungen ihren Wachdienst versahen. Trotz ihrer Angst hatte Zippora weder Mißfallen geäußert noch Einwände erhoben. Moses war ihr Mann, sie schuldete ihm Gehorsam und würde ihm folgen, wohin er zu gehen wünschte.

Als die Sonne emporstieg und die Natur sich wieder zu regen begann, spürte Moses seine Hoffnung wachsen. Hier würde er seinen Kampf führen, welche Kräfte sich ihm auch in den Weg stellen mochten. Ramses würde begreifen müssen, daß die Hebräer ihre Freiheit begehrten und, dem göttlichen Willen folgend, danach trachteten, ein eigenständiges Volk zu bilden.

Die kleine Familie hielt in Dörfern Rast, in denen man Reisende stets mit Wohlwollen zu empfangen pflegte, und die Art und Weise des Hebräers, sich auszudrücken, die seinen ägyptischen Ursprung verriet, machte den Umgang mit den Dorfbewohnern noch leichter. So erreichten der Hebräer, seine Frau und sein Sohn allmählich die Vororte von Pi-Ramses.

«Einen großen Teil dieser Stadt habe ich gebaut», erzählte er Zippora.

«Die ist ja riesig, und wie schön sie ist! Werden wir jetzt hier leben?»

«Eine Zeitlang.»

«Wo werden wir wohnen?»

«Dafür wird Jahwe sorgen.»

Sie gelangten in das Viertel der Handwerker, in dem rege Betriebsamkeit herrschte. Das Gewirr der Gassen versetzte Zippora in Erstaunen, doch sie trauerte bereits dem friedlichen Alltag in ihrer Oase nach. Überall rief oder schrie jemand; Tischler, Schneider und Sandalenmacher arbeiteten auf das emsigste, und mit Krügen voller Fleisch, gedörrtem Fisch oder Käse beladene Esel trotteten gemächlich voran.

Hinter diesem Viertel lagen die Wohnstätten der hebräischen Ziegelmacher.

Nichts hatte sich verändert. Moses erkannte jedes Haus wieder, hörte vertraute Gesänge und ließ Erinnerungen in sich aufsteigen, in denen Empörung und jugendliche Begeisterung sich miteinander vermischten.

Als er auf einem kleinen Platz mit einem Brunnen in der Mitte stehenblieb, blickte ihm ein alter Ziegelmacher unverhohlen ins Gesicht.

«Dich habe ich schon einmal wo gesehen ... Aber ... Das ist doch nicht möglich! Du bist ja wohl nicht der berühmte Moses?»

«Doch, der bin ich.»

«Wir meinten, du wärest tot.»

«Da habt ihr euch geirrt», sagte Moses lächelnd.

«Zu deiner Zeit sind wir hier besser behandelt worden ... Wer nicht richtig arbeitet, muß sich das Stroh für seine Ziegel selber besorgen. Du hättest dagegen Einspruch erhoben. Stell dir das einmal vor: sich das Stroh selber besorgen müssen! Und dieses endlose Gezänk, wenn wir mehr Lohn wollen!»

«Hast du wenigstens eine eigene Wohnung?»

«Ich möchte gern eine größere, aber die Verwaltung läßt meinen Antrag einfach liegen. Früher, da hättest du mir geholfen.»

«Ich werde dir helfen.»

Der Blick des Ziegelmachers wurde mißtrauisch.

«Bist du nicht eines Verbrechens angeklagt?»

«Das stimmt.»

«Es heißt, du hättest den Gemahl der Schwester des Pharaos umgebracht.»

«Ja, einen Aufseher, der seine Leute gequält und erpreßt hat», erklärte Moses. «Es lag nicht in meiner Absicht, ihn zu töten, doch unser Streit hat ein böses Ende genommen.»

«Dann hast du ihn also wirklich umgebracht ... Aber glaube mir, ich kann es verstehen!»

«Wärst du bereit, meiner Familie und mir für diese Nacht Obdach zu gewähren?»

«Sei mir willkommen!»

Sobald Moses, seine Frau und sein Sohn eingeschlafen waren, erhob sich der alte Ziegelmacher von seinem Lager und tastete sich im Dunkeln zur Tür.

Als er sie öffnete, knarrte sie. Ängstlich verharrte der Mann eine Weile reglos. Dann schlich er hinaus, überzeugt davon, daß Moses nicht aufgewacht war.

Wenn er den Verbrecher an die Ordnungskräfte auslieferte, würde man ihn dafür reich belohnen.

Kaum war er einige Schritte gegangen, da packte ihn eine starke Hand und drückte ihn gegen eine Mauer.

«Wo willst du hin, du Schurke?»

«Ich ... Mir war so heiß, ich brauche ein wenig frische Luft.»

«Du hast doch im Sinn gehabt, den Hebräer zu verraten, nicht wahr?»

«Nein, bestimmt nicht!»

«Eigentlich verdientest du, daß ich dich erwürge.»

«Laß ihn los», befahl Moses, der an der Tür des Hauses aufgetaucht war. «Er ist ein Hebräer, wie wir. Und wer bist du, daß du mir zu Hilfe kommst?»

«Mein Name ist Aaron.»

Der Mann war schon recht bejahrt, aber noch kräftig, und er hatte eine tiefe, klangvolle Stimme.

«Wie hast du erfahren, daß ich hier bin?»

«Wer würde dich in diesem Viertel nicht wiedererkennen? Der Rat der Alten wünscht dich zu sprechen.»

ACHT

Benteschina, der Fürst von Amurru, hatte einen wunderschönen Traum: Eine junge Adlige aus Pi-Ramses, vollkommen nackt und nach Myrrhe duftend, wand sich gleich einer verliebten Liane an seinen Schenkeln empor.

Doch plötzlich hielt sie inne und schwankte wie ein kenterndes Schiff. Da umklammerte Benteschina ihren Hals.

«Herr, Herr! Wach auf!»

Als der Fürst die Augen aufschlug, merkte er, daß er im Begriff war, seinen Haushofmeister zu erwürgen. Das noch schwache Licht der Morgendämmerung erhellte das Gemach erst spärlich.

«Weshalb belästigst du mich zu so früher Stunde?»

«Steh auf, Herr, ich bitte dich, und sieh aus dem Fenster!»

Nur widerstrebend folgte Benteschina dem inständigen Flehen des Bediensteten, denn die Fülle seines schlaffen Leibes machte ihm das Gehen beschwerlich.

Kein Dunstschleier verwehrte den Blick auf das Meer. Der Tag versprach strahlend zu werden.

«Was gibt es denn zu sehen?»

«Dort drüben, Herr, an der Einfahrt in den Hafen!»

Benteschina rieb sich die Augen.

Vor der Einfahrt in den Hafen von Berytos lagen drei ägyptische Kriegsschiffe.

«Und wie steht es um die Straßen, die in die Stadt führen?»

«Auch sie sind versperrt. Auf ihnen ist ein gewaltiges ägyptisches Heer aufmarschiert. Wir sind belagert.»

«Ist Acha wohlauf?» fragte Benteschina.

Der Haushofmeister senkte den Kopf.

«Auf deinen Befehl hin hat man ihn ins Gefängnis geworfen.»

«Bringe ihn zu mir!»

Ramses hatte mit eigener Hand seine zwei Pferde gefüttert. Diese prächtigen Tiere trennten sich nie, ob Kampfgetümmel oder Friedenszeiten, stets blieben sie zusammen. Beide wußten die Liebkosungen des Herrschers zu schätzen und wieherten vor Stolz, wenn er sie zu ihrem Mut beglückwünschte. Auch die Gegenwart Schlächters, des nubischen Löwen, flößte ihnen keinerlei Furcht ein; hatten sie nicht gemeinsam mit der Raubkatze Tausenden hethitischer Krieger getrotzt?

Der General des Regiments Re verneigte sich vor dem König.

«Majestät, die Stadt ist abgeriegelt. Kein Bewohner von Berytos vermag uns zu entkommen. Wir sind zum Angriff bereit.»

«Fangt alle Karawanen ab, die in die Stadt hineingelangen wollen.»

«Sollen wir uns auf eine Belagerung einstellen?»

«Das kann schon sein. Falls Acha noch lebt, werden wir ihn befreien.»

«Es wäre sehr erfreulich, Majestät, aber das Leben eines einzigen Mannes ...»

«Das Leben eines einzigen Mannes ist zuweilen sehr kostbar, Heerführer.»

Ramses blieb während des ganzen Vormittags bei seinen Pferden und seinem Löwen. Ihre Ruhe schien ihm ein gutes Vorzeichen zu sein. Und wahrhaftig, noch ehe die Sonne den höchsten

Stand erreichte, wurde ihm die Nachricht überbracht, die er erwartet hatte:

«Benteschina, der Fürst von Amurru, bittet um Audienz.»

In ein weites Gewand aus bunter Seide gekleidet, das seine Leibesfülle verbarg, gab sich Benteschina heiter und sorglos.

«Sei mir gegrüßt, Sohn des Lichts, du ...»

«Mir steht der Sinn nicht danach, die Schmeicheleien eines Verräters anzuhören.»

Doch der Fürst von Amurru verlor seine scheinbar gute Laune nicht.

«Dieses Gespräch sollte dazu dienen, unser Einvernehmen zu befördern, Majestät.»

«Indem du zu den Hethitern übergelaufen bist, hast du die falsche Wahl getroffen.»

«Aber ich habe einen entscheidenden Trumpf in der Hand: deinen Freund Acha.»

«Meinst du etwa, weil du ihn gefangenhältst, wird mich das davon abhalten, diese Stadt dem Erdboden gleichzumachen?»

«Dessen bin ich mir sogar sicher. Rühmen nicht alle Völker den Sinn für Freundschaft, der Ramses dem Großen eigen ist? Ein Pharao, der ihm Nahestehenden die Treue bricht, würde den Zorn der Götter heraufbeschwören.»

«Lebt Acha noch?»

«Ja.»

«Ich verlange einen Beweis.»

«Majestät, du wirst deinen Freund und Obersten Gesandten sogleich oben auf dem Hauptturm meines Palastes erblicken. Ich leugne nicht, daß Achas Aufenthalt im Gefängnis, nachdem er zu fliehen versucht hatte, ihm körperliche Unbill bereitet haben mag, doch er hat keinerlei ernsthaften Schaden genommen.»

«Was begehrst du für seine Freilassung?»

«Daß du mir verzeihst. Sobald ich dir deinen Freund wiedergebe, wirst du darüber hinwegsehen, daß ich dich ein wenig hintergangen habe, und du wirst in einer schriftlichen Verfügung ausdrücklich darauf hinweisen, daß du mir weiterhin Vertrauen schenkst. Das ist, wie ich zugebe, nicht wenig, aber ich muß mir meinen Thron und meine bescheidenen Güter erhalten. Ach, solltest du übrigens auf den bedauerlichen Gedanken verfallen, mich gefangenzunehmen, wird dein Freund selbstverständlich sterben.»

Ramses schwieg eine Weile.

«Ich muß darüber nachdenken», sagte er ruhig.

Der Fürst von Amurru hegte nur eine Befürchtung: Ramses' Sorge um das Wohl des Staates könnte die Freundschaft überwiegen. Sein Zögern ließ Benteschina erzittern.

«Ich brauche genügend Zeit, um meine Heerführer zu überzeugen», erklärte der König. «Oder glaubst du, es ist so leicht, auf einen Sieg zu verzichten und einem Verbrecher Gnade zu gewähren?»

Benteschina faßte neuen Mut.

«Ist der Begriff ‹Verbrecher› nicht ein wenig übertrieben, Majestät? Kluge Bündnisse einzugehen ist eine schwierige Kunst. Warum vergißt du nicht einfach die Vergangenheit, zumal ich Abbitte leiste? Meine Zukunft liegt in Ägypten, und ich werde meine Treue unter Beweis stellen, sei dir dessen sicher. Wenn ich mir erlauben dürfte, Majestät ...»

«Was denn noch?»

«Die Bewohner von Berytos und ich selbst würden eine Belagerung der Stadt nur ungern hinnehmen. Wir sind daran gewöhnt, gut zu leben, und die Lieferung erlesener Waren gehört doch zu unserem Abkommen. Wird nicht auch Acha glücklich sein, wenn es ihm nicht an Speis und Trank mangelt, während er darauf wartet, daß du deine Verfügung abfaßt und er freigelassen wird?»

Ramses erhob sich. Die Unterredung war beendet.

«Ach, Majestät … Wüßte ich nur, wie lange dein Nachdenken dauern wird …»

«Einige Tage.»

«Wir werden gewiß zu einer Übereinkunft gelangen, die für Ägypten wie für die Provinz Amurru gleichermaßen von Nutzen sein wird.»

Tief in Gedanken, den Löwen zu seinen Füßen, blickte Ramses auf das Meer. Nur wenige Schritte von ihm entfernt liefen die Wellen sanft im Sand aus, weit draußen tummelten sich Delphine, und von Süden her wehte ein kräftiger Wind.

Da setzte sich Setaou unvermutet neben den Herrscher.

«Ich mag das Meer nicht, es birgt keine Schlangen. Obendrein ist das andere Ufer nicht zu sehen.»

«Benteschina versucht mich zu erpressen.»

«Und du schwankst zwischen Ägypten und Acha.»

«Machst du mir das zum Vorwurf?»

«Nein, im Gegenteil, aber ich weiß, welche Entscheidung du treffen mußt, und sie gefällt mir nicht.»

«Solltest du etwa einen Plan haben?»

«Weshalb würde ich sonst den Herrn der Beiden Länder beim Nachdenken stören?»

«Acha darf keiner Gefahr ausgesetzt werden.»

«Du verlangst viel von mir.»

«Gibt es eine echte Aussicht auf Erfolg?»

«Ja eine, vielleicht.»

Benteschinas Haushofmeister mühte sich redlich, die nie versiegenden Wünsche seines Herrn zu befriedigen. Der Fürst von Amurru trank viel und duldete nur die besten Weine. Obgleich der Keller des Palastes stetig aufgefüllt wurde, schwanden die Vorräte bei den zahlreichen Festgelagen immer sehr schnell. So erwartete der Haushofmeister jede neue Lieferung mit Ungeduld.

Die ägyptischen Truppen hatten Berytos just in einer Zeit zu belagern angefangen, in der er die Ankunft einer Karawane herbeisehnte, die dem Palast an die hundert Amphoren mit rotem Wein aus dem Delta bringen sollte, denn Benteschina begehrte nur diesen und keinen anderen.

Wie groß war da die Freude des Haushofmeisters, als er mit riesigen Amphoren beladene Esel in den großen Hof hineintrotten sah! Offenbar hatten die Belagerer sie durchgelassen. Benteschinas Erpressung war also erfolgreich gewesen.

Der Haushofmeister lief der Karawane entgegen und erteilte ihrem Anführer seine Weisungen: Ein Teil der Krüge sollte in den Keller gebracht werden, ein anderer in den Vorratsraum neben der Küche und der Rest in eine Kammer, die an den Festsaal angrenzte.

Das Abladen begann, von Scherzen und rhythmischen Gesängen begleitet.

«Könnten wir nicht eine Kostprobe nehmen?» schlug der Haushofmeister dem Anführer der Karawane vor.

«Welch guter Einfall!»

Die beiden Männer begaben sich in den Keller. Als sich der Haushofmeister über einen der großen Krüge beugte, vermeinte er bereits den fruchtigen Geschmack des Weins auf der Zunge zu spüren. Doch während er mit der Hand liebevoll über den gewölbten Bauch des Gefäßes strich, traf ihn ein heftiger Schlag ins Genick, unter dem er zusammensackte.

Der Anführer der Karawane, ein Offizier der Armee des Pharaos, ließ Setaou und die übrigen Männer, die sich an diesem Überfall beteiligten, aus ihren Krügen heraus. Mit leichten Streitäxten bewaffnet, deren Klingen durch drei Zapfen mit den Stielen verbunden und fest mit ihnen verschnürt waren, fielen sie über die Wachen her, die nicht mit einem Angriff innerhalb der Stadt gerechnet hatten.

Während einige Männer des Trupps das Haupttor der Stadt öffneten, um den Fußsoldaten des Regiments Re Einlaß zu verschaffen, eilte Setaou in die Gemächer Benteschinas. Als ihm zwei Krieger den Weg versperrten, ließ er Vipern frei, die überaus gereizt waren, weil sie so lange in einem Sack gesteckt hatten.

Beim Anblick der Schlange, mit der Setaou ihn bedrohte, begann Benteschina vor Angst zu geifern.

«Laß Acha frei oder du bist des Todes!»

Der Fürst zauderte nicht lange. Zitternd und keuchend wie ein außer Atem geratener Ochse, machte er selbst die Tür zu dem Gemach auf, in dem Acha eingeschlossen war.

Überwältigt von der Freude, seinen Freund bei guter Gesundheit zu sehen, unterlief Setaou ein Mißgeschick, denn bei einer unglücklichen Handbewegung entglitt die Viper seinem festen Griff und stürzte sich auf Benteschina.

NEUN

VON SCHLANKEM WUCHS, mit edler und gerader Nase, großen, mandelförmigen Augen, die streng und durchdringend blickten, und mit einem nahezu kantigen Kinn war Tuja, die Mutter des Königs, die allmählich an die fünfzig Jahre zählte, immer noch die Hüterin der Tradition und der hehren Gesinnung im Land am Nil. Sie stand zahllosen Bediensteten vor, erteilte Ratschläge, ohne zu befehlen, wachte jedoch darüber, daß die alten Werte in Ehren gehalten wurden, unter deren Einfluß sich das ägyptische Königtum zu einer festgefügten Staatsform entwickelt hatte, zu einem Bindeglied zwischen dem Sichtbaren und dem Verborgenen.

Tuja, die in amtlichen Schriften «die Mutter des Gottes, die den mächtigen Stier Ramses zur Welt gebracht hat» genannt wurde, lebte in der Erinnerung an ihren verstorbenen Gemahl, Pharao Sethos. Gemeinsam hatten sie ein starkes Ägypten aufgebaut, das sorgenfrei lebte, und nun oblag es ihrem Sohn, das Land auf dem Pfad des Wohlstands zu halten. Ramses besaß die gleiche Kraft wie sein Vater, den gleichen Glauben an seine große Aufgabe, und nichts bedeutete ihm mehr als das Glück seines Volkes.

Um Ägypten vor dem Einfall feindlicher Horden zu bewahren, hatte er sich auf den Krieg gegen die Hethiter einlassen müssen. Eine Entscheidung, die Tuja billigte, denn Zugeständnisse an das

Böse führten unweigerlich ins Verderben. Ihm blieb keine andere Wahl, als zu kämpfen.

Doch die Kämpfe dauerten schon lange, und Ramses ging unablässig Wagnisse ein. Tuja betete, daß die Seele des zu einem Stern gewordenen Sethos den Pharao beschützen möge. Mit ihrer Rechten umfaßte sie den Handgriff eines Spiegels. Er war wie ein Papyrusstengel geformt, was in der Hieroglyphenschrift «grün, blühend und jung» besagte. Wurde der kostbare Gegenstand in ein Grab gelegt, bescherte er der Toten, die in ihm ruhte, ewige Jugend. Tuja wandte die Bronzescheibe dem Himmel zu und bat den Spiegel, ihr die Geheimnisse der Zukunft zu enthüllen.

«Darf ich dich stören?»

Bedächtig drehte die Mutter des Königs sich um.

«Nefertari …»

In ihrem langen, weißen Kleid, das ein roter Gürtel in der Taille zusammenhielt, glich die schöne Große Königsgemahlin einer jener Göttinnen, die in den Häusern für die Ewigkeit im Tal der Könige und im Tal der Königinnen die Wände zierten.

«Nefertari, bringst du mir frohe Kunde?»

«Ramses hat Acha befreit und die Provinz Amurru wieder eingenommen. Berytos ist Ägypten von neuem untertan.»

Die beiden Frauen umarmten einander.

«Wann kehrt er zurück?»

«Das weiß ich nicht», antwortete Nefertari.

Während sie ihr Gespräch fortsetzten, nahm Tuja wieder vor ihrem Schminktisch Platz. Mit den Fingerspitzen verrieb sie auf ihrem Gesicht eine Salbe, die hauptsächlich aus Honig, rotem Natron, Alabasterstaub, Eselsmilch und Samen des Bockshornklees bestand. Das Mittel glättete Falten und straffte und verjüngte die Haut.

«Du scheinst beunruhigt zu sein, Nefertari.»

«Ich fürchte, daß Ramses beschließen könnte, noch weiter vorzudringen.»

«Gen Norden, nach Kadesch ...»

«Vielleicht gerät er in eine neue Falle, die ihm Muwatalli stellt. Lockt der hethitische König unsere Armee nicht in einen Hinterhalt, wenn er Ramses mehr oder minder mühelos die Gebiete zurückerobern läßt, die schon vordem zu unserem Einflußbereich gehört hatten?»

Die Stammesführer waren in dem geräumigen, aus getrockneten Lehmziegeln erbauten Haus Aarons versammelt. Allen Hebräern hatten sie Stillschweigen auferlegt, denn es ging um die Sicherheit von Moses, dessen Rückkehr den ägyptischen Ordnungskräften nicht bekanntwerden durfte.

Moses erfreute sich nach wie vor großer Beliebtheit. Viele hofften darauf, daß er es wie früher verstehen würde, den Stolz des kleinen Volks der Ziegelmacher zu wecken. Diese Meinung teilte Libni jedoch nicht, den sie zu ihrem Oberhaupt ernannt hatten, um zwischen den verschiedenen Sippen einen gewissen Zusammenhalt zu bewahren.

«Weshalb bist du zurückgekommen, Moses?» fragte der Greis mit rauher Stimme.

«Weil ich im Gebirge einen Dornbusch brennen sah, den die Flammen nicht verzehrten.»

«Ein Trugbild.»

«Nein, das Zeichen für die Anwesenheit Gottes.»

«Hast du den Verstand verloren, Moses?»

«Gott hat mich aus diesem Dornbusch gerufen, und Er hat zu mir gesprochen.»

Die Alten murrten.

«Was hat Er zu dir gesagt?»

«Gott hat das Klagen und Stöhnen der unter das Joch der Knechtschaft gezwungenen Kinder Israels vernommen.»

«Das ist Unsinn, Moses, wir sind freie Arbeiter und keine Kriegsgefangenen!»

«Den Hebräern steht es nicht frei, nach eigenem Gutdünken zu handeln.»

«Aber doch, gewiß! Was willst du denn mit deinen Worten erreichen?»

«Gott hat zu mir gesagt: ‹Wenn du das Volk aus Ägypten geführt hast, werdet ihr Gott opfern auf diesem Berge.›»

Die Stammesältesten sahen einander bestürzt an.

«Aus Ägypten geführt!» rief einer. «Was soll das heißen?»

«Gott hat das Elend seines Volkes in Ägypten gesehen, Er möchte es davon erlösen und ihm den Weg in ein weites, fruchtbares Land weisen.»

Libni geriet in Zorn.

«Dein Aufenthalt in der Fremde hat dir die Sinne verwirrt, Moses. Wir haben uns vor langer Zeit hier niedergelassen, du selbst bist hier geboren, und dieses Land ist unsere Heimat geworden.»

«Ich habe mehrere Jahre in Midian zugebracht, dort als Hirte gearbeitet, mich vermählt, und ich habe einen Sohn. Ich war überzeugt, daß mein Leben seine endgültige Wendung genommen hätte, doch Gott entschied anders.»

«Du mußtest fliehen, nachdem du eine Bluttat begangen hattest.»

«Ja, ich habe einen Ägypter getötet, weil er einen Hebräer zu töten drohte.»

«Man kann Moses keinen Vorwurf machen», versuchte einer der Stammesführer zu vermitteln. «Jetzt ist es an uns, ihn zu beschützen.»

Die anderen Mitglieder des Rates pflichteten ihm bei.

«Wenn du hier leben möchtest, werden wir dich verbergen», erklärte Libni, «aber du mußt deine unsinnigen Pläne fallenlassen.»

«Ich werde euch zu überzeugen wissen, so es not tut, auch einen nach dem anderen, denn das ist der Wille Gottes.»

«Wir tragen uns nicht mit der Absicht, Ägypten zu verlassen», beteuerte der jüngste Stammesführer. «Wir nennen hier Häuser und Gärten unser eigen, den besten Ziegelmachern wurde jüngst mehr Lohn zugesprochen, und jeder kann sich satt essen. Warum sollten wir dieses behagliche Leben aufgeben?»

«Weil ich euch ins Gelobte Land geleiten muß.»

«Du bist nicht unser Anführer», wandte Libni ein, «und du wirst uns nicht vorschreiben, was wir zu tun haben.»

«Auch du wirst gehorchen, weil Gott es fordert.»

«Weißt du, mit wem du sprichst?»

«Es lag mir fern, dich zu kränken, Libni, aber ich darf meine Absichten nicht verhehlen. Welcher Mensch wäre so hochmütig, zu glauben, daß sein Wille stärker sei als der Wille Gottes?»

«Solltest du wahrhaftig von Ihm ausgesandt sein, wirst du dies unter Beweis stellen müssen.»

«Beweise wird es zuhauf geben, sei ohne Sorge.»

Acha lag auf einem weichen Bett und ließ sich von Lotos massieren, deren streichelnde Hände alle Schmerzen und Anspannungen verscheuchten. Obgleich die hübsche Nubierin so zerbrechlich anmutete, zeugten ihre Bewegungen doch von erstaunlicher Kraft.

«Wie fühlst du dich?»

«Besser … Aber im unteren Bereich der Lenden tut es noch unerträglich weh.»

«Du wirst es schon ertragen!» knurrte Setaou, der soeben in Achas Zelt eingetreten war.

«Deine Frau ist göttlich.»

«Mag sein, aber sie ist *meine* Frau!»

«Setaou! Du wirst doch nicht denken ...»

«Unterhändler und Gesandte sind ebenso listenreich wie lügnerisch, und du, du bist der Erste unter ihnen. Steh auf, Ramses erwartet uns.»

Acha wandte sich an Lotos.

«Kannst du mir dabei helfen?»

Da zog Setaou ihn an einem Arm hoch und zwang ihn, sich auf die Beine zu stellen.

«Du bist vollkommen genesen. Fortan bedarfst du keiner Massagen mehr!»

Der Schlangenkundige reichte dem Gesandten einen Schurz und ein Hemd.

«Beeile dich, der König kann es nicht ausstehen, wenn man ihn warten läßt.»

Nachdem er einen neuen Fürsten von Amurru in sein Amt eingesetzt hatte, einen aus dem Lande der Zedern stammenden, aber in Ägypten ausgebildeten Mann, dessen Treue vielleicht beständiger sein würde als die Treue Benteschinas, ernannte Ramses in seinen Schutzgebieten längs des Mittelländischen Meeres noch weitere neue Würdenträger. Er legte Wert darauf, daß Fürsten sowie Vorsteher der Städte und Dörfer Einheimische waren, die sich durch einen Eid verpflichteten, ihr Bündnis mit Ägypten einzuhalten. Falls sie ihr Wort brachen, würden seine Armeen unverzüglich eingreifen. Um die Überwachung zu gewährleisten und von jedweder Veränderung rasch Kenntnis zu erlangen, hatte Acha einen Plan ersonnen, von dem er sich viel versprach: Es sollten nur wenige Soldaten an Ort und Stelle bleiben, aber dafür gut bezahlte Kundschafter in großer Zahl eingesetzt werden. Der Oberste Gesandte glaubte an die Tugenden seines Geheimdienstes.

Auf einem niedrigen Tisch hatte Ramses eine Landkarte der Ostländer ausgebreitet. Die Anstrengungen seiner Truppen waren belohnt worden: Kanaan, Amurru und der Süden Syriens bildeten aufs neue eine ausgedehnte Pufferzone zwischen dem Land am Nil und dem Königreich Hatti.

Es war der zweite Sieg, den Ramses über die Hethiter errungen hatte. Nun mußte er noch eine Entscheidung treffen, die für die Zukunft Ägyptens von größter Bedeutung sein würde.

Endlich erschienen Setaou und der nicht so elegant wie sonst gekleidete Acha in dem Zelt, in dem Heerführer und hohe Offiziere bereits Platz genommen hatten, um Rat zu halten.

«Sind alle feindlichen Festungen bezwungen worden?» wollte der König gerade wissen.

«Ja, Majestät», versicherte der Befehlshaber des Regiments Re. «Die letzte, die Feste Schalom, ist gestern gefallen.»

«*Schalom* heißt ‹Frieden›», erklärte Acha, «und zur Zeit herrscht er in dieser Gegend.»

«Sollen wir weiter gen Norden vorrücken, Kadesch in unsere Gewalt bringen und den Hethitern einen tödlichen Schlag versetzen?» fragte Ramses.

«Das ist der Wunsch der hohen Offiziere», beteuerte der General. «Wir müssen unseren Sieg vollenden und die Barbaren ausrotten.»

«Dabei wird uns keinerlei Erfolg beschieden sein», bemerkte Acha. «Die Hethiter haben sich nach dem Vorstoß wieder zurückgezogen, ihre Truppen sind unversehrt, und sie bereiten Fallen vor, die uns empfindliche Verluste beibringen können.»

«Mit Ramses an unserer Spitze werden wir siegen», ereiferte sich der Heerführer.

«Ihr kennt das Gelände nicht. Auf den Hochebenen im Westen ihres Reiches sowie in den Schluchten und Wäldern können die

Hethiter uns aufreiben. Schon in Kadesch werden Tausende unserer Fußsoldaten ihr Leben lassen, dabei sind wir nicht einmal sicher, ob es uns überhaupt gelingen kann, die Zitadelle einzunehmen.»

«Nichtige Ausflüchte eines Gesandten, der nur auf Verhandlungen setzt … Dieses Mal sind wir gut darauf vorbereitet», wandte der General ein.

«Zieht euch zurück!» befahl Ramses. «Im Morgengrauen werdet ihr meine Entscheidung erfahren.»

ZEHN

DANK DER GASTFREUNDSCHAFT Aarons verbrachte Moses etliche Wochen unbehelligt im Viertel der Ziegelmacher. Seine Frau und sein Sohn konnten sich frei bewegen und erkundeten staunend das lebhafte Treiben in der ägyptischen Hauptstadt. Da sie sich im Kreis der Hebräer schnell heimisch fühlten, dauerte es auch nicht lange, bis sie Umgang mit Ägyptern, Nubiern und Fremdlingen aus den Ostländern sowie mit anderen Bewohnern von Pi-Ramses pflegten.

Moses lebte dagegen sehr zurückgezogen. Mehrfach hatte er darum gebeten, ein weiteres Mal vom Rat der Alten angehört zu werden, jedoch vor den ungläubigen und seine Ansichten mißbilligenden Stammesführern nie seine ersten Erklärungen widerrufen.

«Ist deine Seele noch immer so aufgewühlt?» fragte Aaron.

«Seit mir der brennende Dornbusch erschienen ist, nicht mehr.»

«Hier glaubt niemand, daß Gott sich dir offenbart hat.»

«Sobald ein Mensch weiß, welche Aufgabe er auf Erden erfüllen muß, ist er gegen jeden Zweifel gefeit. Mein Weg ist vorgezeichnet, Aaron.»

«Aber du stehst allein, Moses.»

«Das sieht nur so aus. Meine Überzeugungen werden letzten Endes die Gemüter aufrütteln.»

«In Pi-Ramses fehlt es den Hebräern an nichts. Und wo willst du in der Wüste Nahrung finden?»

«Dafür wird Gott sorgen.»

«Du bist zum Anführer wie geschaffen, aber du schlägst den falschen Weg ein. Ändere deinen Namen und dein Aussehen, vergiß die unsinnigen Pläne und nimm wieder den Platz ein, der dir gebührt. Dann wirst du in Frieden alt werden, geehrt und frei von Sorgen, als Oberhaupt einer großen Familie.»

«Das ist mir nicht bestimmt, Aaron.»

«Schlage dir deine Wahnvorstellungen aus dem Kopf!»

«Daran vermag ich nichts mehr zu ändern.»

«Weshalb verdirbst du dir auf diese Weise das Leben, wenn das Glück doch zum Greifen nahe liegt?»

Da klopfte es an die Tür von Aarons Haus.

«Im Namen des Pharaos, aufmachen!»

Moses lächelte.

«Siehst du, Aaron, man läßt mir gar keine Wahl.»

«Du mußt fliehen.»

«Diese Tür ist der einzige Ausgang.»

«Ich werde dich verteidigen.»

«Nein, Aaron.»

Moses öffnete selbst die Tür.

Serramanna, der sardische Riese, blickte den Hebräer ungläubig an.

«Man hat mich also nicht belogen … Du bist tatsächlich zurückgekehrt.»

«Möchtest du hereinkommen und unser Mahl mit uns teilen?»

«Ein Hebräer hat dich verraten, Moses, ein Ziegelmacher, der befürchtete, daß er seine Arbeit verlieren würde, weil du dich wieder in diesem Viertel aufhältst. Folge mir, ich muß dich ins Gefängnis bringen.»

Da trat Aaron dazwischen.

«Moses hat ein Recht darauf, vor ein Gericht gestellt zu werden.»

«Das wird er auch.»

«Falls du dich nicht vorher seiner entledigst.»

Serramanna packte Aaron am Kragen seines Gewandes.

«Willst du mich einen Mörder heißen?»

«Es steht dir nicht zu, mich zu mißhandeln.»

Der Sarde ließ Aaron los.

«Das stimmt ... Aber steht es dir zu, mich zu beleidigen?»

«Wenn man Moses festnimmt, wird man ihn umbringen.»

«Die Gesetze gelten für alle, auch für die Hebräer.»

«Fliehe, Moses, gehe wieder in die Wüste!» flehte Aaron.

«Du weißt genau, daß wir gemeinsam dorthin aufbrechen werden.»

«Du wirst dieses Gefängnis nicht mehr lebend verlassen.»

«Gott wird mir beistehen.»

«Komm jetzt!» forderte Serramanna ihn auf. «Und zwinge mich nicht dazu, dir die Hände zu binden.»

In einer Ecke der Zelle sitzend, betrachtete Moses den Lichtstrahl, der zwischen den Gitterstäben einfiel. Er ließ Tausende in der Luft schwebende Staubkörnchen flimmern und zeichnete einen hellen Fleck auf den Lehmboden, den die Füße Gefangener festgestampft hatten.

In Moses würde für alle Zeit das Feuer des brennenden Dornbusches lodern, ihn mit der Kraft erfüllen, die von dem Berg ausging, auf dem Jahwe ihm erschienen war. Vergessen seine Vergangenheit, vergessen Frau und Sohn: Für ihn zählte fortan nur noch der Auszug aus Ägypten, der Aufbruch der Hebräer ins Gelobte Land.

Eine wahnwitzige Hoffnung für einen Mann, der in einer Zelle des großen Gefängnisses von Pi-Ramses eingeschlossen war und den die ägyptische Gerichtsbarkeit für einen einst begangenen Mord zum Tode oder, im günstigsten Fall, zur Zwangsarbeit in den Oasen verurteilen würde. Trotz des Vertrauens, das er in Jahwe setzte, beschlichen Moses zuweilen Zweifel. Auf welche Weise würde Gott ihn befreien und es ihm möglich machen, seine Aufgabe zu erfüllen?

Als der Hebräer gerade im Begriff war einzuschlafen, riß ihn in der Ferne vernehmbares Geschrei aus seinem Dämmerzustand. Es schwoll nach und nach immer lauter an, bis es ohrenbetäubend wurde. Es hörte sich an, als sei die ganze Stadt in Aufruhr.

Ramses der Große war wieder da!

Niemand hatte ihn so früh erwartet, man rechnete erst in einigen Monaten mit seiner Rückkehr, doch er war es tatsächlich: strahlend, mit der blauen Krone auf dem Haupt, über der Stirn die goldene Uräusschlange und in ein rituelles Gewand gehüllt, auf dem blaugrüne Falkenschwingen aufgemalt waren, die ihn unter den Schutz der Göttin Isis stellten. Prächtig war er anzusehen auf seinem Streitwagen, den «Sieg in Theben» und «Göttin Mut ist zufrieden» zogen, seine zwei Pferde, deren Köpfe rote Federn mit blauen Spitzen schmückten. Rechts vom Streitwagen schritt Schlächter, der riesige Löwe, einher und betrachtete die längs des Weges versammelten Bewohner der Stadt.

Wie aus einer Kehle stimmten die Fußsoldaten das inzwischen schon altbekannte Lied an: «Ramses' Arm ist kraftvoll, sein Herz tapfer, er ist ein Bogenschütze ohnegleichen, ein Schutzwall für seine Soldaten, eine Flamme, die seine Feinde verschlingt.»

Heerführer, Offiziere der Wagenkämpfer wie der Fußtruppen, Schreiber der Armee und einfache Soldaten: sie alle hatten ihre

Prunkgewänder angelegt, um hinter den Trägern ihrer Feldzeichen aufzumarschieren. Von der Menge umjubelt, dachten die Männer bereits an die Muße und die Belohnungen, die ihrer harrten und sie die erbitterten Kämpfe vergessen lassen würden. Im Leben eines Soldaten gibt es keinen schöneren Augenblick als die Rückkehr in die Heimat, vor allem nach einem Sieg.

Von diesem großen Ereignis überrascht, hatten die Gärtner keine Zeit gehabt, die breite Prachtstraße von Pi-Ramses zu schmücken, die zu den Tempeln führte, zum Tempel des Gottes Ptah, der mit seinem Wort die Welt erschaffen hatte, und zu dem der furchterregenden Göttin Sachmet, in deren Macht es stand, zu zerstören oder zu heilen. Aber die Köche waren bereits emsig am Werk, brieten Gänse, Ochsen- und Schweinefleisch und füllten Körbe mit gedörrtem Fisch sowie mit Gemüse und Früchten. Aus den Kellern wurden Krüge voll Bier und Wein geholt. Die Bäcker buken in aller Eile Brote und Kuchen. Die Vornehmen der Stadt hatten ihre Festtagsgewänder angezogen, indes die Dienerinnen letzte Hand an die Haarpracht ihrer Herrinnen legten.

Das Ende des Zuges bildeten Hunderte Gefangener aus den zurückeroberten Gebieten. Manchen hatte man die Hände auf den Rücken gebunden, andere konnten sich ungehindert bewegen, mit Frauen und Kindern an ihrer Seite und Eseln, die ihre bescheidene Habe trugen. Später sollten die Gefangenen dem Amt für die Vermittlung von Arbeitskräften vorgeführt werden, das sie den Ländereien und Baustätten der verschiedenen Tempel zuweisen würde. Dort konnten sie die ihnen auferlegte Zeit der Gefangenschaft als Landarbeiter oder Bauhelfer ableisten und am Ende entscheiden, ob sie in Ägypten bleiben oder in ihre Heimat zurückkehren wollten.

Verhieß das nun dauerhaften Frieden oder nur vorübergehende Waffenruhe? Hatte der Pharao die Hethiter vernichtend geschlagen, oder war er nur wiedergekommen, um Kräfte zu sammeln und dann erneut in die Schlacht zu ziehen? Diejenigen, die nichts wußten, ließen sich am weitschweifigsten darüber aus, und es gingen Gerüchte um, daß König Muwatalli den Tod erlitten habe, daß die Zitadelle von Kadesch erstürmt und die Hauptstadt der Hethiter zerstört worden sei. Alle warteten auf die Zeremonie, in deren Verlauf Ramses und Nefertari an einem Fenster des königlichen Palastes erscheinen und die tapfersten Soldaten mit goldenen Halsketten auszeichnen würden.

Zur allgemeinen Überraschung begab sich Ramses jedoch nicht in den Palast, sondern strebte dem Tempel der Göttin Sachmet zu. Denn er allein hatte bemerkt, daß am Himmel sehr schnell dichter und dunkler werdendes Gewölk aufstieg. Die Pferde wurden unruhig, der Löwe knurrte.

Ein Gewitter braute sich zusammen.

Angst folgte der Freude. Wenn die furchterregende Göttin den Zorn der Wolken auf die Erde herabschickte, bedeutete das nicht, daß dem Königreich Ägypten erneut Krieg drohte und Ramses unverzüglich auf das Schlachtfeld zurückkehren mußte?

Die Soldaten hörten auf zu singen.

Allmählich wurde jedem klar, daß dem Pharao der nächste Kampf bevorstand, bei dem er Sachmet besänftigen und sie daran hindern mußte, Unheil und Leid über das Land zu bringen.

Der König stieg von seinem Streitwagen, tätschelte seinen Pferden und dem Löwen den Kopf, dann hielt er im Vorhof des Tempels innere Einkehr. Die Wolke hatte sich geteilt, vervielfacht, begann das Licht der Sonne zu verdecken.

Da überwand der Herrscher die Anstrengungen der Reise, vergaß die Feste, die Pi-Ramses zu feiern sich anschickte, und bereitete sich auf die Begegnung mit der Furchterregenden vor. Nur er vermochte ihre Wut zu beschwichtigen.

Ramses stieß das vergoldete Tor aus Zedernholz auf und betrat den Saal der Reinigung, in dem er die blaue Krone ablegte. Dann schritt er langsam durch die Säulenhalle, über die Schwelle des Kultsaales und näherte sich dem Allerheiligsten.

Erst jetzt sah er sie: eine lichtvolle Gestalt in der Dunkelheit.

Ihr langes, weißes Kleid strahlte wie eine Sonne, der Duft ihrer rituellen Perücke verzauberte die Seele, und die Würde in ihrer Haltung glich der Würde der Tempelsteine.

Nefertaris Stimme ertönte so lieblich wie Harfenklänge. Sie sprach die Worte der Huldigung und der Besänftigung, die seit den Anfängen der ägyptischen Kultur die Furchterregende in eine sanft Liebende verwandelten. Ramses hob die Arme, streckte der löwenköpfigen Statue die geöffneten Hände entgegen und las laut die in die Wände gemeißelten Sprüche.

Sobald seine Gebete verstummt waren, reichte ihm die Königin die rote Krone Unterägyptens, die weiße Krone Oberägyptens und das Zepter, das die Inschrift «Herrschaft über die Macht» trug.

Mit der Doppelkrone auf dem Haupt, das Zepter in der Rechten, verneigte sich Ramses vor der heilbringenden Wirkkraft, die der Statue innewohnte.

Als das Königspaar den Tempel verließ, leuchtete die Sonne wieder am Himmel über der türkisfarbenen Stadt. Das Gewitter hatte sich verzogen.

ELF

Kaum hatte Ramses das Gold der Tapferkeit verteilt, da stattete er Homer einen Besuch ab, dem griechischen Poeten, der beschlossen hatte, sich in Ägypten niederzulassen, um hier seine großen Werke zu schreiben und seine Tage zu beschließen. Das behagliche Haus in der Nähe des Palastes war von einem Garten umgeben, dessen Prunkstück, ein Zitronenbaum, die nahezu erblindeten Augen des Greises mit dem langen, weißen Bart erfreute. Wie gewöhnlich rauchte er Salbeiblätter, mit denen er den Kopf seiner Pfeife, ein großes Schneckenhaus, gestopft hatte, und trank dazu mit Anis und Koriander gewürzten Wein, als der König von Ägypten zu ihm trat.

Auf einen knorrigen Stock gestützt, erhob sich der Poet.

«Bleibe doch sitzen, Homer!»

«Wenn man den Pharao nicht mehr grüßt, wie es sich geziemt, bedeutet das den Untergang der Kultur.»

Die beiden Männer nahmen im Garten Platz.

«Habe ich recht gehabt, Majestät, als ich folgende Verse schrieb: *Gleiches Teil erhält, wer zurückbleibt und wer im Kampfe steht. Gleiche Ehre erhält der Feige und der Beherzte. Auch der Müßige stirbt gleich dem, der vieles geleistet. Nichts gewann ich dabei, daß Leiden im Mut ich erduldet und daß immer mein Leben ich eingesetzt, wenn ich kämpfte.*»

«Nein, Homer.»

«Dann bist du also siegreich wiedergekehrt?»

«Die Hethiter sind in ihre angestammten Stellungen zurückgedrängt worden, sie werden nicht in Ägypten einfallen.»

«Feiern wir das Ereignis, Majestät! Ich habe mir einen bemerkenswerten Wein liefern lassen.»

Homers Koch brachte eine kretische Amphore. Aus ihrem besonders engen Hals floß nur ein dünner Strahl des Weins, der mit Meerwasser versetzt war, das man in der Nacht der Sommersonnenwende geschöpft und drei Jahre lang aufbewahrt hatte.

«Der Bericht über die Schlacht bei Kadesch ist vollendet», verriet Homer. «Ich habe ihn deinem Obersten Schreiber, Ameni, diktiert, der ihn bereits an die Steinmetze weitergegeben hat.»

«Er wird in die Wände der Tempel gemeißelt und soll fortan vom Sieg der Ordnung über das Chaos künden.»

«Wie beklagenswert, Majestät, daß der Kampf stets aufs neue beginnen muß! Liegt es nicht im Wesen des Chaos, die Ordnung verschlingen zu wollen?»

«Deshalb wurde das Pharaonentum gegründet, das allein die Herrschaft der Maat zu festigen vermag.»

«Verändere es ja nicht, denn ich möchte noch lange glücklich in diesem Lande leben.»

Hektor, Homers schwarzweiße Katze, sprang auf den Schoß des Poeten und wetzte ihre Krallen an seinem Gewand.

«Hunderte von Meilen zwischen deiner Hauptstadt und der des Hethiterreichs ... Werden sie genügen, um die Finsternis fernzuhalten?»

«Solange mir der Odem des Lebens gegeben ist, werde ich mich dafür einsetzen.»

«Der Krieg findet nie ein Ende. Wie viele Male wirst du noch ausrücken müssen?»

Nachdem Ramses Homers Wohnsitz verlassen hatte, begab er sich zu Ameni, der ihn bereits erwartete. Von noch bleicherer Gesichtsfarbe als gewöhnlich, abgemagert und weiterer Haare verlustig gegangen, mutete der Oberste Schreiber des Königs zerbrechlicher denn je an. Hinter einem Ohr klemmte eine Binse.

«Ich möchte dringend etwas mit dir besprechen, Majestät.»

«Sollte dir eines deiner Schriftstücke Kopfzerbrechen bereiten?»

«Nein, kein Schriftstück ...»

«Gewährst du mir ein wenig Zeit für meine Familie?»

«Zuvor erlegen dir die Erfordernisse des Hofes noch einige Zeremonien und Audienzen auf ... Dahinter will ich ja gerne zurückstehen, aber es gibt etwas viel Wichtigeres: ‹Er› ist wieder da ...»

«Sprichst du etwa von ...»

«Ja, von Moses.»

«Befindet er sich in Pi-Ramses?»

«Du wirst zugeben müssen, daß Serramanna keinen Fehler begangen hat, als er ihn festnahm. Hätte er ihn in Freiheit gelassen, hätte er das Rechtswesen dem Gespött preisgegeben.»

«Man hat Moses ins Gefängnis geschickt?»

«Es mußte sein.»

«Bringe ihn augenblicklich zu mir.»

«Das ist unmöglich, Majestät. Der Pharao kann nicht in ein Rechtsverfahren eingreifen, auch dann nicht, wenn ein Freund betroffen ist.»

«Aber wir besitzen doch Beweise für seine Unschuld!»

«Dennoch ist es unerläßlich, den Dingen ihren üblichen Lauf zu lassen. Erwiese sich der Pharao nicht als erster Diener der Maat und der Gerechtigkeit, brächen in diesem Land Unordnung und Wirrnis aus.»

«Du bist ein wahrer Freund, Ameni.»

Der kleine Kha schrieb die berühmten Worte ab, die schon Generationen von Schreibern vor ihm wieder und wieder abgeschrieben hatten:

Bücher mit Lehren schaffen sie sich als Erben, jene weisen Schreiber, die in den Schriften beschlagen sind. Ihr geliebter Sohn ist die Schreibtafel. Lehren sind ihre Pyramiden, das Schreibrohr ist ihr Kind, die mit Hieroglyphen übersäte Steinfläche ihre Gemahlin. Bauwerke zerfallen, der Sand bedeckt die Stelen, Gräber werden vergessen, doch die Namen der Schreiber, die in Weisheit lebten, werden fortdauern wegen der Bücher, die sie verfaßt haben. Werde Schreiber und präge diesen Satz deinem Herzen ein: Ein Buch ist nützlicher als die dickste Wand. Es wird dir als Tempel dienen, wenn dein Leib zerfallen ist. Durch ein Buch wird dein Name auf den Lippen der Menschen weiterleben, es ist beständiger als ein fest gebautes Haus.

Der Knabe war mit dem Verfasser dieser Lehren nicht ganz einer Meinung. Gewiß, das Geschriebene überdauerte die Zeiten, aber verhielt es sich nicht ebenso mit den Häusern für die Ewigkeit und mit den steinernen Heiligtümern, die von den Baumeistern errichtet wurden? Der Schreiber, der diese Zeilen ersonnen hatte, rühmte die Vortrefflichkeit seines Standes so sehr, daß er sie dabei übertrieb. Deshalb schwor sich Kha, sowohl Schreiber als auch Baumeister zu werden, um seinen Verstand nicht einzuschränken.

Seit sein Vater ihn dem Tod in Gestalt einer Kobra gegenübergestellt hatte, war Ramses' erstgeborener Sohn viel reifer geworden und hatte kindlichen Spielen endgültig abgeschworen. Welchen Reiz konnte ein hölzernes Pferd auf Rollen schon haben im Vergleich zu der schwierigen Rechenaufgabe, die der Schreiber Amosis in dem fesselnden Papyrus gestellt hat, den Nefertari ihm geschenkt hatte? Amosis setzte den Flächeninhalt eines Kreises mit dem eines Quadrates gleich, dessen Seiten acht Neuntel der Länge des Durchmessers aufwiesen, ungeachtet dessen, ob der Kreis groß oder klein war. Welch wunderbare Harmonie! Sobald sich ihm die Gelegenheit dazu bot, wollte Kha die Berechnung von Gebäuden erlernen, um in die Geheimnisse der Baumeister einzudringen.

«Darf ich Prinz Kha beim Nachdenken stören?» fragte Meba.

Der Knabe hob nicht einmal den Kopf.

«Wenn du es für angebracht hältst ...»

Seit einiger Zeit kam der Stellvertreter des Obersten Gesandten oft, um sich mit Kha zu unterhalten. Der Sohn des Pharaos verabscheute zwar seinen Standesdünkel und sein Gebaren, mit dem er kundtat, zu den Vornehmen des Landes zu gehören, schätzte aber seine Bildung und seine Kenntnis der Schriften.

«Noch immer eifrig, Prinz?»

«Gibt es ein besseres Mittel, das Herz zu erfreuen?»

«Das ist eine sehr ernste Frage auf so jungen Lippen. Doch im Grunde hast du nicht unrecht. Als Schreiber und Sohn des Königs wirst du Dutzenden von Dienern Befehle erteilen, du wirst weder den Pflug führen noch die Hacke schwingen, deine Hände werden zart bleiben, du wirst körperlichen Anstrengungen entgehen, nie schwere Lasten schleppen und in einem herrlichen Haus wohnen, in deinen Ställen werden prächtige Pferde stehen, du wirst jeden Tag erlesene Gewänder tragen, eine behagliche Sänfte haben und das Vertrauen des Pharaos genießen.»

«Viele faule, aber wohlhabende Schreiber leben in der Tat auf diese Weise. Ich möchte hingegen imstande sein, schwierige Schriften zu lesen, an den Ritualen teilhaben und bei den feierlichen Umzügen Opfergaben tragen dürfen.»

«Das sind bescheidene Wünsche, Prinz Kha.»

«Im Gegenteil, Meba! Sie setzen große Mühe voraus.»

«Ist Ramses' erstgeborener Sohn nicht zu höheren Aufgaben ausersehen?»

«Die Hieroglyphen werden mich leiten. Haben sie jemals gelogen?»

Die Worte dieses Knaben von zwölf Jahren lösten bei Meba Verwirrung aus. Er hatte das Gefühl, mit einem erfahrenen Schreiber zu sprechen, der Herr seiner selbst und für Schmeicheleien unempfänglich war.

«Das Leben besteht nicht nur aus Arbeit und Strenge.»

«Ich erwarte von meinem nichts anderes, Meba. Ist das verwerflich?»

«Nein, natürlich nicht.»

«Du, der du ein wichtiges Amt innehast, findest du so viel Muße, um dich zu zerstreuen?»

Der Gesandte wich Khas Blick aus.

«Ich bin sehr beschäftigt, denn Ägyptens Beziehungen zu den Fremdländern erfordern große Sachkenntnis und viel Fleiß.»

«Trifft nicht mein Vater die Entscheidungen?»

«Gewiß, aber meine Amtsbrüder und ich arbeiten emsig, um ihm seine Aufgabe zu erleichtern.»

«Ich möchte gern Einzelheiten über deine Arbeit erfahren.»

«Sie ist sehr vielschichtig, und ich weiß nicht, ob ...»

«Ich werde mir Mühe geben, es zu verstehen.»

Die Ankunft Merit-Amuns, Khas kleiner Schwester, die munter heranwirbelte, erlöste den Gesandten.

«Spielst du mit meinem Bruder?» fragte das Mädchen.

«Nein, ich bin hergekommen, um ihm ein Geschenk zu bringen.»

Neugierig geworden, horchte Kha auf.

«Worum handelt es sich?»

«Um diesen Binsenhalter, Prinz.»

Meba brachte eine hübsche, kleine Säule aus vergoldetem Holz zum Vorschein. Sie war hohl und enthielt zwölf Binsen verschiedener Größe.

«Der ist … der ist sehr schön!» stellte der Prinz fest und legte die abgenutzte Binse, deren er sich gerade bedient hatte, beiseite.

«Darf ich sie ansehen?» fragte Merit-Amun.

«Du mußt sie behutsam anfassen», sagte Kha ernst. «Sie knikken leicht.»

«Läßt du mich damit schreiben?»

«Aber nur, wenn du sehr vorsichtig bist und dich bemühst, keine Fehler zu machen.»

Kha reichte seiner Schwester ein Stückchen Papyrus und eine neue Binse, deren Spitze sie in die Tinte tauchte. Aufmerksam sah der Prinz zu, wie sie mit großer Sorgfalt Hieroglyphen zeichnete.

Völlig in ihre Tätigkeit versunken, vergaßen die beiden Kinder Mebas Anwesenheit. Eine Gelegenheit wie diese hatte der Gesandte sich erhofft.

Er nahm Khas abgenutzte Binse an sich und schlich davon.

ZWÖLF

DIE GANZE NACHT hatte Iset die Schöne von der Schilfhütte geträumt, in der sie und Ramses einander zum erstenmal geliebt hatten. Dort hatten sie ihre Leidenschaft verborgen, ohne an die Zukunft zu denken, und den Augenblick mit der Lust an ihrer Begierde genossen.

Nie hatte Iset sich gewünscht, Königin zu werden. Diese Pflichten hätten sie überfordert, ihnen war allein Nefertari gewachsen. Aber wie könnte sie Ramses vergessen, wie könnte sie dieser Liebe entsagen, die unvermindert in ihrem Herzen glühte? Während er Schlachten schlug, starb sie beinahe vor Angst. Ihr Verstand ließ sie im Stich, sie hatte keine Lust mehr, sich zu schminken, streifte sich nur wahllos irgendein Kleid über und zog nicht einmal Sandalen an.

Doch kaum war er zurückgekehrt, hatte sich ihre Trübsal verflüchtigt, und mit ihrer wiedergewonnenen Schönheit hätte Iset selbst den überheblichsten Mann betört, wenn er ihrer ansichtig geworden wäre, wie sie vor Erregung zitternd in dem Flur stand, der von Ramses' Amtsräumen zu seinen Privatgemächern führte. Falls er des Weges kam, würde sie es wagen, sich ihm zu nähern … Oder nein, sie sollte besser die Flucht ergreifen.

Wenn sie ihn belästigte, schickte er sie vielleicht wieder in eine entlegene Provinz. Dann wäre sie dazu verurteilt, ihn nicht mehr zu sehen. Und gäbe es eine Bestrafung, die schwerer zu ertragen wäre?

Als der König erschien, wankten Iset die Knie. Sie brachte weder die Kraft auf, das Weite zu suchen, noch vermochte sie ihren Blick von ihm abzuwenden. Er strahlte die Macht eines Gottes aus.

«Was tust du hier, Iset?»

«Ich wollte dir sagen ... Ich habe dir einen Sohn geschenkt.»

«Seine Amme hat ihn mir schon gezeigt: Merenptah ist ein prächtiges Kind.»

«Ich werde ihn ebenso lieben wie Kha.»

«Davon bin ich überzeugt.»

«Für dich will ich das fruchtbare Land bleiben, das du bestellst, der See, in dem du badest ... Möchtest du noch mehr Söhne, Ramses?»

«Die Lehranstalt der ‹Kinder des Königs› wird sie mir bescheren.»

«Verlange von mir, was du willst ... Meine Seele und mein Leib gehören dir.»

«Da irrst du, Iset. Kein Mensch kann einen anderen Menschen besitzen.»

«Dennoch bin ich dein, und du kannst mich in die hohle Hand nehmen wie einen aus dem Nest gefallenen Vogel. Deiner Wärme beraubt, verkümmere ich.»

«Ich liebe Nefertari, Iset.»

«Nefertari ist eine Königin, ich bin nur eine Frau; vermagst du mich nicht auf andere Art zu lieben?»

«Mit ihr baue ich eine Welt auf. Das geheime Wissen, dessen es dazu bedarf, teilt nur die Große königliche Gemahlin.»

«Gestattest du mir ... in diesem Palast zu bleiben?»

Iset der Schönen erstarb die Stimme. Von Ramses' Antwort hing ihre Zukunft ab.

«Du ziehst hier Kha, Merenptah und meine Tochter Merit-Amun groß.»

Ein Kreter aus dem unter Serramannas Befehl stehenden Söldnertrupp stellte Nachforschungen in Mittelägypten an, in den Dörfern nahe der verlassenen Hauptstadt des Ketzerkönigs Echnaton. Gleich seinem Vorgesetzten war er ein ehemaliger Seeräuber, der sich an das Leben in Ägypten, an den Wohlstand und die Vorteile, die es ihm bot, gewöhnt hatte. Da er das Meer vermißte, tröstete er sich damit, auf kleinen, schnellen Booten den Nil hinauf- und hinunterzufahren. Es machte ihm sogar Spaß, den plötzlichen, unberechenbaren Tücken des Flusses zu trotzen, zumal die Strömung, die dicht unter der Wasseroberfläche verborgenen Sandbänke sowie die Herden der zu Wutausbrüchen neigenden Nilpferde selbst einem erfahrenen Schiffer Demut abnötigten.

Hunderten von Dorfbewohnern hatte der Kreter bisher vergebens das Bildnis der ermordeten blonden Frau gezeigt. Um die Wahrheit zu sagen, er kam seiner Aufgabe ohne rechten Eifer nach, denn er vermutete, das Opfer habe bestimmt aus Pi-Ramses oder Memphis gestammt. Doch Serramanna hatte in alle Provinzen Kundschafter ausgesandt, weil er hoffte, einer von ihnen werde schon einen entscheidenden Hinweis erhalten. Der Kreter rechnete indes nicht damit, daß ihm dieser Erfolg beschieden sein würde. Er fand nur eine friedliche Landschaft vor, deren Bewohner im Rhythmus der Jahreszeiten lebten. Gewiß würde er die vom sardischen Riesen ausgesetzte Belohnung nicht einstreichen, dennoch erfüllte er gewissenhaft seine Pflicht, an der ihn allenfalls die vielen Stunden, die er dabei in Herbergen und Schenken zubringen mußte, erfreuten. Noch zwei oder drei Tage würde er seine Erkundigungen fortsetzen und dann zwar mit leeren Händen, aber frohgemut nach Pi-Ramses zurückkehren.

Von seinem Tisch aus beobachtete er das junge Mädchen, das Bier einschenkte. Fröhlich und unbekümmert machte es sich ein Vergnügen daraus, die Gäste aufzureizen. Da beschloß der ehemalige Seeräuber, sein Glück zu versuchen.

Er hielt sie am Ärmel ihres Gewandes fest.

«Du gefällst mir, Kleine.»

«Wer bist du denn?»

«Ein Mann.»

Sie brach in schallendes Gelächter aus.

«Einer so selbstgefällig wie der andere!»

«Aber ich kann den Beweis antreten.»

«Ach ja? Und wie?»

«Auf meine Art.»

«Ihr versprecht doch alle dasselbe.»

«Ich halte es auch.»

Das Mädchen legte ihm einen Finger auf die Lippen.

«Nimm dich in acht, ich mag Angeber nicht, und ich stelle hohe Ansprüche.»

«Wie gut sich das trifft, das ist auch mein größter Fehler.»

«Du bringst mich beinahe zum Träumen, du Mann.»

«Wie wäre es, wenn wir zur Tat schritten?»

«Wofür hältst du mich?»

«Für das, was du bist: ein hübsches Mädchen, das Lust hat, mit einem verwegenen Mann zu schlafen.»

«Wo bist du geboren?»

«Auf der Insel Kreta.»

«Bist du ... wirklich gut?»

«In der Liebe gebe ich ebensoviel, wie ich nehme.»

Sie trafen sich um Mitternacht in einer Scheune. Weder er noch sie hielten viel von langem Vorgeplänkel. Deshalb stürzten sie sich voller Ungestüm aufeinander, das erst abflaute, nachdem sie sich mehrmals geliebt hatten. Als ihre Begierde endlich gestillt war, blieben sie Seite an Seite liegen.

«Du erinnerst mich an jemanden», sagte er. «An eine Frau, die ich gern finden möchte.»

«Wer ist das?»

Der Kreter zeigte ihr das Bildnis der Ermordeten.

«Die kenne ich», erklärte sie.

«Wohnt sie in dieser Gegend?»

«Ja, in dem kleinen Dorf zwischen der verlassenen Hauptstadt und der Wüste. Ich bin ihr manchmal auf dem Markt begegnet, aber seit Monaten habe ich sie nicht mehr gesehen.»

«Wie heißt sie?»

«Das weiß ich nicht. Ich habe nie mit ihr gesprochen.»

«Hat sie alleine gelebt?»

«Nein, sie kam immer mit einem alten Mann, einer Art Zauberer, der noch an die Lügen des verfemten Pharaos glaubt. Die Leute machen einen Bogen um ihn.»

Im Gegensatz zu den anderen Dörfern in der Region war dieses nicht gerade schmuck. Schäbige Häuser, rissige Fassaden, abblätternde Farbe, verwahrloste Gärten ... Wer mochte wohl gerne hier wohnen? Unerschrocken schritt der Söldner durch die Hauptstraße voller Unrat, an dem sich Ziegen gütlich taten.

Irgendwo knarrte eine Tür.

Ein kleines Mädchen mit einer Stoffpuppe im Arm nahm vor dem fremden Mann Reißaus. Als das Kind strauchelte, packte der Kreter es am Arm.

«Wo wohnt der Zauberer?»

Das Mädchen schlug um sich.

«Wenn du mir nicht antwortest, nehme ich dir deine Puppe weg.»

Da deutete die Kleine auf ein niedriges Haus, dessen Fenster mit Holzstäben vergittert waren. Der Kreter ließ das Mädchen los, ging auf die armselige Wohnstatt zu und drückte mit einer Schulter die verschlossene Tür ein.

Dann betrat er einen düsteren, rechteckigen Raum mit gestampftem Lehmboden, in dem ein alter Mann auf einem Lager aus Palmwedeln mit dem Tod rang.

«Ich gehöre der Leibwache des Pharaos an», erklärte der Kreter. «Du hast nichts zu befürchten.»

«Was ... was willst du?»

«Sage mir, wer diese junge Frau ist.»

Der Söldner zeigte dem Greis die Zeichnung.

«Lita ... Das ist meine kleine Lita ... Sie glaubte, von der Familie des Ketzers abzustammen ... Er hat sie mitgenommen.»

«Von wem sprichst du?»

«Von einem Fremdling ... Von einem fremdländischen Magier, der Litas Seele gestohlen hat.»

«Wie heißt er?»

«Er ist zurückgekommen ... Er verbirgt sich in den Grabstätten ... Ja, er versteckt sich bestimmt in den Gräbern.»

Der Kopf des Greises kippte zur Seite. Er atmete zwar noch, war aber nicht mehr imstande weiterzusprechen.

Der Kreter hatte Angst.

Die dunklen Eingänge der aufgegebenen Grabstätten muteten wie Schlunde der Unterwelt an. Mußte man nicht von dämonischem Wesen sein, um hier Zuflucht zu suchen? Vielleicht hatte der Greis ihn ja belogen, aber der Söldner war es sich schuldig, dieser Spur nachzugehen. Mit ein bißchen Glück würde er des Mörders von Lita habhaft werden, ihn nach Pi-Ramses bringen und doch die Belohnung erhalten.

Trotz dieser erfreulichen Aussichten fühlte er sich unbehaglich. Er hätte einen offenen Kampf vorgezogen und es lieber mit mehreren Seeräubern zugleich auf dem Meer aufgenommen, unter freiem Himmel Hiebe ausgeteilt … In diese Grabstätten einzudringen widerstrebte ihm, dennoch wich er nicht zurück.

Nachdem er einen steilen Abhang erklommen hatte, wagte er sich in das erste Grab hinein. Es war ziemlich hoch und mit Gestalten ausgeschmückt, die Echnaton und Nofretete huldigten. Gemessenen Schritts drang der Söldner bis in den hintersten Winkel des Gewölbes vor, stieß dabei jedoch weder auf eine Mumie noch auf Spuren lebender Menschen. Auch kein Dämon fiel ihn an.

Zuversichtlich erkundete der Kreter ein zweites Grab, das ebenso enttäuschend war wie das erste. In ihm begann der Fels bereits zu bröckeln; die in die Wände eingemeißelten Szenen würden gewiß keine Jahrhunderte überdauern. Aufgeschreckte Fledermäuse flatterten verstört umher.

Der alte Mann, der ihm den Hinweis gegeben hatte, mußte wohl an Wahnvorstellungen gelitten haben. Trotzdem beschloß der Abgesandte Serramannas, noch zwei oder drei Grabgewölbe zu erforschen, ehe er diese dem Zerfall anheimgegebenen Stätten verließ.

Hier war alles tot, sehr tot.

Er drang weiter in das Gebirge vor und betrat das nächste Grab. Dieses hatte Merire, der Oberpriester des Aton, für sich anlegen lassen. Hier waren die Reliefs noch in gutem Zustand, und der Kreter bewunderte eine Darstellung des Königspaares, das der Sonnenscheibe huldigte.

Plötzlich vernahm er hinter sich ein leises Geräusch.

Doch noch ehe er Zeit gehabt hätte, sich umzudrehen, durchschnitt ihm der Magier Ofir die Kehle.

DREIZEHN

MEBA HATTE DIE AUGEN geschlossen. Als er sie wieder öffnete, lag der Kreter bereits leblos auf dem Boden.

«Das hättest du nicht tun dürfen, Ofir, das hättest du nicht tun dürfen ...»

«Hör auf zu jammern, Meba!»

«Du hast soeben einen Menschen getötet!»

«Und du bist Zeuge dieses Mordes gewesen.»

Ofirs Blick war so drohend, daß der Gesandte zurückwich und sich in den hinteren Teil des Grabes begab. Er wollte diesen Augen entrinnen, aus denen unglaubliche Grausamkeit sprach und die ihn bis in den dunkelsten Winkel verfolgten.

«Ich kenne diesen Schnüffler», stellte Chenar fest. «Das ist einer der Söldner, die unter Serramannas Befehl stehen, um Ramses zu beschützen.»

«Ein Soldat aus der Leibwache, der auf unsere Fährte gesetzt wurde ... Der Sarde muß sich gefragt haben, wer Lita wohl war, und nun versucht er, es herauszufinden. Daß dieser Spürhund bis hierher gelangt ist, zeigt uns, wie weit die Nachforschungen ausgedehnt werden.»

«Jetzt sind wir auch hier nicht mehr sicher», schloß Chenar.

«Betrachten wir die Dinge nicht von ihrer düsteren Seite; dieser Neugierige kann nicht mehr reden.»

«Dennoch ist er bis zu uns gelangt … Das wird Serramanna auch schaffen.»

«Nur ein einziges Schwatzmaul konnte unser Versteck preisgeben: Litas Vormund, den die Dorfbewohner für einen Zauberer halten. Dieser alte Dummkopf liegt zwar im Sterben, aber offenbar hat er noch die Kraft aufgebracht, uns zu verraten. Gleich heute abend werde ich mich um ihn kümmern.»

Meba vermeinte, eingreifen zu müssen.

«Du wirst doch nicht noch einen Mord begehen!»

«Komm aus deiner dunklen Ecke heraus!» befahl Ofir.

Meba zögerte.

«Ein bißchen schneller!»

Der Gesandte gehorchte. Ein erregtes Zucken verzerrte seinen Mund.

«Rühre mich nicht an, Ofir!»

«Du bist unser Verbündeter und stehst unter meinem Befehl, vergiß das nicht.»

«Gewiß nicht, aber diese Morde …»

«Wir befinden uns hier nicht in den behaglichen Gemächern deines Amtes. Du gehörst einem Netz von Kundschaftern an, dessen Aufgabe darin besteht, sich der Macht von Ramses zu widersetzen und ihn nach Möglichkeit zu vernichten, damit die Hethiter Ägypten erobern können. Glaubst du etwa, dazu reicht ein bißchen Geschwätz irgendwelcher Unterhändler aus? Eines Tages wirst auch du einen Widersacher, der deine Sicherheit bedroht, aus dem Weg räumen müssen.»

«Ich bin ein hoher Beamter, und ich …»

«Du bist Mitwisser und Zeuge der Ermordung dieses Soldaten, ob dir das nun gefällt oder nicht.»

Von neuem ließ der Gesandte seinen Blick über den Leichnam des Kreters schweifen.

«Ich hätte nicht gedacht, daß es soweit kommen würde.»

«Jetzt weißt du es.»

«Wir sind von diesem Schnüffler unterbrochen worden», erinnerte Chenar. «Warst du erfolgreich, Meba?»

«Deshalb bin ich das Wagnis eingegangen, noch einmal in diese verfemte Stadt zu kommen. Ja, ich war erfolgreich.»

Die Stimme des Magiers schlug einen sanfteren, einschmeichelnden Ton an.

«Gut gemacht, mein Freund. Wir sind stolz auf dich.»

«Ich halte meine Versprechen, vergiß du die deinen nicht.»

«Der künftige Herrscher wird dich nicht vergessen, Meba. Und nun zeige uns den Schatz, den du entwendet hast.»

Der Gesandte zog die Binse des Prinzen aus seinem Gewand.

«Kha hat damit geschrieben.»

«Vortrefflich», lobte Ofir, «wahrhaft vortrefflich.»

«Was gedenkst du damit zu tun?»

«Mit diesem Gegenstand werde ich die Willensstärke des Prinzen einfangen und sie gegen ihn richten.»

«Du trägst dich doch wohl nicht mit der Absicht, ihn ...»

«Auch Ramses' Sohn zählt zu unseren unmittelbaren Gegnern. Alles, was das Königspaar schwächt, nützt unserer Sache.»

«Aber Kha ist noch ein Kind!»

«Er ist der erstgeborene Sohn des Pharaos.»

«Nein, Ofir, du kannst doch nicht ein Kind ...»

«Du hast dich für ein Lager entschieden, Meba. Nun ist es zum Umkehren zu spät.»

Der Magier streckte die Hand aus.

«Gib mir dieses Ding.»

Das Zaudern des Gesandten belustigte Chenar. Er verabscheute diesen Feigling so sehr, daß er ihn am liebsten mit eigenen Händen erwürgt hätte.

Widerstrebend überreichte Meba dem Magier die Binse.

«Ist es wirklich nötig, dich an diesem kleinen Jungen zu vergreifen?»

«Kehre nach Pi-Ramses zurück und komme nicht mehr hierher», befahl Ofir.

«Werdet ihr euch noch lange in diesem Grab aufhalten?»

«Wenigstens so lange, wie es dauert, den Zauber auszuüben.»

«Und danach?»

«Sei nicht zu neugierig, Meba! Wenn es mir angebracht scheint, werde ich mit dir in Verbindung treten.»

«Meine Lage in der Hauptstadt droht unerträglich zu werden.»

«Bewahre kühles Blut, dann wird alles gutgehen.»

«Aber wie soll ich mich verhalten?»

«Verrichte deine Arbeit wie üblich. Zu gegebener Zeit erteile ich dir meine Anweisungen.»

Der Gesandte schickte sich an, die Grabstätte zu verlassen, kehrte jedoch noch einmal um.

«Bedenke, Ofir, wenn man seinem Sohn etwas antut, wird Ramses zornig und ...»

«Verschwinde, Meba!»

Vom Eingang des Grabes aus sahen Ofir und Chenar zu, wie ihr Bundesgenosse den Abhang hinunterstieg und sich auf sein Pferd schwang, das er hinter einem bereits eingestürzten Herrenhaus versteckt hatte.

«Diese Memme ist nicht zuverlässig», befand Chenar. «Er gleicht einer verängstigten Ratte, die vergebens den Ausgang aus ihrem Gefängnis sucht. Warum willst du dich nicht unverzüglich seiner entledigen?»

«Solange Meba ein hohes Amt innehat, ist er uns nützlich.»

«Und falls er auf den Gedanken verfällt, unser Versteck zu verraten?»

«Meinst du etwa, ich hätte versäumt, mir diese Frage zu stellen?»

Seit Ramses' Rückkehr waren Nefertari nur wenige Augenblicke gegönnt gewesen, in denen sie mit ihrem Gemahl allein war. Ameni, der Wesir, die Vorsteher der höchsten Ämter des Staates und die Oberpriester belagerten die Arbeitsräume des Herrschers, und die Königin widmete sich ihrerseits ohne Unterlaß den Bittgesuchen der Schreiber, der Aufseher über die Werkstätten, der Steuereinnehmer und der anderen Beamten, die ihrem Hausstand angehörten.

Oft bedauerte sie, daß sie nicht Musikantin im Dienste eines Tempels geworden war. Dort hätte sie ruhig und fernab der Geschäftigkeit des Alltags leben können. Doch die Königin Ägyptens hatte kein Anrecht mehr auf eine solche Stätte der Zuflucht und mußte ihre Aufgabe erfüllen, ohne sich darum zu kümmern, welche Bürde sie ihr auferlegte und wie müde sie war.

Dank der Hilfe, die Tuja ihr fortwährend zuteil werden ließ, hatte Nefertari die Kunst des Herrschens erlernt. In diesen ersten sieben Jahren hatte Ramses viele Monate außer Landes und auf Schlachtfeldern zugebracht. Die junge Königin hatte aus sich selbst ungeahnte Kräfte schöpfen müssen, um die Last der Krone zu ertragen und die Rituale zu vollziehen, die dem unerläßlichen Band zwischen der Bruderschaft der Götter und der Gemeinschaft der Menschen Bestand verliehen.

Daß sie dabei keine Muße fand, an sich selbst zu denken, störte Nefertari nicht. Der Tag enthielt mehr Pflichten als Stunden, und das war gut so. Gewiß, Kha und Merit-Amun weilten oft weit von ihr entfernt, wodurch ihr jene unwiederbringlichen Stunden entgingen, in denen sie hätte miterleben können, wie sich das Wesen der Kinder entfaltete. Obwohl Kha und Merenptah die Söhne von

Ramses und Iset der Schönen waren, liebte die Königin sie gleich ihrer eigenen Tochter Merit-Amun. Ramses hatte gut daran getan, als er Iset bat, über die Erziehung der drei Kinder zu wachen. Zwischen den beiden Frauen gab es weder Wettstreit noch Feindschaft. Da Nefertari eine erneute Mutterschaft verwehrt war, hatte sie selbst Ramses gebeten, sich mit Iset der Schönen zu vereinigen, damit sie ihm weitere Kinder gebar, unter denen er dereinst seinen Nachfolger auswählen könnte. Dennoch hatte Ramses nach Merenptahs Geburt beschlossen, sich fortan von Iset abzuwenden und an Kindes Statt «Söhne und Töchter des Königs» in unbegrenzter Zahl anzunehmen, die von der Fruchtbarkeit des Königspaares künden sollten.

Die Liebe, die Nefertari für Ramses empfand, ging weit über körperliche Vereinigung und Lust hinaus. Es war nicht nur der Mann in ihm, der sie bezaubert hatte, sondern vor allem seine Ausstrahlung. Sie waren zu einem einzigen Wesen verschmolzen, und Nefertari lebte in der Gewißheit, sich selbst dann mit ihm eins zu fühlen, wenn sie voneinander getrennt waren.

Müde überließ sich die Königin der Geschicklichkeit ihrer Hand- und ihrer Fußpflegerin. Nach einem arbeitsreichen Tag unterwarf sie sich noch diesen Erfordernissen der Schönheit, denn sie mußte, welche Sorgen sie auch bedrücken mochten, bei jeder Gelegenheit heiter und gelassen erscheinen.

Danach kam der herrliche Augenblick des Schwallbads, bei dem zwei Dienerinnen den nackten Leib der Königin mit heißem Wasser übergossen, dem sie wohlriechende Öle hinzugefügt hatten. Dann legte sie sich auf warme Fliesen und wurde lange mit einem Gemisch aus Weihrauch, Terebinthe, Öl und Zitronensaft massiert, was ihre von des Tages Mühen verhärteten Muskeln lockern sollte, ehe sie sich zur Ruhe begeben konnte.

Nefertari dachte dabei an die Unzulänglichkeiten, für die sie die

Verantwortung trug, an die Fehler, die sie selbst begangen hatte, an ihren zuweilen unnötigerweise aufwallenden Zorn. Der rechte Weg bestand darin, für den einzutreten, der handelte, denn die gerechte Tat mehrte die Maat und bewahrte das Land vor dem Chaos.

Plötzlich änderte die Hand, die sie massierte, den Rhythmus und wurde zärtlicher.

«Ramses ...»

«Gestattest du mir, den Platz deiner Dienerin einzunehmen?»

«Das muß ich mir erst überlegen.»

Sehr langsam drehte sie sich um und wurde seines verliebten Blicks gewahr.

«Hattest du nicht eine endlos lange Zusammenkunft mit Ameni und den Verwaltern der Speicher geplant?»

«Dieser Abend und diese Nacht gehören uns.»

Da knotete sie Ramses' Schurz auf.

«Was hast du nur für ein Geheimnis, Nefertari? Bisweilen ertappe ich mich bei dem Gedanken, daß deine Schönheit nicht von dieser Welt ist.»

«Ist denn unsere Liebe von dieser Welt?»

Sie umschlangen einander auf den warmen Fliesen, ihre Lippen fanden sich, dann trug die Begierde sie auf ihren Wellen fort.

Ramses hüllte Nefertari in ein großes Tuch ein. War es ausgebreitet, dann stellte es die Schwingen der Göttin Isis dar, die unermüdlich in Bewegung waren, um Lebensodem zu spenden.

«Welche Pracht!»

«Ein neues Meisterwerk der Weberinnen von Sais, damit du nie wieder frierst.»

Sie schmiegte sich an den König.

«Mögen die Götter geben, daß wir einander nicht mehr verlassen müssen.»

VIERZEHN

RAMSES' ARBEITSRAUM, in den durch drei große Fenster mit steinernem Gitterwerk das Tageslicht einfiel, war ebenso schmucklos, wie es der seines Vaters Sethos gewesen war: kahle weiße Wände, ein großer Tisch, ein Sessel mit gerader Rückenlehne für den Herrscher und Stühle mit geflochtenen Sitzflächen für seine Besucher, eine Truhe für Papyrusrollen, die magische Schriften zum Schutz des Königs barg, eine Landkarte der Ostländer und eine Statue des verstorbenen Pharaos, dessen Blick über das Tun seines Sohnes wachte. Neben der Schreiberpalette des Königs lagen noch zwei an ihren Enden mit einem fest gedrehten Leinenfaden verbundene Akazienzweige: Sethos' Wünschelrute, die Ramses auch schon benutzt hatte.

«Wann wird die Gerichtsverhandlung stattfinden?» wollte der Herrscher von Ameni wissen.

«In etwa zwei Wochen.»

Der Schreiber mit dem bleichen Gesicht hatte wie üblich die Arme voller Papyrusrollen und beschriebener Tafeln, denn trotz seines schwachen Rückens legte er Wert darauf, die vertraulichen Schriftstücke selbst zu tragen.

«Hast du Moses davon in Kenntnis gesetzt?»

«Selbstverständlich.»

«Wie hat er es aufgenommen?»

«Er wirkte ruhig.»

«Hast du ihm gesagt, daß uns der Beweis für seine Unschuld vorliegt?»

«Ich habe ihm zu verstehen gegeben, daß sein Fall nicht aussichtslos ist.»

«Weshalb läßt du solche Vorsicht walten?»

«Weil weder du noch ich den Richterspruch kennen.»

«Wer in Notwehr handelt, kann nicht verurteilt werden.»

«Moses hat einen Mann getötet, und der war obendrein der Gemahl deiner Schwester Dolente.»

«Ich werde eingreifen und sagen, was ich von diesem Schurken gehalten habe.»

«Nein, Majestät, du kannst in keiner Weise eingreifen. Der Pharao darf sich nicht in ein Gerichtsverfahren einmischen, denn er verkörpert die Anwesenheit der Maat auf Erden und muß sich für Gerechtigkeit verbürgen.»

«Meinst du etwa, das weiß ich nicht?»

«Wäre ich dein Freund, wenn ich dir nicht im Kampf gegen dich selbst beistünde?»

«Das ist eine schwere Aufgabe, Ameni!»

«Ich bin dickköpfig und unbeugsam.»

«Ist Moses nicht freiwillig nach Ägypten zurückgekehrt?»

«Das tilgt weder seine Schuld noch seine Tat.»

«Willst du am Ende gegen ihn aussagen?»

«Moses ist auch mein Freund, und ich werde den Beweis zu seiner Entlastung vorlegen. Aber wird er auch den Wesir und die Richter überzeugen?»

«Moses war bei Hof sehr angesehen. Jeder wird die Verkettung der unglücklichen Umstände verstehen, die ihn dazu gebracht haben, Sary zu töten.»

«Hoffen wir es, Majestät.»

Obgleich Serramanna die Nacht in der angenehmen Gesellschaft zweier sehr bereitwilliger Syrerinnen zugebracht hatte, war er schlecht gelaunt. Deshalb verscheuchte er die beiden Mädchen bereits vor dem Frühstück, der «Mundwaschung».

Trotz seiner Bemühungen hatte er bisher weder den Namen noch die Herkunft der jungen Ermordeten herausgefunden.

Der Sarde war der Meinung gewesen, daß seine zu Nachforschungen ausgeschickten Soldaten dank des Bildnisses der Toten rasch die richtige Spur finden würden. Aber weder in Pi-Ramses noch in Memphis oder Theben kannte jemand die blonde Frau. Das ließ nur einen Schluß zu: Man hatte sie erbarmungslos eingesperrt.

Eine Zeugin müßte indes genau Bescheid wissen: Dolente, die Schwester des Pharaos. Welch ein Jammer! Serramanna konnte sie nicht so verhören, wie er es gerne getan hätte. Mit ihrer scheinheiligen Abbitte und einem Treuegelöbnis hatte Dolente wenigstens teilweise das Vertrauen des Königspaares wiedergewonnen.

Mißmutig sah der Sarde die Berichte durch, die seine Kundschafter nach ihrer Rückkehr aus den verschiedenen Provinzen abgefaßt hatten. Elephantine, El-Kab, Edfu, die Städte des Deltas ... Nichts. Als er die Liste der von ihm Ausgesandten überprüfte, wurde er stutzig. Ein Kreter hatte noch keine Rechenschaft über seine Erkundigungen abgelegt. Dabei war gerade dieser ehemalige Seeräuber besonders eifrig, und er kannte die Strafen, die bei Ungehorsam drohten.

Ohne sich vorher den Bart zu schaben, kleidete Serramanna sich hastig an und lief zu Ameni. Die zwanzig aufs beste ausgebildeten Beamten, aus denen sich seine Verwaltungsmannschaft zusammensetzte, waren noch nicht an ihren Plätzen, doch der Oberste Schreiber und Sandalenträger des Pharaos ordnete bereits Papyrusrollen, nachdem er sich an Gerstensuppe, Feigen und gedörrtem Fisch gelabt hatte. Obgleich er Unmengen aß, wurde Ameni nicht dicker.

«Bereitet dir irgend etwas Kopfzerbrechen, Serramanna?»

«Ein Bericht fehlt.»

«Ist das so besorgniserregend?»

«Bei diesem Kreter schon. Er ist für gewöhnlich übertrieben gewissenhaft.»

«Wohin hast du den geschickt?»

«Nach Mittelägypten, in die Provinz Bersheh. Genauer gesagt, in die Nähe der verlassenen Hauptstadt Echnatons.»

«Eine sehr abgelegene Gegend.»

«Du hast mich schließlich Gründlichkeit gelehrt.»

Ameni lächelte. Die beiden Männer waren nicht immer Freunde gewesen, aber seit ihrer Aussöhnung schätzten sie einander wirklich.

«Vielleicht hat er sich nur verspätet.»

«Dieser Kreter sollte seit mehr als einer Woche zurück sein.»

«Ehrlich gestanden erscheint mir sein Ausbleiben belanglos.»

«Meine innere Stimme gibt mir hingegen ein, daß die Sache sehr ernst ist.»

«Und weshalb sprichst du mit mir darüber? Du bist doch mit den nötigen Befugnissen ausgestattet, um dieses Geheimnis aufzuklären.»

«Weil da etwas nicht mit rechten Dingen zugeht, Ameni, ganz und gar nicht.»

«Erkläre dich deutlicher.»

«Der Magier ist verschwunden, Chenars Leichnam nicht auffindbar, kein Mensch weiß, wer dieses blonde Mädchen war und woher es kam ... Das beunruhigt mich.»

«Ramses führt die Staatsgeschäfte und hat alles gut im Griff.»

«Aber soviel ich weiß, gibt es keinen Friedensvertrag, und die

Hethiter haben bestimmt ihrem Wunsch, Ägypten zu zerstören, nicht abgeschworen.»

«Du glaubst also, daß ihr Spionagenetz nicht vollständig zerschlagen wurde.»

«Mir kommt das alles vor wie die Ruhe vor dem Sturm ... Und mein Gespür hat mich nur selten getrogen.»

«Was schlägst du vor?»

«Ich mache mich auf den Weg in die verfemte Stadt, denn ich möchte wissen, was aus dem Kreter geworden ist. Wache du bis zu meiner Rückkehr über den Pharao.»

Dolente, des Königs ältere Schwester, wurde von Zweifeln geplagt. Die hochgewachsene, dunkelhaarige Frau hatte wieder ihr untätiges Leben einer wohlhabenden Adligen aufgenommen, schwirrte von Festmahl zu Festmahl, von Empfang zu Empfang, von einer Geselligkeit zur nächsten. Sie wechselte ein paar nichtssagende Worte mit modebewußten, aber dümmlichen Schönen, während ihr unerträgliche alte Schranzen und junge Verführer, deren Geschwätz so hohl war wie ihr Kopf, den Hof machten.

Seit sie sich der Anbetung Atons, des alleinigen Gottes, verschrieben hatte, verfolgte Dolente wie besessen nur ein Ziel: Sie wollte der Wahrheit zum Durchbruch verhelfen, sie endlich über Ägypten erstrahlen lassen, auf daß sie die falschen Götter und jene, die ihnen huldigten, vertreibe. Doch Dolente stieß nur auf verblendete Menschen, die sich glücklich priesen.

Der Gegenwart und Ratschläge Ofirs beraubt, glich sie einer Schiffbrüchigen im Sturm. Woche um Woche sank ihr der Mut immer mehr. Wie sollte sie sich einen Glauben bewahren, den nichts und niemand nährte? Dolente verlor das Vertrauen in die Zukunft.

Ihre Dienerin, dunkelhaarig wie sie selbst und mit blitzenden Augen, wechselte die Laken des Bettes und fegte das Gemach aus.

«Fühlst du dich nicht wohl, Prinzessin?»

«Wie könnte ich, wer wollte mich schon um mein Los beneiden?»

«Du besitzt schöne Kleider, ergehst dich in traumhaften Gärten, triffst wundervolle Männer ... Also, ich beneide dich schon ein bißchen.»

«Bist du etwa unglücklich?»

«Aber nein! Ich habe einen guten Mann, zwei gesunde Kinder, und wir verdienen genug, um unser Auskommen zu finden. Außerdem wird mein Mann bald mit dem Bau unseres neuen Hauses fertig sein.»

Da wagte Dolente die Frage zu stellen, die sie umtrieb:

«Und denkst du zuweilen auch an Gott?»

«Gott ist überall, Prinzessin. Es genügt, den Göttern zu huldigen und sich ihrer Schöpfung zu erfreuen.»

Dolente sprach nicht weiter. Ofir hatte recht: man mußte die wahre Religion gewaltsam einführen und durfte nicht warten, bis das Volk sich von selbst zu ihr bekehrte. Wenn man ihm die Lehre aufzwang, würde es sich von seinen früheren Irrtümern schon lossagen.

«Prinzessin, weißt du, was man sich erzählt?»

Aus den funkelnden Augen der Dienerin sprach das unwiderstehliche Verlangen, etwas auszuplaudern. Vielleicht würde Dolente ja eine wissenswerte Neuigkeit erfahren.

«Man munkelt, daß du die Absicht hegst, dich wieder zu vermählen, und daß Verehrer in großer Zahl einander diese Ehre streitig zu machen suchen.»

«Die Leute reden viel.»

«Schade ... Du hast lange genug getrauert. Meiner Meinung nach ist es nicht gut, wenn eine Frau deines Standes so an Einsamkeit leidet.»

«Mir ist dieses Leben bestimmt.»

«Du siehst manchmal so betrübt aus ... Ich kann es ja gut verstehen. Du denkst gewiß an deinen Gemahl. Der Unglückliche, ermordet! Wie mögen Osiris und sein Gericht seine Seele beurteilt haben? Mit Verlaub, Prinzessin, man munkelt auch, dein Gemahl sei nicht immer rechtschaffen gewesen.»

«Das ist die traurige Wahrheit.»

«Warum vergräbst du dich dann in deinen bösen Erinnerungen?»

«Mir steht der Sinn nicht nach einer neuen Ehe.»

«Du wirst gewiß wieder glücklich werden, Prinzessin. Vor allem, wenn der Mörder deines Gemahls verurteilt ist.»

«Was weißt du davon?»

«Moses wird vor Gericht gestellt.»

«Moses ... Aber der ist doch geflohen!»

«Es ist noch ein Geheimnis, aber mein Mann ist ein Freund des Oberaufsehers über das große Gefängnis. Der Hebräer ist dort eingesperrt. Er wird bestimmt zum Tod verurteilt.»

«Kann man ihn aufsuchen?»

«Nein, niemand darf zu ihm, wegen der schweren Anschuldigungen, die man gegen ihn erhebt. Man wird dich sicher zur Verhandlung vorladen, dann hast du Gelegenheit, dich zu rächen.»

Moses war wieder im Lande! Moses, der an einen einzigen Gott glaubte! War das für Dolente nicht ein Wink des Schicksals?

FÜNFZEHN

DIE VERHANDLUNG GEGEN Moses fand im großen Gerichtssaal statt, unter dem Vorsitz des Wesirs, des Dieners der Maat. In seine steife Amtstracht gekleidet, trug er als einzigen Schmuck nur ein Herz, das Symbol für das Gewissen des Menschen, das vom Totengericht auf der Waage des Jenseits gewogen wurde.

Ehe er den Rechtsgang eröffnete, hatte sich der Wesir im Tempel des Ptah eingefunden und dort vor Ramses den bei seiner Amtseinsetzung geleisteten Schwur erneuert. Er gelobte, die Göttin der Gerechtigkeit zu achten und niemandem durch seine Gunst zu willfahren. Der König hatte sich gehütet, ihm irgendeinen Rat zu erteilen, und damit begnügt, das Gelübde zur Kenntnis zu nehmen.

Der große Saal war bis auf den letzten Platz gefüllt.

Kein Höfling wollte sich dieses Ereignis entgehen lassen, und auch einige hebräische Stammesführer waren zugegen.

Die Meinungen klafften weit auseinander. Die einen waren nach wie vor von seiner Schuld überzeugt, die anderen erwarteten Aufschluß über den Grund für seine Rückkehr. Jeder wußte, welch starke Persönlichkeit Moses war, und niemand nahm an, pure Einfalt habe ihn zu diesem Schritt bewogen.

Der Wesir eröffnete die Verhandlung mit einer Huldigung an

die Maat, an die zeitlose Regel, die das Menschengeschlecht überdauern würde. Dann ließ er auf den Steinplatten des Fußbodens zweiundvierzig Lederstücke auslegen, zum Zeichen, daß der Richterspruch in allen zweiundvierzig Provinzen Ägyptens Geltung habe.

Zwei Soldaten führten Moses herein. Aller Augen richteten sich auf den Hebräer. Die stattliche Erscheinung des einst hohen Würdenträgers strahlte erstaunliche Ruhe aus. Die Soldaten wiesen ihm seinen Platz gegenüber vom Wesir an.

Zu beiden Seiten des Obersten Richters saßen vierzehn Geschworene: ein Landvermesser, eine Priesterin der Göttin Sachmet, ein Arzt, ein Zimmermann, eine Hausfrau, ein Bauer, ein Schreiber der Schatzhäuser, eine Hofdame, ein Baumeister, eine Weberin, der Befehlshaber des Regiments Re, ein Steinhauer, ein Schreiber der Kornspeicher und ein Schiffer.

«Lautet dein Name Moses?»

«So ist es.»

«Hast du gegen einen oder eine der Geschworenen etwas einzuwenden? Sieh sie dir genau an und nimm dir Zeit zum Nachdenken.»

«Ich habe Vertrauen in die Gerichtsbarkeit dieses Landes.»

«Ist dieses Land nicht auch das deine?»

«Ich bin zwar hier geboren, aber ich bin Hebräer.»

«Du bist Ägypter und wirst als solcher erachtet.»

«Würde das Verfahren einen anderen Verlauf nehmen und der Urteilsspruch anders ausfallen, wenn ich ein Fremdling wäre?»

«Gewiß nicht.»

«Welche Bedeutung hat das dann?»

«Darüber befindet das Gericht. Wäre es für dich eine Schande, Ägypter zu sein?»

«Auch darüber möge, wie du sagst, das Gericht befinden.»

«Du wirst beschuldigt, einen Aufseher namens Sary getötet zu haben und danach geflohen zu sein. Gibst du das zu?»

«Ich gebe es zu, aber es bedarf der Erklärungen.»

«Das ist der Gegenstand dieser Verhandlung. Hältst du den Wortlaut der Anklage für unzutreffend?»

«Nein.»

«Du bist dir also darüber im klaren, daß ich nach dem Gesetz für dich die Todesstrafe beantragen muß.»

Unter den Zuhörern brach Gemurmel aus. Moses ließ keinerlei Regung erkennen, als gingen ihn diese erschreckenden Worte nichts an.

«Angesichts der Schwere des Verbrechens setze ich der Dauer des Verfahrens keine Grenzen», fuhr der Wesir fort. «Dem Angeklagten wird ausreichend Zeit zugestanden, sich zu verteidigen und die Gründe für seine Bluttat darzulegen. Ich fordere vollkommene Ruhe und werde bei der geringsten Störung die Verhandlung unterbrechen und die Schuldigen mit einer empfindlichen Strafe belegen.»

Darauf wandte er sich wieder an Moses.

«Welches Amt hattest du zum Zeitpunkt deiner Tat inne?»

«Ich war Würdenträger am Hofe Ägyptens und Oberaufseher über die Baustätten von Pi-Ramses. Insbesondere stand ich der Zunft der hebräischen Ziegelmacher vor.»

«Und das, nach den mir vorliegenden Schriftstücken, zu allgemeiner Zufriedenheit. Du warst auch ein Freund des Pharaos, nicht wahr?»

«Das stimmt.»

«Ausbildung an der höchsten Schule von Memphis, ein erstes Amt im Harim von Mer-Our, dann Aufseher in Karnak und Oberaufseher in Pi-Ramses ... Eine glanzvolle Laufbahn, die erst ihren Anfang genommen hatte. Das Opfer, Sary, war den umgekehrten Weg gegangen. Als Ramses' ehemaliger Erzieher hatte er sich erhofft, zum Vorsteher der Hohen Schule von Memphis berufen zu werden, mußte sich dann aber mit einer untergeordneten Tätigkeit bescheiden. Waren dir die Gründe für diesen Abstieg bekannt?»

«Ich hatte meine eigene Meinung dazu.»

«Kann man die erfahren?»

«Sary war voller Niedertracht, anmaßend und habgierig. Das Schicksal hat ihn durch meine Hand bestraft.»

Ameni bat den Wesir um das Wort.

«Ich kann dazu nähere Angaben machen: Sary hat sich an einer Verschwörung gegen Ramses beteiligt. Nur weil er der Gemahl seiner Schwester Dolente war, hat sich der König milde gezeigt.»

Zahlreiche Höflinge waren sichtbar überrascht.

«Prinzessin Dolente möge vor diesem Gericht erscheinen», ordnete der Wesir an.

Zögernd trat die hochgewachsene, dunkelhaarige Frau vor.

«Pflichtest du den Worten von Moses und Ameni bei?»

Dolente senkte den Kopf.

«Sie sind maßvoll, viel zu maßvoll. Mein Gemahl hatte sich in ein Ungeheuer verwandelt. Sobald er begriffen hatte, daß seine Laufbahn für immer zerstört war, hegte er einen stetig wachsenden Haß gegen seine Untergebenen. Das ging so weit, daß er ihnen gegenüber unzumutbare Grausamkeit an den Tag legte. Während der letzten Monate seines Lebens verfolgte er die hebräischen Ziegelmacher, für die er die Verantwortung trug, auf übelste Weise. Hätte Moses ihn nicht getötet, dann hätte es ein anderer getan.»

Dem Wesir war seine Verwunderung anzumerken.

«Sind deine Worte nicht übertrieben?»

«Ich schwöre, daß sie das nicht sind. Mein Leben mit Sary war eine einzige Qual geworden.»

«Solltest du dich über seinen Tod gefreut haben?»

Dolente senkte den Kopf noch tiefer.

«Ich ... ich war wie erleichtert, und ich schämte mich dafür ... Aber wie hätte ich einem solchen Tyrannen nachweinen können?»

«Hast du noch weitere Angaben zu machen, Prinzessin?»

«Nein ... Wirklich nicht.»

Dolente kehrte zu ihrem Platz inmitten der Höflinge zurück.

«Wünscht jemand Sarys Andenken zu verteidigen und der Darstellung seiner Gemahlin zu widersprechen?»

Keine Stimme erhob sich. Der mit der Aufzeichnung der Aussagen betraute Schreiber vermerkte es fein säuberlich, aber flink.

«Berichte uns den Ablauf des Geschehens», verlangte der Wesir von Moses.

«Es war eine Art Unfall. Obgleich meine Beziehungen zu Sary gespannt waren, hatte ich nicht die Absicht, ihn zu töten.»

«Weshalb wart ihr einander nicht wohlgesinnt?»

«Weil ich entdeckt hatte, daß Sary ein Erpresser war und die hebräischen Ziegelmacher auf das übelste verfolgte. Als ich einen von ihnen zu verteidigen suchte, habe ich, ohne es zu wollen, Sary getötet, um mein eigenes Leben zu retten.»

«Du behauptest also, in Notwehr gehandelt zu haben.»

«Das ist die Wahrheit.»

«Warum bist du dann geflohen?»

«Ich habe mich von übermächtiger Angst leiten lassen.»

«Ein seltsames Gebaren für einen, der unschuldig ist.»

«Einen Menschen zu töten löst tiefe Erschütterung aus. Im ersten Augenblick verliert man den Kopf und benimmt sich, als sei man betrunken. Danach wird einem bewußt, daß man etwas Schreckliches getan hat, und verspürt nur noch einen Wunsch: sich selbst zu fliehen, unterzutauchen, zu vergessen und vergessen zu werden. Deshalb habe ich mich in der Wüste versteckt.»

«Sobald du wieder Herr deiner Sinne warst, hättest du nach Ägypten zurückkehren und dich einem Gericht stellen müssen.»

«Ich habe mich vermählt, und wir haben einen Sohn bekommen. Ägypten schien mir weit entfernt, sehr weit entfernt.»

«Weshalb bist du jetzt zurückgekehrt?»

«Ich muß einen Auftrag ausführen.»

«Welchen?»

«Das ist heute noch mein Geheimnis und steht in keinerlei Zusammenhang mit dieser Verhandlung. Bald schon wird es jeder erfahren.»

Diese Antworten erweckten den Unmut des Wesirs.

«Deine Darstellung der Ereignisse ist nicht sehr überzeugend, dein Benehmen spricht nicht zu deinen Gunsten, und deine Erklärungen sind eher verworren. Ich glaube, daß du Sary vorsätzlich ermordet hast, weil er die Hebräer ungerecht behandelte. Deine Beweggründe sind zwar verständlich, dennoch bleibt es ein Verbrechen. Seit du wieder in Pi-Ramses bist, hast du dich weiterhin versteckt gehalten. Ist das nicht ein Eingeständnis deiner Schuld? Ein Mann, der sich seiner Sache sicher ist, verhält sich nicht auf diese Weise.»

Ameni befand, daß es nun an der Zeit sei, zum entscheidenden Schlag auszuholen.

«Ich besitze den Beweis für die Unschuld des Angeklagten.»

Der Wesir schlug einen strengen Ton an.

«Wenn du nichts Wesentliches vorzubringen hast, klage ich dich der Mißachtung des Gerichts an.»

«Der hebräische Ziegelmacher, den Moses verteidigte, hieß Abner. Er wurde von Sary erpreßt. Abner beschwerte sich bei Moses. Dafür wollte Sary sich an Abner rächen und verprügelte ihn. Moses kam rechtzeitig dazu und hinderte Sary daran, sein Opfer weiter zu mißhandeln. Doch die Auseinandersetzung nahm eine schlimme Wendung, und Moses tötete Sary, ohne jedweden Vorsatz, in Notwehr. Abner war Zeuge des Geschehens. Seine Aussage wurde den Vorschriften gemäß aufgenommen. Du magst darüber verfügen.»

Ameni reichte dem Wesir das Schriftstück.

Dieser stellte fest, daß der Papyrus tatsächlich das Siegel eines Richters trug. Er löste es, warf einen Blick auf das Datum und las den Wortlaut.

Moses wagte nicht, seine Freude zu zeigen, wechselte aber einen verständnisinnigen Blick mit Ameni.

«Dieses Schriftstück ist echt und im Sinne des Gerichts zulässig», schloß der Wesir.

Damit schien die Verhandlung ihr Ende gefunden zu haben und Moses der Anklage enthoben zu sein. Die Geschworenen würden ihn gewiß von jeglicher Schuld freisprechen.

«Vor der Beratung», fuhr der Oberste Richter fort, «wünsche ich dennoch eine letzte Überprüfung vorzunehmen.»

Ameni runzelte die Stirn.

«Dieser Abner möge vor uns erscheinen», verlangte der Wesir, «und seine Zeugenaussage mündlich bestätigen.»

SECHZEHN

AMENI LIESS RAMSES' Zorn über sich ergehen.

«Ein Beweis, der nicht angezweifelt werden kann, eine Aussage, die ein Richter beglaubigt hat, und Moses ist immer noch im Gefängnis!»

«Der Wesir ist überaus sorgfältig», wandte der Oberste Schreiber des Herrschers behutsam ein.

«Aber was braucht er denn noch?»

«Wie gesagt, er will diesen Abner sehen.»

Ramses beugte sich den Tatsachen. Die Ansprüche dieses hohen Beamten mußten befriedigt werden.

«Hat man ihn bereits vorgeladen?»

«Ja, aber das ist der wunde Punkt.»

«Weshalb?»

«Abner ist nicht auffindbar. Die hebräischen Stammesführer behaupten, er sei vor mehreren Monaten verschwunden. Niemand weiß, was aus ihm geworden ist.»

«Lauter Lügen! Man will Moses ins Verderben stürzen.»

«Mag sein, aber was können wir dagegen machen?»

«Serramanna soll sich persönlich auf die Suche nach ihm begeben.»

«Da mußt du dich ein wenig gedulden ... Serramanna spürt einer Fährte in Mittelägypten nach, in der Nähe der verlassenen

Hauptstadt des Ketzerkönigs. Er ist von dem Wunsch besessen, den Namen und die Herkunft der ermordeten blonden Frau ausfindig zu machen. Und, um ehrlich zu sein, er ist davon überzeugt, daß das Spionagenetz der Hethiter noch nicht völlig zerschlagen ist.»

Der Grimm des Herrschers verebbte.

«Und welcher Meinung bist du, Ameni?»

«Chenar ist tot, seine Mitverschwörer befinden sich auf der Flucht und sind nicht mehr imstande, Schaden anzurichten. Aber Serramanna vertraut nur auf seine innere Stimme.»

«Vielleicht hat er nicht unrecht, Ameni. Die innere Stimme ist eine Klugheit, die aus dem Herzen kommt. Sie reicht über den Verstand hinaus, der uns bisweilen in die Irre führt oder in falscher Zuversicht wiegt. Mein Vater wußte seine innere Stimme in Eingebungen zu verwandeln und sie mit schöpferischer Geisteskraft zu nutzen.»

«Sethos war kein Seeräuber!»

«Serramanna entstammt den Gefilden der Finsternis, er ist mit ihren Tücken vertraut. Nicht auf ihn zu hören wäre ein Fehler. Nimm so schnell wie möglich Verbindung zu ihm auf und weise ihn an, nach Pi-Ramses zurückzukehren.»

«Ich werde Boten aussenden.»

«Und überbringe dem Wesir meine Bitte: Ich möchte Moses sehen.»

«Aber … er ist noch im Gefängnis!»

«Die Gerichtsverhandlung hat stattgefunden, die Tatsachen sind bekannt, diese Unterredung wird den Lauf der Gerechtigkeit nicht mehr beeinflussen.»

Ein heftiger Wind fegte über die Ebene, in der die Sonnenstadt einst eilends erbaut worden war, doch nun beleidigten ihre Ruinen das Auge. Während Serramanna durch eine Straße ritt, brach eine Mauer in sich zusammen. Obgleich er schon oft der Angst getrotzt hatte, fühlte er sich dennoch unbehaglich. Bedrohliche Schatten huschten durch diese Paläste und die verlassenen Häuser. Ehe er die Dorfbewohner befragte, wollte der Sarde die Wahrheit über diese Stätte ergründen, sich ihren Spukgestalten stellen und ermessen, welche Schrecknisse sich unter der Sonnenscheibe Atons zugetragen haben mochten.

Als der Abend nahte, begab er sich in den nächstgelegenen Weiler, um sich zu stärken und einige Stunden zu schlafen, bevor er seine Nachforschungen aufnahm. Das Dorf mutete verwaist an: kein Esel, keine Gans, kein Hund. Manche Haustüren standen offen. Für alle Fälle zog der Sarde sein kurzes Schwert aus der Scheide. Die Vorsicht hätte ihm wohl geraten, sich nicht allein an einen solchen Ort zu wagen, an dem überall Gefahr lauerte, doch er verließ sich auf seine Erfahrung und auf seine Kraft.

Auf dem gestampften Lehmboden einer ärmlichen Behausung hockte eine alte Frau, den Kopf auf die Knie gestützt, in Trauerhaltung.

«Töte mich, wenn du willst», sagte sie mit brüchiger Stimme. «Hier gibt es nichts zu stehlen.»

«Sei ohne Sorge, ich gehöre der Leibwache des Pharaos an.»

«Geh fort, Fremdling. Dieses Dorf ist tot, mein Mann ist tot, und ich sehne mich nur noch danach, auch zu sterben.»

«Wer war dein Mann?»

«Ein rechtschaffener Mensch, dem die Leute nachsagten, er sei ein Zauberer gewesen. Er, der sein ganzes Leben lang nur anderen geholfen hat ... Zum Dank dafür hat ihn dieser fluchbeladene Magier umgebracht.»

Serramanna setzte sich neben die Witwe, deren Kleid schmutzig und deren Haar staubbedeckt war.

«Beschreibe mir diesen Magier.»

«Wozu?»

«Weil ich diesen Übeltäter suche.»

Verwundert blickte die Frau den Sarden an.

«Machst du dich über mich lustig?»

«Sehe ich so aus, als würde ich scherzen?»

«Du kommst zu spät, mein Mann ist schon tot.»

«Ich kann ihn nicht zu neuem Leben erwecken, das ist Sache der Götter, aber ich werde diesen Magier fassen.»

«Er ist ein hochgewachsener Mann, hager, mit einem Gesicht wie ein Raubvogel und mit kalten Augen.»

«Wie heißt er?»

«Ofir.»

«Ist er Ägypter?»

«Nein, Libyer.»

«Woher weißt du diese Einzelheiten?»

«Er kam mehrere Monate lang zu uns, um mit dem Mädchen zu reden, das wir an Kindes Statt angenommen hatten, mit unserer Lita. Arme Kleine ... Sie hatte Wahnvorstellungen und meinte, von der Familie des Ketzerkönigs abzustammen. Mein Mann und ich haben versucht, sie zur Vernunft zu bringen, aber sie hat dem Magier mehr geglaubt. Eines Nachts ist sie verschwunden, und wir haben sie nie wiedergesehen.»

Serramanna zeigte der Witwe das Bildnis der jungen blonden Frau, die Ofir ermordet hatte.

«Ist sie das?»

«Ja, das ist meine Tochter Lita ... Ist sie ...»

Es widerstrebte dem Sarden, die Wahrheit zu verhehlen, deshalb nickte er.

«Wann hast du Ofir zum letzten Mal gesehen?»

«Erst vor wenigen Tagen, als er meinen kranken Mann besuchte. Dieser Ofir hat ihm eine todbringende Arznei zu trinken gegeben.»

«Versteckt er sich hier in dieser Gegend?»

«In den Felsengräbern, in denen die Dämonen umgehen ... Schneide ihm die Kehle durch, tritt seinen Leichnam mit Füßen und verbrenne ihn!»

«Du solltest von hier fortziehen, Frau. Es ist nicht gut, mit den Schatten der Vergangenheit zu leben.»

Serramanna verließ das baufällige Haus, schwang sich auf den Rücken seines Pferdes und trieb es in gestrecktem Galopp zu den Begräbnisstätten. Der Tag ging allmählich zur Neige.

Am Fuße des Abhangs ließ der Sarde sein Reittier zurück und stürmte mit dem Schwert in der Hand hinauf. Dadurch würde er sich zwar um den Vorteil eines Überraschungsangriffs bringen, doch er zog es vor, ohne Aufschub zuzuschlagen. Der Vorsteher der Leibwache des Pharaos entschied sich für die Gräber mit den größten Eingängen und erforschte eins nach dem anderen.

Überall herrschte gähnende Leere. Die einzigen Bewohner dieser aufgegebenen Grüfte waren die in die Wände gemeißelten Gestalten, die letzten Überlebenden einer vergangenen Zeit.

Mit einer Fingerfertigkeit, die ihren Vater erstaunte, spielte Merit-Amun, Ramses' und Nefertaris Tochter, auf der Harfe. Der König und die Große Königsgemahlin saßen am Ufer eines Weihers, in dem blauer Lotos blühte, Hand in Hand auf niedrigen Faltstühlen und genossen einen Augenblick des Glücks. Nicht nur, daß das erst achtjährige Mädchen sein Instrument bereits meisterlich beherrschte, ließ es auch schon überraschende Empfindsamkeit erkennen. Selbst Schlächter, der riesige Löwe, und Wächter, der goldgelbe Hund, der zwischen den Vorderpranken der Raubkatze lag, schienen von der Melodie, die Merit-Amun spielte, angetan.

Als die letzten Töne sacht verklangen, hallten sie noch leise nach.

Da schloß der König seine Tochter in die Arme.

«Bist du zufrieden, Vater?»

«Du bist eine sehr begabte Musikantin, aber du mußt noch viel lernen.»

«Mutter hat mir versprochen, daß ich in den Tempel der Hathor aufgenommen werde und man mich dort wunderbare Dinge lehren wird.»

«Wenn das dein Wunsch ist, sei er dir gewährt.»

Die Schönheit des Mädchens war ebenso strahlend wie die Nefertaris. In ihrem Blick lag das gleiche Leuchten.

«Wenn ich Musikantin im Tempel bin, kommst du mich dann besuchen?»

«Glaubst du denn, ich könnte auf deine Melodien verzichten?»

Kha trat zu ihnen und machte ein mürrisches Gesicht.

«Du siehst verstimmt aus», stellte die Königin fest.

«Man hat mir etwas gestohlen.»

«Bist du dir dessen sicher?»

«Ich räume jeden Abend meine Sachen auf. Man hat mir eine meiner alten Binsen gestohlen, mit der ich gern geschrieben habe.»

«Hast du sie nicht nur irgendwo verlegt?»

«Nein, ich habe überall gesucht.»

Ramses faßte seinen Sohn an den Schultern.

«Du erhebst eine schwere Anschuldigung.»

«Ich weiß, daß man seiner Zunge nicht leichtfertig freien Lauf lassen darf. Deshalb habe ich es mir auch lange überlegt, ehe ich mich beklage.»

«Wen verdächtigst du?»

«Bis jetzt noch niemanden, aber ich werde darüber nachdenken. Diese Binse habe ich besonders gemocht.»

«Du besitzt noch andere.»

«Das schon, aber diese fehlt mir eben.»

Der Löwe hob den Kopf, und die Ohren des Hundes stellten sich auf. Es kam jemand.

Dolente erschien mit unbekümmerter Miene. Sie trug eine ausladende Perücke mit langen Zöpfen und ein grünes Kleid, das ihr gut zu Gesicht stand.

«Deine Majestät wünschte mich zu sprechen?»

«Dein Verhalten bei der Gerichtsverhandlung gegen Moses hat Aufsehen erregt», erklärte Ramses.

«Ich habe nur die Wahrheit gesagt.»

«Es erforderte einigen Mut, deinen Gemahl mit so klaren Worten zu beschreiben.»

«Im Angesicht der Maat und des Wesirs lügt man nicht.»

«Deine Aussage hat Moses sehr geholfen.»

«Ich habe nur meine Pflicht getan.»

Der Mundschenk des Palastes brachte jungen Wein, und die Unterhaltung drehte sich um die Mühen, die den beiden Kindern noch bevorstanden, ehe sie zur Weisheit gelangten.

Als Dolente den Garten verließ, war sie davon überzeugt, daß sie das Vertrauen des Königs wiedergewonnen hatte. Die ehedem aufgesetzte Freundlichkeit, aus der sie noch Argwohn herausgespürt hatte, war echter Zuneigung gewichen.

Sie schickte ihre Sänftenträger fort, denn sie zog es vor, sich noch ein wenig zu ergehen und dann zu Fuß zu ihren Gemächern zurückzukehren.

Wer hätte in dem bescheidenen Gewand des Wasserverkäufers, der sie ansprach, Chenar wiedererkannt? Er hatte einen Teil seiner Leibesfülle verloren, und ein dichter Bart bedeckte seine Oberlippe, die Wangen und das Kinn.

«Zufrieden, teure Schwester?»

«Dein schlauer Rat war vortrefflich.»

«Die Freundschaft macht unseren Bruder blind. Da du Moses zu Hilfe gekommen bist, hält Ramses dich fortan für eine Verbündete.»

«Wenn er mir wieder traut, wird er verwundbar. Was soll ich jetzt tun?»

«Sperre die Ohren auf. Selbst der nichtigste Hinweis kann wertvoll sein. Ich werde mich auf gleiche Weise wieder mit dir in Verbindung setzen.»

SIEBZEHN

RAMSES UND AMENI hatten aufmerksam Serramannas ausführlichem Bericht gelauscht. Die gespannte Stimmung im Arbeitsraum des Herrschers stand in krassem Gegensatz zu dem sanften Licht, das ihn durchflutete. Nun, am Ende der heißen Jahreszeit, schmückte Ägypten sich mit goldenen Farben.

«Ofir, ein libyscher Magier», wiederholte Ameni, «und Lita, eine arme Närrin, die er für seine Zwecke mißbraucht hat... Sollen wir uns deshalb wirklich Sorgen machen? Dieser erbärmliche Schurke befindet sich auf der Flucht, er hat keinerlei Rückhalt im Land und ist sicher bereits auf und davon, über die Grenze.»

«Du verharmlost den Ernst der Lage», bemerkte Ramses. «Vergiß nicht, wo er sich verbarg: in der Sonnenstadt, der Hauptstadt Echnatons!»

«Sie wurde vor langer Zeit aufgegeben ...»

«Aber die verderblichen Gedanken ihres Gründers spuken noch in so manchen Köpfen. Dieser Ofir wollte sie sich zunutze machen, um ein Netz von Anhängern aufzubauen.»

«Ein Netz ... Ob dieser Ofir vielleicht ein Spion der Hethiter ist?»

«Davon bin ich überzeugt.»

«Aber die Hethiter scheren sich nicht um Aton und um einen einzigen Gott.»

«Die Hebräer schon», warf Serramanna ein.

Ameni hatte diesen Hinweis schon befürchtet. Der Sarde war schließlich nie in die Feinheiten bedachtsam gewählter Worte vorgedrungen und drückte das, was ihm in den Sinn kam, nach wie vor ohne Umschweife aus.

«Wir wissen, daß ein falscher Baumeister zuweilen Umgang mit Moses pflegte», rief ihnen der Vorsteher der Leibwache des Königs ins Gedächtnis. «Und die Beschreibung dieses Hochstaplers deckt sich haargenau mit der des Magiers. Ist das nicht ein schlagender Beweis?»

«Mäßige dich!» riet ihm Ameni nachdrücklich.

«Sprich weiter!» befahl Ramses.

«Ich verstehe nichts von Religion», fuhr der Sarde fort, «aber ich weiß, daß die Hebräer von einem einzigen Gott reden. Darf ich dich daran erinnern, Majestät, daß ich Moses schon damals des Verrats verdächtigt habe?»

«Moses ist unser Freund!» begehrte Ameni auf. «Selbst wenn er Ofir wirklich getroffen hat, weshalb hätte er sich an einer Verschwörung gegen Ramses beteiligen sollen? Dieser Magier hat sicher versucht, zu vielen Großen des Landes Beziehungen zu knüpfen.»

«Was nützt es denn, sich blind zu stellen?» fragte der Sarde.

Der Pharao erhob sich, trat an ein Fenster und blickte in die Ferne. Die grünende Landschaft des Deltas war der Inbegriff sorglosen Lebens.

«Serramanna hat recht», befand Ramses. «Die Hethiter haben uns auf zweierlei Art angegriffen, von außen und zugleich von innen. Wir haben in der Schlacht bei Kadesch zwar den Sieg davongetragen, haben ihre Truppen aus unseren Schutzgebieten hinausgedrängt und ein Spionagenetz zerschlagen, aber sind das nicht lächerliche Erfolge? Ihr Heer ist unversehrt, und dieser Ofir treibt immer noch sein Unwesen. Ein Mann wie er, der vor einem Mord nicht zurückschreckte, wird nicht davon ablassen, uns zu schaden. Aber Moses kann mit ihm nicht im Bunde stehen … Er ist aufrichtig und nicht imstande, im verborgenen zu handeln. Was ihn betrifft, da irrt sich Serramanna.»

«Ich hoffe es, Majestät.»

«Auf dich wartet eine neue Aufgabe, Serramanna.»

«Ich werde Ofir festnehmen.»

«Aber davor suchst du mir einen hebräischen Ziegelmacher namens Abner.»

Nefertari hatte sich gewünscht, ihren Geburtstag auf einem in der Nähe der Hauptstadt gelegenen großen Landgut zu feiern, das der Aufsicht Nedjems, des Obersten Verwalters der Felder und Haine, unterstand. Von angenehmem Wesen, dem Schauspiel der Natur stets überaus zugetan, führte er dem Königspaar einen erst jüngst ersonnenen neuen Pflug vor, der für die fruchtbaren, schweren Böden des Deltas besser geeignet war als die alten Pflüge. Voller Begeisterung betätigte Nedjem mit eigener Hand das Gerät. Es drang genau in der richtigen Tiefe ins Erdreich ein, ohne die Schollen zu beschädigen.

Die Bediensteten des Landgutes verhehlten ihre Freude nicht. Den König und die Königin aus so unmittelbarer Nähe sehen zu dürfen war ein wahres Geschenk des Himmels, der ihnen im bevorstehenden Jahr gewiß tausendfaches Glück bescheren würde: eine überreiche Ernte, Obstgärten voll der prächtigsten Früchte, und in den Viehherden würden Junge in großer Zahl zur Welt kommen.

Nefertari fühlte hingegen, daß die Festlichkeiten dieses schönen Tages Ramses nicht berührten. Deshalb nutzte sie einen Augenblick der Ruhe, um ihn nach dem Grund zu fragen.

«Dir schnürt Angst das Herz zusammen ... Hat das etwas mit Moses zu tun?»

«Sein Schicksal bereitet mir Sorge, das stimmt.»

«Ist Abner schon gefunden worden?»

«Nein, noch nicht. Falls er nicht vor Gericht erscheint, wird der Wesir dem Freispruch nicht stattgeben.»

«Serramanna wird dich nicht enttäuschen. Aber ich spüre, daß dich noch etwas anderes quält.»

«Das Pharaonentum gebietet mir, Ägypten vor Feinden im Inneren wie vor denen von außen zu schützen, und ich befürchte, versagt zu haben.»

«Da du die Hethiter weit zurückgedrängt hast, kann sich der Widersacher, der dich ängstigt, nur in unserem Land befinden.»

«Wir werden einen Krieg gegen die Söhne der Finsternis führen müssen, die ihr wahres Gesicht verbergen und sich in falschem Licht zeigen.»

«Welch sonderbare Worte! Dennoch überraschen sie mich nicht. Gestern abend, während der Riten im Tempel der Sachmet, funkelten die Augen des granitenen Standbildes mit besorgniserregendem Glanz. Wir kennen diesen Blick gut: Er verkündet Unheil. Ich habe sogleich die Beschwörungsformeln gesprochen, aber wird sich der Frieden, der darauf im Heiligtum wieder einkehrte, auch in der Welt draußen ausbreiten?»

«Der Geist von Achet-Aton erregt aufs neue die Gemüter, Nefertari.»

«Hat Echnaton seinem verderblichen Unterfangen nicht selbst Grenzen in Zeit und Raum gesetzt?»

«Gewiß, aber er hat Kräfte ausgelöst, deren er nicht mehr Herr wird. Und Ofir, ein libyscher Magier im Dienste der Hethiter, hat die Dämonen geweckt, die in der aufgegebenen Hauptstadt schlummerten.»

Nefertari schwieg eine Weile mit geschlossenen Augen. Ihre Gedanken befreiten sich von den Fesseln des Vergänglichen und strebten dem Unsichtbaren zu, um die in den verschlungenen Pfaden der Zukunft verborgene Wahrheit zu ergründen. Die Rituale, die sie zu vollziehen pflegte, hatten in der Königin eine Fähigkeit zur Seherin entwickelt und ihr die Gabe verliehen, unmittelbar mit den Mächten in Verbindung zu treten, die jeden Augenblick aufs neue die Welt erschufen. Ihre Vorahnungen hoben zuweilen den Schleier, der Künftiges verhüllte.

Nicht ohne Furcht wartete Ramses auf den Spruch der Großen Königsgemahlin.

«Die Auseinandersetzung wird grauenerregend», sagte sie, als sie die Augen wieder aufschlug. «Die Armeen, die Ofir aufgestellt hat, stehen in ihrer Gewalttätigkeit denen der Hethiter in nichts nach.»

«Da du meine Ängste bestätigst, müssen wir so schnell wie möglich handeln. Bieten wir alle Kräfte der wichtigsten Tempel des Königreichs auf, überziehen wir das Land mit einem schützenden Netz, dessen Maschen die Götter und Göttinnen knüpfen werden. Dazu brauche ich deine Hilfe.»

Nefertari umarmte Ramses mit unendlicher Zärtlichkeit.

«Als ob du mich darum erst bitten müßtest!»

«Wir werden eine lange Reise antreten und unzähligen Gefahren trotzen.»

«Hätte unsere Liebe denn einen Sinn, wenn wir sie nicht Ägypten zum Geschenk machten? Ihm verdanken wir unser Leben, und ihm weihen wir es.»

Mit Schilfrohr bekränzt, mit nackten Brüsten und einem Schurz aus Binsen um die Hüften tanzten die jungen Bauernmädchen zu Ehren der Fruchtbarkeit der Erde. Dabei warfen sie sich kleine Stoffbälle zu, um böse Geister abzuwehren. Dank der Gewandtheit dieser Mädchen vermochten die schwerfälligen, ungeschickten und unförmigen Dämonen nicht in das Fruchtland einzudringen.

«Hätten wir nur ihre Leichtigkeit», wünschte Nefertari.

«Auch dich bedrückt insgeheim etwas.»

«Kha bereitet mir Kummer.»

«Hat er sich ein Vergehen zuschulden kommen lassen?»

«Nein, es ist wegen des Schreibrohrs, das man ihm gestohlen hat. Erinnerst du dich noch daran, wie mein Lieblingsschal verschwunden ist? Ohne Zweifel hatte dieser Ofir ihn für seine Schwarze Magie benutzt, um mir die Gesundheit zu rauben und uns zu schwächen. Schon bei Merit-Amuns Geburt konnte ich nur dank Setaous Eingreifen dem Tod entrinnen, und nun befürchte ich einen neuen Anschlag, der sich diesmal gegen ein Kind richtet, gegen deinen erstgeborenen Sohn.»

«Ist er etwa krank?»

«Pariamakhou hat ihn bereits untersucht und kann nichts Ungewöhnliches feststellen.»

«Sein Befund reicht mir nicht. Laß Setaou rufen und bitte ihn, einen magischen Schutzwall um Kha zu errichten. Von heute an soll er uns jeden auch noch so nichtigen Vorfall berichten. Hast du Iset davon in Kenntnis gesetzt?»

«Selbstverständlich.»

«Man muß den Dieb oder die Diebin ausfindig machen und feststellen, ob innerhalb des Palastes jemand Verrat an uns übt. Serramanna wird die Bediensteten verhören.»

«Ich habe Angst, Ramses, ich habe Angst um Kha.»

«Bezähme diese Angst, sie könnte ihm nur schaden. Wer sich der Finsternis zu bedienen weiß, wird jede kleinste Schwäche ausnutzen.»

Mit Binsen und einer Schreiberpalette in Händen betrat Kha die Forschungsstätte von Setaou und Lotos. Die hübsche Nubierin bewog gerade eine schwarze Kobra dazu, ihr Gift abzusondern, während ihr Gemahl eine Arznei gegen Verdauungsstörungen zubereitete.

«Bist du der Lehrer, der mich in Magie unterweist?»

«Die Magie selbst wird dein einziger Lehrer sein. Hast du immer noch Angst vor Schlangen?»

«O ja!»

«Nur Dummköpfe fürchten sich nicht vor ihnen. Sie waren vor uns da und kennen Geheimnisse, die wir erst entdecken müssen. Hast du wahrgenommen, daß sie sich von einer Welt in die andere schlängeln können?»

«Seit mich mein Vater der großen Kobra gegenübergestellt hat, weiß ich, daß ich den bösen Tod abzuwenden vermag.»

«Du mußt dich dennoch schützen, wie es scheint.»

«Man hat mir eine Binse gestohlen, und ein Magier will sie gegen mich benutzen. Die Königin hat mir die Wahrheit gesagt.»

Der Ernst und die Reife des Knaben versetzten Setaou in Erstaunen.

«In dem Maß, in dem die Schlangen uns in ihren Bann ziehen», erklärte er, «lehren sie uns auch, einen Bann zu brechen. Deshalb werde ich dir nun jeden Tag eine Mischung aus zerstoßenen Zwiebeln, Schlangenblut und Nesselpflanzen verabreichen. In zwei Wochen werde ich noch Kupferspäne, roten Ocker, Alaun und Bleioxyd hinzufügen, und Lotos wird dir ein Mittel geben, das sie ersonnen hat.»

Kha zog eine Grimasse.

«Das schmeckt sicher nicht gut.»

«Ein wenig Wein wird dich darüber hinwegtäuschen.»

«Ich habe noch nie welchen getrunken.»

«Noch eine Lücke, die es zu schließen gilt.»

«Der Wein trübt den Verstand der Schreiber und macht ihre Hand unsicher.»

«Und ein Übermaß an Wasser verschließt das Herz. Hüte dich vor dieser Schwäche! Um gute Weine erkennen zu können, muß man früh damit beginnen, sie zu kosten.»

«Werden sie mich gegen die Schwarze Magie schützen?»

Setaou hantierte mit einem Tiegel, der eine grünliche Salbe enthielt.

«Ein untätiger Mensch vermag der Schwarzen Magie keinen Widerstand entgegenzusetzen; nur wenn du dich anstrengst, gelingt es dir, die Anschläge des Unsichtbaren abzuwehren.»

«Ich bin bereit», beteuerte Kha.

ACHTZEHN

SEIT ZEHN TAGEN regnete es in der auf einer zerklüfteten Hochebene mit kargem Grasland im Herzen von Hatti erbauten hethitischen Hauptstadt Hattuscha.

Muwatalli, der kurzbeinige König mit gebeugtem Rücken und steter Wachsamkeit im Blick der braunen Augen, war müde und litt unter der Kälte. Deshalb blieb er in der Nähe der Feuerstelle, ohne seine wollene Mütze abzunehmen oder seinen langen Mantel aus roter und schwarzer Wolle auszuziehen.

Trotz der Niederlage bei Kadesch und des gescheiterten Gegenangriffs fühlte er sich in seiner Hauptstadt inmitten der Berge sicher, in seinem Palast auf dem Burgberg, der Unter- und Oberstadt überragte. Riesige Befestigungsanlagen, die dem natürlichen Verlauf des felsigen Geländes folgten, machten Hattuscha zu einem uneinnehmbaren Bollwerk.

Dennoch erhob sich in der stolzen, unbesiegbaren Stadt Kritik am Herrscher. Zum erstenmal hatte sein ausgeprägter Sinn für klug geplante Feldzüge seine Armee nicht zum Sieg geführt.

Auf der mehrere Meilen langen, von Türmen und Zinnen gekrönten Stadtmauer hielten Soldaten Wache, aber jeder fragte sich, ob Muwatalli auch morgen noch die Geschicke des Königreichs lenken würde. Bisher hatte er, von seinen Untertanen zwanglos «der große Anführer» genannt, alle Versuche, ihm die Macht zu entreißen, unterbunden, indem er die allzu Ehrgeizigen aus dem Weg räumte, doch die jüngsten Ereignisse hatten seine Stellung geschwächt.

Zwei Männer gierten nach dem Thron: sein von Heerführern und Offizieren unterstützter Sohn, Uriteschup, und Hattuschili, der Bruder des Königs, der als gewandter Unterhändler ein mächtiges Bündnis gegen Ägypten zuwege gebracht hatte. Ein Bündnis, das Muwatalli aufrechtzuerhalten gedachte, indem er seinen Bundesgenossen Unmengen kostspieliger Geschenke machte.

Muwatalli hatte soeben einen halben Tag in der beruhigenden Gesellschaft einer bezaubernden jungen Frau zugebracht, die, witzig und gebildet, ihn seine Sorgen hatte vergessen lassen. Wie gern hätte er sich, ihrem Beispiel folgend, auch nur Liebesgedichten gewidmet, um nicht mehr an die Aufmärsche der Armee denken zu müssen. Doch das war nur ein Traum, und ein hethitischer König hatte weder die Zeit noch das Recht zu träumen.

Muwatalli wärmte sich die Hände. Noch war er unschlüssig, ob er sich seines Bruders oder seines Sohnes oder gar aller beider entledigen mußte. Vor einigen Jahren wäre gewaltsames Eingreifen geboten gewesen. Viele hinterhältige Männer und sogar Herrscher waren an Gift gestorben, ein am hethitischen Hof hochgeschätztes Verfahren. Doch nun konnte ihm die Feindschaft zwischen den beiden Thronanwärtern von Nutzen sein. Machten sie sich nicht gegenseitig unschädlich, wodurch er als unentbehrlicher Vermittler erscheinen konnte?

Und noch eine andere Tatsache, eine beängstigende, nötigte ihm Zurückhaltung auf: das Königreich war im Begriff auseinanderzubrechen. Die wiederholten Niederlagen bei seinen Feldzügen, die hohen Kosten des Krieges und die Schwierigkeiten in den Handelsbeziehungen zu anderen Ländern drohten den Riesen ins Wanken zu bringen.

Muwatalli hatte im Heiligtum des Wettergottes Andacht gehalten, im prunkvollsten des Tempelbezirks der Unterstadt, der nicht weniger als einundzwanzig den Göttern geweihte Bauwerke umfaßte. Wie jeder Priester hatte der König drei Brote gebrochen, einen Felsblock mit Wein begossen und dazu die rituellen Worte gesprochen: «Möge es ewig währen!» Der Wunsch hatte seinem Land gegolten, denn in Alpträumen sah er sich zuweilen von Ägypten besiegt und von seinen Verbündeten verraten. Wie lange mochte er noch beschaulich von seinem Burgberg auf die steinernen Terrassen, die schönen Häuser der Würdenträger und die gewaltigen Stadttore hinunterblicken?

Der Kammerherr meldete dem Herrscher, daß sein Besucher eingetroffen sei. Dieser hatte sich von unzähligen Wachposten überprüfen lassen müssen, ehe er in die von Zisternen, Stallungen, einer Waffenschmiede und einer Kaserne umgebenen königlichen Gemächer gelangte.

Muwatalli pflegte seine Gäste gern in einem kalten, schmucklosen Säulensaal zu empfangen, in dem zur Schau gestelltes Kriegsgerät an die Siege der hethitischen Armee erinnerte.

Uriteschups schwerer Schritt war unter Tausenden herauszuhören. Hochgewachsen, muskulös, vor Kraft strotzend, mit fuchsrot behaarter Brust und wallender Mähne erweckte er den Eindruck eines gefährlichen Kriegers, stets bereit, zu neuen Schlachten aufzubrechen.

«Wie geht es dir, mein Sohn?»

«Schlecht, Vater.»

«Du scheinst indes bei guter Gesundheit zu sein.»

«Hast du mich rufen lassen, um meiner zu spotten?»

«Vergiß nicht, mit wem du sprichst!»

Uriteschup zügelte seine Überheblichkeit.

«Vergib mir, ich bin äußerst erregt.»

«Und weshalb?»

«Weil ich einmal Heerführer einer siegreichen Armee war und zur Bedeutungslosigkeit herabgewürdigt wurde, den Befehlen Hattuschilis untergeordnet, des bei Kadesch Geschlagenen! Wird damit nicht die Kraft vergeudet, die ich in den Dienst meines Landes stellen könnte?»

«Ohne Hattuschili wäre das Bündnis nicht zustande gekommen.»

«Und was hat es uns genützt? Hättest du mir Vertrauen geschenkt, hätte ich über Ramses triumphiert!»

«Du verharrst in einem Irrtum, mein Sohn. Wozu beschwörst du unablässig die Vergangenheit herauf?»

«Setze Hattuschili ab und übergib mir das uneingeschränkte Kommando!»

«Hattuschili ist mein Bruder, er steht bei unseren Verbündeten in hohem Ansehen, und ihm schenken auch die Kaufleute Gehör, ohne die wir keinen Krieg mehr führen könnten.»

«Was schlägst du mir also vor?»

«Legen wir unsere Zwistigkeiten bei, und vereinen wir unsere Kräfte, um Hatti zu retten.»

«Hatti zu retten ... Wer bedroht es denn?»

«Die Welt um uns herum verändert sich. Wir haben Ägypten nicht unterworfen, und mancher Bundesgenosse könnte schneller die Seiten wechseln, als ich es für möglich halte.»

«Ich verstehe kein Wort! Ich bin zum Kämpfen geboren und nicht dazu, irgendwelche Ränke zu schmieden.»

«Du ziehst übereilte und unzutreffende Schlüsse, mein Sohn. Wenn wir die Oberherrschaft im ganzen Vorderen Orient antreten wollen, müssen wir damit beginnen, unsere Zerwürfnisse im Inneren zu überwinden. Dahin führt nur ein heilsamer und unerläßlicher Weg: deine Aussöhnung mit Hattuschili.»

Uriteschup schlug mit der Faust gegen eine der Säulen.

«Niemals! Niemals werde ich dazu bereit sein, mich vor diesem Schwächling zu erniedrigen!»

«Beenden wir unsere Zwietracht, dann werden wir stärker sein.»

«Schließe deinen Bruder und seine Gemahlin in einen Tempel ein und erteile mir den Auftrag, Ägypten anzugreifen: das ist der heilsame Weg.»

«Lehnst du jede Form der Aussöhnung ab?»

«Ja.»

«Ist das dein letztes Wort?»

«Wenn du Hattuschili fallenläßt, werde ich dir eine treue Stütze sein. Ich und die Armee.»

«Schachert ein Sohn mit der Liebe, die er seinem Vater entgegenbringt?»

«Du bist viel mehr als ein Vater, du bist der König von Hatti. Nur das Wohl unseres Landes darf unsere Entscheidungen bestimmen. Meine Auffassung ist richtig, das wirst du letzten Endes einsehen.»

Der König wirkte müde.

«Vielleicht hast du ja recht ... Ich muß darüber nachdenken.»

Während er den Audienzsaal verließ, war Uriteschup sicher, seinen Vater überzeugt zu haben. Schon bald würde dem alternden König keine andere Wahl mehr bleiben, als ihm unbeschränkte Vollmachten zu erteilen, ehe er den Thron an ihn abtrat.

Puducheba, Hattuschilis Gemahlin, die ein rotes Kleid, Sandalen aus Leder, eine goldene Halskette und silberne Armreife trug, verbrannte im unterirdischen Saal des Tempels der Göttin Ischtar Weihrauchkörner. Zu dieser späten Nachtstunde herrschte auf dem Burgberg Stille.

Doch da kamen zwei Männer die Treppe herunter. Hattuschili, von kleinem Wuchs, das Haar mit einem Band zusammengehalten, in ein dickes Gewand aus mehrfarbigem Stoff gehüllt und mit einem Schmuckreif am linken Oberarm, ging dem König voraus.

«Wie kalt es ist», klagte Muwatalli und zog seinen wollenen Mantel enger um sich.

«Dieser Raum ist wirklich nicht angenehm», räumte Hattuschili ein, «aber er bietet den Vorteil, daß man hier vollkommen ungestört ist.»

«Möchtest du Platz nehmen, Majestät?» fragte Puducheba.

«Diese steinerne Bank genügt mir. Trotz seiner langen Reise scheint mein Bruder weniger müde zu sein als ich. Hast du Neuigkeiten in Erfahrung gebracht, Hattuschili?»

«Ich fürchte um unser Bündnis. Manche, die uns Treue gelobt haben, geraten allem Anschein nach in Versuchung, ihre Pflichten zu vergessen. Sie stellen immer höhere Ansprüche, aber es ist mir gelungen, sie zu befriedigen. Du mußt dir allerdings darüber im klaren sein, daß dieses Bündnis allmählich sehr kostspielig wird. Dennoch gibt es etwas, was mir größere Sorgen bereitet.»

«Rede, ich bitte dich.»

«Die Assyrer werden gefährlich.»

«Dieses kleine Volk?»

«Es meint nun, wegen unserer jüngsten Niederlagen und unserer Streitigkeiten drohe uns der Verfall.»

«Wir könnten sie innerhalb weniger Tage zermalmen!»

«Das glaube ich nicht. Und wäre es weise, unsere Kräfte in einer Zeit zu zersplittern, da Ramses sich anschickt, Kadesch anzugreifen?»

«Weißt du Genaueres?»

«Unseren Kundschaftern zufolge ist die Armee des Pharaos im Begriff, einen erneuten Vorstoß zu unternehmen. Und dieses Mal werden Kanaanäer und Beduinen dem König von Ägypten keinen Widerstand leisten. Dann ist morgen der Weg nach Hatti frei. Es wäre eine Torheit, eine zweite Front gegen die Assyrer zu eröffnen.»

«Wozu rätst du, Hattuschili?»

«Wir müssen vordringlich unsere Einheit im Inneren wiederherstellen. Der Zwist zwischen deinem Sohn und mir dauert schon zu lange, und er schwächt uns. Ich bin bereit, mich mit ihm zu treffen, um ihm den Ernst der Lage begreiflich zu machen. Wenn wir uns weiterhin befehden, bedeutet das unseren Untergang.»

«Uriteschup lehnt jedwede Aussöhnung ab und fordert die Befehlsgewalt über alle Truppen.»

«Um mit gesenkten Hörnern gegen Ägypten anzurennen und sie sich abzustoßen.»

«Seiner Meinung nach ist das unmittelbare Aufeinanderprallen beider Armeen unser einziger Ausweg.»

«Du bist der König, du mußt dich zwischen ihm und mir entscheiden. Wenn du dich seinen Plänen anschließt, werde ich mich zurückziehen.»

Muwatalli tat ein paar Schritte, um sich aufzuwärmen.

«Es gibt nur eine vernünftige Lösung», erklärte die schöne Puducheba ruhig. «Als Herrscher mußt du der Erhabenheit Hattis den Vorrang einräumen. Daß Hattuschili dein Bruder ist und Uriteschup dein Sohn, hat keinerlei Bedeutung, wenn es um den Schutz unseres Volkes geht, und du weißt ganz genau, daß Uriteschups Gier nach Krieg uns ins Verderben führen wird.»

«Wie sieht deine ... vernünftige Lösung aus?»

«Niemand vermag einen Besessenen zu überzeugen. Deshalb muß er aus dem Weg geräumt werden. Weder du noch Hattuschili dürfen mit seinem Verschwinden in Zusammenhang gebracht werden, also nehme ich das auf mich.»

NEUNZEHN

MOSES ERHOB SICH.
«Du, hier?»

«Das Gericht hat mir gestattet, dich aufzusuchen.»

«Muß der Pharao um Erlaubnis bitten, wenn er seine Gefängnisse in Augenschein nehmen will?»

«In deinem Fall schon, da du des Mordes angeklagt bist. Aber zuallererst bist du mein Freund.»

«Also verstößt du mich nicht …»

«Läßt man einen Freund in Not im Stich?»

Ramses und Moses lagen einander lange in den Armen.

«Ich habe kein Vertrauen zu dir gehabt, Ramses, denn ich habe nicht gedacht, daß du kommen würdest.»

«Du ungläubiger Mensch! Warum bist du geflohen?»

«Zunächst meinte ich, mein Entsetzen über die Tat sei eine Erklärung für mein Verhalten … Doch in Midian, wo ich mich verbarg, hatte ich Zeit zum Nachdenken. Es war keine Flucht, ich bin einem Ruf gefolgt.»

Die Zelle war ein sauberer und gut durchlüfteter Raum mit gestampftem Lehmboden. Der König setzte sich auf einen dreibeinigen Hocker, seinem hebräischen Freund gegenüber.

«Von wem kam dieser Ruf?»

«Vom Gott Abrahams, Isaaks und Jakobs. Von Jahwe.»

«‹Jahwe› ist der Name eines Berges in der Wüste des Sinai; ihn zum Symbol für eine Gottheit zu machen hat nichts Erstaunliches. Wohnt nicht auch die Göttin des Schweigens in den Bergen des Westens bei Theben?»

«Jahwe ist der alleinige Gott, er läßt sich nicht auf einen Landstrich beschränken.»

«Was ist geschehen, während du in der Fremde warst?»

«In den Bergen hat sich mir Gott in Gestalt eines brennenden Dornbusches offenbart. Er hat mir Seinen Namen enthüllt: ‹Ich bin.›»

«Weshalb umfaßt er nur einen Teil der Wirklichkeit? Atum, der Schöpfer, ist zugleich ‹der, der ist› und ‹der, der nicht ist›.»

«Jahwe hat mich mit einem Auftrag betraut, Ramses; mit einem Auftrag, der wahrscheinlich dein Mißfallen erregen wird. Ich muß das hebräische Volk aus Ägypten hinausführen und in ein heiliges Land geleiten.»

«Hast du wirklich die Stimme Gottes vernommen?»

«Sie war so klar und tief wie deine.»

«Wird man in der Wüste nicht zuweilen das Opfer einer Sinnestäuschung?»

«Du kannst mir keine Zweifel einreden, ich weiß, was ich gesehen und gehört habe. Mein Auftrag ist mir von Gott bestimmt, und ich werde ihn erfüllen.»

«Sprichst du … von allen Hebräern?»

«Das ganze Volk wird dieses Land in Freiheit verlassen.»

«Wer hinderte einen Hebräer daran, sich frei zu bewegen?»

«Ich fordere eine amtliche Anerkennung des Glaubens der Hebräer und die Genehmigung zu ihrem Auszug aus Ägypten.»

«Fürs erste gilt es, dich aus dem Gefängnis herauszuholen. Deshalb lasse ich Abner suchen. Seine Zeugenaussage ist von entscheidender Bedeutung für deinen Freispruch.»

«Vielleicht ist Abner nicht mehr in Ägypten.»

«Du hast mein Wort, daß wir keine Mühe scheuen werden, ihn dem Gericht vorzuführen.»

«Meine Freundschaft zu dir ist ungebrochen, Ramses, und ich habe gehofft, daß du deinen Kampf gegen die Hethiter gewinnen mögest, doch du bist Pharao und ich das künftige Oberhaupt des hebräischen Volkes. Wenn du dich meinem Wunsch nicht beugst, werde ich dein erbittertster Feind.»

«Finden Freunde nicht stets einen Weg der Verständigung?»

«Unsere Freundschaft zählt für mich weniger als mein Auftrag. Selbst wenn es mir das Herz zerreißt, muß ich der Stimme Jahwes gehorchen.»

«Wir werden noch Zeit haben, darüber zu sprechen. Zunächst mußt du vor allem die Freiheit wiedererlangen.»

«Der Kerker bedrückt mich nicht. In dieser Abgeschiedenheit bereite ich mich auf die Prüfungen von morgen vor.»

«Die erste könnte deine Verurteilung sein.»

«Jahwe beschützt mich.»

«Ich wünsche es dir, Moses. Fällt dir nichts ein, was für deine Verteidigung von Nutzen wäre?»

«Ich habe die Wahrheit gesagt, und sie wird sich durchsetzen.»

«Du hilfst mir nicht sehr.»

«Warum sollte ich als Freund des Pharaos Angst vor der Ungerechtigkeit haben? Du würdest nie zulassen, daß sie das Königreich und die Seele der Richter befällt.»

«Hast du Umgang mit einem gewissen Ofir gehabt?»

«Daran erinnere ich mich nicht mehr ...»

«Besinne dich: Ofir hat sich den Anschein gegeben, Baumeister zu sein, und dich in Pi-Ramses aufgesucht, während du meine Hauptstadt erbaut hast. Gewiß hat er die Vorzüge der Religion Echnatons gerühmt.»

«Ja, das stimmt.»

«Hat er dir klare Vorschläge gemacht?»

«Nein, aber er schien Verständnis für das Elend der Hebräer zu haben.»

«Elend ...? Ist dieser Ausdruck nicht übertrieben?»

«Du bist Ägypter, du kannst das nicht begreifen.»

«Dieser Ofir ist ein Spion der Hethiter und ein Verschwörer. Obendrein ist er ein Mörder. Schon das geringste Einvernehmen mit ihm würde dich in den Verdacht des Hochverrats bringen.»

«Wer meinem Volk hilft, verdient meine Dankbarkeit.»

«Verabscheust du etwa das Land, in dem du geboren bist?»

«Meine Kindheit, die Jugendzeit, unsere gemeinsamen Jahre an der Hohen Schule von Memphis, meine Laufbahn in deinen Diensten ... das alles ist tot und vergessen, Ramses. Ich liebe nur noch ein Land: jenes, das Gott meinem Volk verheißen hat.»

Nedjem, der Oberste Verwalter der Felder und Haine, war ungewöhnlich erregt. Sonst so liebenswürdig und fröhlich, hatte er soeben ohne Grund seinen Schreiber angeherrscht. Da es ihm nicht gelang, seine volle Aufmerksamkeit auf die vor ihm liegenden Schriftstücke zu richten, verließ er seinen Amtsraum und begab sich in die Forschungsstätte von Setaou und Lotos.

Dort kauerte die Nubierin gerade auf dem Boden und bändigte eine Viper mit rotem Kopf, die wild mit dem Schwanz schlug.

«Nimm mir diese Kupferschale ab», bat Lotos.

«Ich weiß nicht, ob ...»

«Schnell!»

Zögernd ergriff Nedjem das Gefäß. Es enthielt eine braune, zähe Flüssigkeit.

«Verschütte nichts, es ist überaus ätzend.»

Nedjem zitterte.

«Wo soll ich die Schale hinstellen?»

«Auf das Wandbrett.»

Lotos steckte die Viper in einen Korb und verschloß den Dekkel.

«Was kann ich für dich tun, Nedjem?»

«Du und Setaou ...»

«Was will man denn von Setaou?» ließ sich die rauhe Stimme des Schlangenkundigen vernehmen.

Beängstigende Dämpfe stiegen aus Töpfen von verschiedener Größe empor, auf Wandbrettern standen Tiegel neben Sieben, Flaschen neben Glasröhrchen, und Absud reihte sich an Absud, Arznei an Arznei.

«Ich möchte sagen ...»

Ein Hustenanfall hinderte den Oberverwalter daran weiterzusprechen.

«Na, dann sag es doch!» drängte Setaou.

Der stämmige, breitschultrige Forscher mit dem Stoppelbart war in den Rauchschwaden, die seine Arbeitsstätte durchzogen, kaum auszumachen, während er verdünntes Gift von einem Behälter in einen anderen umfüllte.

«Ich komme wegen Kha.»

«Was ist ihm zugestoßen?»

«Du bist ... Nun ja, ich möchte sagen, bisher habe ich mich um die Erziehung dieses Knaben gekümmert. Er liest und schreibt gern, er läßt für sein Alter ungewöhnliche Reife erkennen, er verfügt bereits über Kenntnisse, um die ihn manche Schreiber beneiden würden, er strebt unbeirrt danach, sein Wissen um die Geheimnisse des Himmels und der Erde zu mehren, er möchte ...»

«Das weiß ich alles, Nedjem, und ich habe zu tun. Komm zur Sache!»

«Du ... du machst es einem nicht leicht.»

«Das ganze Leben ist nicht leicht. Wenn man sich Tag für Tag mit Kriechtieren beschäftigt, kann man seine Zeit nicht mit geselligen Zusammenkünften vergeuden.»

Nedjem war wie vor den Kopf gestoßen.

«Aber ... mein Besuch hier, bei dir, ist keine gesellige Zusammenkunft.»

«Dann sag endlich, was du zu sagen hast!»

«Gut, ich will deutlicher werden: Warum lockst du Kha auf einen falschen Weg?»

Setaou stellte die bauchige Glasflasche, mit der er hantiert hatte, auf ein Wandbrett und wischte sich mit einem Tuch die Stirn.

«Du dringst bei mir ein, Nedjem, hältst mich von der Arbeit ab, und dann beleidigst du mich noch! So hoch dein Amt auch ist, ich hätte gute Lust, dir mit der Faust ins Gesicht zu schlagen.»

Nedjem wich zurück und stieß mit Lotos zusammen.

«Vergib mir ... Ich dachte nicht ... Aber dieses Kind ...»

«Erscheint dir Khas Einführung in die Magie verfrüht?» erkundigte sich die Nubierin mit bezauberndem Lächeln.

«Ja, ja, das ist es», antwortete Nedjem.

«Diese Bedenken ehren dich, deine Befürchtungen sind indes unbegründet.»

«Ein Kind, noch so jung, und eine so vielschichtige Wissenschaft, eine so gefährliche ...»

«Der Pharao hat uns befohlen, seinen Sohn zu schützen. Dazu bedarf es der Mitarbeit von Kha.»

Der Oberste Verwalter der Felder und Haine erbleichte.

«Zu schützen ... Vor welcher Gefahr?»

«Ißt du gern gesäuertes Rindfleisch?» fragte Lotos.

«Ja, gewiß!»

«Das bereite ich besonders gut zu. Erweist du uns die Ehre, unser Mahl zu teilen?»

«Ich möchte mich nicht aufdrängen ...»

«Das hast du bereits getan», befand Setaou. «Kha ist kein kleines, zerbrechliches Ding, er ist Ramses' erstgeborener Sohn. Mit einem Anschlag auf ihn erhofft man sich, das Königspaar und das ganze Land zu schwächen. Um die gegen ihn ausgesandten schlechten Einflüsse abzuwehren, errichten wir einen magischen Schutzwall um Kha. Das erfordert große Sorgfalt, es wird schwierig werden, und manches bleibt dem Zufall unterworfen. Jeder, der ihm wohlwill, ist uns also willkommen.»

ZWANZIG

DIE SCHMALE STRASSE, die durch das Hebräerviertel führte, war mit einem von Balken getragenen Binsengeflecht überspannt, das die Menschen vor der sengenden Sonne schützte. Frauen saßen schwatzend vor ihren Haustüren. Als der Wasserträger des Weges kam, stillten sie ihren Durst, ehe sie wieder ihre endlosen Gespräche aufnahmen. Ab und zu mischten sich auch Handwerker ein, die sich einen Augenblick der Ruhe gönnten, und Ziegelmacher, die von den Baustätten zurückkehrten.

Eine einzige Frage beschäftigte die Gemüter: Welches Ende würde das Gerichtsverfahren gegen Moses nehmen? Manche meinten, er werde gewiß zum Tode verurteilt, andere vermuteten eine milde Gefängnisstrafe. Einige aufrührerisch Gesinnte rieten zu einem Aufstand, doch die meisten waren geneigt, den Dingen einfach ihren Lauf zu lassen. Wer wollte es schon wagen, sich der Armee und den Ordnungskräften des Pharaos zu widersetzen? Und schließlich bekam Moses nur, was er verdiente. Hatte er nicht einen Menschen getötet? Niemand entrüstete sich darüber, daß das Gesetz unerbittlich angewandt wurde, auch wenn Moses allgemein noch sehr beliebt war. Wer erinnerte sich nicht daran, wie er sich für die Ziegelmacher und für die Verbesserung ihrer Lage eingesetzt hatte? Viele wünschten sich sogar, er würde wieder Baumeister werden und sich von neuem ihrer Sorgen annehmen.

Aaron teilte die weitverbreitete Auffassung, daß Moses das Schlimmste zu befürchten habe. Gewiß, sein Schicksal lag in Jahwes Hand, doch die ägyptische Gerichtsbarkeit ließ Verbrechern gegenüber keine Milde walten. Hätte Abner sich bereit erklärt, vor dem Wesir zu erscheinen, wäre die Anklage bestimmt fallengelassen worden. Der Ziegelmacher beteuerte indes mit allem Nachdruck, daß Moses lüge. Deshalb weigerte er sich, vor dem Ende des Verfahrens seinen Schlupfwinkel zu verlassen. Da Aaron ihm nichts vorzuwerfen hatte, konnte er den Ältesten seines Stammes auch nicht bitten, auf Abners Zeugenaussage zu bestehen.

Als Aaron durch die schmale Straße ging, fiel ihm ein Bettler auf. Mit einer Kapuze auf dem Kopf und angezogenen Beinen hockte er zusammengesunken vor einer Mauer und knabberte an den Brotstücken, die ihm die Vorübergehenden zuwarfen. Am ersten Tag machte sich Aaron keine Gedanken über den Unglücklichen, am zweiten Tag gab er ihm selbst zu essen, und am dritten Tag setzte er sich zu ihm.

«Hast du keine Familie?»

«Jetzt nicht mehr.»

«Warst du verheiratet?»

«Ja, aber meine Frau ist tot, und meine Kinder sind fortgezogen.»

«Welch hartes Los ist dir widerfahren?»

«Ich war Getreidehändler, ich hatte ein schönes Haus, ich führte ein friedliches Leben ... Doch dann habe ich einen schweren Fehler begangen und meine Frau betrogen.»

«Gott hat dich dafür bestraft.»

«Du hast schon recht, aber es war nicht Er, der mich ins Verderben stürzte. Ein Mann hat meine Liebschaft entdeckt und mich erpreßt, der hat mich an den Bettelstab gebracht und meine Ehe zerstört. Meine Frau ist vor Gram gestorben.»

«Der muß ein Ungeheuer gewesen sein.»

«Ein Ungeheuer, das noch immer wütet und Unheil verbreitet ... Jetzt müssen andere unter seiner Grausamkeit leiden.»

«Wie ist sein Name?»

«Ich schäme mich, ihn auszusprechen.»

«Weshalb?»

«Weil er Hebräer ist, wie du und ich.»

«Ich heiße Aaron, und ich habe einigen Einfluß in unserer Gemeinschaft. Du darfst nicht länger schweigen, denn ein räudiges Schaf kann eine ganze Herde anstecken.»

«Was kann mir das heute noch bedeuten ... Ich bin allein und habe vom Leben nichts mehr zu erwarten.»

«Trotz deiner Not mußt du an andere denken. Dieser Mann gehört bestraft.»

«Er heißt Abner», murmelte der Bettler.

Nun hatte Aaron einen triftigen Grund, über Abner zu klagen. Noch am selben Abend berief er den Rat der Ältesten und der Stammesführer ein und erzählte ihnen vom Elend des ehemaligen Getreidehändlers.

«Vor kurzem hat Abner angeblich auch Ziegelmacher erpreßt», räumte einer der Ältesten ein, «aber sie haben Stillschweigen bewahrt, und es sind nur Gerüchte an unsere Ohren gedrungen. Das erklärt, weshalb ihm der Sinn nicht danach steht, vor einem Gericht zu erscheinen. Er wartet lieber ab, bis sich die ganze Aufregung legt.»

«Moses ist im Gefängnis, und nur Abners Zeugenaussage könnte ihn retten!»

In ihrer Verlegenheit hüteten die Männer sich, eindeutig Stellung zu beziehen. Da faßte einer ihre Meinungen zusammen:

«Sagen wir es doch ehrlich: Moses hat einen Mord begangen,

der auf alle Hebräer ein schlechtes Licht geworfen hat. Wenn er bestraft wird, ist das gerecht. Noch dazu ist er zurückgekehrt, um mit seinen unsinnigen Plänen bei uns Unruhe zu stiften. Die Vorsicht gebietet es, den Dingen ihren Lauf zu lassen.»

Da wurde Aaron zornig.

«Feigling unter Feiglingen! Ihr schützt also lieber einen Schurken wie Abner und schickt Moses, der für uns gekämpft hat, in den Tod! Möge Jahwe Unglück und Not über euch bringen!»

Der Älteste der Versammlung erhob lautstark seine Stimme.

«Aaron hat recht, unser Verhalten ist verachtenswert.»

«Wir haben Abner unseren Schutz zugesichert», erinnerte ein Stammesführer die Anwesenden. «Es steht uns nicht zu, ihn auf einige nicht erwiesene Anschuldigungen hin zu zwingen, sich selbst in Gefahr zu bringen.»

Aaron hämmerte mit seinem Stock auf den Boden.

«Hat Abner dir nicht geholfen, dich auf Kosten unserer Brüder zu bereichern?»

«Was erdreistest du dich!»

«Stellen wir den Bettler und Abner einander gegenüber.»

«Dein Vorschlag wird angenommen», erklärte der Älteste.

Abner verbarg sich im Herzen des Ziegelmacherviertels, in einem zweistöckigen Haus, aus dem er erst nach der Verurteilung von Moses herauskommen wollte. Zu Reichtum und Ansehen gelangt, stopfte er sich mit Kuchen voll und verschlief den größten Teil der Zeit.

Als die Kunde vom Beschluß des Rates zu ihm gedrungen war, hatte er nur gelacht. Das Wort eines Bettlers würde weniger wiegen als seines, und schließlich konnte er immer noch das hebräische Volk anklagen, das einen Mann seinem Elend überließ, denn das verstieß gegen ägyptisches Gesetz. Sollte die Sache wider Erwarten eine unangenehme Wendung nehmen, würden seine Verbündeten schon dafür sorgen, daß dieser erbärmliche Ankläger verschwand.

Die Begegnung fand im Erdgeschoß des Hauses statt, im Empfangszimmer, in dem man Kissen auf die Bänke gelegt hatte. Anwesend waren der Älteste des Rates, ein von seinen Brüdern dahin beorderter Stammesführer und Aaron. Er stützte den gebeugten Bettler, der kaum zu gehen vermochte.

Abner lächelte spöttisch.

«Das ist also der arme Tropf, der sich in seinem Wahn üble Dinge über mich ausdenkt ... Ist er überhaupt imstande zu sprechen? Das klügste wäre, ihm etwas zu essen zu geben und ihn auf einen Bauernhof im Delta zu schicken, wo er seine Tage beschließen kann.»

Aaron half dem Bettler, sich hinzusetzen.

«Wir können dir Schmach ersparen», erklärte der Älteste des Rates, «wenn du bereit bist, zugunsten von Moses auszusagen und den Hergang der Tat so zu bestätigen, wie du ihn damals geschildert und unterschrieben hast.»

«Moses ist ein gefährlicher Hitzkopf. Ich habe vielen unserer Brüder zu Wohlstand verholfen. Weshalb sollte ich unnötige Wagnisse eingehen?»

«Um der Wahrheit willen», entgegnete Aaron.

«Sie ist so wandelbar ... Und was hilft es denn, Moses zu befreien? Er bleibt dennoch ein Mörder. Wir haben nichts dabei zu gewinnen, wenn wir uns in diese Angelegenheit einmischen.»

«Moses hat dein Leben gerettet, du mußt jetzt das seine retten.»

«Diese Ereignisse liegen so weit zurück, ich erinnere mich nicht mehr so genau daran ... Ist es nicht besser, an die Zukunft zu denken? Meine schriftlich niedergelegte Aussage wird Moses zustatten kommen. Solange Zweifel bestehen, wird man sie zu seinen Gunsten auslegen und ihn nicht zum Tode verurteilen.»

«Ist eine lange Gefängnisstrafe vielleicht ein beneidenswertes Los?»

«Moses hätte sich beherrschen müssen und Sary nicht töten dürfen.»

Am Ende seiner Geduld angelangt, schlug Aaron mit dem Stock auf den Boden.

«Keine Gewalt!» mahnte der Älteste des Rates.

«Dieser Kerl ist ein Schuft, er hat seine Brüder betrogen und betrügt sie noch immer!»

«Bewahre Ruhe», riet ihm Abner. «Ich bin großherzig und werde dafür Sorge tragen, daß es dir an nichts fehlt. Für mich ist die Achtung vor dem Alter ein unumstößlicher Wert.»

Wären der Älteste des Rates und der Stammesführer nicht zugegen gewesen, hätte Aaron ihm den Schädel eingeschlagen.

«Belassen wir es dabei, meine Freunde, und feiern wir unsere Aussöhnung bei einem guten Mahl, zu dem ich euch mit Freuden einlade.»

«Hast du den Bettler vergessen, Abner?»

«Ach, ja, der Bettler ... Was hat er denn zu sagen?»

Aaron wandte sich dem Unglücklichen zu.

«Sei ohne Furcht und sprich ganz freimütig.»

Der völlig erschöpfte Mann tat den Mund nicht auf, und Abner brach in schallendes Gelächter aus.

«Das ist also euer großer Ankläger! Schluß damit ... Bringt ihn in die Küche, meine Diener werden ihm etwas zu essen geben.»

Aaron fühlte sich gekränkt.

«So rede doch, ich bitte dich.»

Da richtete sich der vermeintliche Bettler langsam zu seiner vollen Größe auf, nahm die Kapuze ab und zeigte sein Gesicht.

Fassungslos starrte Abner ihn an und war kaum imstande, den Namen dieses unerwarteten Gastes auszusprechen.

«Serramanna ...»

«Du bist festgenommen, Abner», erklärte der Sarde mit dem zufriedenen Lächeln eines Seeräubers.

Während Abners Vernehmung wurde Serramanna von widersprüchlichen Gefühlen geplagt. Einerseits hatte er gehofft, Abner nicht zu finden, damit Moses, dieser Verschwörer, nicht entlastet würde, andererseits freute er sich, weil er seinen Auftrag erfolgreich ausgeführt hatte. Ramses mußte in der Tat ein ganz erstaunliches Wesen sein, daß es ihm gelungen war, ihn zu solchem Gehorsam zu bewegen, obgleich der Sarde nach wie vor von den schändlichen Absichten des Hebräers überzeugt war. Der König beging einen Fehler, wenn er Moses Vertrauen schenkte, aber wer wollte Kritik an einem Herrscher üben, für den Freundschaft zu den geheiligten Werten zählte?

Ganz Pi-Ramses fieberte dem Urteilsspruch entgegen, den der Wesir nach der Beratung der Geschworenen verkünden würde. Im Laufe des Gerichtsverfahrens war das Ansehen von Moses beachtlich gewachsen. Das einfache Volk und nahezu alle Ziegelmacher ergriffen mittlerweile für ihn Partei. War er nicht ein Verfechter der vom Schicksal Benachteiligten?

Serramanna wünschte, der Hebräer würde des Landes verwiesen werden, so daß er die Eintracht nicht mehr stören könnte, um die das Königspaar sich Tag für Tag aufs neue bemühte.

Als Ameni den Gerichtssaal verließ, eilte ihm der Sarde entgegen. Der Oberste Schreiber des Pharaos strahlte vor Freude.

«Moses ist freigesprochen.»

EINUNDZWANZIG

DER GESAMTE HOFSTAAT hatte sich im Audienzsaal des Palastes von Pi-Ramses eingefunden, zu dem eine gewaltige, mit Darstellungen unterworfener Feinde verzierte Treppe hinaufführte. Niemand wußte, weshalb der Pharao die Inhaber der höchsten Ämter sowie die Vorsteher aller Verwaltungen hatte rufen lassen, doch jeder rechnete mit der Verkündung weitreichender, für die Zukunft des Landes wichtiger Entscheidungen.

Als Ameni durch die breite Tür schritt, über der in blauer Schrift Ramses' Krönungsnamen prangten, vermochte er seinen Unmut nur schlecht zu verbergen. Warum hatte ihn der König nicht ins Vertrauen gezogen? An Achas verkniffener Miene konnte er ablesen, daß sein Freund auch nicht mehr wußte als er.

Die Höflinge waren so zahlreich, daß von den gebrannten und glasierten Tontafeln des Fußbodens kaum noch etwas zu sehen war und niemand mehr die blühenden Gärten und fischreichen Weiher erkennen konnte. Man drängte sich zwischen den Säulen ebenso wie an den Wänden, auf denen eine wundersame Welt in zartem Grün, dunklem Rot, hellem Blau, leuchtendem Gelb und gebrochenem Weiß ihre Pracht entfaltete. Aber wem hätte in dieser Stunde großer Besorgnis schon der Sinn danach gestanden, die herrlichen Vögel zu bewundern, die durch eine papyrusbestandene Sumpflandschaft flatterten?

Dennoch verweilte Setaous Blick für kurze Zeit auf dem gemalten Bildnis einer jungen, vor einem Rosenstrauch in Andacht versunkenen Frau, deren Züge große Ähnlichkeit mit denen der Königin aufwiesen. Die Friese aus Lotos, Mohnblüten, Margeriten und Kornblumen spiegelten eine friedliche und fröhliche Welt wider.

Das Gemurmel der hohen Beamten, königlichen Schreiber, Bewahrer der Geheimnisse, Priester und Priesterinnen, der Hofdamen und aller übrigen bedeutenden Persönlichkeiten verstummte, als Ramses und Nefertari auf dem Thron Platz nahmen. Die unvergleichliche Erscheinung des Königs strahlte Macht aus. Die Doppelkrone, das Symbol für seine Herrschaft über Ober- und Unterägypten, auf dem Haupt und mit einem weißen Gewand über einem golddurchwirkten Schurz bekleidet, hielt Ramses das Zepter «Magie» in der Rechten, diesen Hirtenstab, der ihm dazu diente, die Einheit seines Volkes zu bewahren.

Nefertari verkörperte die Anmut, Ramses die Macht. Jeder der Anwesenden spürte die tiefe Liebe, die das Königspaar verband und ihm einen Hauch von Ewigkeit verlieh.

Der Ritualpriester las eine Hymne an Amun vor, mit der er die Gegenwärtigkeit des verborgenen Gottes in jedweder Form des Lebens rühmte. Dann ergriff Ramses das Wort.

«Um die in Umlauf befindlichen Gerüchte zu zerstreuen, werde ich euch nun kundtun, was ich zum Wohle unseres Landes beschlossen habe. Diese Entscheidungen, die das Ergebnis reiflicher Überlegungen sind, habe ich gemeinsam mit der Großen Königsgemahlin getroffen.»

Mehrere Schreiber schickten sich an, die Worte des Herrschers auf ihren Tontafeln festzuhalten, denn sie kamen unverzüglich in Kraft tretenden Erlassen gleich.

«Ich habe beschlossen, die Grenze im Nordosten Ägyptens

besser zu sichern, dort neue Festungen zu errichten und alte Mauern verstärken zu lassen, die Garnisonen auszubauen und den Sold ihrer Truppen zu erhöhen. Die Mauer des Königs muß unüberwindlich werden und das Delta vor jedwedem Überfall schützen. Schon morgen werden Steinhauer und Ziegelmacher aufbrechen, um die erforderlichen Arbeiten in Angriff zu nehmen.»

Ein bejahrter Höfling bat um das Wort.

«Majestät, wird die Mauer des Königs ausreichen, um die hethitischen Horden abzuhalten?»

«Sie allein vermag das nicht, denn sie ist nur der letzte Schutzwall, nur eine der Vorkehrungen, die wir zu unserer Verteidigung treffen. Dank des jüngsten Einschreitens unserer Armee, die den Gegenangriff der Hethiter abgewehrt hat, konnten wir unsere Schutzgebiete zurückerobern. Zwischen uns und dem Feind liegen Kanaan, Amurru und Südsyrien.»

«Haben uns die Fürsten dieser Provinzen nicht schon oft verraten?»

«Ja, das stimmt. Deshalb vertraue ich die Aufsicht über die Verwaltung und die Truppen in dieser Pufferzone Acha an, dem ich dazu in dieser Region außerordentliche Befugnisse einräume. Ich erteile ihm den Auftrag, in diesen Landstrichen unsere Oberhoheit aufrechtzuerhalten, die dort herrschenden Fürsten zu überwachen, einen zuverlässigen Kundschafterdienst zu schaffen und eine Elitetruppe aufzustellen, die imstande sein wird, einem hethitischen Angriff Einhalt zu gebieten.»

Acha ließ sich nicht aus der Ruhe bringen, obwohl alle Blicke auf ihn gerichtet waren – die einen voller Bewunderung, die anderen voller Neid. Der Oberste Gesandte war damit zu einem der wichtigsten Männer im Lande geworden.

«Ferner habe ich beschlossen, gemeinsam mit der Königin eine lange Reise anzutreten», fuhr Ramses fort. «Während meiner Abwesenheit wird Ameni die Staatsgeschäfte führen und jeden Tag den Rat meiner Mutter, Tuja, einholen. Wir werden durch Boten in Verbindung bleiben, und es wird kein Erlaß ohne mein Einverständnis herausgegeben werden.»

Die Höflinge waren sprachlos. Daß Ameni, der sich stets gern im Hintergrund hielt, weitreichende Vollmachten zugestanden wurden, überraschte niemanden, aber weshalb verließ das Königspaar in so schicksalsschwerer Zeit Pi-Ramses?

Der Zeremonienmeister wagte die Frage zu stellen, die allen auf den Lippen schwebte.

«Majestät, bist du bereit, uns den Anlaß für deine Reise zu enthüllen?»

«Es gilt, die heiligen Grundfesten Ägyptens zu stärken. Die Königin und ich werden zunächst Theben aufsuchen, um uns vom Fortgang der Bauarbeiten an meinem Tempel für die Ewigkeit zu überzeugen, und dann unsere Fahrt gen Süden fortsetzen.»

«Bis Nubien?»

«So ist es.»

«Vergib mir, Majestät ... Aber ist diese lange Reise nötig?»

«Sie ist unerläßlich.»

Die Höflinge begriffen, daß der Pharao nicht mehr dazu sagen würde. Und es blieb jedem einzelnen überlassen, sich die geheimen Gründe für diese überraschende Entscheidung selbst auszumalen.

Wächter, der goldgelbe Hund des Herrschers, leckte der Mutter des Königs die Hand, während der Löwe sich ihr zu Füßen legte.

«Diese zwei treuen Gefährten wollten dir ihre Aufwartung machen», erklärte Ramses.

Tuja bereitete ein großes Blumengesteck für den Opfertisch der Göttin Sachmet vor. Wie würdevoll sie aussah in ihrem langen, mit einer Goldborte eingefaßten Leinenkleid! Ihre Schultern bedeckte ein kurzer Umhang, und die Enden ihres rotgestreiften Gürtels reichten beinahe bis zum Boden. Wie erhaben sie wirkte, diese Frau mit dem durchdringenden Blick und den edlen, aber strengen Gesichtszügen! Im Umgang mit der Macht geübt, stellte sie hohe Anforderungen und ließ sich von niemandem täuschen.

«Was hältst du von meinen Entscheidungen, Mutter?»

«Nefertari hat lange mit mir darüber gesprochen, und ich fürchte sogar, ich habe sie ein wenig beeinflußt. Mit starker Hand die Aufsicht über unsere Einflußgebiete zu führen, um einen hethitischen Überfall zu vereiteln, bietet den wirksamsten Schutz für unsere Grenze im Nordosten. So hat es schon dein Vater gehalten, und so mußt auch du es halten. Neun Jahre Herrschaft ... Wie erträgst du diese Bürde, mein Sohn?»

«Ich habe noch kaum die Muße gehabt, darüber nachzudenken.»

«Um so besser! Schreite weiter voran und ziehe deine Bahn. Hast du das Gefühl, daß die Besatzung des Schiffes deine Anordnungen auch untadelig ausführt?»

«Mein Gefolge wird sehr überschaubar sein, und ich gedenke nicht, es zu vergrößern.»

«Ameni ist ein bemerkenswerter Mensch», stellte Tuja fest. «Selbst wenn es ihm zuweilen an Weitblick mangelt, so besitzt er doch zwei überaus seltene Eigenschaften: Redlichkeit und Treue.»

«Beurteilst du Acha ebenso schmeichelhaft?»

«Auch ihm ist eine außerordentliche Tugend eigen: Mut, ein besonderer Mut, weil er auf genauer Kenntnis der Verhältnisse beruht. Wer wäre besser geeignet als er, um über unsere Schutzgebiete im Norden zu wachen?»

«Findet etwa auch Setaou Gnade vor deinen Augen?»

«Er verabscheut höfische Sitten und ist aufrichtig. Weshalb sollte man einen so wertvollen Verbündeten nicht schätzen?»

«Bleibt noch Moses ...»

«Ich weiß um deine Freundschaft zu ihm.»

«Aber du heißt sie nicht gut.»

«Nein, Ramses. Dieser Hebräer verfolgt Ziele, die selbst dich eines Tages dazu zwingen werden, sie zu mißbilligen. Welche Umstände auch immer walten mögen, stelle stets das Wohl deines Landes über deine Gefühle.»

«Moses ist doch kein Unruhestifter.»

«Falls es dazu kommt, müssen die Gesetze der Maat, und nur sie, dein Verhalten leiten. Die Prüfung droht furchtbar zu werden, sogar für dich, Ramses.»

Tuja steckte eine Lilie um.

«Bist du bereit, während meiner Abwesenheit über die Beiden Länder zu herrschen?»

«Nötigst du mich nicht dazu? Aber die Last der Jahre beginnt mich zu drücken.»

Ramses lächelte.

«Das glaube ich dir nicht.»

«In dir steckt noch zuviel Kraft, als daß du dir die Bürde des Alters vorstellen könntest. Verrätst du mir jetzt den wahren Grund für diese lange Reise?»

«Meine Liebe zu Ägypten und zu Nefertari. Ich möchte das geheime Feuer der Tempel neu entfachen, auf daß sie noch mehr Kräfte hervorbringen.»

«Sind die Hethiter nicht unsere einzigen Widersacher?»

«Ein libyscher Magier namens Ofir setzt finstere Mächte gegen uns ein. Vielleicht ist es falsch, seinem Tun zuviel Bedeutung beizumessen, aber ich möchte kein Wagnis eingehen. Nefertari hat bereits zu sehr unter seinem bösen Zauber gelitten.»

«Die Götter haben dir ihre Gunst erwiesen, mein Sohn. Hätten sie dir größeres Glück bescheren können als eine so lichtvolle Gemahlin?»

«Ihr nicht gebührend zu huldigen wäre ein unverzeihlicher Fehler. Deshalb habe ich Großes ersonnen, auf daß ihr Name noch in Millionen Jahren erstrahle und das Königspaar zu den unerschütterlichen Grundfesten werde, auf denen Ägypten erbaut ist.»

«Da du dieses Erfordernis erkannt hast, wird deine Herrschaft lange währen. Nefertari verkörpert die Magie, ohne die nichts von Dauer ist. Gewalt und Finsternis werden nicht weichen, solange Generationen auf Generationen folgen, aber dieses Land wird in Eintracht leben, wenn das Königspaar seine Geschicke lenkt. Stärke sie, Ramses, mache sie zum Grundstein deines Bauwerks. Wenn die Liebe ein Volk umgibt, schenkt sie ihm mehr Glück als aller Reichtum.»

Das Blumengesteck war fertig. Die Göttin würde sehr zufrieden sein.

«Denkst du manchmal an Chenar?»

Trauer verschleierte Tujas Blick.

«Wie könnte eine Mutter ihren Sohn vergessen?»

«Chenar ist nicht mehr dein Sohn.»

«Der König hat recht, und ich sollte auf ihn hören ... Vergibst du mir meine Schwäche?»

Ramses drückte Tuja zärtlich an sich.

«Die Götter haben ihm eine Grabstätte versagt», erklärte sie entschieden, «und ihm damit eine furchtbare Strafe auferlegt.»

«Ich habe bei Kadesch dem Tod getrotzt, Chenar hat ihn in der Wüste gefunden. Vielleicht hat sie seine Seele geläutert.»

«Und wenn er noch lebt?»

«Dieser Gedanke ist mir auch schon gekommen ... Falls er sich irgendwo verbirgt und noch dieselben Absichten hegt wie einst, wirst du dann auch so nachsichtig sein?»

«Du verkörperst Ägypten, Ramses, und wer immer dich angreift, dem werde ich mich in den Weg stellen.»

ZWEIUNDZWANZIG

Am Eingang in das Amt für die Beziehungen zu den Fremdländern legte Ramses einen Strauß Lilien auf den Opfertisch und verharrte eine Weile in Andacht vor der Statue des Gottes Thot. In der Gestalt eines großen steinernen Affen hielt der Herr über die Hieroglyphen, die «Worte der Götter», seinen Blick gen Himmel gerichtet.

Der Besuch des Pharaos war eine Ehre, zu der sich die Beamten, die hier ihren Dienst versahen, beglückwünschten. Acha empfing den Herrscher und verneigte sich vor ihm. Als Ramses ihn umarmte, waren die Untergebenen des jungen Obersten Gesandten stolz darauf, unter den Befehlen eines Würdenträgers zu arbeiten, dem der König solche Gunst zuteil werden ließ.

Die beiden Männer schlossen sich in Achas prunkvollem Amtsraum ein: aus Syrien eingeführte Rosen, Blütengestecke mit Narzissen und Ringelblumen, Truhen aus Akazienholz, mit Lotosblüten verzierte Stühle, bunte Kissen, niedrige Tische auf Bronzefüßen und an den Wänden Darstellungen der Vogeljagd in den Sümpfen.

«Du hast dich nicht gerade für Kargheit entschieden», befand Ramses. «Es fehlen nur Chenars fremdländische Vasen.»

«Mit ihnen verband ich zu schlechte Erinnerungen. Ich habe sie verkauft und den Erlös meinem Amt zukommen lassen.»

Der elegante Acha erweckte mit seiner leichten und wohlriechenden Perücke und dem überaus gepflegten schmalen Schnurrbart den Eindruck, als sei er auf dem Weg zu einem Festmahl.

«Da ich zur Zeit das Glück habe, ein paar friedliche Wochen in Ägypten zu verbringen, berausche ich mich an den unzähligen Vergnügungen, die das Land zu bieten hat ... Doch der König möge ohne Sorge sein: Ich vergesse darüber nicht den Auftrag, mit dem er mich betraut hat.»

So war Acha eben: stets spöttisch, scheinbar leichtfertig, ein von der Mode besessener Verführer, der von Frau zu Frau schwirrte, aber dennoch ein Mann im Dienste des Staates, mit den Erfordernissen der Beziehungen zu den Fremdländern bestens vertraut, ein ausgezeichneter Kenner des Ostens und ein Draufgänger, der imstande war, die größten Wagnisse auf sich zu nehmen.

«Wie findest du meine Entscheidungen?»

«Sie lasten schwer auf mir und erfreuen mich zugleich, Majestät.»

«Erachtest du sie als ausreichend?»

«Das Wesentliche fehlt noch, nicht wahr? Und genau das ist doch der Grund für diesen Besuch, der keineswegs höfischer Gepflogenheit entspricht. Laß mich raten: Geht es etwa um ... Kadesch?»

«Ich habe mit meinem Obersten Gesandten und dem Vorsteher meiner Kundschafterdienste wahrlich eine gute Wahl getroffen.»

«Trägst du dich nach wie vor mit der Absicht, dieses Bollwerk einzunehmen?»

«Kadesch war zwar der Schauplatz eines Sieges, doch die Festung ist noch immer unversehrt und wird uns auch weiterhin verhöhnen.»

Ein wenig verstimmt füllte Acha zwei Silberschalen, deren Henkel wie Gazellen geformt waren, mit funkelndem Rotwein.

«Ich habe schon befürchtet, daß du auf Kadesch zurückkommen würdest … Ramses kann schließlich nicht einmal den Ruch einer Niederlage dulden. Ja, diese Festung fordert uns heraus, und sie ist noch ebenso mächtig wie ehedem.»

«Deshalb sehe ich in ihr eine ständige Bedrohung für unser Schutzgebiet im Süden Syriens. Die Angriffe werden von Kadesch ausgehen.»

«Auf den ersten Blick scheint dies richtig zu sein.»

«Aber du bist nicht derselben Meinung.»

«Ein schmerbäuchiger, sorgloser Vorsteher dieses Amtes, der behaglich auf seinen Sonderrechten und Würden sitzt, würde sich jetzt tief vor dir verneigen und dir ungefähr folgendes sagen: ‹Ramses der Große, erhabener König mit dem Blick des Falken, mit dem siegreichen Arm, ziehe aus, um Kadesch zu erobern!› Und diese Hofschranze wäre ein ausgemachter Dummkopf.»

«Warum sollte ich auf die Eroberung verzichten?»

«Deinetwegen haben die Hethiter entdeckt, daß sie nicht unbesiegbar sind. Gewiß, ihre Armee ist nach wie vor mächtig, aber in den Köpfen regt sich Verwirrung. Muwatalli hat seinem Land einen mühelosen Vormarsch und einen überwältigenden Sieg versprochen, also fällt es ihm jetzt sehr schwer, den Rückzug seiner Truppen in ihre angestammten Stellungen zu rechtfertigen. Und schon schwelt ein anderer Zwist: sein Sohn Uriteschup und sein Bruder Hattuschili streiten sich um die Nachfolge.»

«Und wer hat die besseren Aussichten?»

«Das ist unmöglich vorherzusehen. Beide verfügen über wirksame Waffen.»

«Steht denn Muwatallis Sturz unmittelbar bevor?»

«Meiner Meinung nach ja. Am hethitischen Hof tötet man gern. In einem so kriegerischen Volk muß der Anführer, der nicht imstande ist zu siegen, beseitigt werden.»

«Wäre das nicht der aufs beste geeignete Augenblick, Kadesch anzugreifen und uns dieser Festung zu bemächtigen?»

«Gewiß, sofern es in unserer Absicht liegt, die Grundfesten des hethitischen Königreichs zu untergraben.»

Für gewöhnlich wußte Ramses den scharfen Verstand und die spitzfindigen Bemerkungen seines Freundes Acha zu schätzen, doch nun wunderte er sich darüber.

«Ist das nicht das oberste Ziel in unseren Beziehungen zu den Fremdländern?»

«Dessen bin ich mir nicht mehr sicher.»

«Machst du dich über mich lustig?»

«Wenn sich eine Entscheidung auf Leben oder Tod Tausender Menschen auswirken kann, ist mir nicht zum Scherzen zumute.»

«Dann ist dir also etwas zu Ohren gekommen, was meine Beurteilung der Lage grundlegend ändern sollte.»

«Es ist eine eher unklare Empfindung, eine Vorahnung, die auf vereinzelten Hinweisen unserer Kundschafter beruht. Hast du schon etwas von den Assyrern gehört?»

«Auch so ein kriegerischer Stamm wie die Hethiter.»

«Bisher standen sie unter deren Einfluß. Als Muwatalli sein Bündnis schloß, überhäufte er die Assyrer mit edlen Metallen, damit sie wohlwollende Zurückhaltung wahrten und sich nicht einmischten. Und dieser unerwartete Reichtum hat sich in Waffen verwandelt. Zur Zeit gewinnen in Assyrien die Befehlshaber der Truppen die Oberhand über Unterhändler und Beamte. Assyrien könnte die nächste große Macht im Osten werden, aber noch eroberungslustiger und zerstörerischer als Hatti.»

Ramses dachte nach.

«Die Assyrer ... Haben sie etwa vor, Hatti anzugreifen?»

«Noch nicht, aber in absehbarer Zeit scheint mir dieser Krieg unausweichlich.»

«Und warum reißt Muwatalli das Übel nicht mit der Wurzel aus?»

«Wegen der Zwistigkeiten im eigenen Land, die seinen Thron bedrohen, und weil er ein Vorrücken unserer Armee auf Kadesch befürchtet. Für ihn bleiben wir der Hauptfeind.»

«Und für diejenigen, die nach der Herrschaft gieren?»

«Sein Sohn, Uriteschup, ist verblendet, nur darauf begierig, von den Beiden Ländern Besitz zu ergreifen und so viele Ägypter wie möglich niederzumetzeln. Hattuschili denkt weiter und dürfte sich der unmittelbar vor den Toren Hattis wachsenden Gefahr deutlicher bewußt sein.»

«Du rätst mir also von einem großangelegten Angriff auf Kadesch ab.»

«Wir würden dabei viele Männer verlieren; die Hethiter zwar auch, aber der wahre Sieger wäre womöglich Assyrien.»

«Selbstverständlich hast du dich nicht damit begnügt, nur darüber nachzudenken. Was hast du für einen Plan ausgeheckt?»

«Gemessen daran, wie sehr er im Widerspruch zu der von dir als richtig erachteten Staatskunst steht, fürchte ich, daß er dir nicht allzu gut gefallen wird.»

«Geh das Wagnis ein.»

«Wiegen wir die Hethiter weiter in dem Glauben, daß wir einen Sturm auf Kadesch vorbereiten: Gerüchte, verwirrende Meldungen nach bewährtem Muster, gefälschte vertrauliche Sendschreiben, Truppenübungen im Süden Syriens … Darum kümmere ich mich.»

«Bis dahin erregst du bei mir noch keinen Anstoß.»

«Der Rest droht heikler zu werden. Sobald diese Maßnahmen Wirkung zeigen, mache ich mich auf den Weg nach Hatti.»

«Zu welchem Behuf?»

«In geheimem Auftrag, mit der Vollmacht zu Verhandlungen.»

«Aber … worüber willst du denn verhandeln?»

«Über den Frieden, Majestät.»

«Den Frieden … mit den Hethitern?»

«Das ist der beste Weg, zu vereiteln, daß Assyrien ein viel gefährlicheres Ungeheuer als Hatti wird.»

«Dazu sind die Hethiter nie bereit.»

«Mit deiner Unterstützung kann ich mich anheischig machen, sie zu überzeugen.»

«Hätte mir das ein anderer als du vorgeschlagen, hätte ich ihn des Hochverrats angeklagt.»

Acha lächelte.

«Das habe ich mir beinahe gedacht … Aber wer sonst als Ramses vermöchte weit genug zu blicken, sehr weit über die gegenwärtige Lage hinaus?»

«Lehren die Weisen nicht, daß es ein unverzeihlicher Fehler ist, einem Freund zu schmeicheln?»

«Ich wende mich nicht an den Freund, sondern an den Pharao. Würden wir uns darauf beschränken, kurzsichtig nur das Ereignis selbst im Auge zu haben, könnten wir uns unsere derzeitige Stärke zunutze machen und den Hethitern die Stirn bieten. Dies sogar mit der echten Aussicht, sie zu besiegen. Nur, angesichts der wachsenden Macht der Assyrer und ihres möglichen Einflusses auf das Gleichgewicht zwischen den Ländern müssen wir uns andere Ziele als bisher stecken.»

«Aber du hast selbst von einer eher unklaren Empfindung gesprochen, Acha.»

«In meinem Amt ist es wichtig, die Zukunft vorherzusehen, sie früher zu ahnen als andere. Führen nicht oft unklare Empfindungen zu einer richtigen Entscheidung?»

«Ich habe nicht das Recht, dich ein solches Wagnis eingehen zu lassen.»

«Meinst du meinen Aufenthalt bei den Hethitern? Das wäre nicht der erste.»

«Möchtest du aufs neue Bekanntschaft mit ihren Gefängnissen machen?»

«Es gibt angenehmere Orte, doch man muß sein Schicksal zu bezwingen wissen.»

«Ich könnte keinen besseren Obersten Gesandten finden.»

«Aber ich gedenke zurückzukehren, Ramses. Außerdem würde ein sorgloses Leben mit zu vielen Geselligkeiten auf die Dauer nur meinen Geist erlahmen lassen. Kaum daß ich mich mit einigen Geliebten vergnügt, ihnen schöne Kleider geschenkt und sie ausgeführt habe, bis ich ihrer überdrüssig geworden bin, brauche ich ein neues Abenteuer, damit mein Geist rege und eroberungslustig bleibt. Dieses Wagnis schreckt mich nicht ... Ich muß es nur verstehen, die Schwächen der Hethiter zu nutzen, um sie dazu zu bringen, daß sie ihre Feindseligkeiten einstellen.»

«Bist du dir darüber im klaren, Acha, daß dieser Plan vollkommen unsinnig ist?»

«Er besitzt den Reiz des Neuen und die Anziehungskraft des Unbekannten. Ist er nicht überaus verführerisch?»

«Du hast doch wohl nicht geglaubt, daß ich dir meine Zustimmung erteile?»

«Ich werde sie bekommen, denn du bist noch kein greiser, fröstelnder Herrscher, der nicht mehr imstande wäre, die Welt zu verändern. Gib mir den Auftrag, mit den Barbaren, die uns vernichten wollen, zu verhandeln, um sie zu deinen Vasallen zu machen.»

«Ich trete eine lange Reise gen Süden an, du bist dann im Norden auf dich allein gestellt.»

«Da du dich um das Jenseits kümmerst, überlasse mir die Hethiter.»

DREIUNDZWANZIG

Zwischen fünfzehn und fünfundzwanzig Jahren alt, die Köpfe kahlgeschoren bis auf eine lange, zu Zöpfen geflochtene, von einer großen Spange zusammengehaltene Haarsträhne, die über die linke Wange fiel, und mit einem gefältelten Schurz bekleidet, trugen die «Söhne des Königs» Ohrringe, einen breiten Halskragen sowie Armreife und hielten voller Stolz einen Stab in der Hand, den an seinem oberen Ende eine Straußenfeder schmückte.

Diese jungen Männer, wegen ihrer körperlichen Kräfte und geistigen Fähigkeiten ausgewählt, hatte Ramses mit der Aufgabe betraut, ihn bei den Truppen in den verschiedenen Regionen zu vertreten. Auf dem Schlachtfeld würde ihre Anwesenheit den zuweilen schwindenden Kampfgeist der Soldaten neu entfachen. Schließlich hatte der Pharao nicht vergessen, wie feig sie bei Kadesch angesichts der Hethiter und ihrer Verbündeten gewesen waren.

Die «Söhne des Königs» sollten gen Norden aufbrechen und sich um die Verwaltung der Schutzgebiete kümmern. Sie hatten von Acha strenge Anweisungen erhalten, die sie auch befolgen würden.

Und schon verbreitete sich die Legende, Ramses der Große habe als unermüdlicher und fruchtbarer Stammvater an die hundert Kinder gezeugt, die der augenfällige Beweis für die göttliche Macht des Herrschers seien. Bildhauer meißelten die Kunde von dieser wundergleichen Nachkommenschaft in den Stein, und Schreiber überlieferten sie mit Freuden.

Im Schatten seines Zitronenbaums rieb sich der greise Homer den weißen Bart mit einem Duftöl ein. Hektor, die schwarzweiße Katze, war dicker geworden, schnurrte aber immer noch, sobald Ramses sie streichelte.

«Vergib mir meine unverhohlene Neugierde, Majestät, aber ich habe den Eindruck, daß dich etwas verdrießt.»

«Sagen wir: mit Sorge erfüllt.»

«Schlechte Neuigkeiten?»

«Nein, aber mir steht eine lange Reise bevor, die mancherlei Gefahren birgt.»

Der griechische Poet stopfte Salbeiblätter in ein dickes Schneckenhaus, das ihm als Pfeifenkopf diente.

«Ramses der Große, so nennt dich ja das Volk jetzt, höre, was ich vor kurzem geschrieben habe: *Herrliche Gaben der Götter sind nicht zu erzwingen. Niemand erkämpft sie sich selbst, sie werden allein verliehen.*»

«Solltest du dich etwa der Allmacht des Schicksals fügen?»

«Das ist das Vorrecht des Alters, Majestät. Meine *Ilias* und meine *Odyssee* sind fertig, beendet auch das Gedicht, das deinen Sieg bei Kadesch preist. Jetzt kann ich nur noch Salbei rauchen, Wein mit Anis trinken und mich mit Olivenöl massieren lassen.»

«Gelüstet es dich nicht, deine Werke noch einmal zu lesen?»

«Nur schlechte Dichter bewundern sich im Spiegel ihrer Sätze. Weshalb unternimmst du diese Reise, Majestät?»

«Weil mein Vater mich gemahnt hat: ‹Kehre oft nach Abydos zurück und wache über diesen Tempel!› Ich habe seinen Auftrag nicht hinreichend beachtet und muß nun für das Heiligtum Sorge tragen.»

«Da steckt doch mehr dahinter.»

«Auf die Frage: ‹Was tut ein Pharao?› pflegte Sethos zu antworten: ‹Er macht sein Volk glücklich.› Und wie erreicht er das? Indem er der Maat und den Göttern Wohltaten erweist, damit sie auf die Menschen zurückfallen.»

«Hat dir nicht die Königin geraten, so zu handeln?»

«Mit ihr und für sie möchte ich ein Bauwerk schaffen, das die leuchtende Wirkkraft hervorbringt, deren wir bedürfen und die Ägypten wie Nubien vor Unheil bewahren wird.»

«Ist die Stätte schon ausgewählt?»

«Im Herzen Nubiens gibt es einen Ort, an dem die Gegenwart der Hathor spürbar ist. Er heißt Abu Simbel. Dort hat sich die Herrin der Sterne im Stein verkörpert und das Geheimnis ihrer Liebe offenbart. Ihn möchte ich Nefertari zum Geschenk machen, auf daß sie für alle Zeit die Herrin von Abu Simbel werde.»

Mit angezogenen Knien und zerzaustem Haar hockte ein bärtiger Koch vor dem Kohlenbecken und fächelte mit einem Palmblatt die Glut, über der er eine Gans briet. In Schnabel und Hals des Vogels hatte er einen Spieß gesteckt, der sie waagerecht über dem Feuer hielt. Sobald die Gans fertig war, würde er eine Ente rupfen, sie ausnehmen, ihr den Kopf, die Spitzen der Flügel und die Füße abschneiden und sie aufspießen, um sie ebenfalls zu braten.

Da sprach ihn eine vornehme Frau an.

«Hast du all dein Geflügel schon Kunden zugesagt?»

«Fast alles.»

«Wenn ich eine Ente bei dir bestelle, kannst du sie dann gleich zubereiten?»

«Das ist schwierig ... Ich bin sehr beschäftigt.»

Dolente, Ramses' Schwester, schob den linken Träger ihres Kleides zurecht, der ihr über die Schulter zu rutschen drohte. Dann stellte die hochgewachsene dunkelhaarige Frau einen Topf Honig zu Füßen des Kochs.

«Deine Verkleidung ist vortrefflich, Chenar. Hättest du mich nicht genau hierher bestellt, hätte ich dich nicht erkannt.»

«Hast du Wichtiges erfahren?»

«Ich glaube schon ... Ich war bei der großen Audienz des königlichen Paares zugegen.»

«Komm in zwei Stunden wieder! Dann gebe ich dir deine Ente, mache hier Schluß, und du folgst mir. Ich bringe dich zu Ofir.»

In das am Rande der Speicher gelegene Viertel der Schlachter und Köche kehrte erst nach Einbruch der Dunkelheit Ruhe ein. Schwer beladene Lehrjungen strebten den Herrenhäusern der Reichen zu, um ihnen die erlesenen Fleischstücke zu bringen, die bei ihren Festmählern gereicht wurden.

Chenar bog in eine menschenleere Gasse ein, blieb vor einer kleinen, blau gestrichenen Tür stehen und klopfte mit vier scharf voneinander abgesetzten Schlägen. Es kostete die hochgewachsene Frau einige Überwindung, den Raum mit der niedrigen Decke zu betreten, in dem sich Körbe stapelten. Chenar klappte eine Falltür auf, dann stiegen er und seine Schwester über eine hölzerne Treppe in den Keller hinunter.

Als Dolente den Magier erblickte, verneigte sie sich tief vor ihm und küßte den Saum seines Gewandes.

«Ich hatte schon solche Angst, dich nie wiederzusehen!»

«Aber ich habe dir doch versprochen zurückzukommen. Die Tage der inneren Einkehr in der Sonnenstadt bestärkten meinen Glauben an Aton, den alleinigen Gott, der schon bald über dieses Land herrschen wird.»

Verzückten Blicks betrachtete Dolente den Magier mit dem Raubvogelgesicht. Er schlug sie vollkommen in seinen Bann, er, der Prophet der wahren Religion. Morgen würde seine Stärke das Volk leiten, morgen würde er Ramses stürzen.

«Deine Hilfe ist für uns sehr wertvoll», beteuerte Ofir mit sanfter, tiefer Stimme. «Wie könnten wir ohne dich unseren Kampf gegen diesen gottlosen und verhaßten Tyrannen führen?»

«Ramses nimmt sich vor mir nicht mehr in acht; ich glaube sogar, er traut mir von neuem, weil ich mich für seinen Freund Moses eingesetzt habe.»

«Was hat der Pharao vor?»

«Er hat die Verwaltung der Schutzgebiete im Norden ‹Söhnen des Königs› übertragen und sie unter Achas Befehl gestellt.»

«Dieser verfluchte Gesandte!» schimpfte Chenar. «Er hat mich betrogen und sich über mich lustig gemacht. Aber ich werde mich rächen, ich werde ihn zertreten, ich werde ...»

«Es gibt Vordringlicheres», fiel ihm Ofir barsch ins Wort. «Hören wir Dolente zu.»

Ramses' Schwester war stolz darauf, eine wichtige Rolle zu spielen.

«Das Königspaar wird eine lange Reise antreten.»

«Wohin?»

«Nach Oberägypten und Nubien.»

«Ist dir auch bekannt weshalb?»

«Ramses möchte der Königin ein ungewöhnliches Geschenk machen. Einen Tempel, so heißt es.»

«Ist das der einzige Grund für diese Reise?»

«Der Pharao will noch die Mächte der Götter stärken, sie vereinen, ihre Wirkkraft erhöhen und ein schützendes Netz über Ägypten breiten.»

Chenar lachte höhnisch.

«Verliert mein vielgeliebter Bruder etwa den Verstand?»

«Nein», entgegnete Dolente. «Er fühlt sich von geheimnisvollen Widersachern bedroht. Ihm bleibt keine andere Wahl, als die Hilfe der Götter zu erflehen und eine unsichtbare Armee aufzubauen, um gegen die Feinde anzukämpfen, die ihm Furcht einflößen.»

«Ihm verwirren sich die Sinne», befand Chenar, «und er fällt mehr und mehr seinem Wahn anheim. Eine Armee aus Göttern! Das ist ja lächerlich ...»

Der Bruder des Königs spürte Ofirs eisigen Blick.

«Ramses hat die Gefahr bemerkt», stellte Ofir fest.

«Du glaubst doch nicht, daß ...»

Chenar verstummte. Der Magier strahlte erschreckende Gewalttätigkeit aus. Für einen Augenblick zweifelte der ältere Bruder des Herrschers nicht mehr an den verborgenen Fähigkeiten des Libyers.

«Wer beschützt den kleinen Kha?» erkundigte sich Ofir bei Dolente.

«Setaou, der Schlangenbändiger. Er gibt sein Wissen an Ramses' Sohn weiter und hat um ihn herum Kräfte aufgebaut, die jeden Angriff abwehren sollen, woher er auch kommen mag.»

«Den Schlangen wohnt die Magie der Welt inne», räumte Ofir ein. «Wer mit ihnen Umgang pflegt, kennt sie auch. Dank der Binse des Kindes wird es mir dennoch gelingen, diesen Schutzschild zu zerstören. Aber ich werde länger brauchen, als ich vorgesehen hatte.»

Dolentes Gefühl lehnte sich gegen den Gedanken auf, daß Kha unter dem Krieg der Geister leiden mußte, doch ihr Verstand beugte sich den Plänen, mit denen der Magier sein Ziel verfolgte. Dieser Angriff würde Ramses schwächen, seinen Ka verringern und ihn vielleicht dazu bewegen, daß er dem Thron entsagte. Wie grausam der Kampf auch werden mochte, sie würde sich ihm nicht widersetzen.

«Wir müssen nun Abschied nehmen», befand Ofir.

Dolente klammerte sich an das Gewand des Magiers.

«Wann sehe ich dich wieder?»

«Chenar und ich werden die Hauptstadt für einige Zeit verlassen. Wir können nie lange an einem Ort verweilen. Du wirst es als erste erfahren, wenn wir wieder hier sind. Sperre inzwischen weiterhin Augen und Ohren auf!»

«Ich werde auch weiterhin den wahren Glauben verbreiten», beteuerte sie.

«Gibt es denn etwas Wichtigeres?» murmelte Ofir mit verständnisinnigem Lächeln.

VIERUNDZWANZIG

UM DEN FREISPRUCH zu feiern, hielten die Ziegelmacher in ihrem Viertel ein riesiges Festessen ab. Es gab dreieckige Brote, geschmortes Taubenfleisch in würziger Tunke, gefüllte Wachteln, Feigenmus, starken Wein und kühles Bier. Alle sangen die ganze Nacht hindurch, und immer wieder riefen sie: «Mo-ses, Mo-ses, Mo-ses», denn er war inzwischen der bekannteste und beliebteste Hebräer.

Des Lärms überdrüssig geworden, entfernte er sich von seinen Anhängern, sobald sie zu betrunken waren, um es zu merken. Er verspürte das Bedürfnis, allein zu sein und über den sich ankündigenden Hader nachzudenken. Es würde nicht leicht werden, Ramses dazu zu bewegen, daß er das ganze hebräische Volk aus Ägypten ausziehen ließ. Dennoch mußte Moses, koste es, was es wolle, den Auftrag ausführen, mit dem Jahwe ihn betraut hatte. Notfalls würde er Berge versetzen.

Er saß am Rande des Mühlsteins, als zwei Männer auf ihn zukamen, zwei Beduinen: der kahlköpfige, bärtige Amos und der hagere Baduk.

«Was macht ihr hier?»

«Wir wohnen diesem Freudenfest bei», erklärte Amos. «Ist das nicht ein glücklicher Augenblick?»

«Ihr seid keine Hebräer.»

«Aber wir könnten eure Bundesgenossen werden.»

«Ich brauche euch nicht.»

«Überschätzt dein Stamm nicht seine Kräfte? Ohne Waffen wird es dir nicht gelingen, deine Träume wahr zu machen.»

«Ich werde wohl gewisse Waffen benutzen, aber nicht die euren.»

«Wenn sich die Hebräer mit den Männern des Sandes verbündeten, ergäbe das eine richtige Armee», behauptete Amos.

«Und wozu?»

«Um gegen die Ägypter zu kämpfen und sie zu besiegen.»

«Ein gefahrvoller Traum.»

«Ausgerechnet du, Moses, du wagst es, an diesem Traum Kritik zu üben? Du willst doch dein Volk aus Ägypten hinausführen, Ramses herausfordern, dich über die Gesetze dieses Landes erheben ... Ist das nicht ein ebenso verwerflicher und gefährlicher Traum?»

«Wer hat dir von meinen Plänen erzählt?»

«Es gibt keinen Ziegelmacher, dem sie nicht bekannt wären. Manche unterstellen dir sogar, du wolltest die Fahne Jahwes, des Kriegsgottes, schwenken und dich der Beiden Länder bemächtigen.»

«Die Menschen reimen sich schnell Unsinn zusammen, wenn ein großes Vorhaben sie aus ihren Gewohnheiten aufschreckt.»

Baduk warf dem Hebräer einen verschlagenen, schadenfrohen Blick zu.

«Das heißt immerhin, daß du dich doch mit dem Gedanken trägst, die Hebräer gegen die ägyptische Obrigkeit aufzuwiegeln.»

«Verschwindet hier, alle beide!»

«Du machst einen Fehler, Moses», behauptete Amos. «Dein Volk wird sich dem Kampf stellen müssen, und es verfügt auf diesem Gebiet über keinerlei Erfahrung. Wir könnten ihm als Ausbilder dienen.»

«Geht jetzt und laßt mich in Ruhe nachdenken!»

«Wie es dir beliebt ... Wir sehen uns wieder.»

Gleich schlichten Bauern, jedoch mit einer von Meba ausgestellten Genehmigung versehen, ritten die zwei Beduinen auf Eseln durch das Land. An einem Feld südlich von Pi-Ramses hielten sie Rast. Sie begannen süße Zwiebeln, frisches Brot und gedörrten Fisch zu essen, als sich zwei Männer zu ihnen setzten.

«Wie ist die Begegnung verlaufen?» fragte Ofir.

«Dieser Moses läßt nicht mit sich reden», gestand Amos.

«Droht ihm», verlangte Chenar.

«Das würde nichts nützen. Man muß ihn in sein wahnwitziges Vorhaben hineinrennen lassen. Irgendwann wird er uns schon brauchen.»

«Stehen die Hebräer zu ihm?»

«Der Freispruch hat ihn in den Rang eines Helden erhoben, und die Ziegelmacher sind überzeugt, er werde wie einst ihre Rechte verteidigen.»

«Was halten sie von seinem Vorhaben?»

«Es ist sehr umstritten, findet aber lebhafte Zustimmung bei manchen jungen Leuten, die von Unabhängigkeit träumen.»

«Ermutigen wir sie», sagte Chenar. «Wenn sie Unruhe stiften, schwächen sie Ramses' Macht. Und falls er ihren Aufstand niederschlägt, büßt er seine Beliebtheit ein.»

Amos und Baduk waren die zwei Überlebenden des Spionagenetzes, das mehrere Jahre lang in Ägypten sein Unwesen getrieben hatte. Da sie nicht zu den Kaufleuten gehörten, waren sie Serramanna entronnen. Im Delta genossen sie nicht unerheblichen Rückhalt.

Die Zusammenkunft von Ofir, Chenar, Amos und Baduk kam einem wahren Kriegsrat gleich und leitete den erneuten Angriff auf Ramses ein.

«Wo stehen die hethitischen Truppen?» fragte Ofir.

«Unseren Spitzeln zufolge liegen sie in ihren Stellungen bei Kadesch. Die Garnison ist wegen des zu erwartenden Ansturms der ägyptischen Armee verstärkt worden.»

«Ich kenne meinen Bruder», höhnte Chenar. «Er wird der Versuchung nicht widerstehen können und blindlings vorrücken.»

Vor der Schlacht bei Kadesch hatten Amos und Baduk die Rolle zutiefst erschrockener Gefangener gespielt und Ramses belogen, um ihn in einen Hinterhalt zu locken, der ihm zum Verhängnis hätte werden sollen. Nun wollten sie die schmerzliche Erinnerung an ihren Mißerfolg so schnell wie möglich auslöschen.

«Wie lauten die Anweisungen aus Hatti?» erkundigte sich der Magier bei Baduk.

«Ramses soll mit allen erdenklichen Mitteln aus der Fassung gebracht werden.»

Ofir wußte nur zu gut, was dieser unklare Befehl bedeutete. Einerseits hatte Ägypten seine Schutzgebiete zurückerobert, und die Hethiter sahen sich außerstande, sie von neuem in ihre Gewalt zu bringen, andererseits dürften sich der Sohn und der Bruder des hethitischen Königs einen erbitterten Kampf liefern, um an die Macht zu gelangen, die Muwatalli zwar noch innehatte, aber für wie lange?

Die Niederlage bei Kadesch, das Scheitern des Gegenangriffs in Kanaan und Syrien sowie die von den Hethitern geübte Zurückhaltung, während Ägypten diese Gebiete wieder eingenommen hatte, waren allem Anschein nach ein Beweis dafür, daß das Königreich Hatti wegen der Zerwürfnisse im eigenen Land an Kraft verlor. Doch diese traurige Wahrheit konnte Ofir nicht davon abhalten, seine Pläne zu verfolgen. War Ramses erst einmal zu Tode getroffen, würde in Hatti schon neues Feuer aufflammen.

«Ihr zwei», befahl Ofir den Beduinen Baduk und Amos, «ihr versucht weiterhin, das Vertrauen der Hebräer zu gewinnen. Eure Männer sollen sich als Anhänger von Jahwe ausgeben und die Ziegelmacher dazu bringen, daß sie auf Moses hören. Dolente, die Schwester des Pharaos, wird uns darüber unterrichten, was sich während der Abwesenheit des Königspaares bei Hof ereignet. Ich beschäftige mich derweil mit Kha, ungeachtet der Schutzwälle, die ihn umgeben mögen.»

«Und ich werde mir Acha vornehmen», murmelte Chenar.

«Du hast viel Wichtigeres zu tun», befand Ofir.

«Ich will ihn mit eigenen Händen töten, noch ehe ich meinen Bruder aus dem Weg räume.»

«Wie wäre es, wenn du doch mit Ramses anfingest?»

Dieser Vorschlag des Magiers stachelte von neuem Chenars Haß auf den Tyrannen an, der ihn des Throns beraubt hatte.

«Ich gehe nach Pi-Ramses zurück, um dort unsere Bemühungen aufeinander abzustimmen», erklärte Ofir, «und du, Chenar, du machst dich auf den Weg gen Süden.»

Chenar kratzte sich den Bart.

«Soll ich Ramses aufhalten? Liegt das in deiner Absicht?»

«Ich erwarte mehr von dir.»

«Wie stellst du dir das vor?»

Ofir sah sich genötigt, Muwatallis Pläne preiszugeben.

«Die Hethiter werden im Delta einfallen, indes die Nubier die Grenze überschreiten und Elephantine angreifen. Ramses wird es nicht gelingen, die Brände zu löschen, die wir an mehreren Orten gleichzeitig entfachen.»

«Wer wird mich unterstützen?»

«Ein Trupp gutausgebildeter Krieger, die dich in der Nähe der

Sonnenstadt erwarten, und Anführer nubischer Stämme, die wir seit mehreren Monaten mit Geschenken überhäufen. Ramses weiß noch nicht, daß er, sobald er ins Herz dieser Region vorstößt, Hals über Kopf in einen Hinterhalt rennt. Sorge du dafür, daß er von dort nicht lebend zurückkehrt.»

Ein breites Lächeln erhellte Chenars Gesicht.

«Ich glaube weder an einen Gott noch an viele, aber allmählich glaube ich wieder an mein Glück. Warum hast du mir nicht eher von diesen wertvollen Verbündeten erzählt?»

«Ich hatte meine Anweisungen», erklärte Ofir.

«Und heute läßt du sie außer acht?»

«Ich vertraue dir, Chenar. Jetzt kennst du alle Ziele, die mir gesteckt wurden.»

In seinem Grimm riß der Bruder des Königs Grashalme aus, warf sie in den Wind, dann erhob er sich und ging ein paar Schritte. Endlich vermochte er ohne die ständige Gegenwart des Magiers nach eigenem Gutdünken zu handeln. Ofir setzte übertrieben viel Magie und Schlauheit sowie die Mächte der Unterwelt ein; er, Chenar, würde ein einfacheres und weniger behutsames Verfahren anwenden.

In seinem Kopf überschlugen sich bereits hunderterlei Gedanken. Er mußte der Reise seines Bruders auf endgültige Weise Einhalt gebieten. Das war das einzige Ziel, das er vor Augen hatte.

Ramses ... Ramses der Große, dessen unverschämter Erfolg an seinem Herzen nagte! Chenar machte sich nichts vor, denn er wußte um seine eigenen Unzulänglichkeiten, doch er besaß eine Eigenschaft, der keine Enttäuschung je Abbruch getan hatte: Hartnäckigkeit. Seine Verbitterung, die Tag für Tag im selben Maß gewachsen war wie die Fähigkeiten seines Widersachers, verlieh ihm die Kraft, dem Herrn der Beiden Länder die Stirn zu bieten.

Da brachte die Friedlichkeit der Landschaft Chenar für einen Augenblick ins Wanken.

Was konnte er Ramses eigentlich vorwerfen? Seit dem Beginn seiner Herrschaft hatte Sethos' Nachfolger keinen Fehler begangen, weder seinem Land noch seinem Volk gegenüber. Er hatte Ägypten vor Unheil beschützt, hatte sich als tapferer Krieger erwiesen und wahrte gleichermaßen Wohlstand und Gerechtigkeit.

Was konnte er ihm also vorwerfen außer der Tatsache, daß er Ramses der Große war?

FÜNFUNDZWANZIG

IN EINER RATSVERSAMMLUNG, bei der die führenden Vertreter der Armee und der Kaufleute zugegen waren, erinnerte Muwatalli an die Worte eines seiner Vorgänger: «Dieser Tage ist Mord innerhalb der königlichen Familie keine Seltenheit. Die Gemahlin des Herrschers wurde ebenso ermordet wie sein Sohn. Um derlei beklagenswerte Vorkommnisse fortan zu verhindern, ist es vonnöten, ein Gesetz zu erlassen, auf daß niemand mehr ein Mitglied der königlichen Familie töte. Niemand erhebe das Schwert oder den Dolch wider sie, und man lasse Einvernehmen walten, um einen Thronfolger für den Herrscher zu finden.»

Mit aller Entschiedenheit beteuerte der König, daß seine Nachfolge geklärt sei, beglückwünschte sich dazu, daß die Zeit des Mordens der Vergangenheit angehöre, und versicherte sowohl Hattuschili als auch Uriteschup erneut seines Vertrauens. Dann übertrug er diesem den Oberbefehl über das Heer und betraute jenen mit der Aufgabe, Handel und Wandel zu fördern und die engen Beziehungen zu den fremdländischen Verbündeten aufrechtzuerhalten. Damit entzog er seinem Bruder jedweden Einfluß auf die Armee und machte seinen Sohn unantastbar.

An Uriteschups triumphierendem Lächeln und Hattuschilis enttäuschter Miene war abzulesen, wen Muwatalli zu seinem Nachfolger erkoren hatte, ohne dessen Namen auszusprechen.

Der König gab keine weitere Erklärung zu seinen Entscheidungen ab und verließ müde und gebeugt, den Mantel aus roter und schwarzer Wolle eng um sich gezogen, unter dem Schutz seiner Leibwache den Saal.

Vor Wut wie von Sinnen, trampelte die schöne Priesterin Puducheba auf den silbernen Ohrringen herum, die ihr Gemahl, Hattuschili, ihr erst tags zuvor geschenkt hatte.

«Das ist unglaublich! Dein königlicher Bruder erniedrigt dich in einer Weise, die nicht zu überbieten ist, und du hast davon nicht einmal etwas gewußt!»

«Muwatalli ist ein verschwiegener Mensch ... Außerdem behalte ich doch wichtige Ämter.»

«Ohne die Armee bist du nur noch ein Hofnarr, auf Gedeih und Verderb Uriteschup ausgeliefert.»

«Ich habe nach wie vor gute Freunde unter den Heerführern und den Offizieren in den Festungen, die unsere Grenze schützen.»

«Aber der Sohn des Königs herrscht bereits in der Hauptstadt.»

«Uriteschup schreckt all jene ab, die mit Vernunft begabt sind.»

«Und welche Reichtümer müssen wir ihnen bieten, damit sie nicht in sein Lager überlaufen?»

«Die Kaufleute werden uns beistehen.»

«Weshalb hat der König seine Meinung geändert? Er war damit einverstanden, daß ich seinen Sohn aus dem Weg räume.»

«Muwatalli handelt nie ohne Überlegung», gab Hattuschili zu bedenken. «Wahrscheinlich hat er sich den Drohungen aus den Kreisen der Armee beugen müssen. Um sie zu beschwichtigen, hat er Uriteschup seine ehemaligen Rechte wiedergegeben.»

«Das ist überaus töricht! Dieser vom Krieg Besessene wird daraus Nutzen ziehen, um die Macht an sich zu reißen.»

Hattuschili dachte lange nach.

«Ich frage mich, ob der König nicht versucht hat, uns auf sehr hintergründige Art eine Botschaft kundzutun. Uriteschup wird der starke Mann von Hatti, folglich mißt er uns keinerlei Bedeutung mehr bei. Ist das nicht der beste Augenblick, ihn umzubringen? Ich bin überzeugt, daß der König dir damit nahelegt, dich zu beeilen. Du mußt zuschlagen, und zwar sehr schnell.»

«Ich hoffe, Uriteschup kommt an einem der nächsten Tage in den Tempel der Göttin Ischtar, um zu beten und die Seher zu befragen. Seit dieser Ernennung ist es dringend geboten, die Eingeweide eines Geiers zu Rate zu ziehen. Der neue Befehlshaber der hethitischen Armee müßte doch begierig darauf sein, etwas über seine Zukunft zu erfahren. Dann werde ich meines Amtes walten. Sobald ich ihn getötet habe, werde ich erklären, er sei dem Zorn des Himmels zum Opfer gefallen.»

Mit Zinn, Stoffen und Nahrungsmitteln schwer beladen, trotteten die Esel gemächlich in die hethitische Hauptstadt hinein. Die Karawanenführer trieben sie zu einem Handelshaus, in dem ein Kaufmann die Liste und die Güte der Waren überprüfte, Schuldscheine ausschrieb, Verträge unterzeichnete und säumigen Zahlern androhte, sie vor Gericht zu stellen.

Ein äußerst beleibter Mann von etwa sechzig Jahren, der dem Bund der Kaufleute vorstand, erging sich ziellos im Händlerviertel. Mit wachsamem Blick beobachtete er das Treiben, und falls es irgendwo zu Streitigkeiten kam, griff er unverzüglich ein. Als ihm Hattuschili begegnete, schwand das stets zur Schau getragene Lächeln des Kaufmanns. Der Bruder des Königs, in seinem mehrfarbigen Gewand und das Haar wie üblich von einem Band zusammengehalten, erweckte den Eindruck, mit noch größeren Sorgen beladen zu sein als gewöhnlich.

«Es gibt schlechte Neuigkeiten», gestand der Kaufmann.

«Bereiten dir deine Lieferanten Verdruß?»

«Nein, viel schlimmer: Uriteschup.»

«Aber … Der König hat doch mich damit betraut, die Aufsicht über Handel und Wandel zu führen.»

«Darum scheint Uriteschup sich nicht allzusehr zu kümmern.»

«Welches Vergehen hat er sich zuschulden kommen lassen?»

«Der Sohn des Königs hat beschlossen, für jedes Geschäft, das wir tätigen, eine neue Steuer zu erheben, um die Soldaten besser entlohnen zu können.»

«Ich werde mich dem aufs schärfste widersetzen.»

«Das ist zwecklos, dazu ist es schon zu spät.»

Hattuschili fühlte sich wie ein Schiffbrüchiger im Sturm. Zum ersten Mal hatte der König ihn nicht ins Vertrauen gezogen, und er, sein eigener Bruder, erfuhr Wichtiges von einem Fremden.

«Ich werde vom König verlangen, diese Steuer rückgängig zu machen.»

«Das wird dir nicht gelingen», sagte der Kaufmann voraus. «Uriteschup möchte die Schlagkraft der hethitischen Armee wiederherstellen, indem er die Händler ausplündert.»

«Ich werde mich dagegen wehren.»

«Mögen die Götter dir beistehen, Hattuschili!»

Seit mehr als drei Stunden harrte Hattuschili geduldig in einem kleinen, kalten Raum des Königspalastes aus. Für gewöhnlich konnte er ohne Umstände die Privatgemächer seines Bruders betreten, doch an diesem Tag hatten ihm zwei Männer aus Muwatallis Leibwache den Zugang verwehrt, und ein Kammerdiener hatte sich sein Begehren angehört, ihm jedoch nichts versprochen.

Schon bald würde die Nacht hereinbrechen. Da wandte sich Hattuschili an einen der Wachsoldaten.

«Sage dem Kammerherrn, daß ich nicht mehr länger warten werde.»

Der Mann zögerte, warf seinem Gefährten einen fragenden Blick zu, dann verschwand er. Der andere sah so aus, als sei er bereit, Hattuschili mit seiner Lanze zu durchbohren, falls er versuchen sollte, sich den Zugang zu erzwingen.

Da erschien der Kammerdiener aufs neue, umgeben von scchs Soldaten mit finsteren Gesichtern. Der Bruder des Königs befürchtete schon, sie würden ihn im nächsten Augenblick festnehmen und in ein Gefängnis werfen, aus dem er nie wieder herauskam.

«Was wünschst du?»

«Ich möchte den König sprechen.»

«Habe ich dir nicht bereits gesagt, daß er heute niemanden empfängt? Es ist sinnlos, noch länger zu warten.»

Hattuschili ging weg, und die Soldaten ließen ihn von dannen ziehen.

Als er aus dem Palast hinaustrat, begegnete ihm Uriteschup, der vor Kraft nur so strotzte. Mit einem spöttischen Lächeln auf den Lippen würdigte der neue Oberbefehlshaber der hethitischen Armee Hattuschili nicht einmal eines Grußes.

Von der Terrasse des Palastes blickte Muwatalli auf Hattuscha, seine Hauptstadt, hinunter. Als riesige steinerne Festung inmitten kargen Graslands erbaut, kündete sie von unbezwingbarer Stärke. Schon bei ihrem bloßen Anblick kehrte jeder Angreifer um. Niemand würde sich ihrer Wehrtürme bemächtigen, niemand würde je den königlichen Burgberg erobern, der die Tempel der Gottheiten überragte.

Niemand, außer Ramses.

Seit dieser Pharao den Thron Ägyptens bestiegen hatte, brachte er das gewaltige Bollwerk ins Wanken und versetzte dem Königreich empfindliche Schläge. Zuweilen kam Muwatalli der grauenerregende Gedanke, Hatti könnte eine endgültige Niederlage erleiden. Bei Kadesch hatte er das größte Unheil noch abzuwehren vermocht, aber würde ihm das Glück weiterhin zur Seite stehen? Ramses war noch jung, voller Eroberungsdrang, ein Günstling des Himmels, und er würde nicht aufgeben, ehe er die Gefahr, die ihm von den Hethitern drohte, nicht vollends gebannt hatte.

Er, Muwatalli, der Anführer eines kriegerischen Volkes, mußte sich eine andere Vorgehensweise einfallen lassen.

Da meldete ihm der Kammerdiener den Besuch Uriteschups.

«Er soll kommen.»

Unter dem schweren Schritt des jungen Kriegers erzitterten die Steinplatten des Terrassenbodens.

«Möge der Wettergott über dich wachen, Vater! Die Armee ist bald bereit, die verlorenen Gebiete wieder zu erobern.»

«Hast du nicht eine neue Steuer eingeführt, die den Unmut der Kaufleute erregt?»

«Sie sind Feiglinge und nur auf ihren Gewinn bedacht. Ihr Wohlstand wird dazu dienen, die Armee zu stärken.»

«Du eignest dir ohne jedes Recht Befugnisse an, mit denen ich Hattuschili betraut habe.»

«Was kümmert mich Hattuschili! Hast du dich nicht geweigert, ihn zu empfangen?»

«Ich brauche meine Entscheidungen nicht zu rechtfertigen.»

«Du hast mich zu deinem Nachfolger ausersehen, Vater, und du hast gut daran getan. Die Armee ist hoch erfreut und das Volk voller Zuversicht. Du kannst auf mich zählen, ich werde unsere frühere Macht wiederherstellen und die Ägypter in ihrem eigenen Blut ertränken.»

«Ich weiß um deine Tapferkeit, Uriteschup, aber du mußt noch viel lernen. Hattis Beziehungen zu den Fremdländern bestehen nicht nur aus einem fortwährenden Krieg gegen Ägypten.»

«Es gibt nur zweierlei Menschen: Sieger und Besiegte. Ich werde dafür sorgen, daß die Hethiter über ihre Feinde triumphieren.»

«Begnüge dich vorerst damit, meinen Befehlen zu gehorchen.»

«Wann greifen wir an?»

«Ich habe andere Pläne, mein Sohn.»

«Weshalb schiebst du einen Feldzug auf, nach dem das Königreich lechzt?»

«Weil wir mit Ramses verhandeln müssen.»

«Wir, die Hethiter, sollen mit dem Feind verhandeln ... Hast du den Verstand verloren, Vater?»

«Ich verbiete dir, in diesem Ton mit mir zu sprechen!» sagte Muwatalli erzürnt. «Knie vor deinem König nieder und bitte ihn um Vergebung!»

Uriteschup verschränkte die Arme und blieb stehen.

«Gehorche oder ...»

Mit stockendem Atem, den Mund vor Schmerz verzerrt und den Blick ins Leere gerichtet, preßte Muwatalli die Hände gegen die Brust, dann sackte er auf dem Steinboden zusammen.

Uriteschup sah ungerührt zu.

«Mein Herz ... mein Herz ist wie ein Stein ... Schicke nach dem Palastarzt ...»

«Ich verlange uneingeschränkte Vollmachten. Fortan werde ich der Armee die Befehle erteilen.»

«Einen Arzt, schnell ...»

«Entsage der Herrschaft.»

«Ich bin dein Vater ... Willst du mich hier sterben lassen?»

«Entsage der Herrschaft!»

«Ich ... ich entsage. Du ... du hast mein Wort.»

SECHSUNDZWANZIG

Der Rat der Stammesführer hörte Moses aufmerksam zu. Der Freispruch hatte seine Beliebtheit in einem Maß gesteigert, daß sie die Worte des Mannes, der inzwischen «der Prophet» genannt wurde, ernst nehmen mußten.

«Gott hat dich beschützt», erklärte Libni. «Preise ihn und verbringe den Rest deiner Tage in frommem Gebet.»

«Du kennst meine wahren Absichten.»

«Fordere dein Glück nicht heraus, Moses.»

«Gott hat mir befohlen, das Volk der Hebräer aus Ägypten hinauszuführen, und ich werde ihm gehorchen.»

Aaron klopfte mit seinem Stock auf den Boden.

«Moses hat recht. Wir müssen unsere Unabhängigkeit erlangen. Wenn wir in unserem eigenen Land leben, werden wir es endlich zu Glück und Wohlstand bringen. Verlassen wir alle gemeinsam Ägypten und erfüllen wir Jahwes Wunsch.»

«Weshalb sollen wir unser Volk ins Verderben stürzen?» begehrte Libni auf. «Die Armee des Königs wird alle Aufrührer niedermetzeln, und seine Ordnungskräfte werden jene, die sich ihm nicht unterwerfen, festnehmen.»

«Überwinden wir unsere Angst», empfahl Moses. «In unserem Glauben werden wir die Kraft finden, den Pharao zu bezwingen und seinem Zorn zu entrinnen.»

«Genügt es denn nicht, Jahwe hier zu dienen, in dem Land, in dem wir geboren sind?»

«Gott hat sich mir zu erkennen gegeben, und Er hat zu mir gesprochen», rief ihnen Moses in Erinnerung. «Er hat euer Schicksal bestimmt. Falls wir Ihm nicht gehorchen, bedeutet das unseren Untergang.»

Kha war wie gebannt. Setaou erzählte ihm von der Wirkkraft, die von den Statuen der Götter ausgeht, das Weltall durchströmt und allem Leben verleiht, vom Sandkorn bis zum Stern. In den Tempeln, in die Setaou ihn führte, vermochte Ramses' erstgeborener Sohn seinen Blick nicht von den steinernen Standbildern loszureißen.

Der Knabe kam aus dem Staunen nicht mehr heraus. Ein Priester hatte ihm Hände und Füße gereinigt und ihn in einen weißen Schurz gekleidet, ehe er ihn aufforderte, sich den Mund mit Natron auszuspülen. Kaum hatte Kha zum erstenmal seinen Fuß in das Innere eines Heiligtums gesetzt, in eine von Wohlgerüchen und Schweigen erfüllte Welt, da verspürte er die Gegenwart einer sonderbaren Macht, jener «Magie», die alle Formen des Lebens miteinander verband und die der Pharao in sich aufzunehmen pflegte, um sie an sein Volk weiterzugeben.

Setaou zeigte Kha auch die Arzneikammer des Amun-Tempels. An den Wänden standen geheime Anweisungen, nach denen die Salböle für die Rituale zubereitet wurden, und sie verrieten, welcher Mittel sich die Götter bedienten, um das Auge des Horus zu heilen, auf daß die Welt nicht des Lichts beraubt werde.

Begierig las Kha diese Inschriften und behielt so viele Hieroglyphen wie nur möglich im Gedächtnis. Er wäre gern in den Heiligtümern geblieben, um sie bis in alle Einzelheiten zu erforschen. Mit diesen Schriftzeichen, die Leben spendeten, wurde das Wissen der alten Weisen überliefert.

«Hier offenbart sich die wahre Magie», erklärte Setaou. «Sie ist die Waffe, die Gott den Menschen gegeben hat, um Unheil abzuwenden und nicht tatenlos dem Verhängnis seinen Lauf zu lassen.»

«Kann man seinem Schicksal entrinnen?»

«Nein, aber man kann sich ihm sehenden Auges stellen. Und vermag man damit nicht Schläge abzuwehren? Wenn du dich darauf verstehst, Alltäglichem Magie zu verleihen, dann bist du imstande, die Geheimnisse des Himmels und der Erde, der Berge und des Flusses zu ergründen, dann verstehst du die Sprache der Vögel und der Fische, du wirst bei Tagesanbruch mit der Sonne neu geboren und du siehst die Allmacht der Götter über den Wassern schweben.»

«Wirst du mich in diesen Fähigkeiten unterweisen?»

«Vielleicht, wenn du beharrlich bist und siegreich den Kampf gegen Eitelkeit und Faulheit bestehst.»

«Ich werde mich tapfer schlagen.»

«Dein Vater und ich treten eine Reise in den tiefen Süden an, und wir werden mehrere Monate fort sein.»

Kha verzog schmollend das Gesicht.

«Ich möchte, daß du hierbleibst und mich die wahre Magie lehrst.»

«Nutze diese Zeit der Prüfung zu deinem Vorteil. Du kannst jeden Tag hierherkommen und dich mit den heiligen Schriftzeichen vertraut machen. Auf diese Weise wirst du gegen jeden Angriff von außen gefeit sein. Zu deiner weiteren Sicherheit gebe ich dir noch ein Amulett und ein schützendes Band.»

Setaou hob den Deckel einer Truhe aus vergoldetem Holz und entnahm ihr ein Amulett in Form eines Papyrusstengels, der aufblühende Lebenskraft symbolisierte. Er befestigte es an einer Kordel und legte sie Kha um den Hals. Dann entrollte er ein schmales Leinenband und zeichnete mit frischer Tinte ein gesundes, unversehrtes Auge darauf. Sobald die Tinte getrocknet war, schlang er den Stoffstreifen um das linke Handgelenk des Knaben.

«Gib acht, daß du weder das Amulett noch das Band verlierst. Sie verhindern, daß schädliche Einflüsse in dein Blut gelangen. Priester, die Unglück abwenden können, haben ihnen Abwehrkräfte verliehen, so daß sie dich schützen werden.»

«Haben die Schlangen dich diese Zauberformeln gelehrt?»

«Sie wissen mehr als wir von Leben und Tod, von den zwei Gesichtern der Wirklichkeit. Ihre Botschaft zu begreifen ist der Anbeginn aller Weisheit.»

«Ich möchte gern dein Schüler werden und auch Arzneien zubereiten.»

«Dir ist es nicht bestimmt zu heilen, sondern zu herrschen.»

«Ich will aber nicht herrschen. Was mir gefällt, sind die Hieroglyphen und die Lehren der Weisen. Ein Pharao muß mit zu vielen Leuten Umgang pflegen und zu viele schwierige Aufgaben lösen. Mir ist die Stille lieber.»

«Das Leben beugt sich nicht unseren Wünschen.»

«Aber ja, wir besitzen doch die Magie!»

Mit Aaron und zwei Stammesführern, die den Gedanken, Ägypten zu verlassen, verlockend fanden, saß Moses beim Essen.

Da klopfte es an die Tür. Aaron öffnete sie, und Serramanna trat über die Schwelle.

«Ist Moses hier?»

Die beiden Stammesführer stellten sich schützend vor den Propheten.

«Folge mir, Moses!»

«Wo bringst du ihn hin?» erkundigte sich Aaron.

«Das geht dich nichts an. Nötige mich nicht, Gewalt anzuwenden.»

Moses ging auf ihn zu.

«Ich komme schon, Serramanna.»

Der Sarde forderte den Hebräer auf, seinen Wagen zu besteigen. Dann verließen sie unter dem Geleitschutz zwei weiterer Gespanne der Leibwache in rascher Fahrt Pi-Ramses, durchquerten das Fruchtland und schlugen einen Pfad in Richtung Wüste ein.

Am Fuße eines Hügels, der eine ausgedehnte, von Geröll durchsetzte Sandfläche überragte, hielt Serramanna das Gefährt an.

«Erklimme den Gipfel, Moses!»

Der Aufstieg bereitete dem Hebräer keinerlei Mühe.

Auf einem verwitterten, von den Winden blankgeschliffenen Steinblock saß Ramses und erwartete ihn.

«Ich liebe die Wüste ebenso wie du, Moses. Haben wir nicht gemeinsam unvergeßliche Stunden im Sinai erlebt?»

Der Prophet setzte sich neben den Pharao, und sie blickten in dieselbe Richtung.

«Welcher Gott treibt dich um, Moses?»

«Der alleinige Gott, der wahre Gott.»

«Aber du bist doch in der Weisheit Ägyptens unterwiesen worden, dein Geist war aufgeschlossen für die mannigfaltigen Erscheinungsformen des Göttlichen.»

«Rechne nicht damit, mich in die Vergangenheit zurückzulokken. Mein Volk hat eine Zukunft, und diese Zukunft wird sich außerhalb Ägyptens erfüllen. Gestatte den Hebräern, in die Wüste zu ziehen und nach einem Fußmarsch von drei Tagen dort Jahwe zu huldigen.»

«Du weißt genau, daß das nicht möglich ist. Ein solcher Aufenthalt würde beträchtliche Anstrengungen der Armee erfordern, um euren Schutz zu gewährleisten. Unter den gegenwärtigen Umständen ist ein Angriff durch Beduinen nicht auszuschließen, dem ein unbewaffnetes Volk in Scharen zum Opfer fallen würde.»

«Jahwe wird uns beschützen.»

«Die Hebräer sind meine Untertanen, ich bin für ihre Sicherheit verantwortlich.»

«Wir sind deine Gefangenen.»

«Jeder Hebräer kann sich in Ägypten frei bewegen, er mag ein- oder ausreisen, wie es ihm beliebt, solange er das Gesetz achtet. Doch was du von mir verlangst, noch dazu in Kriegszeiten, das entbehrt jeglicher Vernunft. Im übrigen werden dir nicht viele Gefolgschaft leisten.»

«Ich werde mein Volk in das Land führen, das ihm verheißen wurde.»

«Und wo liegt das?»

«Jahwe wird uns den Weg dahin weisen.»

«Sind die Hebräer in Ägypten so unglücklich?»

«Darum geht es nicht. Es zählt allein der Wille Jahwes.»

«Weshalb bist du nur so starrsinnig? In Pi-Ramses gibt es Heiligtümer, die fremdländische Götter beherbergen. Dort können die Hebräer nach Belieben ihrem Glauben frönen.»

«Das genügt uns nicht mehr. Jahwe duldet die Gegenwart falscher Götter nicht.»

«Befindest du dich da nicht auf einem Irrweg, Moses? In unserem Land haben die Weisen von jeher der Einheit des Göttlichen gehuldigt und zugleich seine mannigfaltigen Erscheinungsformen gepriesen. Als Echnaton versuchte, Aton über die anderen schöpferischen Mächte zu erheben, beging er einen Fehler.»

«Seine Lehre lebt heute in geläuterter Form neu auf.»

«Für einen einzigen und ausschließlichen Gott einzutreten würde den Austausch zwischen den Gottheiten verschiedener Länder vereiteln und die Hoffnung auf Brüderlichkeit zwischen den Völkern zunichte machen.»

«Jahwe ist der Beschützer und die Stütze der Gerechten.»

«Vergißt du dabei Amun? Er vertreibt das Übel, erhört das Gebet derer, die ihn liebenden Herzens anflehen, und eilt dem zu Hilfe, der ihn anruft. Amun macht den Blinden wieder sehend, seinem Blick entgeht nichts, und er verkörpert zugleich Einheit und Vielfalt.»

«Die Hebräer beten nicht Amun an, sondern Jahwe, und Jahwe wird ihr Geschick lenken.»

«Allzu große Unbeugsamkeit führt in den Tod, Moses.»

«Ich habe meine Entscheidung getroffen und werde mich daran halten. Sie ist der Wille Gottes.»

«Erliegst du nicht der Eitelkeit, wenn du meinst, du seist der einzige, der seinen Willen kennt?»

«Deine Meinung ist mir gleichgültig.»

«Dann ist unsere Freundschaft also zerbrochen.»

«Die Hebräer werden mich zu ihrem Anführer wählen, und du bist der Herr über das Land, das uns gefangenhält. Wie groß meine Freundschaft und meine Achtung für dich auch sein mögen, sie müssen hinter meinem Auftrag zurückstehen.»

«Mit deiner Halsstarrigkeit verhöhnst du die Gesetze der Maat.»

«Was kümmert mich das schon!»

«Willst du dich über die ewige Regel des Weltalls erheben, die schon bestand, ehe es Menschen auf Erden gab, und die fortdauern wird, auch wenn sie dereinst nicht mehr dasein werden?»

«Das einzige Gesetz, das die Hebräer befolgen, ist das Gesetz Jahwes. Erteilst du uns die Genehmigung, in die Wüste aufzubrechen und dort Ihm zu Ehren Opfer darzubringen?»

«Nein, Moses. Der Krieg gegen die Hethiter verwehrt mir, ein derartiges Wagnis einzugehen. Die Bemühungen, unser Land zu verteidigen, dürfen nicht durch Unruhen beeinträchtigt werden.»

«Wenn du dich weiterhin weigerst, wird Jahwe meinem Arm

Kraft verleihen, und ich werde Wunder vollbringen, die dein Land ins Elend stürzen.»

Ramses erhob sich.

«Füge deinen Überzeugungen noch diese hinzu, mein Freund: Ich werde mich niemals erpressen lassen.»

SIEBENUNDZWANZIG

Die ägyptische Karawane – dreißig Männer zu Pferde, Schreiber und Soldaten sowie an die hundert mit Geschenken beladene Esel – zog durch einen kargen Landstrich. In die Felswände zu beiden Seiten des Pfades waren riesenhafte Gestalten eingemeißelt, hethitische Krieger auf ihrem Vormarsch gen Süden, in das Land am Nil. Acha las die Inschrift: «Der Gott des Wetters bahnt den Kriegern den Weg und führt sie zum Sieg.»

Schon mehrmals hatte der Oberste Gesandte Ägyptens dem kleinen Trupp ins Gewissen reden müssen, denn die beklemmende Landschaft flößte den Männern ebenso große Furcht ein wie Dämonen, die in Wäldern und Schluchten umherstreifen könnten. Obgleich Acha sich selbst nicht sehr wohl fühlte, mahnte er zur Eile und war froh, daß sie bislang den räuberischen Banden entgangen waren, die in dieser Region zuweilen ihr Unwesen trieben.

Nach dem Engpaß folgte die Karawane einem Flußbett, kam erneut an Felsen vorüber, auf denen Krieger aus dem Norden in Angriffshaltung prangten, dann drang sie in eine Ebene vor, über die der Wind pfiff. In der Ferne wurde eine Anhöhe sichtbar, auf der eine Festung erbaut worden war, ein gewaltiger und drohender Grenzposten des Königreichs Hatti.

Sogar die Esel sträubten sich weiterzugehen, und es bedurfte aller Überredungskünste, bis sie sich näher an das düstere Bauwerk heranwagten.

Auf den Mauerkronen standen schußbereite Bogenschützen.

Acha befahl seinen Männern, von den Pferden zu steigen und ihre Waffen auf den Boden zu legen.

Eine farbenprächtige Fahne schwenkend, ging der Herold einige Schritte auf das Tor der Festung zu.

Im nächsten Augenblick knickte ein Pfeil den Schaft der Fahne, ein zweiter ging zu Füßen des Herolds nieder, und ein dritter streifte ihn an der Schulter. Mit vor Schmerz verzerrtem Gesicht kehrte der Mann um.

Da bückten sich die ägyptischen Soldaten nach ihren Waffen.

«Nein», rief Acha, «rührt sie nicht an!»

«Wir lassen uns doch nicht kampflos umbringen», begehrte ein Offizier auf.

«Dieses Verhalten ist ungewöhnlich. Wenn die Hethiter so schnell die Fassung verlieren und sich zu verteidigen beginnen, müssen schwerwiegende Ereignisse in ihrem Königreich stattgefunden haben. Aber welcher Art die sind, erfahre ich erst, wenn ich mit dem Kommandanten der Festung gesprochen habe.»

«Nach einem solchen Empfang willst du doch nicht ...»

«Wähle zehn Männer aus und reite mit ihnen in unsere Stellungen zurück. Die Truppen in unseren Schutzgebieten sollen sich auf einen hethitischen Angriff vorbereiten. Entsende Boten, die den Pharao über die Lage unterrichten, damit er unsere Verteidigungslinie im Nordosten des Landes verstärkt. Sobald ich kann, werde ich ihm weitere Nachrichten zukommen lassen.»

Überglücklich, daß er in gastlichere Gefilde zurückkehren durfte, ließ sich der Offizier den Befehl nicht zweimal erteilen. Er suchte die zehn Männer aus, nahm den verletzten Herold mit und führte die kleine Schar in gestrecktem Galopp an.

Diejenigen, die bei Acha blieben, fühlten sich äußerst unbehaglich. Er verfaßte indes auf einem Papyrus einige Worte in hethitischen Schriftzeichen, setzte seinen Namen und seine Titel darunter, befestigte die Botschaft an einer Pfeilspitze und ließ sie von einem Bogenschützen zum Tor der Festung schießen. Darauf empfahl er den Männern:

«Fassen wir uns in Geduld! Entweder empfangen sie uns zu einem Gespräch, oder sie töten uns.»

«Aber ... wir kommen nicht als Krieger, sondern in friedlicher Absicht», entgegnete ein Schreiber.

«Wenn die Hethiter Abgesandte töten, die mit ihnen verhandeln wollen, dann bedeutet das, daß der Kampf bald von neuem aufflammt. Ist das nicht eine Kunde von höchster Wichtigkeit für Ägypten?»

Der Schreiber schluckte seinen Speichel hinunter.

«Sollten wir nicht besser den Rückzug antreten?»

«Das wäre ein unwürdiges Verhalten. Wir sind Botschafter Seiner Majestät.»

Von diesem hehren Einwand nicht sehr erbaut, bekamen der Schreiber und seine Amtsbrüder eine Gänsehaut.

Da öffnete sich das Tor und ließ drei hethitische Reiter durch.

Ein Offizier in Helm und dickem Waffenrock hob die Botschaft auf und las sie.

«Folgt uns», forderte er die Ägypter auf.

Das Innere der Festung erweckte einen ebenso düsteren Eindruck wie ihr Anblick von außen: kahle Mauern, Unterkünfte für die Truppen, Geräusche aus einer Waffenschmiede, Fußsoldaten beim Exerzieren ... Diese bedrückende Stimmung schnürte Acha die Kehle zu, dennoch beruhigte er die Mitglieder seiner Abordnung, die sich bereits als Gefangene wähnten.

Nachdem man sie kurze Zeit hatte warten lassen, erschien der behelmte Offizier wieder.

«Wer ist der Gesandte Acha?»

«Das bin ich.»

«Der Kommandant der Festung wünscht dich zu sprechen.»

Acha wurde in einen rechteckigen Raum mit einer Feuerstelle geführt. Dicht neben ihr stand ein Mann von kleinem Wuchs in einem Mantel aus dicker Wolle.

«Willkommen in Hatti! Ich freue mich, dich wiederzusehen, Acha.»

«Gestattest du mir, dir zu gestehen, wie überrascht ich bin, dich hier anzutreffen, Hattuschili?»

«Welcher Auftrag führt den Obersten Gesandten des Pharaos zu uns?»

«Ich will dem König Geschenke in großer Zahl überbringen.»

«Wir befinden uns im Krieg gegeneinander. Da ist dieses Vorhaben recht ungewöhnlich.»

«Muß der Zwist zwischen unseren beiden Ländern denn ewig währen?»

Hattuschili verhehlte sein Erstaunen nicht.

«Wie soll ich das deuten?»

«Daß ich vom König empfangen werden möchte, um ihm Ramses' Absichten kundzutun.»

Muwatallis Bruder hielt die Hände ans Feuer.

«Das wird schwierig werden, sehr schwierig.»

«Willst du damit sagen: unmöglich?»

«Kehre nach Ägypten zurück, Acha. Ich kann dich nicht weiterziehen lassen.»

Angesichts der Verwirrung seines Gastgebers lüftete Acha den Schleier des Geheimnisses.

«Ich bin hier, um Muwatalli ein Friedensangebot zu machen.»

Hattuschili wandte sich um.

«Ist das eine Falle oder ein Scherz?»

«Der Pharao ist der festen Meinung, dieser Weg sei für Ägypten wie für Hatti am besten.»

«Ramses wünscht ... Frieden? Unmöglich!»

«Ich habe den Auftrag, euch davon zu überzeugen und die Verhandlungen zu führen.»

«Schlage dir das aus dem Kopf, Acha.»

«Weshalb?»

Der Hethiter versuchte einzuschätzen, ob sein Besucher aufrichtig war. Doch welches Wagnis ging er in seiner augenblicklichen Lage schon ein, wenn er ihm die Wahrheit gestand?

«Der König hat einen schweren Herzanfall erlitten. Seiner Fähigkeit zu sprechen beraubt und gelähmt, ist er nicht mehr imstande zu regieren.»

«Und wer übt nun die Macht aus?»

«Sein Sohn, Uriteschup, der Oberste Befehlshaber der Streitkräfte.»

«Hat Muwatalli dir kein Vertrauen geschenkt?»

«Er hat mich mit der Aufsicht über Handel und Wandel und mit der Wahrung unserer Beziehungen zu den Fremdländern betraut.»

«Folglich bist du der richtige Gesprächspartner für mich.»

«Ich bin nichts mehr, Acha. Mein eigener Bruder hat mir seine Tür verschlossen. Als ich erfuhr, wie es um seine Gesundheit bestellt ist, habe ich mich unverzüglich hierher geflüchtet, in diese Festung, deren Truppen mir treu ergeben sind.»

«Wird Uriteschup sich zum König ausrufen?»

«Ja, sofort nach Muwatallis Tod.»

«Warum verzichtest du darauf, ihm die Macht streitig zu machen, Hattuschili?»

«Weil ich keine Möglichkeit mehr dazu habe.»

«Steht die gesamte Armee hinter Uriteschup?»

«Manche Offiziere fürchten zwar seine Neigung zur Scharfmacherei, aber sie sind zum Schweigen verurteilt.»

«Ich bin bereit, mich in eure Hauptstadt zu begeben und Frieden anzubieten.»

«Uriteschup kennt das Wort ‹Frieden› nicht. Du hast nicht die geringste Aussicht auf Erfolg.»

«Wo befindet sich deine Gemahlin, Puducheba?»

«Sie hat Hattuscha nicht verlassen.»

«Ist das nicht unvorsichtig?»

Hattuschili wandte sich wieder der Feuerstelle zu.

«Puducheba hat einen Plan gefaßt, Uriteschups Aufstieg zu unterbinden.»

Seit drei Tagen hing die vornehme und stolze Puducheba im Tempel der Göttin Ischtar ihren Gedanken nach. Als der des Weissagens Kundige den Kadaver eines Geiers auf einen Opfertisch legte, begriff sie, daß ihre Stunde gekommen war.

Ein silbernes Diadem im Haar, in ein langes, granatfarbenes Gewand gehüllt, umklammerte sie den Griff des Dolches, den sie Uriteschup in den Rücken stoßen wollte, sobald er sich auf Geheiß des Sehers über die Eingeweide des Geiers beugte.

Die schöne Priesterin hatte von unerreichbarem Frieden geträumt, von einer Aussöhnung aller in Hatti herrschenden Kräfte und von einem Waffenstillstand mit Ägypten, doch schon die bloße Tatsache, daß es Uriteschup gab, machte jeden derartigen Plan zunichte.

Sie allein konnte diesen Dämon daran hindern, sein Werk der Zerstörung zu Ende zu führen, sie allein konnte ihrem Gemahl Hattuschili zur Macht verhelfen, und er würde das Königreich auf den Pfad der Vernunft zurückbringen.

Da betrat Uriteschup das Heiligtum.

Puducheba verbarg sich hinter einer dicken Säule neben dem Opfertisch.

Doch der Sohn des Königs war nicht allein gekommen. Vier Soldaten sorgten für seine Sicherheit. Puducheba hätte enttäuscht von ihrem Vorhaben ablassen und unbemerkt aus dem Tempel schleichen sollen, aber würde sich ihr jemals eine bessere Gelegenheit bieten? Fortan würde Uriteschup nicht mehr das geringste Wagnis eingehen. Wenn sie schnell genug handelte, müßte es ihr gelingen, den drohenden Despoten zu ermorden, sie selbst würde dann allerdings von seiner Leibwache getötet werden.

Dieses Opfer nicht auf sich zu nehmen wäre pure Feigheit. Sie mußte an die Zukunft ihres Landes denken und nicht an ihr eigenes Leben.

Schon schnitt der Seher den Bauch des Geiers auf, dem ein unerträglicher Geruch entströmte. Dann griff er in die Eingeweide und breitete sie auf dem Tisch aus.

Uriteschup trat näher heran. Der Abstand zwischen ihm und den Wachsoldaten betrug nun mehrere Ellen. Mit festem Griff umklammerte Puducheba den Dolch, um sich im nächsten Augenblick auf den Sohn des Königs zu stürzen. Sie mußte flink wie eine Wildkatze sein und ihre ganze Kraft einsetzen.

Der Aufschrei des Sehers ließ sie vor Schreck erstarren. Uriteschup wich zurück.

«Wie grauenhaft!»

«Was siehst du in diesen Eingeweiden?»

«Hoher Herr, du mußt deine Pläne aufschieben ... Das Schicksal ist dir nicht wohlgesinnt.»

Uriteschup hätte diesem Boten des Unheils am liebsten die Kehle durchgeschnitten, doch die Männer aus seiner Leibwache würden die schlechte Weissagung überall verbreiten. In Hatti pflegte man den Prophezeiungen der Seher große Beachtung zu schenken.

«Wie lange werde ich warten müssen?»

«Bis die Vorzeichen günstig ausfallen, Hoher Herr.»

Wutentbrannt stürmte Uriteschup aus dem Tempel hinaus.

ACHTUNDZWANZIG

Der Hof schwirrte von widersprüchlichen Gerüchten über die Reise des Herrscherpaares nach Nubien. Die einen behaupteten, sie stehe unmittelbar bevor, die anderen vermeinten zu wissen, sie sei wegen der Wirren in den Schutzgebieten auf unbestimmte Zeit verschoben worden. Manche glaubten gar, obwohl die «Söhne des Königs» die Truppen anführten, müsse Ramses von neuem in den Krieg ziehen.

Licht durchflutete das Arbeitszimmer des Pharaos, der vor der Statue seines Vaters innere Einkehr hielt. Auf dem großen Tisch lagen Sendschreiben aus Kanaan und Südsyrien. Wächter, der goldgelbe Hund, schlummerte im Sessel seines Herrn.

Da betrat Ameni eilends den Raum.

«Eine Nachricht von Acha!»

«Hast du überprüft, ob sie echt ist?»

«Es ist seine Handschrift, und er hat in verschlüsselter Form meinen Namen erwähnt.»

«Wer hat sie gebracht?»

«Einer seiner Kundschafter, der soeben aus Hatti eingetroffen ist. Außer ihm hat niemand diese Botschaft in Händen gehabt.»

Ramses las die von Acha verfaßte Nachricht und erfuhr auf diese Weise das Ausmaß der Zwietracht, die das hethitische Königreich in seinen Grundfesten zu erschüttern drohte. Nun verstand er auch, warum ihm in den vorausgegangenen Schreiben dringend geraten worden war, die Festungen an der nordöstlichen Grenze in Alarmbereitschaft zu versetzen.

«Die Hethiter sind zur Zeit nicht imstande, uns anzugreifen, Ameni. Die Königin und ich können die Reise antreten.»

Mit seinem Amulett und dem magischen Armband gewappnet, schrieb Kha eine Rechenaufgabe ab, die darin bestand, die günstigste Steigung einer Rampe herauszufinden, über die auf den Baustätten die Steine nach oben befördert werden sollten. Seine Schwester Merit-Amun übte sich wie jeden Tag im Harfespiel und entzückte damit ihren kleinen Bruder Merenptah, der unter der Aufsicht Isets der Schönen und des nubischen Löwen seine ersten Schritte unternahm. Schlächter fand Gefallen daran, mit halbgeschlossenen Augen den noch zögernden und ungeschickten Gehversuchen des kleinen Jungen zuzusehen.

Doch plötzlich hob das Raubtier den Kopf, denn am Eingang in den Garten erschien Serramanna. Als es die friedlichen Absichten des Sarden spürte, begnügte es sich mit einem leisen Knurren und nahm wieder die Haltung eines Sphinx ein.

«Ich möchte mich gern mit Prinz Kha unterhalten», erklärte der Vorsteher der Leibwache Isets der Schönen.

«Hat er sich etwas Schlimmes zuschulden kommen lassen?»

«Nein, gewiß nicht, aber er könnte mir vielleicht bei meinen Ermittlungen helfen.»

«Sobald er seine Rechenaufgabe gelöst hat, schicke ich ihn zu dir.»

Serramannas Nachforschungen hatten inzwischen Fortschritte gemacht.

Er wußte nun, daß ein libyscher Magier namens Ofir die beklagenswerte Lita getötet hatte. Sie war gestorben, weil sie auf ein

Trugbild vertraut hatte. Der Ketzerei Echnatons das Wort redend, hatte sich der Libyer hinter diesem Glauben verschanzt, um arglose Gemüter besser täuschen und seine Rolle als Spion im Dienste der Hethiter tarnen zu können. Dabei handelte es sich nun nicht mehr um Mutmaßungen, sondern um gesicherte Erkenntnisse, die Serramanna beim Verhör eines umherziehenden Händlers erlangt hatte. Er war den Soldaten der Leibwache am ehemaligen Wohnsitz Chenars ins Netz gegangen, wo Ofir sich lange Zeit versteckt gehalten hatte. Der Mann war gewiß nur ein unbedeutender Spitzel der Hethiter gewesen. Da er höchstens ab und zu für den nach Hatti zurückgekehrten syrischen Händler Raia gearbeitet hatte, war ihm nicht zu Ohren gekommen, daß das geheime Netz zerschlagen wurde und seine Mitglieder sich in alle Winde zerstreut hatten. Aus Furcht vor Mißhandlungen hatte er alles gestanden, was er wußte, und damit Serramanna die Möglichkeit verschafft, Licht ins Dunkel zu bringen.

Dennoch blieb Ofir unauffindbar, und Serramanna war der festen Meinung, daß auch Chenar in der Wüste nicht den Tod erlitten habe. War der Magier vielleicht gemeinsam mit Ramses' Bruder zu den Hethitern geflohen? Die Erfahrung hatte den Sarden gelehrt, daß bösartige Menschen nie aufhörten, anderen Schaden zuzufügen, und daß ihr Einfallsreichtum unerschöpflich war.

Kha näherte sich dem Riesen und blickte zu ihm auf.

«Du siehst sehr groß und sehr stark aus.»

«Bist du damit einverstanden, auf meine Fragen zu antworten?»

«Verstehst du dich auch auf die Rechenkunst?»

«Ich kann meine Männer zählen und die Waffen, die ich ihnen gebe.»

«Weißt du, wie man einen Tempel oder eine Pyramide baut?»

«Mir hat der Pharao eine andere Aufgabe zugedacht. Ich nehme Verbrecher fest.»

«Ich schreibe und lese gern Hieroglyphen.»

«Genau deshalb will ich mit dir über die Binse reden, die man dir gestohlen hat.»

«Die war mir die liebste. Ich vermisse sie sehr.»

«Du hast seither bestimmt darüber nachgedacht. Ich bin sicher, daß du einen Verdacht hegst und mir helfen wirst, den Schuldigen ausfindig zu machen.»

«Ja, ich habe darüber nachgedacht, aber ich kann nichts sagen, dessen ich mir gewiß wäre. Jemanden des Diebstahls zu beschuldigen ist eine zu ernste Sache, um es leichtfertig auszusprechen.»

Die Reife des Knaben versetzte den Sarden in Erstaunen. Falls es wirklich einen Anhaltspunkt gab, hatte Kha ihn bestimmt nicht übersehen.

«Ist dir bei den Leuten, die dich umgeben, irgendein ungewöhnliches Verhalten aufgefallen?» fragte Serramanna beharrlich.

«Einige Wochen lang hatte ich einen neuen Freund.»

«Wer war das?»

«Der Gesandte Meba. Er nahm plötzlich Anteil an meiner Arbeit, aber ebenso plötzlich hat er sich wieder zurückgezogen.»

Ein breites Lächeln erhellte das zerfurchte Gesicht des Sarden.

«Danke, Prinz Kha.»

In Pi-Ramses war das Blumenfest wie in anderen Städten Ägyptens ein Tag überschäumender Freude. Als Oberste aller Priesterinnen vergaß Nefertari nicht, daß schon seit der ersten Dynastie die Herrschaft über das Land auf einer Abfolge von Festen beruhte, bei denen die Vermählung des Himmels mit der Erde gefeiert wurde. Durch die Rituale, die das Königspaar vollzog, ließ es das gesamte Volk am Leben der Götter teilhaben.

Auf den Altären der Tempel sowie vor jedem Haus entfaltete die Blumenkunst gleichermaßen ihre Pracht. Da prangten große

Sträuße, Palmzweige und ganze Bündel von Schilfrohr, dort leuchteten Lotosblüten, Kornblumen und Mandragoren.

Zu den Klängen ihrer runden oder rechteckigen Tamburine tanzten die mit Girlanden aus Kornblumen und Mohn geschmückten Dienerinnen der Göttin Hathor durch die breiten Straßen der Hauptstadt, schwenkten dabei Akazienzweige, und ihre Füße versanken in Tausenden von Blütenblättern.

Ramses' Schwester, Dolente, hatte Wert darauf gelegt, sich in der Nähe der Königin aufzuhalten, deren Schönheit alle begeisterte, die das Glück hatten, sie zu sehen. Nefertari dachte an die Zeit zurück, da sie sich als junges Mädchen ein von der Welt abgekehrtes Leben im Dienste der Göttin gewünscht hatte. Wie hätte sie sich je die Pflichten einer Großen Königsgemahlin vorstellen können, deren Bürde von Tag zu Tag drückender wurde?

Überall von fröhlichen Gesängen begrüßt, strebte der feierliche Zug dem Amun-Tempel zu.

«Steht der Tag eurer Abreise schon fest, Majestät?» fragte Dolente.

«Unser Schiff wird morgen auslaufen», antwortete Nefertari.

«Der Hof ist in Sorge; man munkelt, ihr würdet mehrere Monate lang fort bleiben.»

«Das ist gut möglich.»

«Fahrt ihr wirklich ... bis Nubien?»

«So hat es der Pharao beschlossen.»

«Aber Ägypten braucht euch dringend.»

«Nubien ist ein Teil unseres Landes, Dolente.»

«Ein zuweilen gefährlicher Landstrich ...»

«Es handelt sich auch nicht um eine Reise zu unserem Vergnügen.»

«Welche Obliegenheit ist wichtig genug, euch so weit von der Hauptstadt wegzulocken?»

Nefertari lächelte verträumt.

«Die Liebe, Dolente. Allein die Liebe.»

«Das begreife ich nicht, Majestät.»

«Ich habe bloß laut gedacht», sagte die Königin geistesabwesend.

«Ich möchte euch so gern helfen ... Welche Aufgaben könnte ich erfüllen, während ihr nicht da seid?»

«Stehe Iset bei, wenn sie es wünscht. Mir tut es nur leid, daß ich nicht genügend Zeit habe, mich um die Erziehung von Kha und Merit-Amun zu kümmern.»

«Mögen die Götter euch wie sie beschützen!»

Sobald das Fest zu Ende war, würde Dolente die Auskünfte, die sie zusammengetragen hatte, an Ofir weitergeben. Wenn Ramses und Nefertari die Hauptstadt für Monate verließen, begingen sie einen Fehler, den ihre Feinde sicher zu nutzen wußten.

Von seinem Sandalenträger begleitet, wollte Meba eine lange Bootsfahrt auf dem See von Pi-Ramses unternehmen. Der Gesandte empfand das Bedürfnis, auf die friedlichen Wasser des Sees zu blicken und dabei in Ruhe nachzudenken.

Im Aufruhr seiner Gefühle war Meba nicht mehr er selbst. Er sehnte sich doch nur nach einem Leben in Prunk und Sorglosigkeit, nach einer herausragenden Stellung in einem hohen Staatsamt, wo er mit großem Geschick Ränke schmieden konnte, um sich das zu bewahren, woran sein Herz hing. Indes war er Mitglied eines hethitischen Spionagenetzes geworden, das Ägypten zu zerstören trachtete ... Nein, das hatte er nicht gewollt.

Meba hatte Angst. Angst vor Ofir, vor seinem eiskalten Blick, vor seiner nur mit Mühe gebändigten Gewalttätigkeit. Aber dieser Falle vermochte er nun nicht mehr zu entrinnen. Der Weg in seine Zukunft führte nur über Ramses' Sturz.

Der Sandalenträger rief einen Fährmann herbei, der am Ufer vor sich hin döste. Da trat Serramanna dazwischen.

«Kann ich dir behilflich sein, Hoher Herr?»

Der Gesandte zuckte zusammen.

«Nein, ich glaube nicht ...»

«O doch! Ich wüßte eine Fahrt auf diesem wundervollen See überaus zu schätzen. Gestattest du mir, dein Ruderer zu sein, Meba?»

Die Körperkraft des Sarden flößte Meba Furcht ein.

«Wenn du willst.»

Unter Serramannas Ruderschlägen entfernte sich die Barke schnell vom Ufer.

«Welch herrlicher Ort! Wie schade, daß wir beide zu sehr mit Arbeit überhäuft sind und nur selten die Zeit finden, ihn zu genießen.»

«Was ist der Anlaß für dieses Gespräch?»

«Sei ohne Sorge, ich hege nicht die geringste Absicht, dich zu verhören.»

«Weshalb solltest du auch mich verhören wollen?»

«Ich brauche nur deinen erleuchteten Rat in einer heiklen Angelegenheit.»

«Aber ich bin mir nicht sicher, ob ich dir helfen kann.»

«Hast du Kenntnis von einem seltsamen Diebstahl erhalten? Irgend jemand hat Prinz Kha eine seiner Schreibbinsen entwendet.»

Meba wich dem Blick des Sarden aus.

«Entwendet ... Besteht darüber Gewißheit?»

«Ramses' erstgeborener Sohn hat in einer Weise ausgesagt, die keinen Zweifel aufkommen läßt.»

«Kha ist noch ein Kind.»

«Ich frage mich, ob du nicht vielleicht eine wenn auch nur entfernte Ahnung hast, wer der Dieb sein könnte.»

«Diese Frage ist beleidigend. Rudere mich unverzüglich zum Ufer zurück.»

Serramanna lächelte mit der Verschlagenheit eines Raubtiers.

«Das war eine sehr aufschlußreiche Fahrt, Hoher Herr.»

NEUNUNDZWANZIG

IM BUG DES KÖNIGLICHEN Schiffes drückte Ramses Nefertari zärtlich an sich. Das Herrscherpaar genoß einen Augenblick des Glücks, fühlte sich eins mit dem Geist des Flusses, mit dem himmlischen Gefilden entsprungenen Nährvater, der auf die Erde herabgestiegen war, um ihr seine schöpferische Kraft zu schenken.

Der Wasserstand war erhöht, und dank eines günstigen Nordwindes ging die Fahrt rasch voran. Dennoch ließ der Bootsführer größte Wachsamkeit walten, denn in den gefährlichen Strudeln konnte schon der geringste Fehler zum Schiffbruch führen.

Nefertaris Schönheit entzückte Ramses jeden Tag aufs neue. In ihr vereinte sich Anmut mit Würde, vermählte sich auf wundersame Weise ein klarer Verstand mit einem makellosen Körper. Diese lange Reise gen Süden sollte zum Unterpfand der Liebe werden, die der König einer erhabenen Frau entgegenbrachte, deren bloße Anwesenheit dem Pharao wie seinem Volk innere Ruhe bescherte. Seit er mit Nefertari lebte, begriff Ramses, warum die Weisen gefordert hatten, daß die Geschicke Ägyptens von einem Königspaar gelenkt werden, das die Dinge mit gleichen Augen betrachtet.

Nach neun Jahren Herrschaft hatten Ramses und Nefertari zahlreiche Prüfungen bestanden und waren einander dennoch so zugetan wie in dem Augenblick, da sie erkannt hatten, daß sie gemeinsam durch Leben und Tod gehen würden.

In einem schlichten Kleid, das Haar dem Spiel der Winde preisgegeben, genoß Nefertari die Landschaften Mittelägyptens: Palmenhaine, Fruchtland zu beiden Seiten des Flusses und von Dörfern aus weißen Häusern gekrönte Hügel stellten ein Paradies dar, das die Gerechtfertigten im Jenseits vorfinden würden und das Königspaar schon im Diesseits zu schaffen versuchte.

«Befürchtest du nicht, daß unsere Abwesenheit ...»

«Ich habe den größten Teil meiner Herrschaft dem Norden gewidmet, nun ist es an der Zeit, daß ich mich um den Süden kümmere. Ohne die Einheit der Beiden Länder würde Ägypten nicht fortleben. Und dieser Krieg gegen Hatti hat mich zu lange von dir ferngehalten.»

«Er ist noch nicht zu Ende.»

«Im Osten werden sich tiefgreifende Veränderungen vollziehen. Falls die Möglichkeit besteht, Frieden zu schließen, muß man sie da nicht nutzen?»

«Das ist doch Achas geheimer Auftrag, nicht wahr?»

«Er geht ein ungeheures Wagnis ein. Aber wer sonst könnte eine so schwierige Aufgabe zu einem guten Ende führen?»

«Wir sind in Freud und Leid vereint, in unseren Hoffnungen wie in unseren Ängsten. Möge der Zauber dieser Reise Acha beschützen.»

Auf den Decksplanken hallte Setaous Schritt wider.

«Darf ich euch stören?»

«Komm her, Setaou.»

«Ich wäre gern bei Kha geblieben. Dieser Knabe wird einmal ein großartiger Magier. Macht euch keine Sorgen um seine Sicherheit. Niemand vermag die Schutzschilde zu durchbrechen, die ich um ihn herum errichtet habe.»

«Drängt es Lotos und dich nicht, euer geliebtes Nubien wiederzusehen?» fragte Nefertari.

«Es birgt die schönsten Schlangen, die Gott erschaffen hat. Wißt ihr schon, daß die Strömung den Schiffsführer beunruhigt? Er meint, wir nähern uns einer gefährlichen Region, und möchte das Ufer ansteuern, sobald wir die grasbewachsene Insel hinter uns haben.»

Nach einigen Windungen verlief der Nil an einer steilen Felswand entlang, in der Geier nisteten. Bald danach kam das Halbrund eines Gebirgszuges in Sicht, der sich über mehrere Meilen erstreckte.

Unvermittelt faßte Nefertari sich an die Kehle.

«Was ist?» fragte Ramses besorgt.

«Mir stockt der Atem ein wenig ... nichts Schlimmes.»

«Begleite die Königin in unsere Kajüte und halte bei ihr Wache», bat Ramses seinen Freund Setaou.

Am Ufer tauchten die verfallenen Gebäude der ehemaligen Hauptstadt Echnatons auf.

Kurz darauf erschütterte ein heftiger Ruck das Boot, der Bug bäumte sich auf, und das Gurgeln eines Strudels war zu hören.

Zu Tode erschrocken, verloren einige Männer den Kopf. Einer stürzte vom Mast herunter, während er das Segel einholen wollte, und fiel auf den Schiffsführer, der nun, halb benommen, den Blick ins Leere gerichtet, nicht mehr imstande war, klare Anweisungen zu erteilen. Überall erklangen Befehle, die einander widersprachen.

«Ruhe!» rief Ramses. «Jeder auf seinen Posten, ich übernehme das Kommando!»

Innerhalb kürzester Zeit war die Lage bedrohlich geworden. Die Geleitboote, auf denen niemand begriff, weshalb das königliche Schiff so schlingerte und stampfte, kamen in der starken Strömung nicht schnell genug voran und waren zu weit von ihm entfernt, um ihm zu Hilfe zu eilen.

Als es sich wieder auf dem richtigen Kurs befand, gewahrte Ramses das doppelte Hindernis.

Es war unüberwindlich.

In der Mitte des Flusses drohte ein riesiger Strudel. Zwischen ihm und der Anlegestelle der Sonnenstadt wurde die Durchfahrt von Flößen versperrt. Auf ihnen standen Kohlenbecken, in denen Feuer brannten. Der König hatte die Wahl, sein Schiff im Strudel kentern oder gegen die Flöße prallen zu lassen, wobei es unweigerlich in Brand geraten würde.

Wer hatte ihm auf der Höhe der verlassenen Hauptstadt eine solche Falle gestellt? Nun konnte sich Ramses auch Nefertaris Unbehagen erklären. Mit der Gabe der Seherin hatte sie die Gefahr gespürt.

Dem König blieben nur wenige Augenblicke, um eine Entscheidung zu treffen.

«Er kommt!» rief der Späher.

Chenar warf die gebratene Gänsekeule weg, an der er sich gerade gütlich tat, dann ergriff er hastig seinen Bogen und sein Schwert. Er, der früher nur auf seine Bequemlichkeit bedachte hohe Würdenträger, hatte sich in einen Krieger verwandelt.

«Ist das Schiff des Pharaos allein?»

«Genau wie du es vorhergesagt hast ... Die anderen folgen in großem Abstand.»

Dem Söldner lief vor Aufregung der Speichel aus dem Mund. Ihm und seinen Gefährten, aus denen der kleine, von Ofir zusammengestellte Kampftrupp bestand, hatte Chenar fette Beute versprochen. Der Bruder des Königs hatte sich als äußerst beredsam erwiesen und in seine Worte den Haß einfließen lassen, der in seinem Herzen loderte.

Aus Angst vor der göttlichen Kraft, die dem Pharao innewohnte, würde es dennoch kein Söldner wagen, Ramses selbst anzugreifen.

Seit seinem Sieg bei Kadesch fürchtete sich jeder vor den übernatürlichen Fähigkeiten des Herrn der Beiden Länder. Deshalb hatte Chenar die Schultern gezuckt und beteuert, mit eigener Hand den Tyrannen zu töten.

«Die Hälfte der Männer auf die Flöße, der Rest zu mir!»

Ramses sollte in der Nähe der Sonnenstadt sterben, als triumphiere Echnatons Ketzerei über Amun und die anderen Götter, denen der König von Ägypten huldigte. Mit Nefertari als Geisel wollte Chenar erzwingen, daß der Geleitschutz des Herrschers ihn als König anerkannte. Ramses' Tod würde eine riesige Lücke reißen, die sein Bruder unverzüglich zu füllen gedachte.

Einige Söldner sprangen von der Anlegestelle auf die Flöße und schickten sich an, brennende Pfeile auf das königliche Schiff abzuschießen, das ihre Gefährten unter Chenars Kommando von hinten angriffen.

Der Sieg konnte ihnen nicht entgehen.

«Alle Ruderer nach Steuerbord!» befahl Ramses.

Ein erster brennender Pfeil traf die Holzwand der Kajüte, doch die hübsche Lotos, flink und geschmeidig, erstickte das aufflakkernde Feuer mit einem Stück dickem Stoff.

Ramses stieg auf das Dach der Kajüte, spannte seinen Bogen, zielte auf einen seiner Gegner, hielt die Luft an und schoß. Der Pfeil durchbohrte dem Söldner die Kehle. Seine Gefährten verschanzten sich hinter den Kohlenbecken, um den tödlichen Schüssen des Herrschers zu entrinnen. Ihre eigenen, ungenau gezielten Pfeile versanken in den Fluten.

Dank der an Steuerbord geballten Kraft der Ruderer hatte sich die Fahrtrichtung geändert. Der Bug stieg gleich einem scheuenden Pferd aus dem Wasser, und das Boot stand nun quer zur Strömung. Mit ein wenig Glück würde es zum Ufer treiben, sofern der Strudel es nicht verschlang und Chenars Söldner in ihrer schnellen Barke es nicht einholten. Zwei Männer, die sich im Heck aufgehalten hatten, waren ihnen bereits zum Opfer gefallen. Mit Pfeilen in der Brust waren die Unglücklichen in den Fluß gestürzt.

Setaou lief in den Bug. Behutsam umschlossen seine Hände ein Ei aus Tonerde. Mit Hieroglyphen bedeckt, war es die genaue Nachbildung des Welteies, das im Allerheiligsten des großen Thot-Tempels zu Hermopolis aufbewahrt wurde. Nur Magiern im Dienste des Staates, wie Setaou, war es gestattet, ein Mittel von so furchterregender Wirkung anzuwenden.

Doch er war äußerst mißmutig, denn er hatte vorgehabt, diesen Talisman in Nubien zu benutzen, falls dort dem Königspaar eine unerwartete Gefahr drohen sollte. Daß er diese Waffe jetzt schon einsetzen mußte, machte ihn sehr zornig, aber es galt, den verfluchten Strudel zu bezwingen.

Weit ausholend schleuderte der Schlangenkundige das Weltei in den gurgelnden Trichter. Das Wasser brodelte, als wäre es zum Sieden gebracht worden. Eine Welle schwappte über die Flöße, löschte die Kohlenfeuer und ertränkte die Söldner.

Die Gefahr, unterzugehen oder in Brand zu geraten, war nun zwar abgewehrt, aber die Lage im Heck wurde immer bedrohlicher. Die Söldner hatten Enterhaken an Bord des königlichen Schiffes geworfen und begannen an den Seilen emporzuklettern. Wie von Sinnen schoß ihr Anführer Pfeil um Pfeil ab, so daß die Mannschaft nicht eingreifen konnte.

Zwei brennende Pfeile trafen das Segel, doch wieder löschte Lotos das Feuer, ehe es sich ausbreiten konnte. Obwohl Ramses dem feindlichen Beschuß ausgesetzt war, blieb er auf dem Dach der Kajüte stehen und führte den Kampf fort. Als hinter ihm Geschrei ausbrach, drehte er sich um und sah, wie ein Söldner seine Axt über dem Kopf eines unbewaffneten Schiffers schwang.

Der Pfeil des Herrschers durchbohrte ihm das Handgelenk, und er wich, vor Schmerz aufheulend, zurück. Schlächter hieb seine Fangzähne in den Kopf eines anderen Söldners, dem es ebenfalls gelungen war, an Bord zu klettern.

Für einen kurzen Moment trafen sich die Blicke des Pharaos und des Anführers der Bande, eines bärtigen Mannes, der in größter Erregung auf Ramses zielte. Unmerklich trat der Herrscher einen Schritt nach links, und der Pfeil flog dicht an seiner Wange vorbei. Darauf erteilte der Angreifer seinen ihm noch verbliebenen Männern wutentbrannt den Befehl zum Rückzug.

Eine von neuem aufflackernde Flamme überraschte Lotos, und ihr Kleid fing Feuer. Deshalb sprang die Nubierin flugs ins Wasser, hatte jedoch das Pech, in den Sog des ersterbenden Strudels zu geraten. Von dem Wasserwirbel in die Tiefe gezogen, vermochte sie nicht zu schwimmen und hob, um Hilfe bittend, einen Arm.

Da sprang Ramses ihr nach.

Als Nefertari aus der Kajüte kam, sah sie gerade noch den König im Nil verschwinden.

DREISSIG

DIE ZEIT VERSTRICH.

Das königliche Schiff und die Geleitboote hatten auf der Höhe der Sonnenstadt in den wieder zur Ruhe gekommenen Wassern Anker geworfen. Drei oder vier Söldnern war die Flucht gelungen. Ihr Schicksal beschäftigte indes weder Nefertari noch Setaou. Wie Schlächter behielten auch sie die Stelle im Auge, an der Ramses und Lotos verschwunden waren.

Die Königin brachte der Göttin Hathor, der Herrin über die Schiffahrt, Weihrauchopfer dar. Ruhig und würdevoll erwartete sie die Meldungen derer, die man auf die Suche nach den Vermißten geschickt hatte. Die einen schwammen und tauchten im Fluß, die anderen liefen die Treidelpfade entlang, um die schilfbewachsenen Ufer besser erkunden zu können. Wahrscheinlich hatte die Strömung den König und die Nubierin weit abgetrieben.

Setaou blieb in Nefertaris Nähe.

«Ramses wird zurückkommen», sagte sie leise.

«Majestät ... der Fluß ist zuweilen erbarmungslos.»

«Er wird zurückkommen, und er hat Lotos gerettet.»

«Aber Majestät ...»

«Er hat sein Werk noch nicht vollendet, und ein Pharao, der sein Werk nicht vollendet hat, kann nicht sterben.»

Setaou begriff, daß ihre feste Überzeugung nicht zu erschüttern war. Aber wie würde sie sich verhalten, wenn sie sich in das Unabänderliche fügen mußte? Er verdrängte seinen eigenen Schmerz, um den der Königin zu teilen. Dann malte er sich aus, wie furchtbar es sein würde, in die Hauptstadt zurückzukehren und dem Hof kundzutun, daß Ramses verschwunden war.

Während die starke Strömung sie etliche Meilen gen Norden trug, kamen Chenar und seine Gefährten allmählich wieder zu Atem. Sie versenkten ihre Barke, durchstreiften das grünende Fruchtland und tauschten schließlich einige Amethyste gegen Esel ein.

«Wohin jetzt?» fragte ein kretischer Söldner.

«Du reitest nach Pi-Ramses zurück und unterrichtest Ofir über die Ereignisse.»

«Er wird mich nicht gerade beglückwünschen.»

«Wir haben uns nichts vorzuwerfen.»

«Ofir schätzt Niederlagen nicht.»

«Aber er weiß, daß wir es mit einem starken Gegner zu tun hatten und daß ich mich keineswegs schone. Und du kannst ihm zwei gute Neuigkeiten überbringen. Die erste: Ich habe Setaou an Bord des königlichen Schiffes gesehen, demzufolge steht Kha nicht mehr unter seinem Schutz. Die zweite: Ich mache mich wie vorgesehen auf den Weg nach Nubien und werde Ramses dort töten.»

«Ich würde lieber mit dir ziehen», wandte der Kreter ein. «Mein Freund ist ein ausgezeichneter Sendbote. Ich weiß zu kämpfen und kann auch Wild aufspüren.»

«Einverstanden.»

Chenar fühlte sich keineswegs entmutigt. Bei dem Überfall war der Krieger in ihm durchgebrochen. Endlich hatte er seiner in zu vielen Jahren aufgestauten Wut freien Lauf lassen können. War ihm nicht mit nur wenigen Männern und ein bißchen Erfindungsgabe ein Überraschungsangriff auf Ramses den Großen gelungen? War er nicht dem Triumph sehr nahe gekommen?

Wenn er beharrlich blieb, würde ihm das Schicksal letzten Endes hold sein.

Auf allen Schiffen der königlichen Flottille herrschte Schweigen. Aus Angst, die gramerfüllte Nachdenklichkeit der Königin zu stören, wagte niemand, ein Gespräch anzufangen. Als der Abend nahte, stand sie immer noch reglos im Bug.

Auch Setaou sprach nicht, um ihr nicht die letzte Hoffnung zu nehmen, die sie noch hegte. Sobald die Sonne unterging, würde sie sich der grausamen Wirklichkeit stellen müssen.

«Ich wußte es», sagte sie plötzlich mit so sanfter Stimme, daß Setaou sich wunderte.

«Majestät …»

«Ramses ist da drüben, er steht auf dem Dach des weißen Palastes.»

«Majestät, die Nacht bricht herein und …»

«Sieh genau hin.»

Aufmerksam ließ Setaou seinen Blick über das Dach schweifen.

«Nein, das ist nur eine Sinnestäuschung.»

«Meine Augen sehen ihn, fahren wir näher hin.»

Er brachte nicht den Mut auf, sich ihrer Forderung zu widersetzen. Das königliche Schiff holte den Anker ein und steuerte die Sonnenstadt an, die schon bald in Finsternis versinken würde.

Von neuem blickte der Schlangenkundige zum Dach des weißen Palastes hinüber, in dem Echnaton und Nofretete gelebt hatten. Nun vermeinte auch er, einen Mann dort stehen zu sehen. Er rieb sich die Augen, kniff sie zusammen, die Erscheinung war nicht verschwunden.

«Ramses lebt», wiederholte Nefertari.

«Rudert schneller!» verlangte Setaou.

In den letzten Strahlen der sinkenden Sonne kam Ramses' Gestalt näher, wurde größer und größer.

Setaou war immer noch wütend.

«Weshalb hat es der Herr der Beiden Länder nicht für nötig befunden, sich zu melden und uns zu Hilfe zu holen? Dabei hättest du dir doch nichts vergeben.»

«Ich hatte Wichtigeres zu tun», antwortete der König. «Lotos und ich waren unter Wasser geschwommen, aber sie verlor die Besinnung, und ich befürchtete schon, sie sei ertrunken. Wir erreichten das Ufer am nördlichen Ende der verlassenen Hauptstadt, und ich habe Lotos lange magnetisiert, bis sie wieder zu sich kam. Dann gingen wir in die Stadt hinein, und ich suchte den höchsten Punkt aus, damit ihr uns sehen konntet. Ich wußte, daß Nefertaris Gedanken uns Schritt um Schritt folgten und sie in die richtige Richtung blicken würde.»

Freudestrahlend brachte die Königin verstohlen ihre Rührung zum Ausdruck, indem sie sich an ihren Gemahl schmiegte.

«Und ich habe schon gemeint, das Ei der Welt sei nicht imstande gewesen, dich zu retten», murrte Setaou. «Wärst du wirklich verschwunden, hätte mein Ruf gelitten.»

«Wie geht es Lotos?» erkundigte sich Nefertari.

«Ich habe ihr einen beruhigenden Trank verabreicht. Nach einem langen Schlaf wird sie dieses Mißgeschick bald vergessen.»

Ein Mundschenk füllte Schalen mit kühlem Weißwein.

«Lange hätte es nicht mehr dauern dürfen», sagte Setaou. «Ich habe mich schon gefragt, ob wir uns noch in einem gesitteten Land befinden.»

«Hast du während des Kampfes ihren Anführer beobachtet?» wollte Ramses von Setaou wissen.

«Mir erschienen sie alle gleich bösartig. Ich habe nicht einmal bemerkt, daß sie einen Anführer hatten.»

«Es war ein bärtiger Mann, überaus erregt, mit haßerfüllten Augen ... Als sich unsere Blicke einmal kurz trafen, habe ich geglaubt, Chenar wiederzuerkennen.»

«Chenar ist auf dem Weg in die Oasen in der Wüste ums Leben gekommen. Sogar Skorpione verenden irgendwann.»

«Und falls er doch überlebt hat?»

«Dann wäre er gewiß vollauf damit beschäftigt, sich zu verbergen, und dächte nicht im Traum daran, einen Trupp von Söldnern auf dich zu hetzen.»

«Diese Falle war von langer Hand vorbereitet worden, und beinahe wäre sie auch zugeschnappt.»

«Vermag der Haß einen Menschen so zu zerfressen, daß sich ein hoher Würdenträger in einen Krieger verwandelt, zu allem bereit, um seinen eigenen Bruder zu töten und sogar Hand an den geheiligten Pharao zu legen?»

«Falls es Chenar ist, hat er dir selbst die Antwort auf deine Frage gegeben.»

Setaous Miene verdüsterte sich.

«Wenn dieses Ungeheuer wirklich noch leben sollte, dürfen wir nicht untätig bleiben. Der Wahn, der ihn beherrscht, gleicht dem der Dämonen in der Wüste.»

«Dieser Anschlag ist nicht zufällig hier verübt worden», befand Ramses. «Rufe so schnell wie möglich die Steinhauer der am nächsten gelegenen Städte zusammen!»

Die einen kamen aus Hermopolis, der Stadt des Thot, die anderen aus Assiut, der des Anubis. Einige Dutzend Steinhauer schlugen ein Zeltlager auf. Schon wenige Stunden nach ihrer Ankunft begannen sie unter den Anweisungen zweier Baumeister mit der Arbeit, nachdem sie zuvor einer kurzen und entschiedenen Ansprache des Herrschers gelauscht hatten.

Vor dem Palast des verfemten Königs hatte der Pharao seine Forderungen kundgetan: Die dem Gott Aton geweihte Sonnenstadt sollte verschwinden. Einer der Vorgänger von Ramses, Horemheb, hatte einige Tempel einreißen und mit ihren Steinen die Pylonen von Karnak auffüllen lassen. Sobald von den Palästen, Wohnhäusern, Werkstätten, Kais und den anderen Bauwerken nichts mehr übrig sein würde, hatte Ramses sein Werk vollendet. Steine und Ziegel würden in anderen Ansiedlungen aufs neue verwendet werden. Die Grabstätten, die nicht eine einzige Mumie bargen, sollten jedoch unversehrt bleiben.

Das königliche Schiff würde erst auslaufen, wenn die Gebäude bis auf die Grundmauern abgetragen waren. Schon bald würden Sandstürme über sie hinwegfegen und alle Spuren der verlassenen Hauptstadt, die ein Hort unheilbringender Mächte geworden war, für immer auslöschen.

Tagelöhner sollten Steine und Ziegel auf Lastkähne verladen, die sie dorthin bringen würden, wo sie gebraucht wurden. Man verteilte zusätzlich Fleisch, Öl, Bier und Schurze an die Arbeiter, um sie zu besonderem Eifer anzuspornen.

Ramses und Nefertari statteten dem Königspalast der Sonnenstadt einen letzten Besuch ab, ehe er zerstört wurde.

«Echnaton war einem Irrtum erlegen», erklärte Ramses. «Die Religion, der er anhing, führte zu einer starren Glaubenslehre und zu Unduldsamkeit. Er hatte den wahren Geist Ägyptens verraten. Wie bedauerlich, daß Moses den gleichen Weg eingeschlagen hat.»

«Echnaton und Nofretete waren dennoch ein Königspaar», rief Nefertari ihm in Erinnerung. «Sie achteten unsere Gesetze und waren so weise, ihren Versuch in Zeit und Raum zu begrenzen. Sie hatten den Kult Atons auf seine Stadt beschränkt.»

«Aber das Gift breitete sich aus ... und ich bin mir nicht sicher, ob die Zerstörung dieser Stadt, in der die Finsternis das Licht verdrängt hat, auch ihre Auswirkungen zunichte machen wird. Sobald diese Stätte den Bergen und der Wüste zurückgegeben ist, wird von ihr wenigstens kein Aufruhr mehr ausgehen können.»

Als der letzte Steinhauer die dem Erdboden gleichgemachte und fortan dem Schweigen und der Vergessenheit anheimgegebene Stadt verließ, erteilte Ramses den Befehl, nach Abydos aufzubrechen.

EINUNDDREISSIG

JE NÄHER SIE ABYDOS kamen, desto schwerer wurde Ramses das Herz. Er wußte, wieviel Bedeutung sein Vater dem Ausbau des großen Osiris-Tempels beigemessen hatte. Deshalb machte er sich nun Vorwürfe, weil er so lange nicht mehr hiergewesen war. Gewiß, der Krieg gegen die Hethiter und der Schutz Ägyptens hatten seinen Kopf wie seinen Arm vollauf in Anspruch genommen, dennoch würde vor dem Herrscher über das Totenreich keine Entschuldigung Gnade finden, wenn das Herz des Königs dereinst auf der Waage der Maat gewogen wurde.

Setaou hatte erwartet, daß unzählige nach Salbölen duftende Priester mit kahlgeschorenen Köpfen und in makellos weißen Gewändern sowie mit Opfergaben beladene Bauern und lautespielende Priesterinnen herbeigeeilt wären, um den König zu empfangen. Doch die Anlegestelle war verwaist.

«Das ist ungewöhnlich», erklärte er. «Wir bleiben besser auf dem Schiff.»

«Was befürchtest du?» fragte Ramses.

«Es könnten sich weitere Söldner des Tempels bemächtigt haben und dich in einen Hinterhalt locken wollen.»

«Hier, auf dem heiligen Boden von Abydos?»

«Es ist nicht ratsam, ein solches Wagnis einzugehen. Fahren wir weiter gen Süden und schicken wir die Armee hierher.»

«Wie könnte ich hinnehmen, daß es auch nur einen Fußbreit Landes gibt, den ich nicht betreten sollte? Noch dazu in Abydos!»

Ramses' Zorn kam in seiner Heftigkeit einem Gewitter des Gottes Seth gleich. Selbst Nefertari versuchte nicht, ihn zu besänftigen.

Die königliche Flotte machte an der Anlegestelle fest, und der Pharao führte selbst einen Troß von Wagen an, die, in ihre Einzelteile zerlegt, auf dem Schiff befördert und eilends zusammengebaut worden waren.

Auch der Weg vom Fluß bis zum Vorhof des Tempels war menschenleer, als sei die heilige Stadt verlassen worden. Vor dem Pylonen türmten sich behauene Sandsteinblöcke zwischen Kisten voller Werkzeug. Unter den Tamarisken, die dem Vorhof Schatten spendeten, standen große hölzerne Schlitten, noch mit Granitblöcken aus den Steinbrüchen von Assuan beladen.

Höchst verwundert begab Ramses sich mit seinem Gefolge zum Palast, der neben dem Tempel lag. Auf den zum Hauptportal hinaufführenden Stufen saß ein alter Mann und verteilte ein Stück Ziegenkäse auf einige Scheiben Brot. Als er den Troß herannahen sah, verging ihm der Appetit. In Angst und Schrecken versetzt, ließ er seine Mahlzeit im Stich und versuchte zu fliehen, wurde jedoch von einem der Soldaten eingeholt und vor den Herrscher geführt.

«Wer bist du?»

Die Stimme des Mannes zitterte.

«Ich bin einer der Wäscher aus dem Palast.»

«Und weshalb bist du nicht bei deiner Arbeit?»

«Es gibt nichts zu tun, weil alle fort sind. Nun, fast alle ... Einige Priester sind noch da, am heiligen See, aber die sind auch schon so alt wie ich.»

Der Tempel war noch immer nicht vollendet, obgleich der König das zu Beginn seiner Herrschaft nachdrücklich gefordert hatte. Mit einigen Soldaten schritt er durch das große Tor und sah sich in den Räumen der Verwaltung um. Auch in den Schreibstuben, den Werkstätten, im Schlachthaus wie in den Backhäusern traf er niemanden an. Darauf suchte er eilends die Unterkünfte für die Priester auf, die ständig im Tempel wohnen sollten.

Auf einer steinernen Bank saß ein Greis mit kahlgeschorenem Kopf, die Hände auf den Knauf seines Stocks aus Akazienholz gestützt. Als er den König kommen sah, versuchte er, sich zu erheben.

«Erspare dir diese Mühe, Diener des Gottes.»

«Du mußt der Pharao sein ... Man hat mir soviel vom Sohn des Lichts erzählt, dessen Macht erstrahlt wie die Sonne. Meine Augen sind zwar schon schwach, aber ich irre mich gewiß nicht ... Wie glücklich bin ich, dich noch zu schauen, ehe ich sterbe. Die Götter lassen mir in meinem Alter von zweiundneunzig Jahren noch eine große Freude zuteil werden.»

«Was geht hier vor?»

«Sie sind alle zu anderen Arbeiten herangezogen worden.»

«Zu anderen Arbeiten herangezogen ... Wer hat sich dazu erdreistet?»

«Der Vorsteher der nächsten Stadt. Er hat befunden, es gebe zu viele Priester und Bedienstete im Tempel und es sei nützlicher, Dämme auszubessern, als Rituale abzuhalten.»

Der Vorsteher war ein Mann mit Pausbacken und wulstigen Lippen, der es sich gern wohl sein ließ. Da ihm seine übergroße Leibesfülle das Gehen beschwerlich machte, ließ er sich für gewöhnlich in einer Sänfte tragen. Doch nun brachte ihn ein Offizier mit einem Streitwagen in voller Fahrt in den Palast von Abydos.

Nur mit großer Mühe gelang es ihm, sich vor dem König zu verneigen, der auf einem Thron aus vergoldetem Holz mit Füßen in der Form von Löwenpranken saß.

«Vergib mir, Majestät, aber niemand hat mich wissen lassen, daß du kommen würdest! Hätte ich davon Kenntnis gehabt, hätte ich dir einen würdigen Empfang bereitet, und ich hätte ...»

«Bist du dafür verantwortlich, daß Priester und Bedienstete des Tempels von Abydos zu anderen Arbeiten herangezogen wurden?»

«Ja, aber ...»

«Hast du vergessen, daß das ausdrücklich untersagt ist?»

«Nein, Majestät, aber ich habe mir gedacht, daß all diese Leute untätig seien und daß es besser sei, sie mit nützlichen Arbeiten zu beschäftigen.»

«Du hast sie von den Pflichten abgehalten, die mein Vater ihnen zugewiesen hat und die auch ich ihnen auferlegt habe.»

«Dennoch habe ich gedacht ...»

«Du hast einen sehr schweren Fehler begangen, für den ein königlicher Erlaß hundert Stockhiebe und das Abschneiden der Nase und der Ohren als Sühne vorsieht.»

Bleich geworden, begann der Vorsteher der Stadt zu stammeln.

«Das kann nicht sein, Majestät, das ist unmenschlich!»

«Du warst dir deines Vergehens bewußt, und du wußtest auch, wie es geahndet wird. Deshalb bedarf es hierzu nicht einmal eines Richterspruchs.»

In der Gewißheit, daß das Gericht die gleiche Strafe über ihn verhängen, sie vielleicht sogar noch erhöhen würde, verlegte sich der Mann aufs Jammern.

«Ich habe unrecht gehandelt, Majestät, das stimmt, doch ich tat es nicht zu meinem eigenen Vorteil. Dank der Leute von Abydos wurden die Dämme schnell ausgebessert und die Kanäle tiefer gegraben.»

«In diesem Fall stelle ich es dir frei, dich für eine andere Strafe zu entscheiden: Du magst samt deinen Beamten bis zur Vollendung des Tempels als Arbeiter in der Baustätte dienen.»

Alle Priesterinnen und Priester erfüllten ihre rituellen Pflichten, so daß der Tempel des Osiris dem himmlischen Horizont glich und jedes Antlitz erhellte. Ramses hatte ihm eine goldene Statue mit den Gesichtszügen seines Vaters zum Geschenk gemacht und gemeinsam mit Nefertari in einer feierlichen Opferzeremonie der Maat gehuldigt. Die mit Elektron überzogenen Türen aus Zedernholz, der mit Silber belegte Fußboden, die Türschwellen aus Granit und die farbenprächtigen Reliefs machten den Tempel zu einer Stätte, die nicht mehr von dieser Welt war und in der die Götter mit Freuden wohnten. Die ihnen dargebrachten Speisen türmten sich zwischen Gefäßen mit Duftölen und Blumen auf den Altären.

Das Schatzhaus wurde mit Gold, Silber, königlichem Leinen, Öl, Weihrauch, Wein, Honig, Myrrhe und Salben gefüllt. In den Ställen standen fette Ochsen neben Kühen und kräftigen Kälbern, und in den Speichern häufte sich Getreide erster Güte. Wie eine Inschrift aus Hieroglyphen es verkündete, mehrte der Pharao zu Ehren des Gottes alle Gaben.

In einer Rede vor den im Audienzsaal des Palastes von Abydos versammelten Würdenträgern der Provinz verfügte Ramses, daß Schiffe, Ländereien, Viehherden, Esel und alle übrigen dem Tempel gehörenden Güter ihm unter keinerlei Vorwand entzogen werden dürften. Auch Feldhüter, Vogelfänger, Fischer, Acker- und Weinbauern, Bienenzüchter, Gärtner, Jäger und alle sonstigen Bediensteten, die dazu beitrugen, dem Tempel des Osiris zu Wohlstand zu verhelfen, durften nicht zu irgendwelchen Aufgaben an anderem Ort verpflichtet werden.

Wer diese Anweisungen des Königs mißachtete, sollte an seinem

Leib bestraft, aller Ämter enthoben und zu mehreren Jahren Zwangsarbeit verurteilt werden.

Von Ramses zur Eile angetrieben, legte jeder großen Eifer an den Tag, und der Ausbau des Heiligtums ging rasch voran. Die Riten verliehen den Standbildern der Götter in ihren Kapellen neuen Glanz, das Übel war gebannt, der Tempel stand wieder im Einklang mit der Maat.

Nefertari erlebte glückliche Tage. Dieser Aufenthalt in Abydos bot ihr die unerwartete Gelegenheit, den Traum ihrer Jugendtage zu verwirklichen, den Göttern nahe zu sein, angesichts ihrer Schönheit innere Einkehr zu halten und beim Vollzug der Riten ihre Geheimnisse zu ergründen.

Als der Augenblick nahte, da es galt, die Türen des Naos für die Nacht zu schließen, befand sich Ramses nicht in ihrer Nähe. Die Königin machte sich auf die Suche nach ihm und entdeckte ihn in einem Säulengang, in dem er die lange Reihe der Pharaonen betrachtete, die ihm seit der ersten Dynastie vorausgegangen waren. Durch die Macht der Hieroglyphen lebten ihre Namen für alle Zeit im Gedächtnis der Menschen fort, und dereinst würde der Name Ramses' des Großen dem seines Vaters folgen.

«Wie gelingt es einem nur, sich ihrer würdig zu erweisen?» fragte sich der König laut. «Versäumnisse im Amt, Feigheit, Lüge … Welcher Pharao wird je imstande sein, diese Übel aus den Herzen der Menschen zu vertreiben?»

«Keiner», antwortete Nefertari. «Aber sie alle haben diesen von vornherein verlorenen Kampf geführt und zuweilen kleine Siege errungen.»

«Wenn er selbst auf dem heiligen Boden von Abydos nicht geachtet wurde, ist es dann noch sinnvoll, einen Erlaß herauszugeben?»

«Du pflegst sonst nicht so mutlos zu sein.»

«Deshalb bin ich hierhergegangen, um von meinen Vorfahren Rat zu erbitten.»

«Sie konnten dir nur einen geben: dein Werk fortzuführen und Nutzen aus den dir auferlegten Prüfungen zu ziehen.»

«Wir fühlen uns in diesem Tempel so wohl. Hier herrscht der Frieden, den ich in der Welt außerhalb seiner Mauern nicht zu schaffen vermag.»

«Es ist meine Pflicht, dich dieser Versuchung zu entreißen, selbst wenn ich dabei meinen eigenen innigsten Wunsch verleugnen muß.»

Ramses schloß die Königin in die Arme.

«Ohne dich wären meine Taten nur lächerliche Gebärden. In zwei Wochen feiert Abydos die Mysterien des Osiris. Wir werden an ihnen teilnehmen, und ich möchte dir einen Vorschlag machen. Die Entscheidung liegt bei dir.»

Mit Stöcken bewaffnet und laut schreiend, stürzte sich eine Horde schreckenerregender Gestalten auf die Spitze des festlichen Zuges. In der Maske des Schakalgottes drängte der «Öffner des Weges», der Oberpriester von Abydos, die Angreifer zurück und sprach dabei die Verwünschungen, mit denen er diese Wesen der Finsternis von der Barke des Osiris fernhielt.

Die in die Mysterien Eingeweihten leisteten dem Öffner des Weges Beistand und verscheuchten jene, die sich gegen das Licht erhoben.

Der Zug setzte seinen Weg zur Insel des ersten Morgens fort, wo Ramses als der von seinem Bruder Seth ermordete Gott Osiris auf einem mit Löwenhäuptern verzierten Lager ruhte. Die Wasser des Nils umschlossen diesen Urhügel, den die göttlichen Schwestern Isis und Nephthys über eine kleine Brücke erreichten.

Die Insel befand sich inmitten eines riesigen Bauwerks. Zehn Säulen trugen eine Decke, die den Baumeistern aus der Zeit der Pyramiden Ehre gemacht hätte. Die Kultstätte des Osiris mündete in einen Raum, der quer zur Säulenhalle verlief und vierzig auf zwölf Ellen maß. Dort stand der Sarkophag des Gottes.

Nefertari verkörperte die Göttin Isis, die Gemahlin des Osiris, und Iset die Schöne spielte die Rolle der Nephthys, deren Name «die Beherrscherin des Tempels» bedeutete. Als Schwester der Isis stand sie ihr bei den Riten zur Seite, mit denen Osiris aus dem Totenreich zurückgeholt wurde.

Die Königin hatte Ramses' Vorschlag angenommen, denn auch ihr war Isets Anwesenheit bei der Zeremonie wünschenswert erschienen.

Die beiden Frauen knieten nieder, Nefertari am Kopfende des Lagers und Iset an dessen Fußende. Eine Kanne mit frischem Wasser in der rechten Hand und ein rundes Brot in der linken, sprachen sie die langen und ergreifenden Beschwörungsformeln, deren es bedurfte, um neue Kraft in die Adern des leblosen Körpers strömen zu lassen.

Ihre Stimmen verschmolzen zu einer Melodie, und der riesige, mit Sternen übersäte Leib der Göttin des Himmels wölbte sich schützend über ihnen und dem, der seiner Wiedergeburt harrte.

Am Ende einer langen Nacht erwachte Osiris Ramses. Und er sprach die Worte, die schon seine Vorgänger gesprochen hatten: «Möge mir das Licht des Himmels beschieden sein wie die schöpferische Kraft auf Erden, die Stimme der Gerechtigkeit im Reich des Jenseits und die Fähigkeit, den Sternen voranzugehen. Möge es mir gelingen, das Tau am Bug der Barke der Nacht und das Tau am Heck der Barke des Tages zu ergreifen!»

ZWEIUNDDREISSIG

URITESCHUP WAR WÜTEND.

Der bei einem anderen Seher im Tempel des Wettergottes eingeholte Rat hatte zum gleichen Ergebnis geführt: düstere Vorhersagen und das Verbot eines baldigen Angriffs. Die meisten Soldaten waren so abergläubisch, daß Uriteschup sich nicht darüber hinwegsetzen konnte. Und kein Seher vermochte ihm den Tag zu nennen, an dem die Prophezeiung günstiger ausfallen würde.

Obwohl die Ärzte am Hof nicht imstande waren, Muwatallis Gesundheit zum Besseren zu wenden, entschloß er sich auch nicht, zu sterben. Um die Wahrheit zu sagen, Uriteschup freute sich über diesen langen Todeskampf, denn nun würde ihn niemand eines Mordanschlags beschuldigen. Die Heilkundigen hatten den Herzanfall bestätigt und lobten die Ergebenheit des Sohnes, der dem Kranken jeden Tag einen Besuch abstattete. Uriteschup tadelte Hattuschili ob seiner Abwesenheit, als bekümmerte ihn die Gesundheit seines Bruders nicht.

Als er der edlen und stolzen Puducheba begegnete, enthielt er sich nicht einer spöttischen Bemerkung.

«Versteckt sich dein Gemahl etwa?»

«Hattuschili befindet sich im Auftrag des Königs auf einer Reise.»

«Davon hat mir mein Vater nichts erzählt.»

«Den Ärzten zufolge kann Muwatalli nicht mehr sprechen.»

«Du scheinst gut unterrichtet zu sein.»

«Obwohl du niemandem Zutritt zum Gemach des Königs gewährst und den Hochmut besitzt, dieses Recht dir allein vorzubehalten.»

«Muwatalli bedarf der Ruhe.»

«Wir alle wünschen, daß er bald imstande sein wird, seine Aufgaben wieder in vollem Umfang zu erfüllen.»

«Gewiß, aber nimm einmal an, dieses Unvermögen währt noch lange ... Dann wird eine Entscheidung unumgänglich.»

«Ohne Hattuschilis Anwesenheit ist das nicht möglich.»

«Dann sorge dafür, daß er in den Palast zurückkehrt.»

«Ist das ein Befehl oder ein Rat?»

«Deute das, wie es dir beliebt, Puducheba.»

Mit nur sehr kleinem Geleitschutz hatte Puducheba nachts die Hauptstadt verlassen und sich wiederholte Male vergewissert, daß ihr niemand folgte.

Beim Anblick der düsteren Festung, in die Hattuschili geflohen war, schauderte sie. Und wenn die Truppen ihren Gemahl gefangengenommen hatten, um sich bei Uriteschup einzuschmeicheln? Unter diesen Umständen würde ihr Dasein, wie das Hattuschilis, hinter diesen grauen Mauern ein jähes Ende finden.

Aber Puducheba wollte nicht sterben. Sie fühlte sich befähigt, ihrem Land zu dienen, sehnte sich danach, noch viele glühendheiße Sommer zu erleben, noch Tausende Male auf den rauhen Pfaden des hethitischen Berglandes zu wandeln und ihren Gemahl über Hatti herrschen zu sehen. Falls es eine wenn auch noch so geringe Möglichkeit gab, Uriteschup zu besiegen, würde sie mit beiden Händen nach ihr greifen.

Der Empfang, den ihr die Soldaten der Festung bereiteten,

stimmte die Priesterin zuversichtlich. Sie wurde sogleich in den Hauptturm, in die Gemächer des Kommandanten geleitet.

Hattuschili eilte ihr entgegen, und sie umarmten einander.

«Puducheba, endlich! Ist es dir gelungen, zu entkommen ...»

«Uriteschup herrscht bereits über die Hauptstadt.»

«Hier sind wir in Sicherheit. Alle Männer dieser Garnison verabscheuen ihn. Zu viele Soldaten hatten seine Ungerechtigkeit und seine Gewalttätigkeit erdulden müssen.»

Da sah Puducheba einen Mann neben der Feuerstelle sitzen.

«Wer ist das?» fragte sie leise.

«Acha, der Oberste Gesandte des Pharaos. Er ist als Botschafter mit besonderem Auftrag zu uns gekommen.»

«Der ist hier?»

«Er ist vielleicht unsere Rettung.»

«Aber ... Was schlägt er vor?»

«Frieden.»

Hattuschili wurde Zeuge eines ungewöhnlichen Vorgangs. Die dunkelbraunen Augen seiner Gemahlin leuchteten auf, als erhellte sie ein Licht in ihrem Inneren.

«Frieden mit Ägypten!» wiederholte sie fassungslos. «Aber wir wissen doch, daß das unmöglich ist.»

«Müssen wir nicht zu unserem Besten dieses unerwartete Bündnis schließen?»

Puducheba löste sich aus Hattuschilis Armen, dann ging sie auf Acha zu. Der Gesandte erhob sich und verneigte sich vor der schönen Hethiterin.

«Vergib mir, Acha, ich hätte dich eher begrüßen sollen.»

«Wer spendete dem Wiedersehen einer Gemahlin mit ihrem Gemahl keinen Beifall?»

«Du gehst sehr große Wagnisse ein, wenn du hier bleibst.»

«Ich hatte mich mit der Absicht getragen, in die Hauptstadt zu reisen, doch Hattuschili hat mich dazu überredet, deine Ankunft abzuwarten.»

«Dir ist sicher schon bekannt, daß der König erkrankt ist.»

«Ich werde dennoch versuchen, mit ihm zu sprechen.»

«Das ist sinnlos, er liegt im Sterben. Hatti gehört bereits Uriteschup.»

«Ich bin hergekommen, um Frieden vorzuschlagen, und ich werde ihn erreichen.»

«Vergißt du, daß Uriteschup allein danach strebt, Ägypten zu zerstören? Ich mißbillige zwar seine unbeugsame Haltung, aber mir ist auch klar, daß der Zusammenhalt unseres Reiches auf Krieg beruht.»

«Hast du schon die wahre Gefahr bedacht, die euch droht?»

«Ein Angriff durch die gesamte ägyptische Armee, mit Ramses an der Spitze!»

«Laß eine andere Möglichkeit nicht außer acht: das unaufhaltsame Anwachsen der assyrischen Macht!»

Hattuschili und Puducheba vermochten ihre Überraschung nur schlecht zu verhehlen. Achas Kundschafterdienst war tüchtiger, als sie vermutet hatten.

«Assyrien wird euch letzten Endes angreifen, und dann steht ihr zwischen zwei Feuern, und ihr werdet nicht zwei Fronten halten können. Zu glauben, die hethitische Armee würde jemals Ägypten zerstören, entbehrt jeder Grundlage. Gestärkt durch die Lehren der Vergangenheit, haben wir in unseren Schutzgebieten einen Verteidigungsgürtel aufgebaut. Es wird euch überaus schwerfallen, ihn zu überwinden. Sein Widerstand wird unsere Truppen in die Lage versetzen, sehr schnell zu einem Gegenschlag auszuholen. Obendrein habt ihr zu eurem Leidwesen bereits erfahren, daß Amun Ramses beschützt und seinem Arm mehr Kraft verleiht, als Tausende von Soldaten sie aufbringen.»

«Dann kündigst du uns also den Untergang des hethitischen Königreichs an.»

«Nein, Herrin Puducheba, denn Ägypten verspürt nicht die geringste Neigung, seinen alten Feind entschwinden zu sehen. Beginnen wir nicht allmählich, einander gut zu kennen? Entgegen seinem Ruf liebt Ramses den Frieden über alles, und die Große königliche Gemahlin Nefertari wird ihn gewiß nicht von diesem Weg abbringen.»

«Wie denkt Tuja, die Mutter des Königs, darüber?»

«Sie teilt meine Ansichten, daß Assyrien schon bald eine beängstigende Gefahr darstellen wird. Die Hethiter werden als erste davon betroffen sein, und dann erst Ägypten.»

«Ein Bündnis gegen Assyrien ... Ist es wirklich das, was du vorschlägst?»

«Frieden und ein Bündnis, um unsere Völker davor zu bewahren, daß sie überfallen werden. Dem nächsten König von Hatti kommt es also zu, eine Entscheidung mit weitreichenden Folgen zu treffen.»

«Uriteschup wird nie darauf verzichten, Ramses die Stirn zu bieten.»

«Und wie lautet die Antwort Hattuschilis?»

«Hattuschili und ich haben keinerlei Macht mehr.»

«Deine Antwort!» beharrte Acha.

«Wir wären bereit, Verhandlungen aufzunehmen», erklärte Hattuschili, «aber hat das noch einen Sinn?»

«Mich reizt allein das Unmögliche», erklärte der Ägypter lächelnd. «Heute giltst du nichts, aber ich möchte mit dir verhandeln, um die Zukunft meines Landes im Licht der Sonne erstrahlen zu lassen. Möge Hattuschili König werden, dann erlangen unsere Worte unschätzbaren Wert.»

«Das ist nur ein Traum», wandte Puducheba ein.

«Entweder ihr flieht oder ihr kämpft.»

Der Stolz der schönen Hethiterin flammte auf.

«Wir werden nicht fliehen.»

«Ihr müßt das Vertrauen so vieler hoher Offiziere wie möglich gewinnen oder erkaufen. Die Kommandanten der Festungen werden in euer Lager überlaufen, denn Uriteschup behandelt sie mit Mißachtung und verhindert ihren Aufstieg unter dem Vorwand, sie spielten nur in der Verteidigung eine Rolle. Setzt mit der Hilfe der Kaufleute, die euch fast alle wohlwollen, das Gerücht in Umlauf, daß Handel und Wandel in Hatti der erneuten Anstrengung eines Krieges nicht mehr gewachsen sind und ein Zusammenstoß mit Ägypten Not und Elend über das Land bringen würde. Schlagt breite Breschen und werdet nicht mehr müde, sie auszuweiten, bis Uriteschup allen als Unruhestifter erscheint, der nicht imstande ist zu herrschen.»

«Das bedarf eines langen Atems.»

«Euer Erfolg und die Erlangung des Friedens haben ihren Preis.»

«Und wie gedenkst du vorzugehen?» fragte Puducheba.

«Das wird ein wenig gewagt, aber ich habe wahrlich die Absicht, Uriteschup in Versuchung zu führen.»

Acha betrachtete die Befestigungsmauern von Hattuscha und stellte sich mit Vergnügen die hethitische Hauptstadt in lebhaften Farben bemalt vor, wimpelgeschmückt und voller bezaubernder junger Frauen, die auf den Zinnen tanzten. Doch dieses schöne Bild zerstob, um einem düsteren, an den Berg geklammerten Bollwerk Platz zu machen.

Der Oberste Gesandte des Pharaos wurde nur noch von zwei Männern aus seiner Heimat begleitet: von einem Pferdeknecht und einem Sandalenträger. Die übrigen Mitglieder der Expedition waren nach Ägypten zurückgekehrt. Als Acha dem ersten Wachtposten der Unterstadt sein Siegel zeigte, war der Soldat überaus verblüfft.

«Melde dem König meine Anwesenheit.»

«Aber ... du bist Ägypter!»

«Ich bin Botschafter meines Landes und komme in besonderem Auftrag. Laß Eile walten, ich bitte dich!»

Ratlos stellte der Soldat Acha unter strenge Bewachung und sandte einen seiner Untergebenen in den Palast.

Acha war nicht weniger erstaunt, als er einen Trupp mit Lanzen bewaffneter Fußsoldaten im Gleichschritt herannahen sah. Sie wurden von einem Rohling angeführt, dessen Sinnen und Trachten allein bedingungslosem Gehorsam galt.

«Der Oberbefehlshaber wünscht den Botschafter zu sehen.»

Acha entbot Uriteschup seinen Gruß und zählte seine Titel auf.

«Ramses' glanzvollster Gesandter in Hattuscha ... welche Überraschung!»

«Du stehst nunmehr an der Spitze einer riesigen Armee. Nimm meine Glückwünsche entgegen.»

«Ägypten sollte vor mir erzittern.»

«Wir kennen sowohl deine Tapferkeit als auch deine Fähigkeiten als Krieger und haben Angst davor. Deshalb habe ich in unseren Schutzgebieten Truppen in großer Zahl zu unserer Sicherheit aufstellen lassen.»

«Ich werde sie vernichten.»

«Sie bereiten sich auf den Zusammenstoß vor, wie hart er auch sein mag.»

«Schluß mit dem Gerede! Aus welchem Grund bist du hergekommen?»

«Ich habe erfahren, daß König Muwatalli erkrankt ist.»

«Gib dich mit den Gerüchten zufrieden, die Gesundheit unseres Anführers ist ein Staatsgeheimnis.»

«Der Herr über Hatti ist zwar unser Feind, doch wir erkennen seine Erhabenheit an. Deshalb bin ich hier.»

«Was hat deine Anwesenheit zu bedeuten, Acha?»

«Ich verfüge über die erforderlichen Heilmittel, um König Muwatallis Krankheit zu bekämpfen.»

DREIUNDDREISSIG

EIFRIG BEFOLGTE EIN Knabe von sieben Jahren den Grundsatz seines Vaters, der ihn von seinem eigenen Vater übernommen hatte: Einem Hungrigen einen Fisch zu geben ist weniger nützlich, als ihn das Fischen zu lehren.

Außerdem wollte er unter Beweis stellen, wie geschickt er es verstand, mit einem Stock ins Wasser zu schlagen und dadurch seine Beute in das Netz zu treiben, das sein Freund, der ebenso hungrig war wie er, zwischen hohen Papyrusstauden spannte.

Plötzlich sah er die Boote.

Eine ganze Flotte kam von Norden her, allen voran ein Schiff, an dessen Bug ein goldener Sphinx prangte. Ja, das mußte das Schiff des Pharaos sein.

Fische und Netz vergessend, schwamm der Knabe ans Ufer, um im Dorf die frohe Kunde zu verbreiten. Das verhieß ein tagelanges Fest.

Die große Säulenhalle des Tempels von Karnak erstrahlte in ihrer ganzen Pracht. Die zwölf an die fünfzig Ellen hohen Pfeiler im mittleren Teil symbolisierten die aus dem Urmeer aufsteigende Kraft der Schöpfung.

Hier schritt Nebou, der Oberpriester des Amun, auf seinen vergoldeten Stock gestützt, dem Herrscherpaar entgegen. Trotz seiner Gliederschmerzen gelang es ihm, sich zu verneigen. Ramses half ihm, sich wieder aufzurichten.

«Ich freue mich, dich wiederzusehen, Majestät, und bin entzückt, die Königin bewundern zu können.»

«Wirst du etwa noch ein vollkommener Höfling, Nebou?»

«Dazu besteht keinerlei Hoffnung mehr, Majestät. Ich werde weiterhin sagen, was ich denke, wie ich es soeben getan habe.»

«Wie geht es deiner Gesundheit?»

«Mir bleibt nichts anderes übrig, als mich mit dem Alter abzufinden, auch wenn mir meine Gelenke Pein bereiten, aber der Heilkundige des Tempels gibt mir ein Mittel aus Weidenblättern, das mir Linderung verschafft. Ich muß indes gestehen, daß ich kaum Zeit habe, über mein Wohlergehen nachzudenken ... Du hast mir eine so schwere Pflicht auferlegt.»

«Nach den Ergebnissen zu urteilen, habe ich allen Grund, mit meiner Wahl zufrieden zu sein.»

Achtzigtausend Bedienstete, denen der Oberpriester ihre Aufgaben zuteilte, nahezu eine Million Stück Vieh, hundert Lastkähne, an die fünfzig Baustätten, riesige Flächen Acker- und Weideland, Haine, Gärten und Weinberge bildeten die Welt von Karnak, das reiche Gebiet Amuns.

«Am schwierigsten ist es, Majestät, die Bemühungen aller Schreiber miteinander in Einklang zu bringen ... Ohne strenge Führung würde hier schnell Chaos ausbrechen und jeder nur noch an seinen eigenen Vorteil denken.»

«Dein Sinn für den weisen Umgang mit Menschen vollbringt Wunder.»

«Ich kenne nur zwei Tugenden: Gehorchen und Dienen. Alles Weitere ist bloßes Gerede, und dazu hat man in meinem Alter keine Zeit mehr.»

Ramses und Nefertari bewunderten nacheinander die einhundertvierunddreißig Säulen, die mit Darstellungen und Namen von Göttern verziert waren sowie mit dem immer wiederkehrenden Bildnis des Pharaos, der ihnen Opfer darbrachte. Geformt wie Pflanzenstengel, denen der Stein Ewigkeit verlieh, verbanden die Pfeiler den Boden, das Symbol für die Urfeuchtigkeit, mit der blau bemalten Decke, an der goldene Sterne funkelten.

Wie Sethos es gewünscht hatte, sollte die große Säulenhalle von Karnak bis in alle Zeit dem Ruhm des verborgenen Gottes Ausdruck verleihen und zugleich seine Geheimnisse offenbaren.

«Legst du in Theben nur kurze Rast ein», fragte Nebou, «oder darf sich die Stadt auf einen längeren Aufenthalt des Königspaares freuen?»

«Um Ägypten zum Frieden zu führen, muß ich den Göttern Genüge tun», antwortete Ramses. «Ich muß ihnen Tempel bauen, in denen sie gern wohnen, und mein sowie Nefertaris Haus für die Ewigkeit vollenden. Sobald sie es für richtig erachten, werden sie das Leben, das sie in unsere Herzen gelegt haben, wieder von uns nehmen. Also müssen wir darauf vorbereitet sein, vor ihnen zu erscheinen, damit das Volk Ägyptens unter unserem Tod nicht zu leiden habe.»

In der Stille des Naos von Karnak weckte Ramses den Gott und pries seine Gegenwart.

«Sei gegrüßt, du, der das Leben, die Götter und die Menschen hervorbringt, der Schöpfer Ägyptens und weitentfernter Länder, der den Fluß über die Ufer treten und die Weiden ergrünen läßt. Jedes Wesen ist von deiner Vollkommenheit erfüllt.»

Karnak erwachte.

Das Tageslicht verdrängte den Schein der Öllampen, die Ritualpriester schöpften Wasser aus dem heiligen See, verbrannten in den Kapellen Weihrauch und schmückten die Altäre mit Blumen,

Früchten, Gemüse und frischem Brot. Dann brachten sie die Opfergaben herbei, mit denen der Maat gehuldigt wurde. Sie allein ließ alle Formen des Lebens neu erstehen und erfrischte sie mit dem Tau, der bei Sonnenaufgang die Erde benetzte.

Gemeinsam mit Nefertari begab sich Ramses auf dem von Sphingen gesäumten Weg zum Tempel von Luxor.

Vor dem Pylonen wartete ein Mann auf das Herrscherpaar, ein stämmiger Mann mit kantigem Gesicht, ein ehemaliger Aufseher über die Pferdeställe des Königs.

«Wir haben einander die Stirn geboten und miteinander gekämpft», rief der Pharao seiner Gemahlin in Erinnerung, «und ich empfand nicht wenig Stolz, wenn ich ihm standhalten konnte, obwohl ich damals noch sehr jung war.»

Nach seinem Austritt aus der Armee hatte sich der einstmals so rauhe Bakhen, inzwischen in den Rang des Vierten Propheten von Karnak aufgestiegen, sehr verändert. Den Pharao wiederzusehen rührte ihn zu Tränen und erfüllte ihn mit so großer Freude, daß er kaum wußte, was er sagen sollte. Doch er zog es ohnehin vor, sein Werk für sich sprechen zu lassen: die prächtige und eindrucksvolle Fassade von Luxor, vor der zwei Obelisken und mehrere Kolossalstatuen von Ramses aufragten. Die in den Sandstein eingemeißelten Szenen kündeten von der Schlacht bei Kadesch und vom Sieg des Königs von Ägypten.

«Majestät», erklärte Bakhen voller Begeisterung, «das Bauwerk ist vollendet!»

«Aber die Arbeit geht weiter.»

«Ich bin bereit.»

Dann betraten sie gemeinsam den großen Innenhof. Auch in den Säulengängen, die ihn säumten, standen Statuen des Königs.

«Was die Steinmetze und Bildhauer geschaffen haben, verdient Bewunderung, Bakhen, ich kann ihnen jedoch keine Ruhepause gönnen, denn ich gedenke, sie in eine Gegend mitzunehmen, in der sie großen Mühen, vielleicht sogar Gefahren ausgesetzt sein werden.»

«Darf ich erfahren, was du im Sinn hast, Majestät?»

«Ich werde mehrere Heiligtümer in Nubien errichten lassen, zu denen auch ein riesiger Tempel gehören wird. Rufe die Handwerker und Künstler zusammen und befrage sie. Es sollen nur diejenigen mitkommen, die es freiwillig tun.»

Das Ramesseum, der nach den Plänen des Königs erbaute Tempel für die Ewigkeit, war zu einem überwältigenden Denkmal Ramses' des Großen gediehen, zum weitläufigsten am ganzen Westufer. Pylonen, Höfe und Kapellen bestanden aus Granit, Sandstein und Basalt. Mehrere Tore aus vergoldeter Bronze verbanden die verschiedenen, von einer Umfassungsmauer aus Ziegeln gegen die Außenwelt abgeschirmten Bereiche.

Chenar war es gelungen, bei Einbruch der Nacht in ein leeres Lagerhaus einzudringen. Mit Waffen ausgestattet, die Ofir ihm anvertraut hatte und von denen er sich die Entscheidung erhoffte, wartete der Bruder des Königs, bis es dunkel genug wurde, um sich in die heilige Stätte vorzuwagen.

Er schlich an der Mauer des noch nicht vollendeten Palastes entlang und überquerte einen Hof. Unweit der für Sethos erbauten Kapelle hielt er inne.

Sethos, sein Vater ...

Aber ein Vater, der ihn verraten und Ramses zum Pharao erkoren hatte! Ein Vater, der ihn verachtet und vor den Kopf gestoßen hatte, indem er dem Tyrannen zu seinem Aufstieg verhalf.

Nachdem er seinen Plan ausgeführt hatte, würde Chenar nicht mehr Sethos' Sohn sein. Doch was bedeutete ihm das schon? Entgegen den Beteuerungen der in die Mysterien Eingeweihten überwand niemand das Hindernis des Todes. Das Nichts hatte Sethos verschlungen, wie es auch Ramses verschlingen würde. Das Leben hatte nur einen Sinn: Es galt, mit welchen Mitteln auch immer, ein Höchstmaß an Macht zu erringen, sie uneingeschränkt auszuüben und dabei die Schwachen und die Unnützen zu zertreten.

Wer hätte je gedacht, daß Tausende von Dummköpfen begannen, Ramses für einen Gott zu halten! Wenn Chenar diesen Götzen erst einmal aus dem Feld geschlagen hatte, dann stünde der Weg zu einer neuen Staatsform offen. Er würde die veralteten Riten abschaffen und bei seiner Herrschaft nur die zwei Ziele verfolgen, denen allein Beachtung gebührte: die Eroberung neuer Gebiete und die Erweiterung der Handelsbeziehungen.

Gleich nachdem er den Thron bestiegen hatte, würde Chenar das Ramesseum abreißen und alle Darstellungen von Ramses zerstören lassen. Obwohl der Tempel für die Ewigkeit noch nicht vollendet war, strahlte er bereits eine Wirkung aus, gegen die selbst Chenar nur mit Mühe anzukämpfen vermochte. Ihm kam es so vor, als lebten die Hieroglyphen und die in den Stein gemeißelten oder an die Wände gemalten Szenen, als zeugten sie von Ramses' Gegenwart, von seiner Stärke. Aber nein, das war nur eine von der Nacht hervorgerufene Sinnestäuschung!

Chenar überwand die lähmende Trägheit, die ihn zu befallen drohte. Dann legte er Ofirs magische Waffen an die dafür vorgesehene Stelle und verließ das Ramesseum.

Er nahm Gestalt an, wuchs gleich einem kraftvollen Wesen, dieser Tempel für die Ewigkeit, dank dessen sich Ramses' Herrschaft stetig erneuern sollte. Mit seinem Besuch erwies der König dem Bauwerk Ehre, aus dem er fortan die Kräfte schöpfen würde, die sein Denken und Handeln nährten.

Wie in Karnak und Luxor hatten Baumeister, Steinmetze, Bildhauer, Maler und Zeichner wahre Wunder vollbracht. Das Heiligtum, mehrere Kapellen samt ihren Nebengemächern und ein kleiner Säulensaal waren ebenso vollendet wie die Kultstätte für Sethos. Alle übrigen Bereiche des heiligen Bezirks sowie die aus Ziegeln errichteten Speicher, das Haus des Lebens und die Wohnungen für die Priester befanden sich noch im Bau.

Auch die in Ramses' zweitem Regierungsjahr gepflanzte Akazie war erstaunlich schnell gewachsen. Trotz ihrer feingefiederten Blätter spendete sie bereits wohltuenden Schatten. Nefertari streichelte den Stamm des Baumes.

Unter den ehrfürchtigen und bewundernden Blicken der Steinmetze, die Hammer und Meißel beiseite gelegt hatten, schritt das Königspaar durch den großen Hof.

Nachdem der Pharao sich mit ihrem Aufseher unterhalten hatte, fragte er jeden einzelnen nach den Schwierigkeiten, auf die er bei seiner Arbeit gestoßen war, denn er erinnerte sich noch an die erregenden Tage, die er in den Steinbrüchen am Gebel Silsileh zugebracht hatte, in einer Zeit, da er selbst Steinhauer hatte werden wollen. Schließlich versprach er den Handwerkern, zusätzlich zu ihrem Lohn Wein und neue Schurze von erlesener Güte an sie verteilen zu lassen.

Während das Königspaar seinen Weg zur Kapelle Sethos' fortsetzte, preßte Nefertari unversehens eine Hand an ihre Brust und blieb stehen.

«Ich spüre eine Gefahr ... ganz in der Nähe.»

«Hier, in diesem Tempel?» wunderte sich Ramses.

Das Unbehagen schwand. Gemeinsam näherten sie sich dem Heiligtum, in dem für alle Zeit der Seele Sethos' gehuldigt werden sollte.

«Mach diese Tür nicht auf, Ramses. Hinter ihr lauert die Gefahr. Überlasse das mir.»

Nefertari öffnete die Tür aus vergoldetem Holz.

Auf der Schwelle fand sie ein in mehrere Teile zerbrochenes Auge aus Karneol, und vor Sethos' Statue im Inneren der Kapelle lag eine rote, aus Haaren von Wüstentieren geformte Kugel.

Mit der ihr innewohnenden Fähigkeit der Göttin Isis, der Zauberreichen, setzte die Königin das Auge wieder zusammen. Hätte Ramses' Fuß die Teile des entweihten Symbols berührt, wäre er von einer Lähmung befallen worden. Dann hüllte Nefertari die rote Kugel in den Saum ihres Kleides, ohne sie mit bloßen Fingern anzufassen, und trug sie hinaus, damit sie verbrannt werden konnte.

Diese rote Kugel, das böse Auge, so stellte das Königspaar fest, hätte die Bande zwischen Sethos und seinem Sohn zerreißen, den Herrn der Beiden Länder in einen Gewaltherrscher verwandeln und ihn der aus dem Jenseits fortwirkenden Lehren seines Vaters berauben sollen.

Ramses vermutete, daß sich nur Chenar so weit auf dem Weg des Bösen vorgewagt haben konnte, und sicher hatte ihm der Magier, der mit den Hethitern im Bunde stand, dabei Hilfe geleistet. Wer sonst als Chenar suchte mit solcher Verbissenheit zu zerstören, was sein zu enges Herz nicht ertrug?

VIERUNDDREISSIG

Moses geriet ins Wanken.

Gewiß, er mußte die Aufgabe erfüllen, die Gott ihm zugedacht hatte, aber überstieg sie nicht seine Fähigkeiten? Mittlerweile wiegte er sich nicht mehr in trügerischen Hoffnungen: Ramses würde nie nachgeben. Moses kannte den König gut genug, um zu wissen, daß er seine Worte nicht leichtfertig ausgesprochen hatte und die Hebräer als Teil der ägyptischen Bevölkerung ansah.

Dennoch setzte sich der Gedanke, das Land zu verlassen, allmählich in den Köpfen fest, und der Widerstand gegen den Propheten wurde von Tag zu Tag schwächer. Manche meinten sogar, seine freundschaftlichen Beziehungen zu Ramses würden es erleichtern, dessen Zustimmung zu erlangen. Ein Stammesführer nach dem anderen stellte sich hinter ihn, und Aaron hatte Moses bei der letzten Zusammenkunft des Rates der Ältesten als Anführer des im gleichen Glauben und im gleichen Willen geeinten hebräischen Volkes bezeichnet, ohne daß ihm jemand widersprach.

Nachdem die Zwietracht in den eigenen Reihen überwunden war, mußte der Prophet nur noch einen Gegner bezwingen: Ramses den Großen.

Aaron schreckte Moses aus seiner Nachdenklichkeit auf.

«Ein Ziegelmacher möchte dich sprechen.»

«Nimm du dich seiner an.»

«Er will aber nur mit dir und mit keinem anderen reden.»

«Worüber?»

«Über ein Versprechen, das du ihm angeblich in der Vergangenheit gegeben hast. Er vertraut auf dich.»

«Führe ihn herein.»

Mit seiner kurzen, von einem weißen Band zusammengehaltenen schwarzen Perücke, die seine Stirn verdeckte, aber die Ohren frei ließ, und mit dem von der Sonne gebräunten Gesicht, das ein kleiner Kinnbart und ein ungleichmäßig gestutzter Schnurrbart zierten, glich der Bittsteller einem beliebigen hebräischen Ziegelmacher.

Trotzdem erweckte er bei Moses Argwohn. Dieser Mann war ihm nicht unbekannt.

«Was willst du von mir?»

«Wir hatten einmal die gleichen Wunschträume, früher.»

«Ofir!»

«Ja, ich bin es wirklich, Moses.»

«Du hast dich sehr verändert.»

«Ramses' Wachsoldaten sind hinter mir her.»

«Haben sie dafür nicht gute Gründe? Wenn ich mich nicht irre, bist du doch ein Spion der Hethiter.»

«Ich habe für sie gearbeitet, das stimmt, aber mein Netz wurde aufgelöst, und die Hethiter sind nicht mehr imstande, Ägypten zu zerstören.»

«Also hast du mich belogen und nur versucht, mich zu benutzen und gegen Ramses aufzuhetzen.»

«Nein, Moses! Wir glauben beide an einen einzigen und allmächtigen Gott. Mein Umgang mit den Hebräern hat mich davon überzeugt, daß dieser Gott Jahwe ist und kein anderer.»

«Hältst du mich für so einfältig, daß du meinst, ich ließe mich von diesen schönen Worten verführen?»

«Selbst wenn du meine Aufrichtigkeit in Zweifel ziehst, werde ich deiner Sache dienen, denn sie ist die einzige, die es wert ist, daß man ihr dient. Du sollst wissen, daß ich keine irdischen Güter anstrebe, sondern nur auf mein Seelenheil bedacht bin.»

Moses wurde unsicher.

«Hast du dem Glauben an Aton abgeschworen?»

«Ich habe eingesehen, daß Aton nur eine frühe Form des wahren Gottes war. Seit mir diese Erkenntnis gekommen ist, habe ich mich von meinen Irrtümern losgesagt.»

«Was ist aus der jungen Frau geworden, der du zur Macht verhelfen wolltest?»

«Sie ist unerwartet gestorben. Das hat mir großen Schmerz bereitet. Dennoch beschuldigen mich die ägyptischen Ordnungskräfte eines furchtbaren Verbrechens, das ich nicht begangen habe. Ich sehe in diesem traurigen Ereignis jedoch einen Wink des Schicksals. Du bist nun der einzige, der sich Ramses noch widersetzen kann. Deshalb werde ich dich mit all meinen Kräften unterstützen.»

«Was möchtest du, Ofir?»

«Dir helfen, dem Glauben an Jahwe Geltung zu verschaffen, weiter nichts.»

«Weißt du, daß Jahwe den Auszug meines Volkes aus Ägypten fordert?»

«Ich finde diesen Plan großartig. Falls damit Ramses' Sturz und die Ausbreitung des wahren Glaubens in Ägypten einhergehen, werde ich überglücklich sein.»

«Bleibt ein Spion nicht für alle Zeit ein Spion?»

«Ich habe keinerlei Verbindung mehr zu den Hethitern, bei denen ein Streit um die Nachfolge König Muwatallis ausgebrochen ist. Dieser Teil meines Lebens ist ausgelöscht. Du, Moses, du bist meine Zukunft und meine Hoffnung.»

«Und wie gedenkst du mir zu helfen?»

«Es wird nicht einfach werden, gegen Ramses zu Felde zu ziehen. Meine Erfahrung, im verborgenen zu kämpfen, wird dir nützlich sein.»

«Mein Volk will Ägypten verlassen und nicht sich gegen Ramses erheben.»

«Wo liegt da der Unterschied, Moses? In Ramses' Augen zettelst du einen Aufstand an, und er wird alles tun, um ihn niederzuschlagen.»

Insgeheim mußte sich der Hebräer eingestehen, daß der libysche Magier recht hatte.

«Ich werde darüber nachdenken, Ofir.»

«Du bist der Herr, Moses, doch gestatte mir, dir einen einzigen Rat zu geben: Unternimm nichts, solange Ramses fort ist. Mit ihm kannst du vielleicht noch verhandeln, aber seine Schergen, Ameni und Serramanna, ganz zu schweigen von Tuja, der Mutter des Königs, die werden deinem Volk gegenüber keinerlei Nachsicht walten lassen. Wenn es gilt, die öffentliche Ordnung zu bewahren, werden sie den Befehl zu einer blutigen Verfolgung erteilen. Nutzen wir die Reise des Königspaares, um wachsen zu lassen, was uns zusammenhält, um die noch Zögernden zu überzeugen und uns auf eine unausweichliche Auseinandersetzung vorzubereiten.»

Ofirs Entschiedenheit beeindruckte Moses. Er war zwar noch nicht entschlossen, sich mit dem Magier zu verbünden, aber konnte er leugnen, wie zutreffend seine Worte waren?

Der Vorsteher der thebanischen Ordnungskräfte beteuerte, seine Männer hätten keine Mühen gescheut, um Chenar und seine Helfershelfer ausfindig zu machen. Ramses hatte ihnen eine genaue Beschreibung des Angreifers gegeben, der auf dem Nil versucht hatte, ihn mit einem Pfeil zu durchbohren, doch ihre Nachforschungen erwiesen sich als fruchtlos.

«Er hat Theben gewiß schon verlassen», sagte Nefertari.

«Du glaubst doch auch, wie ich, daß Chenar noch lebt.»

«Ich fühle eine Gefahr, eine finstere Macht ... Aber ich weiß nicht, ob es Chenar ist oder der Magier oder einer ihrer Gefolgsleute.»

«Es ist bestimmt mein Bruder», befand Ramses, «denn er wollte für immer das Band zerreißen, das mich mit Sethos eint, um mich seines Schutzes zu berauben.»

«Das böse Auge kann kein Unheil mehr anrichten, es wurde vom Feuer verzehrt. Und das im Schatzhaus des Seth-Tempels von Pi-Ramses gestohlene gute Auge haben wir mit Hilfe eines Harzes wieder zusammengefügt.»

«Auch die Tiere der Wüste, aus deren Haaren das böse Auge bestand, sind Geschöpfe des Gottes Seth ... Chenar wollte sich seine gefährliche Kraft zunutze machen.»

«Dabei hat er unterschätzt, wie nahe du Seth stehst.»

«Eine Eintracht, die es jeden Tag aufs neue zu schaffen gilt ... Beim geringsten Versäumnis verschlingt Seths Feuer den, der vermeint, sich über ihn erheben zu können.»

«Wann setzen wir die Reise in den tiefen Süden fort?»

«Sobald wir unserem Tod begegnet sind.»

Das Herrscherpaar machte sich auf den Weg in die kleine, im äußersten Süden der thebanischen Berge gelegene Senke, die «Stätte der Wiedergeburt» und «Stätte der Lotosblüten» hieß. In diesem Tal der Königinnen sollten dereinst Tuja, die Mutter des Pharaos, und Nefertari, die Große königliche Gemahlin, ruhen. Ihre Häuser für die Ewigkeit waren im Schutze eines Höhenrückens, dem Wohnsitz der Göttin des Schweigens, aus dem Fels gehauen worden. Über dieses von der Sonne ausgeglühte Wüstengebiet herrschte Hathor, die lächelnde Göttin des Himmels, die den Sternen ihren Glanz verlieh und die Herzen ihrer Getreuen frohlocken ließ.

Ihr Bildnis entdeckte Nefertari überall an den Wänden ihrer Grabstätte. Auf einem Gemälde spendete sie als göttliche Mutter einer für immer jungen, mit einer goldenen Geierhaube geschmückten Großen Königsgemahlin ewiges Leben. Den Malern war es gelungen, die Schönheit der «Anmutigen, die süß in der Liebe ist» mit unglaublicher Vollendung auf die Wände zu übertragen.

«Gefällt es dir hier, Nefertari?»

«Soviel Pracht ... ihrer bin ich nicht würdig.»

«Noch nie hat es ein Haus für die Ewigkeit wie dieses gegeben, und es wird nie wieder ein solches geben. Du, deren Liebe der Odem des Lebens ist, du wirst für immer in den Herzen der Götter und der Menschen herrschen.»

Osiris mit grünem Antlitz und in einen weißen Mantel gehüllt; Re, der Leuchtende, mit einer riesigen Sonne gekrönt; Chepre, der Urquell der Verwandlungen, mit dem Kopf eines Skarabäus; Maat, die Verkörperung der Weltordnung, als schöne, junge Frau dargestellt, die eine Straußenfeder, so leicht wie die Wahrheit, auf ihrem Haupt trägt: sie alle hatten sich versammelt, um Nefertari im Diesseits wie im Jenseits mit neuer Kraft zu erfüllen. In die noch kahlen Säulen sollte schon bald ein Schreiber aus dem Haus des Lebens die «Sprüche für das Herausgehen am Tage» und das «Buch der Pforten» meißeln, die der Königin die Möglichkeit verschaffen würden, auf den schönen Pfaden des Westens zu wandeln und dabei ihren Gefahren auszuweichen.

Hier lauerte nicht mehr der Tod, sondern hier lächelte das Geheimnis.

Mehrere Tage lang betrachtete Nefertari eingehend die Darstellungen der Götter, die in diesem Haus für die Ewigkeit wohnten, dessen bevorzugter Gast sie im Augenblick der großen Überfahrt werden würde. Sie machte sich mit dem Weiterleben in der anderen Welt vertraut und lauschte dem Schweigen, in dem im Inneren der Erde der Himmel anklang.

Als sie sich dazu entschließen konnte, die «Stätte der Lotosblüten» zu verlassen, führte Ramses sie ins Tal der Könige, zu der «großen Weide», wo seit dem Beginn der achtzehnten Dynastie die Pharaonen ruhten. Das Herrscherpaar verweilte mehrere Stunden im Grab jenes Königs, der als erster den Namen Ramses trug, sowie in dem von Sethos. Jedes Gemälde war ein Meisterwerk, und Nefertari las Spalte um Spalte das «Buch des verborgenen Gemachs», das die schrittweise Verwandlung der sterbenden Sonne in die zu neuem Leben erwachte Sonne offenbarte, das Urbild der Wiedergeburt des Pharaos.

Gerührt erkundete Nefertari das Haus für die Ewigkeit Ramses' des Großen. In kleinen Töpfen rührten die Maler die Farben aus fein zerstoßenen Mineralien an, ehe sie die Wände mit symbolischen Figuren bedeckten, die das Weiterleben des Herrschers sichern sollten. Mit Wasser und Akazienharz vermischt, ließen sich die Farberden außerordentlich genau auftragen.

Der König rief den Baumeister herbei.

«Haue wie in den Gräbern mancher meiner Vorfahren einen Stollen aus dem Fels und lasse seine Wände unbearbeitet. Er wird die Erinnerung an das letzte Geheimnis heraufbeschwören, das keines Menschen Geist je ergründet.»

Nefertari und Ramses hatten das Gefühl, ein entscheidendes Stück ihres Weges zurückgelegt zu haben. Zu ihrer Liebe gesellte sich fortan die Überzeugung, daß ihr Tod ein Erwachen und kein endgültiges Sterben sein würde.

FÜNFUNDDREISSIG

SERRAMANNA MUSSTE SICH in Geduld fassen. Meba hatte vor mehr als einer Stunde sein Haus verlassen, um an einem Festmahl teilzunehmen, das Tuja gab, denn die Mutter des Königs war darauf bedacht, während der Abwesenheit des Pharaos und seiner Gemahlin die Gepflogenheiten des Hofes beizubehalten. Sethos' Witwe, dank regelmäßiger Sendschreiben mit Ramses in ständiger Verbindung, war mit der gewissenhaften Arbeit Amenis ebenso zufrieden wie mit der Strenge Serramannas, der gleichmütig die Ordnung aufrechterhielt. Bei den Hebräern schien sich die Neigung zum Aufruhr gelegt zu haben.

Der ehemalige Seeräuber, der allein seinem eigenen Gespür traute, war indes überzeugt, daß dies der Ruhe vor dem Sturm gleichkam. Gewiß, Moses beschränkte sich darauf, nur mit ranghohen Männern seines Volkes Gespräche zu führen, aber er war der unbestrittene Anführer der Hebräer geworden. Obendrein hielten es viele ägyptische Würdenträger, die Ramses' Freundestreue kannten, für angebracht, behutsam mit ihm umzugehen. Früher oder später, so dachten sie, würde Moses wieder ein hohes Amt bekleiden und seinen verschwommenen Vorstellungen entsagen.

Die größten Sorgen bereitete dem Sarden jedoch Meba. Serramanna war sich sicher, daß der Gesandte Khas Binse gestohlen hatte, aber wozu? Der ehemalige Seeräuber verabscheute die wortgewandten Unterhändler im allgemeinen und Meba im besonderen. Er erschien ihm zu gesellig, zu elegant, zu willfährig. Ein Bursche wie der besaß eine angeborene Begabung zum Lügen.

Und wenn er Khas Binse in seinem Haus versteckt hatte? Dann würde Serramanna ihn des Diebstahls anklagen, und der adlige Herr wäre gezwungen, die Gründe für seine unrühmliche Tat vor einem Gericht darzulegen.

Mebas Gärtner ging zu Bett, auch die übrigen Bediensteten zogen sich in ihre Schlafstätten zurück. Da kletterte der Sarde an der Rückseite des Hauses auf das Dach. Er bewegte sich so leichtfüßig wie eine Katze und hob eine Klappe an, durch die er in einen Speicher gelangte. Von dort stieg er mühelos in die Wohngemächer hinunter.

Er hatte den Großteil der Nacht zur Verfügung, um sich gründlich umzusehen.

«Ich habe nichts gefunden», erklärte der Sarde mißmutig.

«Diese Durchsuchung des Hauses war wider das Gesetz», belehrte ihn Ameni.

«Wäre sie erfolgreich verlaufen, könnte dieser Meba keinen Schaden mehr anrichten.»

«Weshalb verfolgst du ihn so hartnäckig?»

«Weil er gefährlich ist.»

«Gefährlich? Meba? Der kümmert sich doch nur um seine Laufbahn, und diese stetige Sorge verwehrt ihm jeden Fehltritt.»

Der Sarde biß herzhaft in einen gedörrten Fisch, den er zuvor in eine würzige Soße getunkt hatte.

«Du magst ja recht haben», sagte er mit vollem Mund, «aber meine innere Stimme warnt mich, daß er ein hinterhältiger Heuchler ist. Ich würde ihn am liebsten ständig überwachen lassen. Irgendwann wird ihm ein Fehler unterlaufen.»

«Tu, was dir beliebt ... Aber hüte dich vor einer Unbesonnenheit!»

«Auch Moses sollte überwacht werden.»

«Er war schon in der Schule der Schreiber mein Freund», rief Ameni dem Sarden ins Gedächtnis, «wie auch Ramses' Freund.»

«Diesem Hebräer ist nicht zu trauen, er ist ein Aufwiegler. Du bist der Diener des Pharaos, aber Moses wird sich gegen ihn erheben.»

«So weit wird er nicht gehen.»

«O doch! Auf den Schiffen, die ich befehligt habe, sind mir Männer seiner Art immer sehr schnell aufgefallen ... Sie sind zum Unruhestifter wie geschaffen. Aber ihr weigert euch ja, auf mich zu hören.»

«Wir kennen Moses und sehen die Dinge nicht so düster wie du.»

«Eines Tages werdet ihr eure Verblendung bedauern.»

«Gehe schlafen und sieh dich vor, daß du die Hebräer nicht zu sehr behelligst. Es ist unsere Pflicht, die Ordnung aufrechtzuerhalten und nicht, Unfrieden zu säen.»

Acha war im Palast untergebracht worden, aß einfache, aber bekömmliche Speisen, trank mittelmäßigen Wein und erfreute sich der Zärtlichkeit einer in ihrem Gewerbe sehr kundigen blonden Hethiterin, die ihm – welch ausgezeichneter Einfall! – der Kammerdiener vorgeschlagen hatte. Ohne jedwedes Schamgefühl wollte sie selbst herausfinden, ob der Ruf der Ägypter, wunderbare Liebhaber zu sein, zutreffend war. Bereitwillig ging Acha darauf ein, mal tatkräftig, mal untätig, doch stets mit Hingabe.

Gab es denn eine angenehmere Weise, sich die Zeit zu vertreiben? Wiewohl Uriteschup über Achas Besuch zwar erstaunt war, fühlte er sich dennoch durch die Anwesenheit des Obersten Gesandten des Pharaos geschmeichelt. Bedeutete das nicht, daß Ramses ihn bereits als künftigen König anerkannte, ihn, den Sohn Muwatallis?

Unerwartet erschien er in dem Augenblick in Achas Gemach, da die blonde Hethiterin den Ägypter gerade voller Begierde küßte.

«Ich komme später wieder», sagte Uriteschup.

«Bleibe hier», bat Acha ihn. «Diese junge Frau wird sicher verstehen, daß die Belange des Staates zuweilen Vorrang vor dem Vergnügen haben.»

Die hinreißende Hethiterin huschte hinaus, und Acha zog ein Gewand an, das seinen erlesenen Geschmack verriet.

«Wie geht es dem König?» fragte er Uriteschup.

«Sein Zustand ist unverändert.»

«Ich wiederhole mein Angebot: Gestatte mir, ihn zu behandeln.»

«Weshalb möchtest du eurem schlimmsten Feind Hilfe leisten?»

«Deine Frage bringt mich in Verlegenheit.»

Uriteschups Ton wurde scharf.

«Trotzdem mußt du mir antworten, und zwar sogleich.»

«Unterhändler geben ihre Geheimnisse nicht gern so unumwunden preis ... Genügt dir menschliches Mitgefühl nicht als Grund für meine Mission?»

«Ich verlange, daß du mir die Wahrheit sagst.»

Acha wirkte verstimmt.

«Nun ... Ramses hat Muwatalli allmählich gut kennengelernt. Er empfindet hohe Achtung für ihn, sogar eine gewisse Bewunderung. Seine Krankheit betrübt ihn sehr.»

«Spottest du meiner?»

«Ich glaube zu wissen», fuhr Acha fort, «daß dir nicht daran gelegen ist, des Mordes an deinem eigenen Vater beschuldigt zu werden.»

Trotz der Wut, die in ihm aufstieg, erhob Uriteschup keinen Einwand. Acha nutzte die Gelegenheit und ging einen Schritt weiter.

«Alles, was sich am hethitischen Hof zuträgt, bewegt uns tief. Wir wissen, wie sehr die Armee wünscht, daß sich die Übergabe der Macht in Ruhe vollzieht und der König selbst seinen Nachfolger bestimmt. Deshalb möchte ich gern die Mittel unserer Heilkundigen anwenden und ihm dazu verhelfen, die Gesundheit wiederzuerlangen.»

Dieser Bitte konnte Uriteschup nicht stattgeben. Wäre Muwatalli jemals wieder imstande zu sprechen, würde er seinen Sohn ins Gefängnis werfen lassen und Hattuschili mit der Herrschaft über das Königreich betrauen.

«Woher kommt es, daß du so gut unterrichtet bist?» fragte er Acha.

«Es fällt mir schwer ...»

«Antworte!»

«Zu meinem Bedauern muß ich darüber Stillschweigen bewahren.»

«Du bist nicht in Ägypten, Acha, sondern in meiner Hauptstadt.»

«Was habe ich zu befürchten, da ich als Botschafter meines Landes in amtlicher Mission hierhergekommen bin?»

«Ich bin Soldat, kein Unterhändler. Und unsere Länder befinden sich im Krieg gegeneinander.»

«Sollte das eine Drohung sein?»

«Geduld ist mir fremd, Acha. Heraus mit der Sprache, schnell!»

«Würdest du so weit gehen, mich zu foltern?»

«Ich würde keinen Augenblick davor zurückschrecken.»

Zitternd hüllte sich Acha in eine Wolldecke.

«Verschonst du mich, wenn ich rede?»

«Dann bleiben wir gute Freunde.»

Acha schlug die Augen nieder.

«Ich muß dir bekennen, daß meine wahre Aufgabe darin besteht, König Muwatalli einen Waffenstillstand vorzuschlagen.»

«Einen Waffenstillstand? Für wie lange?»

«So lange wie möglich.»

Uriteschup frohlockte. Also war die Armee des Pharaos am Ende ihrer Kraft. Sobald diese verwünschten Weissagungen günstiger ausfielen, würde er zum Angriff auf das Delta ausrücken.

«Und dann ...», fuhr Acha zögernd fort.

«Und dann?»

«Wir wissen, daß der König bei der Wahl seines Nachfolgers zwischen dir und seinem Bruder Hattuschili schwankt.»

«Wer erteilt dir diese Auskünfte, Acha?»

«Würdest du uns den Waffenstillstand gewähren, wenn du die Macht innehättest?»

Weshalb, so dachte Uriteschup, sollte er nicht zu einer bei seinem Vater so beliebten List greifen?

«Ich bin zwar ein Krieger, aber ich schließe diese Möglichkeit nicht aus, unter der Voraussetzung, daß sie Hatti nicht schwächt.»

Acha atmete auf.

«Ich habe Ramses gesagt, du seist ein Mann, der auf das Wohl seines Staates bedacht ist, und ich habe mich nicht getäuscht. Wenn du es wünschst, wird es uns gelingen, Frieden zu schließen.»

«Jaja, wir schließen Frieden ... Aber du hast meine Frage noch nicht beantwortet: Wer unterrichtet dich über das, was in Hatti geschieht?»

«Hohe Offiziere, die vorgeben, dich zu unterstützen. In Wirklichkeit verraten sie dich und stehen auf der Seite von Hattuschili.»

Diese Enthüllung wirkte auf Uriteschup wie ein Blitz aus heiterem Himmel.

«Bei Hattuschili», fuhr Acha fort, «werden wir weder Frieden noch einen Waffenstillstand erreichen. Er strebt allein danach, sich an die Spitze eines großen Bündnisses zu stellen, wie bei Kadesch, und unsere Truppen zu vernichten.»

«Ich möchte Namen hören, Acha.»

«Verbünden wir uns gegen Hattuschili?»

Uriteschup spürte, daß sich seine Muskeln strafften wie vor einer Schlacht. Welch sonderbare Laune des Schicksals, daß ihm ausgerechnet ein Ägypter von Nutzen sein sollte, um sich seines Rivalen zu entledigen! Aber eine solche Gelegenheit konnte er sich nicht entgehen lassen.

«Hilf mir, die Verräter zu beseitigen, und du bekommst deinen Waffenstillstand, vielleicht sogar mehr.»

Der Gesandte ließ sich nicht lange bitten.

Jeder Name, den er nannte, traf Uriteschup wie ein Fausthieb. Die Aufzählung enthielt einige seiner glühendsten Anhänger, zumindest behaupteten sie das. Es waren sogar hohe Offiziere darunter, die an seiner Seite gekämpft und ihm versichert hatten, daß sie ihn bereits als den neuen Herrn von Hatti betrachteten.

Aschfahl stapfte Uriteschup schweren Schritts zur Tür.

«Noch etwas», fügte Acha hinzu. «Könntest du meine junge Freundin bitten zurückzukehren?»

SECHSUNDDREISSIG

Während Ramses mit Bakhen durch die Steinbrüche von Assuan streifte, sah er seinen Vater wieder vor sich, wie er die richtigen Granitblöcke für Obelisken und Statuen ausgewählt hatte. Im Alter von siebzehn Jahren war Sethos' Sohn das Glück zuteil geworden, unter der Führung des Pharaos diesen magischen Landstrich zu entdecken. Nun war er es, Ramses, der diese Erforschung des Bodens leiten und dabei den gleichen Spürsinn unter Beweis stellen mußte.

Er benutzte Sethos' Wünschelrute, die es ihm gestattete, den Blicken entzogene Gesteinsschichten in den Händen zu fühlen. Die Welt der Menschen war nur ein Gebilde, das «am ersten Tag» aus dem Urmeer der Kräfte aufgetaucht war, in das sie zurücksinken würde, sobald es den Göttern gefiel, einen neuen Kreislauf des Lebens zu schaffen. Unter der Erde wie im Himmel vollzog sich unablässig ein Wandel, dessen Widerhall ein geschärfter Geist wahrzunehmen vermochte.

Die Steinbrüche stellten ein scheinbar regloses, verschlossenes und feindseliges Universum dar, in dem im größten Teil des Jahres die Hitze unerträglich war. Doch der Bauch der Erde erwies sich hier als außerordentlich freigebig und brachte einen Granit von unvergleichlicher Pracht hervor. Er war der unverwüstliche Baustoff, der die Häuser für die Ewigkeit zum Leben erweckte.

Ramses blieb stehen.

«Grabe hier», befahl er Bakhen, «und du wirst einen gewaltigen Steinblock freilegen, aus dem du eine Kolossalstatue für das Rameseum herausmeißeln läßt. Hast du schon mit den Handwerkern und Künstlern gesprochen?»

«Sie wollten alle freiwillig mit dir nach Nubien ziehen. Ich mußte eine strenge Auswahl treffen. Majestät ... es ist zwar nicht meine Art, aber ich habe eine Bitte an dich.»

«Was möchtest du, Bakhen?»

«Würdest du mir gewähren, an dieser Expedition teilzunehmen?»

«Ich habe einen guten Grund, dies abzulehnen: Deine Ernennung zum Dritten Propheten des Amun in Karnak verpflichtet dich dazu, in Theben zu bleiben.»

«Diese ... diese Beförderung habe ich nicht erhofft.»

«Ich weiß, Bakhen, aber der Oberpriester Nebou und ich waren der Ansicht, wir könnten eine schwerere Bürde auf deine Schultern laden. Du wirst ihm zur Seite stehen, den Wohlstand von Karnak erhalten und den Bau meines Tempels der Millionen Jahre überwachen. Dank deiner Hilfe wird Nebou leichten Herzens den Unbilden des Alltags trotzen.»

Eine geballte Faust an die Brust gepreßt, schwor Bakhen, daß er die Pflichten seines neuen Amtes auf sich nehmen werde.

Der zwar kräftig, aber ohne Schaden für Dämme und Kanäle ansteigende Nil würde die Reise des Königspaares, der Geleitboote und der Steinhauer erleichtern. Doch das Felsengewirr am ersten Katarakt war in den bewegten Fluten und in Strudeln versunken, was eine Gefahr für die Schiffahrt darstellte. Vor allem galt es, sich vor Stromschnellen, die erst im letzten Augenblick zu erkennen waren, und vor unerwarteten Wellen in acht zu nehmen, die jedes

Schiff mit ungleichmäßig verteilter Ladung leicht zum Kentern brachten. Also würde man mit äußerster Vorsicht die Fahrrinne ausloten, in der die königliche Flottille den Katarakt überwinden konnte, ohne ein Wagnis einzugehen.

Für gewöhnlich sanft und von der Aufgeregtheit der Menschen unbeirrt, ließ sogar Schlächter eine gewisse Unruhe erkennen. Der riesige Löwe hatte es eilig, in sein heimatliches Nubien aufzubrechen. Ramses kraulte ihm beschwichtigend die dichte Mähne.

Da baten zwei Männer, an Bord kommen und mit dem Herrscher sprechen zu dürfen. Der erste, ein mit der Überwachung des Nilstandsmessers betrauter Schreiber, trug seinen Bericht vor.

«Majestät, die Überschwemmung erreicht einundzwanzig Ellen und drei Handbreit.»

«Das ist vortrefflich, wie mir scheint.»

«Ganz und gar zufriedenstellend, Majestät. In diesem Jahr wird Ägypten keine Mühe haben, das Land zu bewässern.»

Der zweite war der Vorsteher der Ordnungskräfte von Elephantine. Seine Worte waren bei weitem weniger beruhigend.

«Majestät, die Zöllner haben die Durchreise eines Mannes gemeldet, auf den die Beschreibung paßt, die du kundgetan hast.»

«Warum haben sie ihn nicht festgehalten?»

«Ihr Aufseher war nicht zugegen, und da wollte niemand die Verantwortung dafür übernehmen, zumal er gegen keinerlei Gesetz verstoßen hat.»

Ramses unterdrückte seinen Zorn.

«Was hast du mir sonst noch zu sagen?»

«Der Mann hat ein schnelles Boot gen Süden gedungen und erklärt, er sei Kaufmann.»

«Welche Waren hat er geladen?»

«Krüge mit gedörrtem Rindfleisch für die Festungen beim zweiten Katarakt.»

«Wann ist er ausgelaufen?»

«Vor einer Woche.»

«Gib seine Beschreibung an die Kommandanten der Festungen weiter und weise sie an, ihn gefangenzunehmen.»

Erleichtert, daß er einer Strafe entgangen war, eilte der Ordnungshüter von dannen, um den Befehl auszuführen.

«Chenar trifft vor uns in Nubien ein», stellte Nefertari fest. «Hältst du es da für ratsam, unsere Reise fortzusetzen?»

«Was haben wir schon von einem Mann zu befürchten, der sich auf der Flucht befindet?»

«Er ist zu allem bereit ... Wird sein Haß ihm nicht die Sinne rauben und ihn zu einer Torheit verleiten?»

«Chenar wird uns nicht davon abhalten weiterzufahren. Ich unterschätze keineswegs seine Fähigkeit, Schaden anzurichten, Nefertari, aber ich fürchte sie auch nicht. Eines Tages werden wir uns gegenüberstehen, und er wird sich seinem König beugen, ehe die Götter ihn bestrafen.»

Sie umarmten einander, und dieser Augenblick inniger Verbundenheit bestärkte Ramses in seiner Entscheidung.

Argwöhnisch sprang Setaou vom Heck eines Bootes auf den Bug des nächsten, lief über das Deck, nahm die Ladungen in Augenschein, überprüfte die Taue, betastete die Segel, erprobte die Festigkeit der Ruder. Fahrten auf dem Fluß gehörten nicht zu seinen bevorzugten Vergnügungen, und er hegte keinerlei Zutrauen zu Schiffern, die sich ihrer selbst zu sicher waren. Zum Glück hatte die Flußverwaltung für eine Fahrrinne ohne Hindernisse gesorgt, eine Art Kanal zwischen den Klippen, die selbst zu Zeiten des Hochwassers schiffbar blieb. Doch der Schlangenkundige würde sich erst dann wirklich in Sicherheit fühlen, wenn er seinen Fuß wieder auf festen Boden gesetzt hatte.

Auf das königliche Schiff zurückgekehrt, auf dem auch seine Kajüte lag, sah er nach, ob er auch nichts vergessen hatte: Filtertöpfe, kleine Gefäße mit festen und flüssigen Heilmitteln, Schlangenkörbe in verschiedenen Größen, Mörser und Stößel, Rasiermesser aus Bronze, Beutel mit Bleioxyd und Kupferspänen, roter Ocker, Heilerde, Säcke mit Zwiebeln, Leinenbinden, Honig, kleine Flaschen … es fehlte beinahe nichts.

Lotos sang ein altes nubisches Lied, während sie Schurze und Kleider zusammenfaltete und in hölzerne Truhen legte. Wegen der Hitze war sie nackt, und ihre katzenhaften Bewegungen entzückten Setaou.

«Diese Kähne scheinen ganz robust zu sein», sagte er und schlang die Arme um ihre Lenden.

«Hast du sie auch gründlich überprüft?»

«Bin ich nicht ein gewissenhafter Mann?»

«Sieh dir die Maste genauer an. Ich habe noch nicht fertig eingeräumt.»

«Das ist nicht so dringend.»

«Ich dulde aber keine Unordnung.»

Setaous Schurz sank auf den Boden der Kajüte.

«Bist du wirklich so grausam, einen liebenden Mann in diesem Zustand abzuweisen?»

Setaous Zärtlichkeiten wurden zu deutlich, als daß Lotos mit ihrer sorgfältigen Arbeit hätte fortfahren können.

«Du nutzt es aus, daß ich schwach werde, weil ich Nubien gleich wiedersehe.»

«Gibt es Schöneres, diesen wundervollen Augenblick zu feiern, als einander zu lieben?»

Die lange Reihe der gen Süden auslaufenden Schiffe wurde von unzähligen Menschen bejubelt. Furchtlose Jungen folgten ihnen auf Binsenflößen bis zur Einfahrt in den Kanal. Wer erinnerte sich nicht daran, daß Ramses und Nefertari der Bevölkerung ein Festmahl unter freiem Himmel geboten hatten, bei dem das Bier in Strömen geflossen war?

Gleich schwimmenden Häusern waren die für Reisen nach Nubien gebauten Boote robust und zugleich behaglich. Sie hatten einen mittschiffs aufgestellten Mast und waren mit einem sehr großen, von vielen Tauen gehaltenen Segel sowie mit je einem Steuerruder zu beiden Seiten des Hecks ausgestattet. Die geschickt angeordneten Fenster und Türen der geräumigen und gut eingerichteten Kajüten sorgten für ihre ausreichende Durchlüftung.

Als der erste Katarakt überwunden war, begannen die Schiffe wieder wie gewohnt zu kreuzen.

Nefertari wollte Setaou und Lotos einladen, mit ihr gemeinsam Karobensaft zu trinken, doch die lustvollen Seufzer, die aus der Kajüte des Paares drangen, hielten sie davon ab, an die Tür zu klopfen. Vergnügt lächelnd ging sie in den Bug und stellte sich neben Schlächter, der mit bebenden Nüstern die Luft Nubiens einsog.

Die Große königliche Gemahlin dankte den Göttern dafür, daß sie ihr soviel Glück bescherten, ein Glück, das sie über ihrem Volk erstrahlen lassen mußte. Sie, die einst so schlichte und zurückhaltende Lautenspielerin, die sich für eine bescheidene, aber friedvolle Laufbahn entschieden hatte, führte an der Seite von Ramses ein herrliches Leben.

Jeden Morgen entdeckte sie dies aufs neue, und ihre Liebe wuchs, erhaben gleich dem magischen Band, das nichts und niemand je würde zerreißen können. Wäre Ramses Bauer oder verfertigte er aus hartem Stein Vasen, Nefertari würde ihn mit der gleichen Leidenschaft lieben. Doch die Rolle, die das Schicksal dem Königspaar zugewiesen hatte, verwehrte ihnen, eigennützig ihre

Freude zu genießen. Es war ihre Pflicht, ohne Unterlaß auf das Vermächtnis bedacht zu sein, das ihre Vorgänger ihnen hinterlassen hatten und das sie an ihre Nachfolger weitergeben mußten.

Wurde das Ägypten der Pharaonen nicht davon geprägt, daß Herrscher einander folgten, die ihr Leben der Liebe, dem Glauben und der Pflicht verschrieben und die Mittelmäßigkeit, Niedertracht und Hoffart ablehnten, um eine Kette aus menschlichen Lichtern im Dienste des göttlichen Lichts zu bilden?

Als Ramses seine Gemahlin mit jener Kraft an sich zog, der ein Hauch von Sanftmut innewohnte und in die Nefertari sich bei ihrer ersten Begegnung verliebt hatte, meinte sie, in einem kurzen Augenblick noch einmal die gemeinsam verbrachten Jahre zu erleben, die Freuden und auch die ihnen auferlegten Prüfungen, die sie dank der Gewißheit, stets eins zu sein, bewältigt hatten.

Und allein durch die Berührung seines Körpers wußte sie, daß das gleiche Feuer auch sein Herz entfachte und sie beide auf unsichtbaren Pfaden davontrug, in jene Gefilde, in denen die Göttin der Liebe ihre Musik der Sterne spielte.

SIEBENUNDDREISSIG

BALD SCHNELLTE ER geradeaus, stolz und reißend, bald wand er sich träge in verführerischen Windungen und scheute sich nicht, ein von Kinderlachen erfülltes Dorf zu liebkosen: so entfaltete der Nil im tiefen Süden seine Pracht, ohne jemals die Majestät des himmlischen Flusses einzubüßen, deren irdische Verlängerung er darstellte. Zwischen hügeliger Wüste und kleinen Inseln aus Granit nährte er einen schmalen, von Dumpalmen gesprenkelten Streifen Fruchtlandes. Kronenkraniche, Ibisse, rosenfarbene Flamingos und Pelikane flogen über die königliche Flotte hinweg, und die unendliche Weite des Himmels und der Wüste schlug jeden an Bord in ihren Bann.

Verweilten die Schiffe für einige Zeit an einem Ort, strömten die Nubier herbei und tanzten um das königliche Zelt. Ramses sprach mit den Häuptlingen der jeweiligen Stämme, und Setaou nahm gemeinsam mit Lotos ihre Klagen und Wünsche entgegen. Abends saß man um ein Feuer herum, redete über das Geheimnis des Flusses, seine schöpferische Kraft, das wohltätige Ansteigen seiner Fluten und pries Ramses den Großen, den Gemahl Ägyptens und Nubiens.

Nefertari erkannte, daß das Ansehen des Pharaos stetig wuchs und daß manche ihn einem Gott gleichsetzten. Seit dem Sieg bei Kadesch ging der Bericht über die Schlacht von Mund zu Mund, selbst in den entlegensten Dörfern. Ramses und Nefertari sehen zu dürfen wurde als göttliche Gunst erachtet. War Amun nicht in den Geist des Königs eingedrungen, um seinem Arm Kraft zu verleihen, und Hathor in den der Königin, um die Liebe zu verbreiten und sie gleich kostbaren Steinen funkeln zu lassen?

Da der Nordwind nur sanft wehte, ging die Fahrt langsam voran. Nefertari und Ramses genossen diese stillen Stunden und verbrachten den Großteil der Zeit an Deck, im Schutze eines Sonnensegels. Schlächter hatte seine Ruhe wiedergefunden und schlief zumeist.

Spiegelte sich im goldgelben Sand und in der Makellosigkeit der Wüste nicht die andere Welt wider? Je weiter sich das königliche Schiff dem Land der Hathor näherte, dieser in Vergessenheit geratenen Region, in der die Göttin wundervollen Felsen ihr Gepräge gab, desto mehr hatte Nefertari das Gefühl, Erhabenes zu bewirken, das sie mit dem Ursprung allen Seins verband.

Die Nächte waren die reinste Wonne.

In der Kajüte des Königspaares stand Ramses' Lieblingsbett. Es war mit Gurten und einem Geflecht aus Hanfsträngen bespannt. Den durch Zapfen verbundenen Rahmen hatte man an der Unterseite verstärkt, um seine Tragfähigkeit zu erhöhen. Am Fußende verzierten Kornblumen und Mandragoren Bündel von Papyrusstauden und Lotosblüten, die Symbole für den Norden und den Süden. So blieb der Pharao selbst im Schlaf der Mittler zwischen den beiden Teilen des Landes.

Die Nächte waren die reinste Wonne, weil Ramses' Liebe in der Hitze des nubischen Sommers so unermeßlich war wie der von Sternen übersäte Himmel.

Mit den Silberbarren, die Ofir ihm gegeben hatte und die ein wahres Vermögen darstellten, erkaufte Chenar sich die Dienste fünfzig nubischer Fischer. Sie waren entzückt, auf diese Weise ihr Einkommen aufzubessern, auch wenn das, was der Ägypter von ihnen verlangte, überaus ungewöhnlich und auch gefährlich war. Die meisten der Schwarzen dachten, es handele sich um die vorübergehende Geistestrübung eines reichen, launischen Mannes, der einem noch nie dagewesenen Schauspiel beiwohnen wollte. Doch er entlohnte sie gut und verschaffte ihnen und ihren Familien für mehrere Jahre Wohlstand.

Chenar mochte Nubien nicht, weil er Sonne und Hitze verabscheute und den ganzen Tag schwitzte. Obendrein mußte er viel trinken und sich mit schlechter Kost begnügen. Dennoch freute er sich, daß er einen Plan ersonnen hatte, der es ihm gestatten würde, Ramses aus dem Weg zu räumen.

Dieses verhaßte Nubien stellte ihm eine ganze Schar unerbittlicher Mörder bereit, die auch Ramses' Soldaten nicht in die Flucht schlagen könnten. Eine Schar, die keinen Gehorsam kannte, aber unvergleichlich gewalttätig und im Kampf erprobt war.

Er brauchte nur noch auf Ramses' Schiff zu warten.

In seinem behaglichen Palast unweit des zweiten Katarakts führte der Vizekönig von Nubien ein beschauliches Leben, denn mehrere Festungen überwachten diese Region und vereitelten jedweden Versuch eines nubischen Angriffs. In der Vergangenheit waren manche Stammesführer zuweilen geneigt gewesen, in Ägypten einzufallen, doch der Bau mächtiger Bollwerke, deren Truppen regelmäßig mit Nachschub versorgt und besser als andere entlohnt wurden, unterband diese Gefahr.

Der Vizekönig, der nach dem Namen einer der nubischen Provinzen auch den Titel «Königlicher Sohn in Kusch» führte, hatte nur eine wesentliche Aufgabe: Er mußte für den Abbau des Goldes und seine Beförderung nach Theben, Memphis und Pi-Ramses sorgen. Das kostbare Metall, «das Fleisch der Götter», wurde dazu verwendet, Türen, Tempelwände und Statuen zu verzieren, und der Pharao setzte es auch zur Förderung seiner Beziehungen zu einigen Fremdländern ein, deren wohlwollendes Verhalten er sich damit erkaufte.

Das Amt des Vizekönigs war eine durchaus beneidenswerte Stellung, selbst wenn sein Inhaber monatelang fern von Ägypten weilen mußte. Der hohe Würdenträger verwaltete einen riesigen Landstrich und konnte sich auf erfahrene Truppen stützen, denen auch zahlreiche Eingeborene angehörten. Da er von den unter ägyptischer Oberhoheit stehenden nubischen Stämmen keinerlei Aufstand befürchtete, gab er sich den Freuden der Tafel, der Musik und der Dichtkunst hin. Seine Gemahlin, die ihm vier Kinder geschenkt hatte, litt indes unter quälender Eifersucht und verwehrte ihm, die aufreizenden jungen Nubierinnen zu bewundern, die in den Spielen der Liebe so geübt waren. Sie zu verstoßen hätte ihn jedoch ins Elend gestürzt, zumal er ihr dann eine hohe Entschädigung und fortan eine Leibrente hätte gewähren müssen, weshalb er nicht mehr imstande gewesen wäre, auf großem Fuß zu leben.

Zwischenfälle, die seine Ruhe zu stören drohten, waren ihm ein Greuel ... Und nun erreichte ihn ein amtliches Sendschreiben, das ihm den Besuch des Königspaares ankündigte! Doch das Schriftstück nannte weder den Grund für diese Reise noch den Tag der Ankunft in Buhen. Obendrein befahl ihm ein zweites Sendschreiben, Chenar festzunehmen, Ramses' älteren Bruder, der seit langem als tot galt und dessen äußere Erscheinung sich angeblich sehr verändert hatte. Der Vizekönig überlegte, ob er dem Herrscher ein Boot entgegenschicken sollte. Weil dem Pharao jedoch keinerlei Gefahr drohte, tat er wohl besser daran, sich ausschließlich um einen würdigen Empfang des Königspaares zu kümmern und die Gastmähler vorzubereiten, die er zu dessen Ehren geben wollte.

Da erschien der Kommandant der Festung von Buhen, um seinen täglichen Bericht zu erstatten.

«Wir haben in der ganzen Region keine Spur des verdächtigen Mannes entdeckt, doch es hat sich etwas Sonderbares zugetragen.»

«Ich verabscheue Zwischenfälle, Kommandant!»

«Darf ich dich dennoch davon in Kenntnis setzen?»

«Wenn du unbedingt willst ...»

«Mehrere Fischer haben für zwei Tage ihr Dorf verlassen. Nach ihrer Rückkehr haben sie sich betrunken und geprügelt. Einer ist bei der Schlägerei ums Leben gekommen, und ich habe in seiner Hütte einen kleinen Silberbarren gefunden.»

«Das ist ein ansehnliches Vermögen!»

«Gewiß, aber unsere Verhöre zeitigten keinerlei Erfolg. Niemand gibt die Herkunft dieses Barrens preis. Ich bin überzeugt, daß jemand die Männer bezahlt hat, damit sie Fische stehlen, die für die Armee bestimmt waren.»

Falls der Vizekönig sich in nutzlose Untersuchungen stürzte, würde der Pharao ihn beschuldigen, seine Zeit zu vergeuden. Es war wohl am besten, nichts zu unternehmen und zu hoffen, daß Seine Majestät nichts von der Sache erfuhr.

Der Wind war so schwach, daß die Männer an Bord, die nichts zu tun hatten, schliefen oder Würfel spielten. Ihnen gefielen diese friedliche Reise und erst recht ihre Unterbrechungen, wenn sie irgendwo anlegten und sich aufs angenehmste mit bereitwilligen Nubierinnen vergnügen konnten.

Der Kapitän eines Begleitschiffes sah indes seine Mannschaft nicht gern unbeschäftigt. Deshalb hatte er gerade befohlen, das Boot gründlich zu säubern, als es plötzlich von einem heftigen Stoß erschüttert wurde. Einige Männer kamen zu Fall und schlugen hart auf die Decksplanken auf.

«Ein Felsen, wir sind auf einen Felsen aufgelaufen!»

Ramses stand im Bug des königlichen Schiffes und hatte den Aufprall gehört. Sogleich wurden alle Segel gerefft, und die ganze Flottille blieb in der Mitte des Flusses liegen, der an dieser Stelle nicht sehr breit war.

Lotos begriff als erste, was geschehen war.

Mehrere Dutzend grauer Felsen erhoben sich unmerklich aus dem schlammigen Wasser, doch ein aufmerksamer Betrachter vermochte dicht an der Oberfläche auch Augen und winzige Ohren auszumachen.

«Das ist eine ganze Herde von Flußpferden», sagte sie.

Die hübsche Nubierin kletterte auf den Mast und stellte fest, daß sie in einer Falle saßen. Behende kam sie wieder herunter und machte keinen Hehl aus dem, was sie dachte.

«So etwas habe ich noch nie gesehen, Majestät. Wir können nicht mehr vor und nicht mehr zurück. Wie seltsam … Ich würde schwören, irgend jemand hat sie hier zusammengetrieben.»

Der Pharao war sich über die Gefahr im klaren. Ausgewachsene Flußpferde wogen soviel wie mehrere hundert Scheffel Getreide, und sie waren mit gefährlichen Waffen ausgestattet: mit ellenlangen gelben Eckzähnen, die Löcher in den Rumpf eines Schiffes schlagen konnten. Im Wasser fühlten sich diese überaus reizbaren Herren des Nils für gewöhnlich sehr wohl und schwammen mit erstaunlicher Geschmeidigkeit. Sobald sie jedoch in Wut ausbrachen, klappten sie bedrohlich ihre riesigen Kiefer auseinander, daß es aussah, als gähnten sie.

«Falls die männlichen Leittiere beschlossen haben, um ein Weibchen zu kämpfen», erklärte Lotos, «verwüsten sie alles, was sich ihnen in den Weg stellt, und versenken auch unsere Schiffe. Viele von uns werden dann in Stücke gerissen oder müssen ertrinken.»

Dutzende von Ohren zuckten, halbgeschlossene Augen öffneten sich, Nasenlöcher tauchten an der Wasseroberfläche auf, Mäuler wurden aufgesperrt, und ihr unheimliches Grunzen schreckte die Reiher hoch, die auf den Akazien hockten. Die Leiber der Bullen wiesen Narben auf, die Spuren erbitterter Kämpfe, von denen mancher erst mit dem Tod eines Gegners sein Ende gefunden hatte.

Der Anblick der furchterregenden gelben Eckzähne lähmte die Schiffer. Schnell machten sie einige Bullen aus, die etwa zwanzig Tiere zählende Herden anführten und zunehmend unruhiger wurden. Falls sie zum Angriff übergingen, würden sie zunächst die Steuerruder zermalmen, die Boote damit unlenkbar machen und sie dann so lange mit ihren massigen Leibern rammen, bis sie sanken. Es war sinnlos, ins Wasser zu springen und schwimmen zu wollen, denn wie hätte man sich inmitten dieser wütenden Ungeheuer einen Weg zum Ufer bahnen sollen?

«Wir müssen sie abschießen», empfahl Setaou.

«Es sind zu viele», befand Ramses. «Wir könnten nur einige töten und würden erst recht den Zorn der anderen auf uns ziehen.»

«Aber wir werden uns doch nicht tatenlos umbringen lassen.»

«Habe ich mich bei Kadesch etwa so verhalten? Mein Vater Amun gebietet über den Wind. Schweigen wir, auf daß seine Stimme hörbar werde.»

Ramses und Nefertari erhoben in Opferhaltung die Arme, die Handflächen gen Himmel gekehrt, und wie ein Sphinx, den Blick ins Leere gerichtet, lag der riesige Löwe zur Rechten seines Herrn.

Der Befehl wurde von Schiff zu Schiff weitergegeben, bis auf allen Booten Schweigen herrschte.

Die ersten Flußpferde klappten langsam ihre Mäuler zu. Die Herren des Nils mit der empfindlichen Haut tauchten unter, und schließlich waren nur noch ihre Nasenlöcher, die wieder halb geschlossenen Augen und die Ohren zu sehen, als ob sie eingeschlafen wären.

Eine ganze Weile lang rührte sich nichts.

Dann streifte der auffrischende Nordwind Lotos' Wange, eine Brise, die den Atem des Lebens verkörperte. Das königliche Schiff bewegte sich sachte vorwärts, und schon bald folgten ihm die übrigen Boote, die zwischen den nunmehr besänftigten Flußpferden wieder an Fahrt gewannen.

In der Krone einer Dumpalme, auf die er hinaufgeklettert war, um zuzusehen, wie das Schiff des Königs unterging, wurde Chenar Zeuge des neuen Wunders, das Ramses soeben vollbracht hatte. Ein Wunder … nein, unbeschreibliches Glück, daß mitten am Tag, in der Gluthitze Nubiens, unerwartet Wind aufgekommen war.

ACHTUNDDREISSIG

WÄHREND DER HEISSEN Jahreszeit ruhte bei den hebräischen Ziegelmachern die Arbeit. Die einen nutzten die Gelegenheit, um sich im Kreise ihrer Familie zu erholen, die anderen besserten ihren Lohn auf und verdingten sich als Gärtner. Die Obsternte versprach beachtlich auszufallen. Deshalb würden die berühmten Äpfel aus Pi-Ramses bei so manchem Gastmahl die Tafel zieren.

Die Schönen der Stadt dösten in von Kletterpflanzen überwucherten Lauben vor sich hin oder badeten in den künstlich angelegten Seen, in denen die jungen Männer vor ihnen auf und ab schwammen oder wahre Kunststückchen vollführten, um sie zu beeindrucken, indes die älteren Leute im Schatten der auf Spalieren gezogenen Weinreben Kühlung suchten. Alle erzählten einander die letzte heldenhafte Tat des Pharaos, der mit Hilfe seiner Magie eine riesige Herde aufgebrachter Flußpferde besänftigt hatte. Und immer wieder erklang der Kehrreim des Liedes: «Welche Wonne ist es, in Pi-Ramses zu wohnen, wo die Paläste in Gold und Türkis erstrahlen, wo der Wind voller Sanftmut weht und Vögel über die Weiher flattern.» Ein Lied, das sogar die hebräischen Ziegelmacher anstimmten.

Ihr Plan, Ägypten zu verlassen, war anscheinend in Vergessenheit geraten. Dennoch befürchtete Ameni, dieser schöne Frieden könnte aufs neue gestört werden, als er Moses in seine Amtsstube treten sah.

«Ruhst du dich niemals aus, Ameni?»

«Ein Bündel von Schriftstücken jagt das andere. Während der Abwesenheit des Königs ist es noch schlimmer. Ramses vermag im Nu eine Entscheidung zu treffen, ich plage mich hingegen mit Einzelheiten herum.»

«Denkst du nicht daran zu heiraten?»

«Sprich nicht vom Unglück! Eine Frau würde mir vorwerfen, daß ich zuviel arbeite, meine Sachen in Unordnung bringen und mich daran hindern, dem Pharao so zu dienen, wie es ihm gebührt.»

«Der Pharao, unser Freund …»

«Ist er wirklich auch noch dein Freund, Moses?»

«Zweifelst du daran, Ameni?»

«So wie du dich zuweilen gebärdest, könnten einem schon Bedenken kommen.»

«Das Anliegen der Hebräer ist begründet.»

«Ein Auszug aus Ägypten, welche Torheit!»

«Wenn dein Volk sich in Gefangenschaft befände, würdest du es dann nicht befreien wollen?»

«Welche Gefangenschaft, Moses? In Ägypten ist jeder frei, du ebenso wie alle anderen.»

«Unsere wahre Freiheit besteht darin, unseren Glauben an Jahwe zu verkünden, an den wahren Gott, den alleinigen Gott.»

«Ich kümmere mich um die Verwaltung und nicht um Fragen des Glaubens.»

«Bist du bereit, mir zu sagen, wann Ramses zurückkehrt?»

«Das weiß ich selbst nicht.»

«Würdest du es mir sagen, wenn du es wüßtest?»

Ameni trommelte mit den Fingern auf eine Schreibtafel.

«Ich heiße deine Pläne nicht gut, Moses. Aber weil ich dein Freund bin, muß ich dir gestehen, daß Serramanna dich für einen gefährlichen Mann hält. Stifte keine Unruhe, sonst stellt er mit aller Entschlossenheit die Ordnung wieder her, und du könntest darunter zu leiden haben.»

«Dank Jahwes habe ich vor niemandem Angst.»

«Nimm dich dennoch vor Serramanna in acht. Wenn du die öffentliche Ordnung störst, wird er zuschlagen.»

«Würdest du mir dann nicht zu Hilfe kommen, Ameni?»

«Meine Religion ist Ägypten. Wenn du dein Land verrätst, begibst du dich in die Gefilde der Finsternis.»

«Ich fürchte, daß uns beide nichts mehr miteinander verbindet.»

«Und wer ist daran schuld, Moses?»

Als der Hebräer Amenis Amtsstube verließ, befielen ihn düstere Gedanken. Ofir hatte recht. Er mußte Ramses' Rückkehr abwarten und versuchen, ihn zu überzeugen. Inzwischen konnte er nur hoffen, daß das Wort als Waffe ausreichen würde.

In einem Haus des Hebräerviertels untergebracht, vollendete Ofir die Einrichtung seiner magischen Wirkstätte. Er hatte bereits die ersten Versuche mit der Binse von Kha, Ramses' erstgeborenem Sohn, unternommen, allerdings ohne jeden Erfolg. Der Gegenstand bewegte sich nicht, bebte nicht einmal, als habe ihn nie eines Menschen Hand berührt.

Der magische Schutz, unter dem Kha stand, war so wirksam, daß er den Libyer zu beunruhigen begann. Verfügte er über ausreichende Mittel, um dieses Hindernis zu überwinden? Nur einer konnte ihm helfen: der Gesandte Meba.

Doch der Würdenträger, der ihn aufsuchte, war keineswegs eine strahlende, selbstsichere Erscheinung. Vor Angst schlotternd, in einen Mantel gehüllt, dessen Kapuze sein Gesicht verbarg, glich Meba eher einem Mann auf der Flucht.

«Es ist bereits dunkel», bemerkte Ofir.

«Aber man könnte mich dennoch erkennen ... Für mich ist es sehr gefährlich, hierherzukommen. Hätten wir diese Art der Zusammenkunft nicht besser vermieden?»

«Sie war unerläßlich.»

Meba bedauerte sein Bündnis mit dem hethitischen Spion, wußte aber nicht, wie er die Maschen des Netzes zerreißen sollte.

«Was hast du mir zu sagen, Ofir?»

«Im hethitischen Königreich bahnen sich tiefgreifende Veränderungen an.»

«In welcher Richtung?»

«In einer für uns günstigen Richtung. Und welche Neuigkeiten bringst du mir?»

«Acha ist ein vorsichtiger Mann. Seine Botschaften sind alle verschlüsselt. Nur Ameni kennt ihren Inhalt und leitet das Wesentliche an Ramses weiter. Ich kann sie nicht lesen. Wenn ich zu neugierige Fragen stelle, mache ich mich verdächtig.»

«Ich möchte erfahren, was in diesen Botschaften steht.»

«Die Wagnisse ...»

Ofirs eisiger Blick hielt Meba davon ab, nach weiteren Ausflüchten zu suchen.

«Ich werde mein Bestes tun.»

«Bist du sicher, daß die Schreibbinse, die du entwendet hast, wirklich Kha gehörte?»

«Darüber besteht kein Zweifel.»

«Es war doch Setaou, der Ramses' Sohn mit einem magischen Schutzschild umgeben hat, nicht wahr?»

«So ist es.»

«Setaou ist mit Ramses nach Nubien gefahren, aber er hat Kha wirksamer abgeschirmt, als ich es vermutet hätte. Welche Vorkehrungen hat er getroffen?»

«Er hat ihm Amulette gegeben, glaube ich … Aber ich kann mich nicht mehr in Khas Nähe wagen.»

«Weshalb?»

«Serramanna hegt den Verdacht, daß ich die Binse gestohlen habe. Ein falscher Schritt, und er läßt mich ins Gefängnis werfen.»

«Bewahre kühles Blut, Meba! In Ägypten ist Gerechtigkeit kein leeres Wort. Der Sarde hat keinerlei Beweis gegen dich, also hast du auch nichts zu befürchten.»

«Ich bin überzeugt, daß Kha mich ebenfalls verdächtigt.»

«Gibt es jemanden, dem er vertraut?»

Der Gesandte dachte nach.

«Wahrscheinlich seinem Erzieher, Nedjem, dem Obersten Verwalter der Felder und Haine.»

«Befrage ihn und versuche herauszufinden, von welcher Art diese Amulette sind.»

«Das ist überaus gefährlich.»

«Du stehst im Dienst des hethitischen Königreichs, Meba.»

Der Würdenträger schlug die Augen nieder.

«Ich werde mein Bestes tun, das verspreche ich dir.»

Serramanna versetzte dem Hinterteil der Libyerin, die ihn voller Unschuld, aber Feuer von seinen Sorgen abgelenkt hatte, einen kräftigen Klaps. Sie war kaum zwanzig Jahre alt, hatte Brüste, die des Sarden Hand nicht vergessen würde, und erregende Schenkel, eine wahre Verlockung, die ein Mann von Ehre nicht zurückweisen konnte. Und daß er diesem Stand nun angehörte, schmeichelte dem ehemaligen Seeräuber.

«Ich möchte noch einmal anfangen», wisperte sie.

«Scher dich fort, ich habe zu arbeiten!»

Erschreckt ließ die junge Frau von ihm ab.

Kurz danach schwang sich Serramanna auf sein Pferd und galoppierte zu der Wachstube, in der seine Männer einander ablösten. Meistens spielten sie Würfel oder das Schlangenspiel und besprachen dabei lautstark ihren Sold oder ihre Beförderung. Für die Dauer der Abwesenheit des Herrscherpaares hatte der Sarde ihre Dienstzeiten verlängert, um den Schutz der Mutter des Königs und der übrigen Mitglieder der königlichen Familie zu sichern.

Nun empfing ihn tiefes Schweigen.

«Seid ihr etwa stumm geworden?» fragte Serramanna ahnungsvoll.

Der Aufseher über die Wachstube erhob sich mit hängenden Schultern.

«Wir haben uns vor allen Dingen an die Vorschriften gehalten, Kommandant.»

«Und mit welchem Ergebnis?»

«Wir haben uns an die Vorschriften gehalten, aber der Späher im Hebräerviertel hat kein Glück gehabt … Er hat Meba nicht gesehen.»

«Das heißt, daß er eingeschlafen ist!»

«Das könnte es heißen, Kommandant.»

«Und das nennst du ‹an die Vorschriften halten›?»

«Es war so warm heute …»

«Ich verlange von dir, einem Verdächtigen auf den Sandalen zu bleiben, ihn auf Schritt und Tritt zu verfolgen, vor allem wenn er ins Viertel der hebräischen Ziegelmacher geht, und du läßt ihn entwischen!»

«Das wird nicht wieder vorkommen, Kommandant.»

«Noch ein solcher Fehler, und ich schicke euch alle in eure Heimat zurück, auf eure griechischen Inseln oder wohin auch immer!»

Wütend stapfte Serramanna mit schwerem Schritt aus der Wachstube hinaus. Sein Spürsinn verriet ihm, daß Meba mit den hebräischen Aufwieglern im Bunde stand und daß er bereit war, Moses zu helfen. Viele ebenso dumme Höflinge hatten keine Ahnung, welche Gefahr von dem Propheten ausging.

Ofir schloß die Tür seiner Wirkstätte. Die beiden Männer, die er erwartete, Amos und Baduk, brauchten keine Kenntnis von seinen Versuchen zu erlangen.

Dank der von Weideplatz zu Weideplatz umherziehenden Stämme, die unter der Aufsicht der beiden Männer standen, blieb Ofir in Verbindung mit Hattuscha, der hethitischen Hauptstadt. Dafür ließen sie sich reichlich entlohnen, was wiederum verhindern würde, daß sie ihn allzu früh verrieten.

«König Muwatalli lebt noch immer», berichtete Amos. «Wie es aussieht, wird Uriteschup sein Nachfolger.»

«Fassen die Heerführer schon einen Angriff ins Auge?»

«Nicht sogleich.»

«Bekommen wir Waffen?»

«Ja, in ausreichender Menge, doch es wird Mühe bereiten, sie hierher zu befördern. Um die Hebräer zu versorgen, werden wir viele kleine Lieferungen vornehmen müssen, wenn wir die Aufmerksamkeit der ägyptischen Behörden nicht auf uns lenken wollen. Das wird viel Zeit kosten, aber wir dürfen keine Unvorsichtigkeit begehen. Hast du die Zustimmung von Moses erhalten?»

«Die erhalte ich noch. Ihr lagert die Waffen in den Kellern der Häuser von Hebräern, die entschlossen sind, gegen die Armee und die Ordnungskräfte des Pharaos zu kämpfen.»

«Wir stellen eine Liste zuverlässiger Leute zusammen.»

«Wann fangen wir mit den Lieferungen an?»

«Im nächsten Monat.»

NEUNUNDDREISSIG

DER FÜR DIE SICHERHEIT in der hethitischen Hauptstadt zuständige Offizier war einer der glühendsten Anhänger Uriteschups. Wie viele andere Befehlshaber wartete er voller Ungeduld auf den Tod König Muwatallis und darauf, daß die Macht an dessen Sohn fiel, der endlich den Befehl zum Angriff auf Ägypten erteilen würde.

Nachdem er sich selbst davon überzeugt hatte, daß seine Männer an den entscheidenden Punkten der Stadt in Stellung gegangen waren, kehrte der Offizier in die Kaserne zurück, um dort die wohlverdiente Ruhe zu genießen. Am nächsten Tag würde er diejenigen, denen es an Eifer mangelte, einer harten körperlichen Ertüchtigung unterziehen und einige Strafen verhängen, um den Gehorsam aufrechtzuerhalten.

Hattuscha wirkte mit seinen Wehrgängen und Wachttürmen und den grauen Mauern eher düster, doch schon morgen – nach dem Sieg – würde die hethitische Armee in den reichen Landstrichen Ägyptens frohe Feste feiern und es sich an den Ufern des Nils wohl sein lassen.

Der Offizier setzte sich auf sein Bett, streifte die Sandalen ab und rieb sich die Füße mit einer nicht sehr kostspieligen Salbe aus Brennesseln ein. Als er gerade im Begriff war, in den Schlaf zu sinken, wurde die Tür aufgerissen.

Zwei Soldaten bedrohten ihn mit gezücktem Schwert.

«Was ist denn in euch gefahren? Verschwindet hier!»

«Du bist schlimmer als ein Geier, du hast unseren Anführer, Uriteschup, verraten!»

«Was erzählt ihr da?»

«Hier hast du deinen Lohn!»

Mit einem Schlachtruf stießen sie ihre Schwerter in den Bauch des Verräters.

Eine bleiche Sonne erhob sich über Hattuscha. Nach einer schlaflosen Nacht empfand Uriteschup das Bedürfnis, sich zu stärken. Er trank warme Milch und aß gerade Ziegenkäse, als die zwei Rächer – endlich! – bei ihm erschienen.

«Auftrag ausgeführt!»

«Seid ihr auf Schwierigkeiten gestoßen?»

«Nicht die geringsten. Alle Verräter waren vollkommen überrascht.»

«Laßt vor dem Löwentor einen Scheiterhaufen errichten und legt die Leichname darauf. Morgen werde ich selbst das Feuer anzünden, das sie verzehren soll. So mag jeder erfahren, welches Los denen bestimmt ist, die versuchen, mir in den Rücken zu fallen.»

Dank der Namen, die Acha ihm genannt hatte, war die Säuberung rasch vonstatten gegangen. Hattuschili hatte nun keinen Kundschafter mehr, der ihm aus Uriteschups nächster Nähe berichten könnte.

Der Oberbefehlshaber begab sich zum König, den zwei Diener auf die Terrasse seines Palastes hoch über der Stadt getragen hatten.

Mit starrem Blick saß Muwatalli in einem Sessel und umklammerte die Armlehnen.

«Kannst du heute sprechen, Vater?»

Der Mund öffnete sich, doch kein Laut überwand die Lippen. Uriteschup war beruhigt.

«Du brauchst dir keine Sorgen um das Königreich zu machen, ich wache darüber. Hattuschili verbirgt sich fernab der Hauptstadt, er hat keinerlei Einfluß mehr, und es ist nicht einmal nötig, daß ich mich seiner entledige. Dieser Feigling wird in Angst und Vergessenheit vermodern.»

In Muwatallis Augen flackerte Haß auf.

«Du hast nicht das Recht, mich zu tadeln, Vater. Wenn die Macht sich nicht darbietet, muß man sie dann nicht an sich reißen, mit welchen Mitteln auch immer?»

Uriteschup zog seinen Dolch aus der Scheide.

«Bist du nicht des Leidens müde, Vater? Ein großer König findet doch nur an der Kunst des Herrschens Geschmack. Welche Hoffnung hast du denn in deinem Zustand noch, sie jemals wieder auszuüben? Strenge dich an, daß dein Blick mich anfleht, dieser furchtbaren Qual ein Ende zu bereiten.»

Er ging auf Muwatalli zu. Die Lider des Königs senkten sich nicht.

«Billige meine Tat, billige sie und überlasse mir diesen Thron, der mir zusteht!»

In tiefster Seele weigerte sich Muwatalli beharrlich, und sein starrer Blick trotzte dem Angreifer.

Uriteschup hob bereits den Arm.

«Bei allen Göttern, weiche endlich!»

Da hielt eine Armlehne des Sessels dem Druck von Muwatallis Fingern nicht mehr stand und barst wie eine reife Frucht. Vor Schreck ließ sein Sohn den Dolch fallen, der auf den Steinplatten davonrollte.

In dem nordöstlich der hethitischen Hauptstadt an einem Berghang gelegenen Felsenheiligtum Yazilikaya wuschen die Priester die Statue des Wettergottes, um ihm seine Macht zu erhalten. Dann vollzogen sie die Rituale, mit denen das Chaos zurückgedrängt und in der Erde eingeschlossen werden sollte. Darauf schlugen sie sieben Nägel aus Eisen, sieben aus Bronze und sieben aus Kupfer ein, ehe sie ein junges Schwein opferten, dem dunkle, das Gleichgewicht des Landes bedrohende Kräfte innewohnten.

Nach dieser Zeremonie schritten sie an dem Relief der Zwölfgötter vorüber, blieben vor einem steinernen Tisch stehen und nahmen einen starken, berauschenden Trank zu sich, um jedweden Mißmut aus ihren Gedanken zu verbannen. Danach begaben sie sich über eine aus dem Stein gehauene Treppe in eine Kapelle im Inneren des Felsens, um dort zu beten.

Ein Priester und eine Priesterin verließen den feierlichen Zug und stiegen in eine unterirdische, von Öllampen beleuchtete Kammer hinunter. Dort nahmen Hattuschili und Puducheba die Kapuzen ab, die ihre Gesichter verhüllt hatten.

«Dieser Augenblick des Friedens hat mir neue Kraft verliehen», bekannte Puducheba.

«Hier sind wir in Sicherheit», beteuerte Hattuschili. «Keiner von Uriteschups Soldaten wird sich in diesen heiligen Bereich vorwagen. Zur Vorsicht habe ich dennoch Späher rund um das Heiligtum aufgestellt. Bist du mit der Reise, die du unternommen hast, zufrieden?»

«Die Ergebnisse haben meine Erwartungen übertroffen. Viele Offiziere sind Uriteschup weniger ergeben, als wir es vermutet hätten, und sie sind sehr empfänglich für die Vorstellung, ein hübsches Vermögen zu erwerben, ohne sich dafür töten zu lassen. Manche sind sich auch über die Gefahr im klaren, die von Assyrien ausgeht, und erachten es für notwendig, unsere Verteidigungsanlagen auszubauen, anstatt uns in ein törichtes Abenteuer zu stürzen und Ägypten anzugreifen.»

Hattuschili sog die Worte seiner Gemahlin wie Nektar ein.

«Träume ich, Puducheba, oder bringst du mir wirklich neue Hoffnung?»

«Achas Gold hat Wunder bewirkt und so manche Zunge gelöst. Es gibt hohe Offiziere, die Uriteschups Anmaßung, Hoffart und Grausamkeit verabscheuen. Sie glauben nicht mehr an sein eitles Gerede und auch nicht mehr an seine Fähigkeit, Ramses zu besiegen, und sie verzeihen ihm nicht, wie er sich dem König gegenüber gebärdet. Gewiß, er hat es nicht gewagt, ihn zu ermorden, aber sehnt er nicht unverhohlen seinen Tod herbei? Wenn wir geschickt vorgehen, wird Uriteschups Herrschaft nur von kurzer Dauer sein.»

«Mein Bruder liegt im Sterben, und ich vermag ihm nicht zu helfen ...»

«Möchtest du, daß wir einen Gewaltstreich versuchen?»

«Das wäre ein Fehler, Puducheba. Muwatallis Schicksal ist besiegelt.»

Die schöne Priesterin betrachtete ihren Gemahl voller Bewunderung.

«Bringst du den Mut auf, deine Gefühle zu opfern, um über Hatti zu herrschen?»

«Wenn es sein muß ... Aber die Gefühle, die mich mit dir verbinden, sind unzerstörbar.»

«Wir werden gemeinsam kämpfen, und wir werden gemeinsam siegen, Hattuschili. Wie haben dich die Kaufleute empfangen?»

«Ihr Vertrauen ist unvermindert. Wegen der Fehler, die Uriteschup begeht, ist es sogar noch gewachsen. Ihrer Meinung nach wird er das Königreich ins Verderben stürzen. Wir haben die Unterstützung der Provinzen, aber nicht die der Hauptstadt.»

«Das Gold von Acha ist bei weitem noch nicht aufgebraucht. Ich werde mich nach Hattuscha begeben und Offiziere hohen Ranges dazu überreden, sich auf unsere Seite zu stellen.»

«Und wenn du Uriteschup in die Hände fällst ...»

«Wir haben Freunde in Hattuscha. Sie werden mir Unterschlupf gewähren, und ich werde dafür Sorge tragen, daß ich nur kurze Gespräche an verschiedenen Orten führe.»

«Das ist zu gefährlich, Puducheba.»

«Gönnen wir Uriteschup keine Atempause und verlieren wir keine Stunde Zeit.»

Acha schlief noch halb, während sich die Zunge der jungen blonden Hethiterin langsam seinen Rücken hinauftastete. Als sich das Vergnügen seiner Sinne bemächtigte, erwachte er aus seinem Dämmerzustand, drehte sich zur Seite und schlang die Arme um die Geliebte, deren Brüste bebten. Er schickte sich gerade an, sie mit noch nie dagewesener Zärtlichkeit zu belohnen, als Uriteschup unerwartet in das Gemach trat.

«Du denkst nur an die Liebe, Acha!»

«Deine Hauptstadt erweist sich als reich an aufregenden Entdeckungen.»

Uriteschup packte die blonde Frau bei den Haaren und warf sie hinaus.

«Ich bin in vortrefflicher Stimmung», erklärte der Hethiter, dessen Muskeln noch deutlicher hervortraten als gewöhnlich.

Mit seiner wallenden Mähne und der fuchsrot behaarten Brust trug der Sohn des Königs zur Schau, daß er zum erbarmungslosen Krieger wie geschaffen war.

«Alle meine Widersacher sind beseitigt», erklärte Uriteschup. «Es gibt keinen einzigen Verräter mehr. Fortan wird mir die Armee aufs Wort gehorchen.»

Uriteschup hatte lange überlegt, ehe er mit der Säuberung begann. Falls Acha die Wahrheit gesagt hatte, war das die Gelegenheit, die räudigen Schafe auszumerzen, hatte er gelogen, waren all jene aus dem Weg geräumt, die irgendwann mit ihm in Wettstreit hätten treten können. Diese vom ägyptischen Gesandten angeregte Bluttat, brachte ihm alles in allem nur Vorteile.

«Verwehrst du mir immer noch, mich der Krankheit deines Vaters anzunehmen?»

«Der König ist unheilbar, Acha. Es ist sinnlos, ihn mit Arzneien zu quälen, die seinen Zustand nicht verbessern würden und seine Leiden nur zu verschlimmern drohen.»

«Soll das Königreich ohne Führung bleiben, weil er nicht mehr regieren kann?»

Uriteschup lächelte siegesgewiß.

«Die hohen Offiziere werden schon bald mich zum Herrscher ernennen.»

«Schließen wir dann einen langen Waffenstillstand?»

«Zweifelst du etwa daran?»

«Nein, ich habe doch dein Wort.»

«Trotzdem gibt es noch ein großes Hindernis: Hattuschili, den Bruder des Königs.»

«Hat er nicht jeglichen Einfluß verloren?»

«Solange er lebt, wird er danach trachten, mir zu schaden. Er wird sich mit den Kaufleuten gegen mich verschwören, damit sie mir die Mittel entziehen, deren ich bedarf, um die Armee richtig auszurüsten.»

«Bist du nicht imstande, ihn daran zu hindern?»

«Hattuschili ist ein wahrer Aal und versteht es, durch alle Netze zu schlüpfen.»

«Das ist mißlich», räumte Acha ein. «Aber es gibt eine Lösung.»

Uriteschups Blick leuchtete auf.

«Welche, mein Freund?»

«Du kannst ihm eine Falle stellen.»

«Und … du würdest mir helfen, ihn gefangenzunehmen?»

«Ist das nicht die Aufgabe eines ägyptischen Abgesandten, der dem künftigen König von Hatti ein prachtvolles Geschenk machen möchte?»

VIERZIG

NEFERTARI HATTE IHRE Gabe der Seherin eingesetzt und Ramses' Ahnungen bestätigt: Die Ansammlung der Flußpferde, die im Begriff waren, sich einen erbitterten Kampf zu liefern, und dabei die königliche Flotte zu zerstören drohten, war kein Zufall. Treiber und Fischer hatten die riesigen Tiere an jener Stelle aufeinandergehetzt.

«Chenar ... er hat sie dazu angestiftet», vermutete Ramses. «Er wird es nie aufgeben, uns vernichten zu wollen, das ist sein einziger Grund zu leben. Nimmst du es auf dich, Nefertari, daß wir unseren Weg gen Süden fortsetzen?»

«Der Pharao darf seinem Vorhaben nicht entsagen.»

Die Landschaften Nubiens und der Nil ließen sie Chenar und seinen Haß vergessen. Sobald sie irgendwo anlegten, fingen Lotos und Setaou wunderschöne Kobras, darunter eine, die einen schwarzen Kopf mit roten Streifen hatte. Die Ausbeute an Gift versprach reichlich zu werden.

Die verführerische Nubierin mit der goldbraunen Haut war hübscher denn je, der Palmwein feurig, und die Wonnen der Liebe in den milden Nächten machten die Reise zu einem Fest der Sinne.

Wenn das erste Licht des anbrechenden Tages das Grün der Palmen und das Ockergelb der Hügel neu belebte, genoß Nefertari die Freude dieser Wiedergeburt der Sonne, die Hunderte von

Vögeln mit ihrem Gesang begrüßten. Jeden Morgen huldigte sie, nach alter Sitte in einem weißen Kleid mit Trägern, den Göttern des Himmels, der Erde und der Welt dazwischen und dankte ihnen dafür, daß sie dem Volk Ägyptens das Leben geschenkt hatten.

Auf einer Sandbank lag ein gestrandetes Handelsschiff, auf dem keinerlei Anzeichen von Leben zu erkennen waren.

Ramses ließ die Fahrt unterbrechen. Dann bestieg er mit Setaou und zwei Matrosen eine kleine Barke, um sich das Wrack aus der Nähe anzusehen. Nefertari hatte sich zwar bemüht, ihn davon abzuhalten, doch er war überzeugt, daß es sich um Chenars Boot handelte, und hoffte, dort Hinweise auf ihn zu finden.

An Deck regte sich nichts.

«Die Tür des Laderaums ist verschlossen», sagte einer der Schiffer.

Mit Setaous Hilfe zerbrach er den hölzernen Riegel.

Weshalb war das Boot hier gestrandet, an einer ungefährlichen Stelle des Flusses? Weshalb war es so überstürzt aufgegeben worden, daß die Mannschaft nicht einmal die Fracht bergen konnte?

Der Matrose versuchte, in den Laderaum einzusteigen.

Da zerriß ein furchtbarer Schrei die Stille des frühen Morgens. Setaou wich zurück. Er, der selbst vor den gefährlichsten Kriechtieren keine Angst hatte, stand wie versteinert da.

Mehrere Krokodile hatten nach den Beinen des Mannes geschnappt und begannen ihn zu verschlingen. Und schon schrie er nicht mehr.

Ramses wollte dem Unglücklichen zu Hilfe eilen, doch Setaou hielt ihn zurück.

«Das wäre dein sicherer Tod ... Ihn kann keiner mehr retten.»

Sie waren in einen erneuten Hinterhalt geraten, ebenso grausam wie der vorherige. Chenar hatte vorhergesehen, wie sein Bruder sich verhalten würde, dessen Unerschrockenheit allgemein bekannt war.

Wutentbrannt kehrte der König mit Setaou und dem zweiten Matrosen um. Sie sprangen von dem Wrack auf die Sandbank.

Doch zwischen ihnen und ihrer Barke lauerte ein riesiges, an die sechzehn Ellen langes Krokodil, das sie mit stierem Blick und weit aufgerissenem Maul beobachtete. Obgleich es reglos wie ein Stein dalag, konnte sich das Ungeheuer mit unglaublicher Geschwindigkeit bewegen. Symbolisierte in der Hieroglyphenschrift das Zeichen für das Krokodil nicht blitzschnelles Handeln, gegen das niemand gefeit war?

Setaou blickte um sich: Sie waren von weiteren Kriechtieren umgeben und hatten keine Aussicht, ihnen zu entrinnen.

Manche Krokodile, aus deren noch geschlossenen Mäulern Zähne herausragten, die schärfer als Dolche anmuteten, schienen in der Vorfreude auf ihre Beute zu lächeln.

Vom königlichen Schiff aus war die Sandbank nicht zu sehen. In einer Weile würde man an Bord unruhig werden, weil die kleine Gruppe nicht zurückkehrte, aber dann war es bereits zu spät.

«Ich möchte nicht auf diese Weise sterben», murmelte Setaou.

Ramses zog langsam einen Dolch aus der Scheide. Er wollte sich wenigstens zur Wehr setzen. Wenn das Ungeheuer ihn angriff, würde er versuchen, unter sein Maul zu rutschen und ihm die Kehle aufzuschlitzen. Doch das war ein aussichtsloser Kampf, den Chenar, ohne selbst in Erscheinung treten zu müssen, gewinnen würde.

Das Krokodil schnellte etwa vier Ellen weit vor, dann verharrte es erneut reglos. Der Matrose war auf die Knie gesunken und hielt sich die Hände vor die Augen.

«Wir schreien gemeinsam ganz laut und stürzen uns auf das Tier», sagte Ramses zu Setaou. «Vielleicht hört man uns auf dem Schiff. Du greifst von links an und ich von rechts.»

Ramses' letzter Gedanke galt Nefertari, die so nahe und doch schon so unerreichbar war. Dann versuchte er, an nichts mehr zu denken, sammelte all seine Kraft und behielt das riesige Krokodil fest im Blick.

Der König wollte gerade seinen Schrei ausstoßen, als das Dornengestrüpp am Ufer des Flusses erzitterte und ein dröhnendes Trompeten losbrach, so laut, daß selbst die Krokodile erschraken.

Es war das Trompeten eines gewaltigen Elefantenbullen, der ins Wasser glitt, rasch näher kam und auf die Sandbank stapfte. Mit dem Rüssel packte er das Ungeheuer am Schwanz und schleuderte es zu seinen Artgenossen. So hastig, daß sie sich gegenseitig bedrängten, verschwanden die Krokodile im Fluß.

«Du bist es», stellte Ramses fest, «du, mein treuer Freund!»

Behutsam schlang der Elefant seinen Rüssel um den Leib des Königs von Ägypten, hob ihn hoch und setzte ihn auf seinem Nacken ab, indes die großen Ohren die Luft peitschten.

«Einst habe ich dein Leben gerettet, und heute rettest du meines.»

Durch einen in seinem Rüssel steckenden Pfeil verletzt und mit Ramses' und Setaous Hilfe wieder genesen, war der damals noch junge Elefant zu einem prächtigen Bullen mit kleinen, vor Klugheit blitzenden Augen herangewachsen.

Als der König ihm die Stirn kraulte, trompetete er von neuem, dieses Mal aus Freude.

Nedjem, der Oberste Verwalter der Felder und Haine, schrieb seinen Bericht fertig. Dank der Überschwemmung, die genau das richtige Ausmaß erreicht hatte, würden die Speicher gut gefüllt werden und die Beiden Länder ein Jahr des Überflusses erleben. Die strenge Amtsführung der Schreiber des Schatzhauses würde es sogar zulassen, die Abgaben zu senken. Wenn Ramses in seine

Hauptstadt zurückkehrte, würde er feststellen, daß jeder hohe Beamte unter Amenis wachsamem und kritischem Auge seiner Pflicht mit Eifer nachgekommen war.

Eilenden Schrittes begab sich Nedjem in den Palastgarten, in dem Kha nun mit seiner Schwester Merit-Amun spielen sollte. Doch er traf nur das kleine Mädchen an, das sich auf der Laute übte.

«Ist dein Bruder schon lange fort?»

«Er ist überhaupt nicht gekommen.»

«Wir wollten uns hier treffen ...»

Nedjem machte sich auf den Weg in die Bibliothek. Dort hatte er Kha kurz nach dem Mittagessen zurückgelassen, weil der Knabe die von den Weisen zur Zeit der Pyramiden verfaßten Lehren abschreiben wollte.

Er saß tatsächlich noch mit untergeschlagenen Beinen da und ließ eine fein zugespitzte Binse flink über den Papyrus gleiten, den er auf seinen Knien ausgerollt hatte.

«Aber ... bist du denn nicht erschöpft?»

«Nein, Nedjem. Diese Schriften sind so schön, daß sie die Müdigkeit verfliegen lassen und die Hand geschmeidig machen.»

«Du solltest vielleicht doch aufhören.»

«O nein, jetzt nicht! Ich möchte noch so gern mit der Lehre von der Berechnung der Flächen und Figuren fortfahren, die der Baumeister der Pyramide von König Unas in Sakkara ersonnen hat.»

«Das Abendessen ...»

«Ich habe keinen Hunger, Nedjem. Darf ich noch hierbleiben, ja?»

«Nun gut, ich gestehe dir noch eine Weile zu, aber ...»

Kha stand auf, küßte seinen Erzieher auf beide Wangen, dann nahm er von neuem die Haltung eines Schreibers ein und las und schrieb und lernte begierig weiter.

Kopfschüttelnd verließ Nedjem die Bibliothek. Wieder einmal wunderte er sich über die außerordentliche Begabung dieses Kindes. Ramses' erstgeborener Sohn war zu einem vielversprechenden Jüngling herangereift. Wenn Kha auch künftig sein Wissen so emsig mehrte, konnte der Pharao sicher sein, einen würdigen Nachfolger zu bekommen.

«Wie steht es um die Felder und Haine, mein lieber Nedjem?»

Die Stimme, die ihn aus seiner tiefen Nachdenklichkeit riß, war die Stimme des elegant gekleideten Meba, der ihm freundlich zulächelte.

«Gut, sehr gut!»

«Wir haben seit langem keine Gelegenheit mehr gehabt, miteinander zu reden ... Würdest du mir die Ehre erweisen, mit mir zu Abend zu essen?»

«Ein Übermaß an dringenden Aufgaben zwingt mich, diese Einladung auszuschlagen.»

«Das betrübt mich sehr.»

«Mich auch, Meba, aber hat der Dienst am Königreich nicht Vorrang vor den Zerstreuungen?»

«Das ist die Auffassung aller Diener des Pharaos. Lenkt sie nicht jeden unserer Schritte?»

«Leider sind die Menschen nur Menschen und vergessen oft ihre Pflicht.»

Meba konnte diesen einfältigen, jedem Vergnügen abholden Griesgram, der andere stets zu belehren suchte, nicht ausstehen, mußte ihm aber Achtung und Aufmerksamkeit zollen, um ihm die Auskünfte zu entlocken, deren er bedurfte.

Die Lage des Gesandten war nicht gerade glänzend. Mehrere fruchtlose Versuche hatten ihn erkennen lassen, daß es ihm nicht gelingen würde, den Inhalt von Achas verschlüsselten Botschaften zu erfahren. Ameni beging nicht die geringste Unvorsichtigkeit.

«Darf ich dich nach Hause fahren? Ich habe einen neuen Wagen und zwei sehr sanfte Pferde.»

«Ich gehe lieber zu Fuß», entgegnete Nedjem abweisend.

«Hast du die Gelegenheit gehabt, Kha zu sehen?»

Nun hellte sich das Gesicht des Obersten Verwalters der Felder und Haine auf.

«Ja, mir ist dieses Glück zuteil geworden.»

«Ein erstaunlicher Knabe!»

«Mehr als erstaunlich. Er ist zum König wie geschaffen.»

Meba setzte eine ernste Miene auf.

«Nur ein Mann wie du, Nedjem, vermag ihn vor schlechten Einflüssen zu bewahren. Fähigkeiten wie seine erwecken zwangsläufig Neid und Begierden.»

«Sei ohne Sorge, Setaou hat ihn gegen den bösen Blick abgeschirmt.»

«Bist du ganz sicher, daß er alle nötigen Vorkehrungen getroffen hat?»

«Ein Amulett in der Form eines Papyrusstengels, das seine Kraft wachsen und gedeihen läßt, und an seinem Handgelenk ein Leinenband, auf das Setaou ein unversehrtes Auge gezeichnet hat, ist das nicht eine vortreffliche magische Abwehr zerstörerischer Mächte, woher sie auch immer kommen mögen?»

«Das ist in der Tat sehr wirksam.»

«Darüber hinaus», fügte Nedjem hinzu, «macht sich Kha jeden Tag mit den Zaubersprüchen vertraut, die in die Wände der Arzneikammer des Amun-Tempels eingemeißelt sind. Glaube mir, dieses Kind ist gut geschützt.»

«Du siehst mich beruhigt. Übrigens, darf ich meine Einladung zum Abendessen wiederholen?»

«Um es freimütig zu bekennen, ich schätze Geselligkeiten nicht sehr.»

«Wie gut ich dich verstehen kann, mein Lieber! Im Gesandtschaftswesen ist es leider nicht möglich, ihnen aus dem Weg zu gehen.»

Nachdem die beiden Männer sich voneinander verabschiedet hatten, wäre Meba vor Freude am liebsten herumgehüpft wie ein toll gewordener Hund. Ofir würde mit ihm zufrieden sein.

EINUNDVIERZIG

ALS DAS KÖNIGLICHE Schiff in Abu Simbel anlegte, trompetete der Elefantenbulle, der auf seinen Wüstenpfaden mit ihm Schritt gehalten hatte, einen Willkommensgruß. Von der Kuppe des Felsens aus würde er über Ramses wachen, der mit größtem Wohlgefallen die kleine Bucht voll goldgelben Sandes wiederentdeckte, in der sich der Berg teilte und aufs neue vereinte. Der König erinnerte sich daran, wie er dieses verzauberten Ortes zum erstenmal gewahr geworden war und wie Lotos Jahre später hier den Stein der Göttin, dem heilende Kräfte innewohnten, gesucht und gefunden hatte.

Die schöne Nubierin konnte der Verlockung nicht widerstehen, sprang nackt in die Fluten und schwamm mit geschmeidigen Bewegungen dem sonnenbeschienenen Ufer zu. Einige Schiffer taten es ihr gleich, glücklich, daß sie wohlbehalten angekommen waren.

Alle waren von der Erhabenheit dieser Stätte mit den beiden hoch aufragenden Felsen überwältigt, die den Schiffern als Landmarken dienten. Der Nil folgte hier in einer sanften Biegung dem Sandstein, der sich in zwei Sporne teilte. Zwischen ihnen senkte sich eine tiefe Mulde zum Fluß hinunter.

Wassertropfen glitzerten wie Silber auf Lotos' Haut, als sie lachend den Abhang erklomm, gefolgt von Setaou in seinem Gewand aus Antilopenleder.

«Welche Gefühle weckt dieser Ort in dir?» fragte Ramses seine Gemahlin.

«Ich spüre die Anwesenheit der Göttin Hathor. Die Steine gleichen Sternen, das Gold des Himmels läßt sie erstrahlen.»

«An der Nordseite fällt dieses Sandsteingebirge als steile Wand bis zum Wasser ab, indes es an der Südseite sanft ausläuft und den Blick auf eine weite Ebene freigibt. Mir gefallen vor allem die beiden Felssporne, ein schönes Paar. Hier werde ich unserer Liebe huldigen und zwei Heiligtümer errichten lassen, die so untrennbar wie der Pharao und seine Große Königsgemahlin miteinander verbunden sind. Dein Bild wird hier für alle Zeit in den Stein gemeißelt sein und die Sonne schauen, die dich jeden Tag zu neuem Leben erwecken wird.»

Obgleich dieses Verhalten nicht gerade höfischem Zeremoniell entsprach, schlang Nefertari ihre Arme zärtlich um Ramses' Hals und küßte ihn stürmisch.

Sobald sich sein Schiff auf Sichtweite Abu Simbel näherte, rieb sich der Vizekönig von Nubien die Augen, denn er vermeinte, einem Trugbild zum Opfer zu fallen.

Am Ufer hatten Dutzende von Steinhauern ein Lager aufgeschlagen, das darauf schließen ließ, daß hier ein riesiges Bauwerk entstehen sollte. Manche standen bereits auf hölzernen Gerüsten und hatten damit begonnen, den Sandstein zu bearbeiten, indes andere große Felsblöcke zerteilten. Lastkähne hatten das nötige Werkzeug herbeigeschafft, und die Aufseher, auf den unerläßlichen Gehorsam bedacht, hatten die Handwerker in kleine Gruppen eingeteilt, denen sie ihre Aufgaben zuwiesen.

Der Oberaufseher über diese Baustätte war kein Geringerer als Ramses selbst. Auf einem freien Platz lagen Entwürfe und Baupläne. Der König wachte darüber, daß seine Vorstellungen aufs genaueste verwirklicht wurden, und ließ die Fehler in den Zeichnungen berichtigen, nachdem er sich mit dem Baumeister und dem Vorsteher der Bildhauer beraten hatte.

Wie konnte der Vizekönig von Nubien dem Herrscher seine Anwesenheit kundtun, ohne ihn zu behelligen? Er hielt es für ratsam, zu warten, bis Ramses' Blick auf ihn fiel. Hieß es nicht, daß der König leicht reizbar sei und es verabscheue, gestört zu werden?

Irgend etwas streifte den linken Fuß des Vizekönigs, sanft und kühl. Der hohe Beamte senkte den Blick und erstarrte.

Eine Schlange, rot und schwarz gemustert und mindestens zwei Ellen lang! Sie hatte sich auf dem Sand herangeschlichen und verharrte nun reglos auf seinem Fuß. Falls er sich bewegte, würde sie ihn beißen. Selbst wenn er nur aufschrie, mochte das den Angriff des Kriechtieres auslösen.

Wenige Schritte von ihm entfernt befand sich eine junge Frau mit nackten Brüsten. Sie trug einen kurzen Schurz, den ein leichter Wind anhob, so daß er ihre Reize mehr enthüllte als verbarg.

«Eine Schlange», flüsterte der Vizekönig, dem es trotz der Hitze eiskalt über den Rücken lief.

Lotos blieb gelassen.

«Wovor hast du denn Angst?»

«Aber ... diese Schlange ...»

«Sprich lauter, ich kann dich nicht verstehen.»

Langsam kroch das Tier an der Wade des Vizekönigs hinauf. Er brachte kein Wort mehr über die Lippen.

Da kam Lotos näher.

«Hast du sie aufgeschreckt?»

Dem hohen Beamten drohte übel zu werden.

Die hübsche Nubierin ergriff die schwarz-rote Schlange und wand sie um ihren linken Arm. Weshalb fürchtete sich dieser zu fette, schwammige Mensch vor einem Kriechtier, dem sie doch bereits sein Gift abgenommen hatte?

Der Vizekönig lief keuchend davon, stolperte über einen Stein und kam, nicht weit von Ramses entfernt, zu Fall. Verwundert betrachtete der Herrscher den stattlichen Mann, der vor ihm mit der Nase im Sand lag.

«Ist diese Form der Ehrerbietung nicht ein wenig übertrieben?»

«Ich bitte um Vergebung, Majestät, aber eine Schlange ... Ich bin soeben dem Tod entronnen!»

Der Vizekönig stand auf.

«Hast du Chenar festgenommen?»

«Sei versichert, Majestät, daß ich keine Mühen gescheut habe. Es ist alles Erdenkliche unternommen worden.»

«Du hast meine Frage nicht beantwortet.»

«Unser Mißerfolg wird nicht von Dauer sein. Meine Soldaten überwachen Ober- und Unternubien aufs beste. Der Unruhestifter wird uns nicht entkommen.»

«Weshalb hast du dich nicht eher auf den Weg gemacht, um mir entgegenzufahren?»

«Die Erfordernisse der Sicherheit ...»

«Zählen sie in deinen Augen mehr als das Königspaar?»

Das Gesicht des Vizekönigs lief rot an.

«Gewiß nicht, Majestät! Das wollte ich damit nicht gesagt haben und ...»

«Folge mir!»

Der hohe Beamte befürchtete schon, der Pharao würde gleich in Zorn ausbrechen, doch Ramses blieb ruhig.

Er führte ihn in eines der großen, am Rande der Baustätte aufgeschlagenen Zelte. Dort wurden die Kranken gepflegt, und Setaou hatte soeben einen Verband um die von einem Sandsteinblock aufgeschürfte Wade eines Steinhauers angelegt.

«Liebst du Nubien, Setaou?» fragte der König.

«Mußt du mich das wirklich erst fragen?»

«Wie mir scheint, ist auch deine Gemahlin von diesem Land überaus angetan.»

«Sie zehrt mich hier aus. Man könnte meinen, ihr wachsen neue Kräfte zu, sie wird in der Liebe immer unersättlicher.»

Der Vizekönig war starr vor Schreck. Wie konnte es jemand wagen, in diesem Ton mit dem Herrn der Beiden Länder zu sprechen?

«Du kennst diesen hohen Beamten, der uns die Freude bereitet hat, zu uns zu kommen.»

«Mir sind Beamte zuwider», entgegnete Setaou. «Sie mästen sich mit ihren Sonderrechten, bis sie an ihnen ersticken.»

«Tut mir leid für dich.»

Setaou blickte den König erstaunt an.

«Was soll das heißen?»

«Nubien ist ein sehr großes Land, es zu verwalten ist eine schwere Bürde. Bist du nicht dieser Meinung, Vizekönig?»

«Doch, doch, Majestät!»

«Allein die schöne Provinz Kusch erfordert eine starke Hand. Dieser Meinung bist du doch auch, Vizekönig?»

«Gewiß, Majestät!»

«Da ich deiner Meinung größte Beachtung schenke, habe ich beschlossen, meinen Freund Setaou zum ‹Königlichen Sohn in der Provinz Kusch› zu ernennen und ihn mit ihrer Verwaltung zu betrauen.»

Als ginge ihn das alles nichts an, faltete Setaou Wäschestücke zusammen. Der Vizekönig glich einer Statue, bei der es der Bildhauer versäumt hatte, sie zum Leben zu erwecken.

«Majestät, ich befürchte Mißhelligkeiten, meine Beziehungen zu Setaou …»

«Die werden offen und herzlich sein, davon bin ich überzeugt. Kehre in die Festung von Buhen zurück und kümmere dich vor allem darum, daß Chenar festgenommen wird.»

Wie betäubt zog sich der Vizekönig zurück.

Setaou verschränkte die Arme.

«Ich nehme an, Majestät, es handelt sich nur um einen Scherz.»

«Diese Region bietet Schlangen in großer Zahl, ihr werdet viel Gift einsammeln, Lotos wird glücklich sein, und ihr könnt in einer unvergleichlich schönen Gegend leben. Ich brauche dich, mein Freund, zur Aufsicht über die Bauarbeiten. Du mußt darüber wachen, daß die zwei Tempel von Abu Simbel erstehen. Die beiden Heiligtümer sind dazu bestimmt, dem Bild des Königspaares Unsterblichkeit zu verleihen. Hier im Herzen Nubiens wird sich das Mysterium unserer Kultur vollziehen. Aber wenn dir meine Entscheidung mißfällt, stelle ich dir frei abzulehnen.»

Setaou knurrte leise.

«Du hast dich sicher mit Lotos verbündet … Und wer vermag sich schon dem Willen des Pharaos zu widersetzen?»

Durch die Magie der Rituale schickte der König die Seelen der Feinde aus dem Süden gen Norden, die der Feinde aus dem Norden gen Süden, die aus dem Westen gen Osten und die aus dem Osten gen Westen. Dank dieser Umkehrung der Himmelsrichtungen, die Abu Simbel der Welt entrückte, würde die Stätte gegen alle menschlichen Leiden gefeit sein, und das Feld magischer Kräfte, das die Königin um die künftigen Bauwerke herum schuf, würde sie gegen alle Angriffe von außen schützen.

In der kleinen Kapelle vor der Fassade des großen Tempels brachte Ramses der Maat die Liebe dar, die ihn mit Nefertari verband, auf daß das dem Licht vermählte Königspaar, von dessen Eintracht Abu Simbel für alle Zeit künden sollte, die göttlichen

Wirkkräfte heraufbeschwören konnte, den Lebensquell, aus dem das Volk Ägyptens gespeist wurde.

Unter der Aufsicht von Ramses und Nefertari wurden der Tempel des Königs und der Tempel der Königin geboren. Die Handwerker drangen ins Innere des Sandsteins vor, um dort dem Allerheiligsten Raum zu schaffen. Der Fels sollte in einer Breite von sechsundsiebzig Ellen und bis zu einer Höhe von sechsundsechzig Ellen behauen und geformt und einhundertsechsundzwanzig Ellen tief ausgehöhlt werden.

Als Ramses' und Nefertaris Namen zum erstenmal in den Stein von Abu Simbel gemeißelt wurden, erteilte der König den Befehl zum Aufbruch.

«Kehrst du nach Pi-Ramses zurück?» fragte Setaou.

«Noch nicht. Zuvor werde ich noch weitere Stätten in Nubien ausfindig machen, an denen ich Heiligtümer errichten lasse. Viele Götter und Göttinnen werden in diesem Land des Feuers wohnen, und du wirst die Anstrengungen unserer Baumeister aufeinander abstimmen. Möge Abu Simbel der strahlende Mittelpunkt werden, den zahlreiche Heiligtümer umgeben, die dazu beitragen, den Frieden zu festigen. Es wird viele Jahre dauern, dieses Werk zu vollbringen, doch wir werden die Zeit besiegen.»

Bewegt, aber gefaßt blickte Lotos dem königlichen Schiff nach. Von der Kuppe des Felsens aus bewunderte sie Ramses und Nefertari, die im Bug standen, während das Boot mit dem weißen Segel über das Wasser glitt, in dem sich der Himmel Nubiens spiegelte.

Was Lotos schon immer gefühlt hatte, vermochte sie nun in Worte zu fassen: Weil Ramses Nefertari liebte und sich von ihr geliebt wußte, war er ein großer Pharao geworden.

Nefertari, die Herrin von Abu Simbel, öffnete die Wege des Himmels und der Erde.

ZWEIUNDVIERZIG

CHENAR RASTE VOR WUT.
Nichts war so abgelaufen, wie er es geplant hatte. Nach den mißlungenen Versuchen, Ramses zu töten und seine Expedition nach Nubien scheitern zu lassen, hatte Chenar sich genötigt gesehen, die Flucht nach vorn anzutreten und in den tiefen Süden vorzudringen.

Die Bewohner des Dorfes, in dem er ein Boot gestohlen hatte, waren auf den unseligen Gedanken gekommen, Anklage zu erheben. Deshalb hatten ihn die Soldaten des Vizekönigs verfolgt, und ohne die Wendigkeit der nubischen Schiffer wäre er ihnen auch in die Hände gefallen. Aus Vorsicht hatte er den Kahn aufgegeben und sich in der Hoffnung, seine Spuren zu verwischen, in die Wüste geschlagen. Der kretische Söldner, sein treuester Gefolgsmann, schimpfte unentwegt über die Hitze sowie über die ständige Gefahr, die ihnen von Schlangen, Löwen und anderen Raubtieren drohte.

Aber Chenar blieb hartnäckig. Er wollte das Land Irem erreichen, um dort einige Stämme aufzuwiegeln, die imstande wären, Abu Simbel anzugreifen und die Baustätte zu zerstören. Unruhen in Nubien würden das Ansehen des Pharaos zunichte machen. Dann würden sich seine Gegner zusammenschließen und ihn zu Fall bringen.

Der kleine, von Chenar angeführte Trupp gelangte in die Nähe der Region, in der Gold gewaschen wurde, ein verbotener Bereich, in dem eigens dafür ausgebildete Arbeiter unter der Aufsicht der ägyptischen Armee am Werk waren. Das war die Region, deren sich die Aufständischen zuerst bemächtigen müßten, um die Lieferung des kostbaren Metalls an Ägypten zu unterbinden.

Von einer Düne aus sah Chenar die nubischen Arbeiter das in kleine Stücke zerschlagene und zerstoßene Erz waschen, dem immer noch Erdreich anhaftete. Dazu ließen sie das aus einem mitten in der Wüste gegrabenen Brunnen geschöpfte Wasser aus einer Zisterne über eine Rampe in ein Klärbecken laufen. Die dabei entstehende leichte Strömung reichte aus, um die Erdkrümel fortzuspülen und das Gold freizugeben. Bis es vollkommen rein war, mußte der Vorgang allerdings mehrmals wiederholt werden.

Die ägyptischen Wachsoldaten waren sehr zahlreich und gut bewaffnet. Ein kleiner Einsatztrupp hätte keinerlei Aussicht, sie zu überwältigen. Also mußte Chenar einen Aufstand großen Ausmaßes anzetteln, an dem sich Hunderte von Kriegern aus verschiedenen Stämmen beteiligten.

Deshalb suchte Chenar, dem Rat seines nubischen Führers folgend, im Lande Irem den Häuptling eines Stammes auf, einen hochgewachsenen, von vielen Narben gezeichneten Neger. Der lud ihn zwar in eine geräumige Hütte mitten in seinem Dorf ein, bereitete ihm jedoch einen eisigen Empfang.

«Du bist Ägypter.»

«Ja, das bin ich, aber ich verabscheue Ramses.»

«Ich verabscheue alle Pharaonen, die mein Land unterdrücken. Wer schickt dich zu mir?»

«Mächtige Feinde von Ramses, die im Norden von Ägypten wohnen. Wenn wir ihnen helfen, werden sie den Pharao besiegen und dir dein Land wiedergeben.»

«Wenn wir uns gegen ihn erheben, werden uns die Soldaten des Pharaos niedermetzeln.»

«Dein Stamm allein wird nicht ausreichen, darin stimme ich dir zu. Deshalb ist es unerläßlich, Bündnisse zu schließen.»

«Bündnisse, das ist schwierig, sehr schwierig … Man muß sich versammeln und lange Palaver abhalten, sehr lange, Monde um Monde.»

Geduld war die Tugend, an der es Chenar am meisten mangelte. Doch er unterdrückte seine aufkeimende Wut und schwor sich, Beharrlichkeit walten zu lassen, wie lange diese Verhandlungen auch währen mochten.

«Bist du bereit, mir zu helfen?» fragte er den Häuptling.

«Ich muß hierbleiben, in meinem Dorf. Für ein erfolgreiches Palaver müßte ich mich ins nächste Dorf begeben. Und das ist weit entfernt.»

Der kretische Söldner reichte Chenar eine Silberstange.

«Mit diesem Schatz», sagte der Ägypter, «könntest du deinen Stamm viele Monate lang ernähren. Wer mir hilft, den entlohne ich.»

Der Nubier brach in Entzücken aus.

«Gibst du mir das, wenn ich ein Palaver abhalte?»

«Und falls du Erfolg hast, gebe ich dir noch mehr.»

«Es wird aber lange dauern, sehr lange …»

«Beginnen wir damit, sobald die Sonne sich erhebt.»

Wieder nach Pi-Ramses zurückgekehrt, dachte Iset die Schöne oft an die Schilfhütte, in der ihre Liebe zu Ramses Zuflucht gefunden hatte, ehe er Nefertari begegnete. Eine Zeitlang hatte sie gehofft, den Mann zu heiraten, von dem sie immer noch besessen war, aber wie hätte sie in Wettstreit mit dieser erhabenen Frau treten können, die er zur Großen königlichen Gemahlin gemacht hatte?

Zuweilen, wenn ihr Liebeskummer übermächtig wurde, unterließ Iset die Schöne es, sich zu schminken, trug alte Kleider und vergaß sogar, sich mit einem Duftöl einzureiben. Aber die Zuneigung, die sie für Kha und Merenptah empfand, für die beiden Söhne, zu deren Mutter der König sie gemacht hatte, und für Merit-Amun, die Tochter von Ramses und Nefertari, verhalf ihr dazu, die Traurigkeit zu überwinden, indem sie an das künftige Schicksal dieser drei Kinder dachte: Merenptah, ein schöner, robuster Knabe, dessen Klugheit bereits erwacht war, Merit-Amun, ein hübsches, nachdenkliches Mädchen mit bemerkenswerter musikalischer Begabung, und Kha, ein angehender Gelehrter mit überragenden Fähigkeiten. Diese drei Kinder waren ihre ganze Hoffnung, ihre Zukunft.

Da brachte ihr Hausverwalter eine vierreihige Halskette aus Amethysten und Karneolen, silberne Ohrringe und ein farbenprächtiges, mit Goldfäden besticktes Kleid. Ihm auf dem Fuße folgte Dolente, Ramses' Schwester.

«Du siehst müde aus, Iset.»

«Eine vorübergehende Mattigkeit. Aber ... für wen sind diese wundervollen Dinge?»

«Gestattest du mir, dir diese bescheidenen Gaben zum Geschenk zu machen?»

«Ich bin sehr gerührt und weiß nicht, wie ich dir dafür danken soll.»

Die hochgewachsene, dunkelhaarige Frau, so beruhigend und fürsorglich, hatte beschlossen, zum Angriff überzugehen.

«Empfindest du dein Leben nicht wie eine schwere Bürde, meine liebe Iset?»

«Nein, gewiß nicht, zumal mir das Glück zuteil geworden ist, die Kinder Ramses' des Großen zu erziehen.»

«Weshalb gibst du dich mit einem Dasein ohne Glanz zufrieden?»

«Ich liebe den König, ich liebe seine Kinder. Haben mir die Götter nicht ungetrübte Freude beschert?»

«Die Götter ... die Götter sind nur ein schöner Schein, Iset.»

«Was sagst du da?»

«Es gibt nur einen Gott, den, dem Echnaton gehuldigt hat und den auch Moses und die Hebräer anbeten. Zu Ihm müssen wir streben.»

«Gehe du deinen Weg, Dolente, das ist nicht der meine.»

Ramses' Schwester begriff, daß es ihr nicht gelingen würde, Iset die Schöne zu bekehren. Sie war zu leichtfertig und zu kleinmütig. Doch es gab ein anderes Feld, auf das Dolente sich mit einiger Hoffnung auf Erfolg vorwagen konnte.

«Daß dir nur der Rang der zweiten Gemahlin beschieden ist, erscheint mir ungerecht.»

«Ich denke nicht so darüber, Dolente. Nefertari ist schöner und klüger als ich. Keine Frau würde je an sie heranreichen.»

«Das stimmt nicht. Obendrein haftet ein widerwärtiger Makel an ihr.»

«Welcher?»

«Nefertari liebt Ramses nicht.»

«Wie wagst du es zu unterstellen ...»

«Ich unterstelle nicht, ich weiß es. Dir ist nicht unbekannt, daß ich meine Zeit am liebsten damit zubringe, den Leuten am Hof zu lauschen und ihnen Vertraulichkeiten zu entlocken. Deshalb kann ich dir versichern, daß Nefertari sich verstellt und heimtückisch ist. Was war sie denn, ehe sie Ramses kennenlernte? Eine kleine Priesterin ohne Zukunft, eine mittelmäßige Musikantin, allein dazu befähigt, in einem Tempel den Göttern zu dienen ... Da fiel Ramses' Blick auf sie! Und dann vollzog sich ein wahres Wunder, ein tiefgreifender Wandel, denn aus dem scheuen Mädchen wurde eine vom Ehrgeiz zerfressene Frau.»

«Vergib mir, Dolente, aber darin kann ich dir nicht beipflichten.»

«Kennst du den wahren Grund für die Reise nach Nubien? Nefertari hat verlangt, daß ihr zu Ehren ein riesiger Tempel erbaut werde, der ihren Namen unsterblich machen soll. Ramses hat sich gefügt und eine Baustätte eröffnet. Sie wird viele Jahre lang wahre Reichtümer verschlingen. Doch dabei sind Nefertaris Absichten ans Licht gekommen: den Platz des Königs einzunehmen und allein über das Land zu herrschen. Um diese Tollheit zu vereiteln, sind alle Mittel recht.»

«Du gehst doch nicht so weit, zu denken, daß ...»

«Ich wiederhole es: *alle* Mittel. Und nur ein einziger Mensch vermag Ramses zu retten: du, Iset.»

Die junge Frau war erschüttert. Gewiß, sie mißtraute Dolente, nur, brachte die Schwester des Pharaos nicht beunruhigende Überlegungen vor? Dabei schien Nefertari so aufrichtig ... Aber zog die Ausübung der Macht nicht unüberwindliche Eitelkeit nach sich? Plötzlich bekam das Bild einer liebenden Nefertari, die Ramses verehrte, Sprünge. Könnte einer Ränkeschmiedin denn Schöneres gegönnt sein, als ausgerechnet den Herrn der Beiden Länder zu betören!

«Wozu rätst du mir, Dolente?»

«Ramses ist getäuscht worden. Er hätte dich heiraten sollen, du bist die Mutter seines erstgeborenen Sohnes, den der Hof bereits als Nachfolger erachtet. Wenn du den König liebst, wenn du Ägypten liebst und sein Glück willst, gibt es nur eine Möglichkeit: Entledige dich Nefertaris!»

Iset die Schöne schloß die Augen.

«Dolente, das ist unmöglich!»

«Ich werde dir helfen.»

«Ein Mord ist etwas Abscheuliches und führt dazu, daß man

den Verstand, die Seele und den Namen verliert ... Ein Anschlag auf die Große Königsgemahlin hat ewige Verdammnis zur Folge.»

«Wer würde es denn erfahren? Sobald du dich dazu entschlossen hast, mußt du insgeheim handeln und darfst keine Spuren hinterlassen.»

«Ist das der Wille deines Gottes, Dolente?»

«Nefertari ist eine durch und durch verdorbene Frau, sie besudelt Ramses' Herz und verleitet ihn dazu, grobe Fehler zu begehen. Wir beide haben die Pflicht, gemeinsam zu vereiteln, daß sie weiteren Schaden anrichtet. Nur so dienen wir dem König wirklich treu.»

«Ich muß darüber nachdenken.»

«Was wäre verständlicher? Ich schätze dich sehr, Iset, und ich weiß, daß du die richtige Entscheidung treffen wirst. Wie sie auch ausfallen mag, meine Zuneigung ist dir gewiß.»

Iset die Schöne lächelte so kläglich, daß Dolente, ehe sie wegging, sie auf beide Wangen küßte.

Ramses' zweite Gemahlin vermeinte zu ersticken. Schleppenden Schrittes trat sie an das Fenster, von dem sie auf einen der Gärten des Palastes blicken konnte, doch auch das helle Licht vertrieb ihr Ungemach nicht.

In ihr stieg ein Gebet an die verborgenen Mächte des Himmels auf, an jene Mächte, die über das Schicksal der Menschen entschieden, über die Dauer ihres Lebens und über die Stunde ihres Todes. Durfte sie, Iset, an deren Stelle handeln und Nefertaris Erdentage abkürzen, weil die Große königliche Gemahlin Ramses schadete?

Eine Rivalin! Zum erstenmal betrachtete Iset die Schöne Nefertari wirklich als Rivalin. Ihre stillschweigende Übereinkunft wurde zunichte, und der schlummernde, seit zu vielen Jahren unterdrückte Zwist brach sich mit ungeahnter Heftigkeit Bahn. Iset war die Mutter der beiden Söhne des Königs, die erste Frau, die er geliebt hatte, und die Frau, die an seiner Seite regieren sollte. Dolente hatte ihr eine Wahrheit aufgezeigt, die sie, Iset, bislang zu verdrängen gesucht hatte.

War Nefertari erst einmal aus dem Weg geräumt, würde Ramses letzten Endes merken, daß diese Liebe nur ein flüchtiges Zwischenspiel gewesen war. Von dieser Magierin mit den schändlichen Absichten befreit, würde er zu Iset der Schönen zurückkehren, zu der Leidenschaft seiner Jugendjahre, zu der Frau, die zu lieben er nie aufgehört hatte.

DREIUNDVIERZIG

Obwohl er die Hebräer tief verachtete, wußte Ofir auf seine grausam spöttische Weise zu schätzen, daß ihm das Viertel der Ziegelmacher sichere Zuflucht gewährte, selbst wenn er, um nicht entdeckt zu werden, seine Unterkunft oft wechseln mußte. Dank klug verbreiteter falscher Zeugenaussagen glaubte Serramanna schließlich, der libysche Magier habe Ägypten verlassen, und stellte widerstrebend die ausgedehnten Nachforschungen ein. Er behielt nur die üblichen Erkundungsgänge seiner Wachsoldaten bei, um etwaige Unruhen im Keim zu ersticken.

Dennoch frohlockte der Magier nicht. Seit Monaten war die Lage unverändert. In diesem fünfzehnten Jahr unter der Herrschaft des mittlerweile siebenunddreißigjährigen Ramses erging es dem Königreich Ägypten unverschämt wohl.

Die aus Hatti eintreffenden Neuigkeiten klangen dagegen befremdlich und verhießen nichts Gutes. Gewiß, Uriteschup kündigte nach wie vor lauthals einen vernichtenden Krieg gegen Ägypten an, leitete aber keinen Angriff ein. Obendrein standen in den Schutzgebieten Südsyrien und Kanaan kampferprobte ägyptische Truppen, die auch einem größeren Ansturm gewachsen wären. Weshalb hielt sich der ungestüme Uriteschup so zurück? Die zu knappen Mitteilungen, die Ofir von den Beduinen erhielt, gaben ihm darüber keinen Aufschluß.

Im Süden gelang es Chenar nicht, die nubischen Stämme aufzuwiegeln. Die Palaver zogen sich endlos in die Länge, ohne greifbaren Erfolg zu zeitigen.

Bei Hof bemühte sich Dolente zwar weiterhin um die Freundschaft Isets der Schönen und versuchte, sie zum Handeln zu bewegen, doch die zweite Gemahlin des Königs war allem Anschein nach nicht imstande, einen Entschluß zu fassen. Auch Meba, der es nicht schaffte, den Inhalt von Achas verschlüsselten Botschaften an Ameni in Erfahrung zu bringen, erwies sich als beklagenswert untüchtig. Seine Auskünfte über den magischen Schutz, den der junge Kha genoß, waren wohl wertvoll, aber Ramses' erstgeborener Sohn widmete sich ausschließlich den Schriften der Weisen und bot Ofir keinerlei Handhabe gegen ihn.

Nach der langen Reise, in deren Verlauf er den Grundstein zu mehreren Tempeln gelegt hatte, war Ramses wieder in seiner Hauptstadt eingetroffen. Nefertari strahlte vor Glück. Trotz anhaltend drohender Kriegsgefahr erfreute sich das Königspaar außerordentlicher Beliebtheit. Jeder war davon überzeugt, der Pharao und seine Gemahlin würden dem Land dauerhaften Wohlstand sichern und jedweden Angriff von außen abwenden können.

Nach diesen trüben Einsichten hing Ofir düsteren Gedanken nach. Die Jahre verstrichen, und allmählich zerstob seine Hoffnung, Ramses zu stürzen. Er, der Meisterspion, der den Erfolg seiner Mission nie in Frage gestellt hatte, begann sich Sorgen zu machen und den Mut zu verlieren.

Er saß im hintersten Winkel des Empfangsraums seines Hauses im Dunkeln, als ein Mann eintrat.

«Ich möchte mit dir reden.»

«Moses ...»

«Bist du gerade sehr beschäftigt?»

«Nein, ich habe nur nachgedacht.»

«Ramses ist endlich zurückgekehrt, und ich habe, deinem Rat folgend, geduldig auf ihn gewartet.»

Sein entschiedener Ton weckte bei Ofir neue Zuversicht. Hatte sich der Hebräer letzten Endes dazu entschlossen, zur Tat zu schreiten?

«Ich habe den Rat der Ältesten einberufen», fuhr der Prophet fort, «und sie haben mich zu ihrem Fürsprecher bei Ramses ernannt.»

«Tragt ihr euch noch mit der Absicht, das Land zu verlassen?»

«Das hebräische Volk wird aus Ägypten ausziehen, weil das der Wille Jahwes ist. Hast du dein Wort gehalten?»

«Unsere Freunde, die Beduinen, haben uns Waffen geliefert. Sie liegen in verschiedenen Kellern.»

«Wir werden keine Gewalt anwenden, aber es wäre gut, wenn wir uns verteidigen könnten, falls wir verfolgt werden.»

«Das werdet ihr, Moses, das werdet ihr bestimmt. Ramses wird es nicht hinnehmen, daß sich ein ganzes Volk gegen ihn erhebt.»

«Wir wollen keinen Aufruhr, sondern uns nur auf den Weg in das Land machen, das uns verheißen ist.»

Ofir jubilierte insgeheim. Endlich hatte er einen Grund, sich zu freuen. Moses würde Unruhen auslösen und damit günstige Voraussetzungen für Uriteschup schaffen, in Ägypten einzufallen.

Das lange Haar zu einem Knoten geschlungen und unter einer Haube verborgen, lag die Priesterin Puducheba wie tot auf einer steinernen Bank vor dem Relief der Zwölfgötter im Heiligtum Yazilikaya.

Sie hatte einen gefährlichen Trank zu sich genommen, der sie für drei Tage und drei Nächte in tiefen Schlaf versetzte. Es gab kein zuverlässigeres Mittel, um mit den Mächten des Schicksals in Verbindung zu treten und ihren Willen zu ergründen.

Die Befragung der üblichen, Uriteschup immer noch schlecht gesinnten Orakel hatte nicht ausgereicht, um eine für ihr und Hattuschilis Leben weitreichende Entscheidung zu treffen. Deshalb hatte sie sich zu diesem schweren und gefahrvollen Schritt entschlossen.

Die gesamte Händlerschaft und ein nicht unerheblicher Teil der Armee hatten sich zwar dazu überreden lassen, sich zu Hattuschili zu bekennen, aber gaben er und Puducheba sich nicht trügerischen Hoffnungen hin? Das Gold des ägyptischen Gesandten Acha hatte bewirkt, daß nun viele hohe Offiziere dafür eintraten, die Verteidigungsanlagen im Inneren des Landes und an dessen Grenze zu verstärken, anstatt Ägypten anzugreifen. Nur, würden sie nicht ihre Meinung wieder ändern, sobald Uriteschup die Augen aufgingen und er die gegen ihn angezettelte Verschwörung entdeckte?

Dem Sohn des Königs die Macht streitig zu machen würde früher oder später zu einem Bruderkrieg mit ungewissem Ausgang führen. Also zögerte Hattuschili trotz seiner zahlreichen Anhänger noch, sich auf ein mörderisches Abenteuer einzulassen, das Tausende von Hethitern das Leben kosten könnte.

Deshalb hatte Puducheba sich diesem Traum unterziehen wollen, der ihr die Zukunft enthüllen sollte, sich aber nur während eines langen, durch den Trank erzwungenen Schlafes einstellte.

Zuweilen kam es jedoch vor, daß der Träumende nicht mehr erwachte oder dabei den Verstand verlor. Darum hatte sich Hattuschili trotz des Drängens seiner Gemahlin lange dagegen gesträubt, und Puducheba hatte ihn mindestens zehnmal darum bitten müssen, bis sie endlich seine Einwilligung erhielt.

Und nun lag sie, kaum atmend, seit drei Tagen und drei Nächten reglos da. Den Büchern über die Weissagungen zufolge müßte sie jetzt die Augen aufschlagen und verkünden, was die Mächte des Schicksals ihr offenbart hatten.

Erregt zerrte Hattuschili an seinem wollenen Mantel.

Die Zeit war abgelaufen.

«Puducheba ... wache auf, ich bitte dich!»

Sie zuckte. Nein, er irrte sich ... Sie hatte sich nicht bewegt. Doch, es war ein Zucken! Puducheba öffnete die Augen und richtete sie auf den Fels, in den die Zwölfgötter eingemeißelt waren.

Dann entrang sich ihrem Mund eine Stimme, eine tiefe Stimme, die Hattuschili nicht an ihr kannte.

«Ich habe den Wettergott gesehen und die Göttin Ischtar ... Beide haben mir gesagt: ‹Ich werde deinem Gemahl Kraft verleihen, und das ganze Land wird sich hinter ihn stellen, indes sein Feind einem Schwein gleichen wird, das sich in seiner Suhle wälzt.›»

Eine zarte Hand streichelte ihn, so zart, daß sie ihn an den Morgentau des Frühlings denken ließ. Ihre Liebkosungen weckten nie gekannte Gefühle in ihm, und unbezähmbare Lust überwältigte ihn. Achas fünfte hethitische Geliebte besaß ebensolche Fähigkeiten wie ihre Vorgängerinnen, dennoch vermißte er allmählich die Ägypterinnen, die Ufer des Nils und die Palmenhaine.

Die Liebe war das einzige, was ihn von der bedrückenden Langeweile der Hauptstadt des Hethiterreiches abzulenken vermochte. Darüber hinaus führte er zahlreiche Gespräche mit den wichtigsten Vertretern der Händlerschaft und einige mit verschwiegenen Offizieren hohen Ranges. Seinem Auftrag gemäß verhandelte er zuweilen lange mit Uriteschup, dem künftigen Herrn von Hatti, dem Nachfolger König Muwatallis, dessen Todeskampf kein Ende zu nehmen schien, aber dessen Kräfte dennoch langsam schwanden. Der Ägypter hatte indes noch eine andere Aufgabe, die nicht ganz seinem Auftrag entsprach: Er sollte Hattuschili aufspüren, sein Versteck ausfindig machen und ihn

Uriteschup ausliefern. In regelmäßigen Abständen, wenn der Sohn des Königs von seinen militärischen Übungen an der Spitze der in ständiger Alarmbereitschaft gehaltenen Wagenkämpfer, berittenen Soldaten oder Fußtruppen zurückkehrte, erstattete ihm Acha ausführlich Bericht.

Schon dreimal wäre es Uriteschups Soldaten gelungen, Hattuschili festzunehmen, wenn ihn nicht heimliche Verbündete im letzten Augenblick gewarnt hätten.

An diesem Tag hatten Acha und seine Geliebte ihre Begierden bereits gestillt, als der Oberbefehlshaber der hethitischen Armee das Gemach des ägyptischen Gesandten betrat.

Sein Blick war hart, beinahe starr.

«Ich habe gute Neuigkeiten», sagte Acha, während er sich die Hände mit einem Duftöl einrieb.

«Ich auch», erklärte Uriteschup triumphierend. «Mein Vater, Muwatalli, ist endlich gestorben, und ich bin Herr über Hatti.»

«Nimm meine Glückwünsche entgegen ... Nur, da ist immer noch Hattuschili.»

«Er wird mir nicht mehr lange entkommen, auch wenn mein Königreich groß ist. Aber erwähntest du nicht gute Neuigkeiten?»

«Sie betreffen Hattuschili. Dank eines vertrauenswürdigen Kundschafters glaube ich zu wissen, wo sich Muwatallis Bruder befindet. Aber ...»

«Aber was, Acha?»

«Versprichst du mir, daß wir unseren Frieden besiegeln, sobald du Hattuschili gefangengenommen hast?»

«Du hast die richtige Wahl getroffen, mein Freund, sei dessen gewiß. Ägypten wird nicht enttäuscht sein. Wo verbirgt sich der Verräter?»

«Im Heiligtum von Yazilikaya.»

Uriteschup führte selbst den kleinen Trupp an, der nur aus zehn Männern bestand, um mögliche Späher nicht zu warnen. Ein Aufmarsch vieler Soldaten hätte ihre Aufmerksamkeit erregt und Hattuschili zur Flucht veranlaßt.

Also hatten Priester, die Puduchebas Aufsicht unterstellt waren, dem Bruder des verstorbenen Königs Zuflucht gewährt. Uriteschup würde ihnen die Strafe auferlegen, die sie verdienten.

Es war unvorsichtig gewesen, sich in der Nähe der Hauptstadt aufzuhalten, an einem leicht zugänglichen Ort. Dieses Mal würde Hattuschili nicht entkommen. Uriteschup schwankte noch zwischen einer Hinrichtung an Ort und Stelle und einer zum Schein abgehaltenen Verhandlung vor Gericht. Doch da er sogar an geschickt vorbereiteten Rechtsverfahren nur wenig Gefallen fand, entschied er sich für die erste Möglichkeit. Mit Rücksicht auf seine Stellung mußte er zu seinem Bedauern darauf verzichten, Hattuschili mit eigener Hand die Kehle durchzuschneiden, und einen seiner Männer mit diesem schmutzigen Geschäft betrauen. Sobald er wieder in Hattuscha war, würde er seinen Vater prunkvoll bestatten lassen, und er, Muwatallis vielgeliebter Sohn, würde sein unbestrittener Nachfolger werden.

Mit einer kampfbereiten Armee wollte Uriteschup danach im Süden Syriens einfallen, sich mit den Beduinen zusammenschließen, Kanaan besetzen, die Grenze zu Ägypten überschreiten und einem Ramses die Stirn bieten, der, wie sein Gesandter es ihm versicherte, den verhängnisvollen Fehler begangen hatte, an den Frieden zu glauben.

Er, Uriteschup, der Herr über das Königreich Hatti! Sein Traum wurde wahr, ohne daß er sich auf ein kostspieliges Bündnis zu stützen brauchte. Er fühlte sich stark genug, Assyrien, Ägypten, Nubien und den ganzen Orient zu erobern. Sein Ruhm sollte dereinst den aller anderen hethitischen Herrscher überstrahlen.

Der kleine Trupp näherte sich dem heiligen Felsen von Yazilikaya, in dessen Innerem mehrere Kapellen lagen. Dort, so hieß es, wohnte das höchste Götterpaar: der Wettergott Teschup und seine Gemahlin. Trug der neue König nicht den Namen dieses schrekkenerregenden und gefürchteten Gottes in seinem eigenen Namen? Ja, er verkörperte selbst dieses göttliche Gewitter, dessen Blitz und Donner schon bald seine Feinde treffen würden.

Vor dem Eingang in das Heiligtum standen ein Mann, eine Frau und ein Kind: Hattuschili, seine Gemahlin Puducheba und ihre kleine Tochter von acht Jahren! Sie mußten von Sinnen sein, daß sie sich ergaben und auf Uriteschups Milde vertrauten.

Der ließ seine Reiter anhalten und kostete diesen Triumph aus. Acha hatte ihm in der Tat die Gelegenheit verschafft, sich seiner letzten Widersacher zu entledigen. War diese fluchbeladene Familie erst einmal aus dem Weg geräumt, würde er den nunmehr überflüssig gewordenen ägyptischen Gesandten erwürgen lassen. Wenn er bedachte, daß dieser einfältige Mensch geglaubt hatte, Uriteschup wolle wirklich Frieden schließen! Nach so vielen Jahren der Geduld, so vielen Prüfungen, um endlich an die unumschränkte Macht zu gelangen …

«Schießt sie nieder!» befahl er seinen Soldaten.

Als die Bogen sich spannten, empfand Uriteschup ein Gefühl lebhafter Freude. Der heimtückische Hattuschili und die hochmütige Puducheba von Pfeilen durchbohrt, ihre Leichname verbrannt … Konnte es eine herrlichere Vorstellung geben?

Doch die Pfeile blieben in den Köchern.

«Schießt sie nieder!» wiederholte er aufgebracht.

Da richteten die Bogen sich auf ihn.

Verraten … man hatte ihn verraten, ihn, den neuen König! Deshalb waren Hattuschili, seine Gemahlin und ihre Tochter so ruhig.

Muwatallis Bruder kam auf ihn zu.

«Du bist unser Gefangener, Uriteschup. Ergib dich, dann wird ein Gericht über dich urteilen.»

Er stieß einen wütenden Schrei aus und riß sein Pferd herum, daß es sich aufbäumte. Völlig überrascht, wichen die Bogenschützen zurück. Mit dem Ungestüm des kampfgewohnten Kriegers durchbrach der Sohn des verstorbenen Königs den Kreis, den sie um ihn gebildet hatten, und jagte der Hauptstadt zu.

Die Pfeile pfiffen um seine Ohren, doch keiner traf ihn.

VIERUNDVIERZIG

URITESCHUP PRESCHTE DURCH das Löwentor, galoppierte zum Palast hinauf und trieb dabei sein Pferd zu solcher Eile an, daß es oben auf dem Burgberg, von dem der König von Hatti so gern auf sein Reich hinuntergeblickt hatte, vor Erschöpfung tot zusammenbrach.

Der Oberste seiner Leibwache eilte herbei.

«Was ist geschehen, Majestät?»

«Wo befindet sich der Ägypter?»

«In seinen Gemächern.»

Dieses Mal gab sich Acha nicht mit einer schönen Hethiterin den Freuden der Liebe hin, sondern hatte sich in einen dicken Mantel gehüllt und trug einen langen Dolch an der Seite.

Uriteschup ließ seinem Zorn freien Lauf.

«Ein Hinterhalt ... Es war ein Hinterhalt! Soldaten meiner eigenen Armee haben sich gegen mich erhoben!»

«Dann mußt du fliehen», beteuerte Acha.

Die Worte des Ägypters verblüfften den Hethiter.

«Fliehen? Meine Armee wird dieses verfluchte Heiligtum dem Erdboden gleichmachen und alle Aufrührer niedermetzeln.»

«Du hast keine Armee mehr.»

«Keine Armee mehr?» wiederholte Uriteschup fassungslos. «Was soll das heißen?»

«Deine Generäle erkennen die Orakel an und das, was die Götter Puducheba offenbart haben. Deshalb haben sie Hattuschili Treue gelobt. Dir sind nur noch deine Leibwache und ein oder zwei Regimenter verblieben, die nicht mehr lange standhalten werden. In den nächsten Stunden wirst du Gefangener in deinem eigenen Palast sein, bis Hattuschili unter großem Jubel hier eintreffen wird.»

«Das ist nicht wahr, das ist nicht möglich ...»

«Beuge dich der Wirklichkeit, Uriteschup. Hattuschili hat sich nach und nach des gesamten Königreichs bemächtigt.»

«Ich werde bis zuletzt kämpfen!»

«Dann kannst du dich ebensogut selbst entleiben. Aber es gibt eine bessere Lösung.»

«Sprich!»

«Du kennst die hethitische Armee aufs beste, ihre wahren Stärken, ihre Bewaffnung, wie sie aufgebaut ist, ihre Schwächen ...»

«Gewiß, aber ...»

«Wenn du unverzüglich aufbrichst, kann ich dir helfen, Hatti zu verlassen.»

«Und wo soll ich hingehen?»

«Nach Ägypten.»

Uriteschup stand wie vom Blitz gerührt da.

«Du redest Unsinn, Acha!»

«In welchem anderen Land wärest du vor Hattuschili sicher? Selbstverständlich hat dieses Recht auf Zuflucht seinen Preis, deshalb mußt du dafür, daß du mit dem Leben davonkommst, Ramses alles über die hethitische Armee erzählen.»

«Du verlangst von mir, Verrat zu üben.»

«Das mußt du selbst beurteilen.»

Uriteschup hätte Acha am liebsten umgebracht. Hatte ihn dieser Ägypter nicht auf schändliche Weise für seine Ziele benutzt?

Doch er bot ihm die einzige Möglichkeit zu überleben, zwar in Schande, aber immerhin zu überleben ... Und was noch hinzukam: Er könnte Hattuschili schaden, indem er die Geheimnisse seiner Armee preisgab.

«Ich bin damit einverstanden.»

«Das ist der Weg der Vernunft.»

«Begleitest du mich, Acha?»

«Nein, ich bleibe hier.»

«Das ist recht gewagt.»

«Meine Mission ist noch nicht beendet. Hast du vergessen, daß ich danach strebe, mit Hatti Frieden zu schließen?»

Kaum war die Neuigkeit von Uriteschups Flucht verkündet worden, da schlossen sich auch die letzten Soldaten, die ihm noch die Treue gehalten hatten, Hattuschili an, der zum König ausgerufen wurde. Die erste Aufgabe des neuen Herrschers bestand darin, seinem Bruder Muwatalli zu huldigen, dessen Leichnam im Laufe einer großartigen Zeremonie auf einem riesigen Scheiterhaufen verbrannt wurde.

Während des Festmahls am Ende der Krönungsfeierlichkeiten nahm Acha einen Ehrenplatz zur Linken König Hattuschilis ein.

«Gestatte mir, Majestät, dir eine lange und friedvolle Herrschaft zu wünschen.»

«Hast du noch immer keine Spur von Uriteschup, Acha? Solltest du, der du dich so vortrefflich darauf verstehst, Dinge auszukundschaften, wirklich keine Ahnung haben, wo er sich befindet?»

«Nicht die geringste, Majestät. Sicher wirst du nie wieder etwas von ihm hören.»

«Das würde mich wundern. Uriteschup ist ebenso gehässig wie hartnäckig, er wird weder ruhen noch rasten, um sich zu rächen.»

«Dazu müßte er erst die Möglichkeit haben.»

«Ein Krieger wie er gibt nicht auf.»

«Ich teile deine Befürchtungen nicht.»

«Seltsam, Acha … Ich habe das Gefühl, daß du viel mehr über ihn weißt.»

«Das kommt dir nur so vor, Majestät.»

«Hast du Uriteschup nicht womöglich geholfen, das Land zu verlassen?»

«Die Zukunft hält gewiß Überraschungen für uns bereit, doch dafür bin ich nicht zuständig. Besteht meine einzige Aufgabe nicht darin, dich zu überreden, mit Ramses in Verhandlungen über den Frieden einzutreten?»

«Du spielst ein sehr gefährliches Spiel, Acha. Angenommen, ich hätte meine Meinung geändert und trüge mich mit der Absicht, den Krieg gegen Ägypten fortzusetzen.»

«Dir sind die Beziehungen zwischen den Ländern zu genau bekannt, um die Gefahr außer acht zu lassen, die von Assyrien ausgeht, und dir liegt zuviel am Wohl deines Volkes, um es durch einen sinnlosen Feldzug ins Verderben zu stürzen.»

«Deine Einschätzung der Lage entbehrt nicht einer gewissen Berechtigung, aber muß ich sie mir als erstrebenswertes und mir angemessenes Leitbild für meine künftige Staatsführung zu eigen machen? Die Wahrheit ist beim Herrschen kaum von Nutzen. Ein Krieg bietet den Vorteil, daß er Zwistigkeiten im eigenen Land beendet und neue Antriebskräfte weckt.»

«Wären dir die vielen Toten gleichgültig?»

«Wie soll man die vermeiden?»

«Indem man Frieden schließt.»

«Ich bewundere deine Ausdauer, Acha.»

«Ich liebe das Leben, Majestät, und der Krieg macht zu viele Freuden zunichte.»

«Diese Welt muß dir sehr mißfallen.»

«In Ägypten herrscht eine erstaunliche Göttin, die Maat, die jedem, sogar dem Pharao, gebietet, ihre Gesetze einzuhalten und auf Erden Gerechtigkeit walten zu lassen. Diese Welt mißfällt mir nicht.»

«Das ist eine hübsche Fabel, aber doch nur eine Fabel.»

«Unterliege nicht diesem Irrtum, Majestät! Falls du dich dazu entschließt, Ägypten anzugreifen, wird dir die Maat Widerstand leisten. Und solltest du siegreich sein, würdest du eine unvergleichliche Kultur auslöschen.»

«Was bedeutet das schon, wenn Hatti dann die Welt beherrscht?»

«Das ist unmöglich, Majestät. Es ist bereits zu spät, Assyrien daran zu hindern, eine große Macht zu werden. Nur ein Bündnis mit Ägypten kann dein Land schützen.»

«Wenn ich mich nicht irre, Acha, bist du nicht mein Berater, sondern ein Abgesandter Ägyptens ... Und du hörst nicht auf, deiner eigenen Sache das Wort zu reden.»

«Das scheint nur so, Majestät. Selbst wenn Hatti nicht den Liebreiz Ägyptens besitzt, so habe ich doch Zuneigung zu diesem Land gefaßt und möchte es nicht im Chaos versinken sehen.»

«Meinst du das ehrlich?»

«Ich gebe zu, daß die Ehrlichkeit eines Unterhändlers stets anzweifelbar ist ... Dennoch bitte ich dich, mir zu glauben. Ramses hat wirklich Frieden im Sinn.»

«Verbürgst du dich für deinen König?»

«Ohne Zögern. Durch meine Stimme vernimmst du seine.»

«Euch muß tiefe Freundschaft verbinden ...»

«So ist es, Majestät.»

«Ramses hat Glück, großes Glück.»

«Das behaupten all seine Gegner.»

Kha suchte jeden Tag den Tempel des Amun auf und verbrachte mindestens eine Stunde in der Arzneikammer, deren in die Wände gemeißelte Inschriften er mittlerweile alle auswendig konnte. Im Laufe der Zeit hatte er begonnen, mit den Sachkundigen der Astronomie, der Geometrie, der Lehre von den Symbolen und anderer heiliger Wissenschaften Umgang zu pflegen. Dank ihrer hatte er die Gefilde des Denkens entdeckt und war auf den Pfaden des Wissens vorangeschritten.

Trotz seiner noch jungen Jahre sollte Kha bereits in die ersten Mysterien des Tempels eingeweiht werden. Als diese Neuigkeit am Hof von Pi-Ramses bekannt wurde, gerieten alle in Entzücken. Ohne jeden Zweifel war der erstgeborene Sohn des Königs für die höchsten Ämter im Dienste der Götter ausersehen.

Kha nahm das Amulett ab, das er um den Hals trug, und das um sein linkes Handgelenk geschlungene Leinenband. Nackt und mit geschlossenen Augen wurde er in ein unterirdisches Gewölbe des Tempels geführt, um dort angesichts der an den Wänden dargestellten Geheimnisse der Schöpfung seine Gedanken zu sammeln. Vier männliche Frösche und vier weibliche Schlangen verkörperten die Paare, die der Erde einst ihre Gestalt gegeben hatten, Wellenlinien deuteten das Urmeer an, in dem die göttliche Kraft erwacht war, um das Weltall zu erschaffen, und eine himmlische Kuh gebar die Sterne.

Darauf wurde der junge Mann zum Eingang in den Säulensaal geleitet, wo zwei Priester in der Ibis-Maske des Gottes Thot und in der Falken-Maske des Gottes Horus ihm kaltes Wasser über den Kopf und die Schultern gossen. Dann bekleideten sie ihn mit einem weißen Schurz und forderten ihn auf, den auf den Säulen dargestellten Gottheiten zu huldigen.

Danach scharten sich zehn Priester mit kahlgeschorenen Köpfen um Kha. Er mußte unzählige Fragen beantworten: zum verborgenen Wesen des Gottes Amun, zu den im Weltei eingeschlossenen Naturgewalten der Schöpfung, zur Bedeutung der wichtigsten Hieroglyphen, zu den magischen Sprüchen bei Opferriten und zu vielerlei Dingen, die nur ein erfahrener Schreiber fehlerlos darzulegen vermochte.

Diejenigen, die ihm die Fragen stellten, enthielten sich jedweder Bemerkung zu seinen Antworten. In der Stille einer Kapelle mußte Kha auf ihren Spruch warten.

Mitten in der Nacht nahm ihn ein bejahrter Priester an der Hand und führte ihn auf das Dach des Tempels. Er hieß ihn sich hinsetzen und den bestirnten Himmel betrachten, den Leib der Göttin Nut, die imstande war, den Tod in Leben zu verwandeln.

In den Rang eines Bewahrers der Geheimnisse erhoben, dachte Kha nur an die herrlichen Tage, die er im Tempel verbringen würde. Dabei vergaß er im Überschwang seiner Gefühle das Leinenband und das Amulett, die ihn beschützen sollten und die er vor der Zeremonie abgelegt hatte.

FÜNFUNDVIERZIG

In Abu Simbel begeisterte sich Setaou für eine Baustätte, der er sich mit gleichbleibender Tatkraft widmete, um dem Königspaar ein Denkmal zu errichten, das nicht seinesgleichen fand, in Theben trieb Bakhen die Arbeit an Ramses' Tempel der Millionen Jahre voran, und die Hauptstadt mit den türkisfarbenen Fassaden wurde von Tag zu Tag schöner.

Kaum war der Pharao nach Pi-Ramses zurückgekehrt, belagerte Ameni seine Amtsräume. Aus Angst, ihm könnte ein Fehler unterlaufen, arbeitete der Oberste Schreiber und Sandalenträger des Königs Tag und Nacht, ohne sich die kleinste Ruhepause zu gönnen. Beinahe kahlköpfig und trotz seines gesunden Appetits noch ein bißchen hagerer geworden, schlief der heimliche Vorsteher der ägyptischen Verwaltung nur wenig, wußte alles, was sich bei Hof ereignete, ohne jemals selbst dabei in Erscheinung zu treten, und lehnte beharrlich alle ehrenvollen Titel ab, die man ihm verleihen wollte. Obgleich er zuweilen über seinen empfindlichen Rücken und seine schmerzenden Knochen klagte, trug er selbst alle vertraulichen Schreiben, die er mit Ramses besprechen mußte, ohne sich um das Gewicht der Papyrusrollen und der hölzernen Tafeln zu kümmern.

Immer noch stolz auf den Binsenhalter aus vergoldetem Holz, den der König ihm geschenkt hatte, verehrte er Ramses aufrichtig und fühlte, daß zwischen ihnen zwar unsichtbare, aber unzerreißbare Bande bestanden. Wie könnte er auch den Sohn des Lichts nicht bewundern, der jetzt schon in der langen Reihe der Dynastien den Platz eines herausragenden Vertreters des Pharaonentums einnahm? Jeden Tag beglückwünschte Ameni sich dazu, daß es ihm gegönnt war, zur Zeit Ramses' des Großen zu leben.

«Bist du auf erhebliche Schwierigkeiten gestoßen, Ameni?»

«Auf nichts, was nicht zu bewältigen gewesen wäre. Deine Mutter, Tuja, hat mir sehr geholfen. Wenn manche Beamte zuwenig guten Willen zeigten, griff sie entschieden ein. Unser Ägypten blüht und gedeiht, Majestät, aber wir dürfen nicht nachlässig werden. Versäumnisse bei der Instandhaltung der Kanäle, mangelnde Wachsamkeit beim Zählen des Viehs oder zu große Nachsicht gegenüber faulen Schreibern, und das ganze Bauwerk droht Schaden zu nehmen.»

«Was besagt die neueste Botschaft von Acha?»

Ameni richtete sich voller Stolz auf.

«Heute kann ich dir versichern, daß unser Freund aus der Zeit, da wir gemeinsam an der Hohen Schule der Schreiber unterwiesen wurden, ein Mann von größtem Einfallsreichtum ist.»

«Wann kehrt er aus Hatti zurück?»

«Nun ... vorerst bleibt er noch in Hattuscha.»

Ramses war erstaunt.

«Seine Mission sollte doch mit der Thronbesteigung Hattuschilis enden.»

«Er sieht sich genötigt, seinen Aufenthalt in der hethitischen Hauptstadt zu verlängern, doch er hat uns eine riesengroße Überraschung beschert.»

Als Ramses Amenis freudige Erregung gewahrte, ahnte er schon, daß Acha ein neues Glanzstück vollbracht haben mußte. Mit anderen Worten, es mußte ihm gelungen sein, trotz unüberwindlich scheinender Hindernisse den gemeinsam mit Ramses entwickelten Plan in seiner Gänze erfolgreich in die Tat umzusetzen.

«Majestät, gestattest du mir, die Tür deines Amtsraums zu öffnen, um einen bemerkenswerten Gast hereinzulassen?»

Ramses stimmte zu und bereitete sich darauf vor, einen sonderbaren Sieg auszukosten, den er der Gewandtheit seines Obersten Gesandten verdankte.

Serramanna stieß einen hochgewachsenen, muskulösen Mann mit wallender Mähne und fuchsrot behaarter Brust vor sich her. Durch die Knüffe des Sarden in seiner Ehre gekränkt, wandte sich Uriteschup zu ihm um und drohte ihm mit der Faust.

«Behandle den rechtmäßigen König von Hatti nicht in dieser Weise!»

«Und du», wandte Ramses ein, «erhebe deine Stimme nicht in diesem Königreich, das dir Gastfreundschaft bietet.»

Uriteschup versuchte, dem Blick des Pharaos standzuhalten, vermochte dies aber nur für kurze Zeit. Der hethitische Krieger fühlte die Schmach der Niederlage. So vor Ramses zu erscheinen, wie ein gewöhnlicher Flüchtling … Vor Ramses, dessen sichtbare Macht ihn in ihren Bann schlug und überwältigte.

«Ich bitte Deine Majestät, mir in deinem Land Zuflucht zu gewähren, und ich kenne den Preis. Ich werde all deine Fragen zu den Stärken und Schwächen der hethitischen Armee beantworten.»

«Dann fangen wir sogleich damit an», verlangte Ramses.

Die Demütigung brannte wie Feuer in seinem Leib, als Uriteschup sich verneigte.

Der Obstgarten des Palastes stand in voller Blüte. Granatapfelbäume, Wacholder, Feigenbäume und Weihrauchsträucher suchten einander an Schönheit zu übertreffen. Hier erging sich Iset die

Schöne gern mit Merenptah. Die robuste Beschaffenheit dieses Knaben erstaunte seine Erzieher. Ramses' jüngster Sohn spielte gern mit Wächter, dem goldgelben Hund des Königs. Trotz seines beachtlichen Alters fügte sich das Tier den Launen des Kindes. Gemeinsam jagten sie Schmetterlingen nach, die sie jedoch nie erhaschten. Danach streckte sich Wächter aus und sank in tiefen, erholsamen Schlaf. Schlächter, der nubische Löwe, ließ es über sich ergehen, daß Merenptah ihn anfangs noch ängstlich, dann mit wachsender Zuversicht streichelte.

Iset trauerte der Zeit nach, da Kha, Merit-Amun und Merenptah sich in diesem von Obstbäumen bestandenen Hain oder im angrenzenden Garten vergnügt und die Sorglosigkeit der Kindheit genossen hatten. Mittlerweile vertiefte Kha im Tempel sein Wissen, und die sehr hübsche Merit-Amun, um deren Hand bereits hohe Würdenträger angehalten hatten, widmete sich ausschließlich ihrer Musik zu Ehren der Götter. Gern entsann sich Iset die Schöne des zu ernsthaften Knaben mit seiner Schreiberpalette und des bezaubernden Mädchens mit seiner Harfe, die zu groß war, als daß es sie selbst hätte tragen können. War das nicht erst gestern gewesen, dieses fortan nie mehr erreichbare Glück?

Wie viele Male hatte Iset die Schöne Dolente wiedergesehen, wie viele Stunden hatten sie über Nefertari, ihren Ehrgeiz und ihre Heuchelei geredet? Wenn die zweite Gemahlin des Königs daran zurückdachte, drehte sich alles in ihrem Kopf. Dieser Gespräche überdrüssig, von Dolentes Beharrlichkeit erschöpft, hatte sie sich endlich zum Handeln entschlossen.

Auf einen niedrigen Tisch aus Sykomorenholz, der mit blauen Lotosblüten bemalt war, hatte Iset zwei Schalen mit Karobensaft gestellt. Diejenige, die sie Nefertari anbieten würde, enthielt ein Gift, dessen Wirkung sich erst später einstellen sollte. Wenn die Große königliche Gemahlin in vier oder fünf Wochen verschied, würde niemand auf den Gedanken verfallen, Iset die Schöne zu beschuldigen. Dolente hatte ihr diese nicht nachweisbare Mordwaffe gegeben und beteuert, daß allein die göttliche Gerechtigkeit Nefertaris Tod bewirke.

Kurz vor Sonnenuntergang betrat die Königin den Obstgarten. Sie nahm ihr Diadem ab, dann küßte sie Merenptah und Iset.

«Das war ein anstrengender Tag», bekannte sie.

«Hast du den König gesehen, Majestät?»

«Leider nicht. Ameni belagert ihn, und ich mußte ebenfalls unzählige Aufgaben bewältigen, die keinen Aufschub duldeten.»

«Benehmen dir die rituellen Verpflichtungen und der Trubel des öffentlichen Lebens nicht zuweilen die Sinne?»

«Mehr, als du dir vorstellen kannst, Iset. Wie glücklich war ich in Nubien! Ich brauchte mich nie von Ramses zu trennen, jeder Augenblick war pures Entzücken.»

«Dennoch ...»

Isets Stimme zitterte. Nefertari wurde stutzig.

«Ist dir nicht wohl?»

«Doch, aber ... ich bin ...»

Iset die Schöne konnte sich nicht mehr beherrschen und stellte die Frage, die ihr auf den Lippen und im Herzen brannte.

«Majestät, liebst du Ramses wirklich?»

Ein Schatten des Unmuts legte sich wie ein Schleier über Nefertaris Antlitz, wich jedoch im nächsten Augenblick einem strahlenden Lächeln.

«Weshalb zweifelst du daran?»

«Bei Hof munkelt man ...»

«Der Hof munkelt, wie die Gans schnattert, und niemandem wird es je gelingen, dieses ‹man› zum Schweigen zu bringen, das nur ein Ziel kennt: verleumden. Weißt du das nicht schon seit langem?»

«Doch, natürlich, aber ...»

«Ich bin von bescheidener Herkunft und habe mich mit Ramses dem Großen vermählt: das ist der Grund für das Gerede. War es nicht unvermeidlich?»

Nefertari blickte Iset in die Augen.

«Ich liebe Ramses seit unserer ersten Begegnung, seit wir einander zum erstenmal sahen, aber ich wagte nicht, es mir einzugestehen. Und diese Liebe wuchs unaufhörlich bis zu unserer Hochzeit, sie wächst seither stetig weiter und wird unseren Tod überdauern.»

«Hast du nicht den Bau eines Tempels zu deinem Ruhm in Abu Simbel gefordert?»

«Nein, Iset. Der Pharao wünscht, daß der Stein von der unwandelbaren Eintracht des Königspaares künden möge. Wer sonst als er könnte so großartige Pläne ersinnen?»

Iset die Schöne stand auf und ging auf den niedrigen Tisch zu, auf dem die beiden Schalen standen.

«Ramses lieben zu dürfen ist eine unermeßliche Gunst», fuhr Nefertari fort. «Ich bin ganz sein, und er bedeutet mir alles.»

Mit dem Knie stieß Iset gegen den Tisch. Die zwei Schalen kippten um, und ihr Inhalt ergoß sich ins Gras.

«Vergib mir, Majestät, aber ich bin gerührt. Bitte vergiß meine unsinnigen und verachtenswerten Zweifel.»

König Hattuschili ließ die einst erbeuteten und zur Schau gestellten Waffen entfernen, die den Audienzsaal seines Palastes geziert hatten. Der graue und kalte, für seinen Geschmack zu düstere Stein sollte mit Wandteppichen in klaren Mustern und leuchtenden Farben behängt werden.

In ein großes, buntes Stück Stoff gehüllt, den Hals mit einer silbernen Kette geschmückt, einen Armreif über dem linken Ellenbogen und die Haare von einem Band zusammengehalten, trug

Hattuschili eine wollene Mütze, die seinem verstorbenen Bruder gehört hatte. Sparsam und wenig auf seine äußere Erscheinung bedacht, würde er das Vermögen des Staates mit bisher noch nie gekannter Strenge verwalten.

Im Audienzsaal folgte ein wichtiger Kaufmann dem anderen, um mit dem König die Richtlinien festzulegen, die in Handel und Wandel Vorrang haben sollten. Als Vorsteherin der Priesterschaft nahm auch Königin Puducheba an diesen Unterredungen teil und forderte nachdrücklich, die der Armee zur Verfügung gestellten Mittel wesentlich zu verringern. Obgleich die Händler ihre alten Vorrechte wiedererlangt hatten, wunderten sie sich über diese Haltung. Befand sich Hatti nicht im Krieg mit Ägypten?

Hattuschili erzielte die ersten kleinen Fortschritte, traf sich immer häufiger mit Kaufleuten und hohen Offizieren und pries beharrlich die Vorzüge einer langen Waffenruhe, ohne jemals das Wort «Frieden» auszusprechen. Puducheba verfuhr in gleicher Weise bei der Priesterschaft, und der ägyptische Gesandte Acha stellte den lebendigen Beweis für die Verbesserung der Beziehungen zwischen den zwei mächtigen Gegnern dar. Mußten die Hethiter, solange Ägypten darauf verzichtete, ihr Land anzugreifen, nicht alles daransetzen, um ein Ende der Feindseligkeiten herbeizuführen?

Doch da drohte etwas gleich einem Blitz aus heiterem Himmel das schöne, auf Wunschträumen errichtete Gebäude zum Einsturz zu bringen.

Hattuschili beorderte Acha unverzüglich zu sich.

«Ich möchte dir die Entscheidung kundtun, die ich soeben getroffen habe und die du an Ramses weiterleiten wirst.»

«Handelt es sich um ein Friedensangebot, Majestät?»

«Nein, Acha, um die Erklärung, daß der Krieg fortgesetzt wird.»

Für den ägyptischen Gesandten brach eine Welt zusammen.

«Woher rührt dieser plötzliche Sinneswandel?»

«Ich habe soeben erfahren, daß Uriteschup in Ägypten Zuflucht gesucht und gefunden hat.»

«Und das entrüstet dich so sehr, daß du unsere Abmachungen in Frage stellst?»

«Nur du, Acha, kannst ihm geholfen haben, Hatti zu verlassen und sich in dein Land zu flüchten.»

«Gehört das nicht der Vergangenheit an, Majestät?»

«Ich fordere Uriteschups Kopf. Dieser Verräter muß verurteilt und hingerichtet werden. Ehe der Mörder meines Bruders nicht nach Hatti zurückgekehrt ist, wird es keine Friedensverhandlungen geben.»

«Was hast du denn von ihm zu befürchten, solange er sich in Pi-Ramses aufhält?»

«Ich möchte seinen Leichnam auf einem Scheiterhaufen brennen sehen, hier, in meiner Hauptstadt.»

«Es ist nicht sehr wahrscheinlich, daß Ramses bereit ist, sein Wort zu brechen und einen Mann auszuliefern, dem er seinen Schutz zugesichert hat.»

«Mache dich sogleich auf den Weg nach Pi-Ramses, überrede deinen König und schaffe mir Uriteschup herbei. Sonst wird meine Armee in Ägypten einfallen, und ich werde den Verräter selbst gefangennehmen.»

SECHSUNDVIERZIG

Bei grosser Hitze brachten die Bauern im Monat Mai die Ernte ein, nachdem man die Erträge schon im voraus berechnet hatte. Mit Sicheln wurden die goldgelben Ähren abgeschnitten, und die Halme blieben an Ort und Stelle zurück. Tapfer und unermüdlich schleppten die Esel das Getreide zu den Dreschplätzen. Es war harte Arbeit, doch Ägypten würde es in diesem Jahr weder an Brot noch an Früchten oder frischem Wasser mangeln, und kein Aufseher hätte es gewagt, die Mittagsruhe zu verbieten.

Es war die Zeit, in der Homer sich dazu entschlossen hatte, das Schreiben für immer einzustellen. Als Ramses ihm einen Besuch abstattete, rauchte der Poet nicht einmal mehr Salbeiblätter in seiner Schneckenhauspfeife. Trotz der brütenden Hitze lag er mit einem Kissen unter dem Kopf in einem wollenen Gewand auf einem Bett, das er sich unter seinen geliebten Zitronenbaum hatte stellen lassen.

«Majestät ... ich hatte nicht mehr zu hoffen gewagt, dich noch einmal zu sehen.»

«Was ficht dich an?»

«Nichts, Majestät, nur das hohe Alter. Meine Hand ist müde geworden und mein Herz auch.»

«Warum hast du nicht nach den Ärzten des Palastes geschickt?»

«Ich bin nicht krank, Majestät. Steht der Tod nicht im Einklang mit dem Leben? Hektor, meine schwarzweiße Katze, hat mich verlassen, und ich bringe es nicht über mich, sie durch eine andere zu ersetzen.»

«Du mußt noch große Werke schreiben, Homer.»

«Ich habe mein Bestes in der *Ilias* und in der *Odyssee* gegeben. Weshalb sollte ich mich dagegen auflehnen, daß die Stunde für die letzte Reise gekommen ist?»

«Wir werden dich heilen.»

«Seit wann regierst du, Majestät?»

«Seit fünfzehn Jahren.»

«Du hast noch nicht genügend Erfahrung, um glaubhaft einen Greis zu belügen, der so viele Männer hat sterben sehen. Der Tod hat sich in meine Adern geschlichen, er läßt mein Blut erstarren, und keine Arznei vermag ihn daran zu hindern. Aber es gibt Wichtigeres, viel Wichtigeres: Deine Vorfahren haben ein einzigartiges Land aufgebaut, sieh zu, daß du es vor Schaden bewahrst. Wie steht es um den Krieg gegen die Hethiter?»

«Acha hat seinen Auftrag erfüllt: Wir hoffen, daß wir einen Vertrag unterzeichnen können, der den Feindseligkeiten ein Ende setzen wird.»

«Wie schön ist es, aus einer Welt des Friedens zu scheiden, nachdem ich soviel über den Krieg geschrieben habe ... *In den Okeanos sank das strahlende Leuchten der Sonne, und die schwarze Nacht zog über die fruchtbaren Fluren ...*, sagt einer meiner Helden, ... *so daß den Besiegten brach nun ersehnt und dreifach erfleht die finstere Nacht an.* Heute bin ich der Besiegte und wünsche mir nur noch die finstere Nacht.»

«Ich lasse dir ein prachtvolles Haus für die Ewigkeit errichten.»

«Nein, Majestät ... Ich bin Grieche geblieben, und meinem Volk verheißt jene andere Welt nur Vergessen und Schmerz. In meinem Alter ist es zu spät, seinem Glauben noch abzuschwören.

Selbst wenn dir diese Zukunft nicht freudvoll erscheint, so ist sie doch das, worauf ich mich vorbereitet habe.»

«Unsere Weisen behaupten, die Werke großer Dichter seien dauerhafter als die Pyramiden.»

Homer lächelte.

«Gewährst du mir eine letzte Gunst, Majestät? Ergreife meine rechte Hand, diejenige, welche geschrieben hat … Dank deiner Kraft wird es mir leichter fallen hinüberzugehen.»

Und der Poet entschlief friedlich.

Homer ruhte nun unter einem Erdhügel in der Nähe seines Zitronenbaumes, und sein Leichentuch barg auch eine Abschrift der *Ilias* und der *Odyssee* nebst einem Papyrus, der von der Schlacht bei Kadesch kündete. Nur Ramses, Nefertari und Ameni hatten tief bewegt an seiner Beisetzung teilgenommen.

Als der Herrscher in seinen Amtsraum zurückkehrte, erstattete ihm Serramanna Bericht.

«Ich konnte keine Spur des Magiers Ofir entdecken, Majestät. Es steht zu vermuten, daß er sich nicht mehr in Ägypten aufhält.»

«Könnte er sich vielleicht bei den Hebräern verbergen?»

«Falls er sein Aussehen verändert und ihr Vertrauen errungen hat, warum nicht?»

«Was sagen deine Zuträger?»

«Seit Moses als Oberhaupt der Hebräer anerkannt wird, hüllen sie sich in Schweigen.»

«Dann weißt du also nicht, was sie aushecken.»

«Ja und nein, Majestät.»

«Erkläre dich deutlicher, Serramanna.»

«Es kann sich nur um einen von Moses und den Feinden Ägyptens angeführten Aufstand handeln.»

«Moses hat mich um eine Audienz gebeten.»

«Gewähre sie ihm nicht, Majestät!»

«Was befürchtest du?»

«Daß er versucht, dich zu töten.»

«Sind deine Ängste nicht übertrieben?»

«Ein Aufrührer ist zu allem fähig.»

«Moses ist seit unserer Kindheit mein Freund.»

«Diese Freundschaft, Majestät, die hat er vergessen.»

Maienlicht durchflutete Ramses' Arbeitsraum. Es fiel durch drei hohe Fenster mit steinernem Gitterwerk ein, von denen eins Ausblick auf einen Innenhof bot, in dem mehrere Wagen standen. Weiße Wände, ein Sessel mit gerader Rückenlehne für den Herrscher und Stühle mit Strohgeflecht für seine Besucher, eine Truhe für Papyrusrollen und ein großer Tisch bildeten die karge Ausstattung, die auch Sethos gebilligt hätte.

Da trat Moses ein.

Von hohem Wuchs, mit breiten Schultern, dichtem Haar, üppigem Bart und von tiefen Falten durchzogenem Gesicht bekundete der Hebräer große Reife.

«Setze dich, Moses.»

«Ich bleibe lieber stehen.»

«Was möchtest du?»

«Wir haben einander lange nicht gesehen, und ich habe um so mehr nachgedacht.»

«Hat es dich zu kluger Einsicht geführt?»

«Ich bin in der ganzen Weisheit Ägyptens unterwiesen worden, doch was bedeutet sie schon, verglichen mit dem Willen Jahwes?»

«Du hast also deinem unsinnigen Vorhaben nicht entsagt.»

«Im Gegenteil, ich habe den Großteil meines Volkes dazu bewogen, mir Gefolgschaft zu leisten. Schon bald werden alle mir zur Seite stehen.»

«Ich erinnere mich an die Worte meines Vaters, Sethos: ‹Ein Pharao darf weder Aufrührer noch Unruhestifter dulden. Täte er es dennoch, wäre es das Ende der Herrschaft der Maat. Dann käme Wirrnis über das Land, und sie brächte allen Unheil, Großen wie Kleinen.›»

«Ägyptens Gesetze gelten für uns nicht mehr.»

«Solange sie in diesem Land leben, müssen sie sich ihm unterwerfen.»

«Erteile meinem Volk die Genehmigung, drei Tagesmärsche weit in die Wüste zu ziehen, um dort Jahwe zu opfern.»

«Aus Gründen der Sicherheit muß ich dies ablehnen.»

Moses umklammerte seinen knorrigen Stock noch fester.

«Mit dieser Antwort kann ich mich nicht zufriedengeben.»

«Im Namen der Freundschaft bin ich bereit, über deine Dreistigkeit hinwegzusehen.»

«Ich bin mir dessen bewußt, daß ich zum Pharao spreche, zum Herrn der Beiden Länder, und es liegt mir fern, ihm die gebührende Achtung zu versagen. Trotzdem bleiben Jahwes Forderungen bestehen und werden weiterhin durch meinen Mund zum Ausdruck kommen.»

«Wenn du unter den Hebräern Aufruhr stiftest, zwingst du mich dazu, ihn niederzuschlagen.»

«Auch dessen bin ich mir bewußt. Deshalb wird Jahwe andere Mittel anwenden. Solltest du den Hebräern beharrlich die Freiheit verweigern, die sie fordern, wird Gott Ägypten mit grauenerregenden Plagen heimsuchen.»

«Glaubst du, du könntest mir damit angst machen?»

«Ich werde mein Anliegen vor deinen Würdenträgern und vor deinem Volk verteidigen, und Jahwes unendliche Macht wird sie überzeugen.»

«Ägypten hat von dir nichts zu befürchten, Moses.»

Wie schön Nefertari war! Während sie die Rituale zur Einweihung einer neuen Kapelle leitete, betrachtete Ramses sie voller Bewunderung.

Sie, deren Stimme Freude spendete und kein unnützes Wort sprach, sie, die den Palast mit ihrem Wohlgeruch und ihrer Anmut erfüllte, sie, die das Gute wie das Böse zu erkennen und voneinander zu trennen wußte, sie war zur glühend verehrten Herrin der Beiden Länder geworden. Mit ihrem sechsreihigen Halskragen aus Gold und einer von zwei hohen Federn überragten Krone schien sie dem Reich der Göttinnen anzugehören, in dem Jugend und Schönheit nie vergingen.

Auch im Blick seiner Mutter Tuja gewahrte Ramses, wie glücklich sie war, weil sie feststellen konnte, daß die Königin, die ihre Nachfolge angetreten hatte, Ägyptens würdig war. Ihre unaufdringliche, aber tatkräftige Hilfe hatte es Nefertari ermöglicht, sich zu entfalten und den richtigen Ton zu finden, der großen Herrscherinnen eigen ist.

Dem Ritual folgte ein Fest zu Ehren Tujas. Jeder Höfling drängte sich danach, die Mutter des Königs zu preisen, die den üblichen Floskeln nur mit halbem Ohr zuhörte. Endlich gelang es auch dem Gesandten Meba, sich Tuja und dem Pharao zu nähern. Mit breitem Lächeln flocht er seine Lobreden auf Sethos' Witwe.

«Ich erachte deine Arbeit im Amt für die Beziehungen zu den Fremdländern als unzureichend», fiel ihm Ramses ins Wort. «Während Achas Abwesenheit hättest du mehr Sendschreiben mit unseren Verbündeten austauschen müssen.»

«Majestät, die Tribute, die sie dir zugesagt haben, sind außerordentlich hoch und von erlesener Güte. Sei versichert, daß ich für die Unterstützung durch Ägypten einen sehr ansehnlichen Preis ausgehandelt habe. Viele fremdländische Gesandte bitten darum, an deinem Hof zugelassen zu werden, Majestät, um dir zu huldigen, denn noch nie genoß ein Pharao größeres Ansehen.»

«Hast du mir sonst nichts zu sagen?»

«Doch, Majestät: Acha hat seine unverzügliche Rückkehr nach Pi-Ramses angekündigt. Ich gedenke ihm einen feierlichen Empfang zu bereiten.»

«Hat er in seinem Schreiben den Grund für diese Reise genannt?»

«Nein, Majestät.»

Der König und seine Mutter zogen sich zurück.

«Wird es gelingen, diesen Frieden zu schließen, Ramses?»

«Wenn Acha unverschlüsselt an Meba geschrieben hat und Hatti überstürzt verläßt, bedeutet das sicher keine gute Neuigkeit.»

SIEBENUNDVIERZIG

NACH ZEHN LANGEN Unterredungen mit Uriteschup hatte Ramses alles über die hethitische Armee erfahren, über die von ihr bevorzugte Art der Kriegführung, ihre Bewaffnung, ihre Stärken und ihre Schwächen. Der gestürzte Oberbefehlshaber war so begierig darauf, Hattuschili zu schaden, daß er seine Auskünfte äußerst bereitwillig erteilte. Als Gegenleistung dafür kam er in den Genuß eines schönen Hauses, zweier syrischer Diener, einer Beköstigung, an der er sogleich Geschmack gefunden hatte, und strenger Bewachung.

Ramses erkannte nun, welch grimmigem Ungeheuer er einst in jugendlichem Überschwang getrotzt hatte. Ohne den Schutz Amuns und Sethos' hätte seine Unbesonnenheit Ägypten ins Verderben gestürzt. Sogar geschwächt blieb Hatti noch eine furchterregende Streitmacht. Ein Bündnis, selbst ein nur loses, zwischen Ägypten und dem Hethiterreich hätte dauerhaften Frieden zur Folge, denn kein Volk würde es wagen, einen solchen Staatenbund anzugreifen.

Im Schatten einer Sykomore besprach Ramses diese Aussichten mit Nefertari, als ihm ein atemloser Ameni die Ankunft Achas meldete.

Der lange Aufenthalt in der Fremde hatte den Obersten Gesandten nicht verändert. Das ovale Gesicht mit den edlen Zügen, der kleine und sehr gepflegte Schnurrbart, die vor Scharfsinn blitzenden Augen und die schlanken Gliedmaßen konnten leicht den Anschein erwecken, er sei kühl und herablassend, und man glaubte gern, daß er überaus spöttisch durchs Leben schritt.

Acha verneigte sich vor dem Königspaar.

«Mögen Eure Majestäten mir vergeben, daß ich nicht die Zeit gefunden habe, ein Schwallbad zu nehmen, mich massieren zu lassen, mich mit Duftölen einzureiben ... Es ist gewissermaßen ein unsauberer Nomade, der es wagt, vor euch zu erscheinen, doch die Botschaft, die ich zu überbringen habe, duldet keinen Aufschub und läßt es nicht zu, hinter meinem Wohlbehagen zurückzustehen.»

«Dann werden wir die Glückwünsche auf später verschieben», sagte Ramses lachend, «obgleich uns deine Rückkehr eine dieser Freuden beschert, die sich dem Gedächtnis einprägen.»

«Sich in meinem Zustand von seinem König umarmen zu lassen käme dem Verbrechen der Majestätsbeleidigung gleich. Wie schön Ägypten ist, Ramses! Nur wer viel reist, ist imstande, seine Vollkommenheit zu schätzen.»

«Falsch», wandte Ameni ein. «Reisen verbildet den Geist. Wer hingegen seine Amtsstube nicht verläßt und durch das Fenster die Jahreszeiten vorüberziehen sieht, der vermag auszukosten, welches Glück es bedeutet, hier zu leben.»

«Heben wir uns auch diesen Streit für später auf», verlangte Ramses. «Bist du in Hatti etwa des Landes verwiesen worden, Acha?»

«Nein, aber König Hattuschili legte Wert darauf, daß seine Forderung aus dem Mund des Gesandten unmittelbar an das Ohr des Pharaos dringt.»

«Kündigst du mir den Beginn von Verhandlungen an, die zum Frieden führen?»

«Das wäre mein größter Wunsch gewesen ... Zu meinem Bedauern muß ich dir indes ein Ansinnen kundtun, das üble Folgen nach sich ziehen könnte, falls ihm nicht stattgegeben wird.»

«Sollte Hattuschili ebenso kriegerisch sein wie Uriteschup?»

«Hattuschili sieht ein, daß die von Assyrien ausgehende Bedrohung durch einen Frieden mit Ägypten einzudämmen wäre, doch dem steht ausgerechnet Uriteschup im Wege.»

«Dein Einfall, ihn hierherzuschicken, war vortrefflich. Dank seiner weiß ich jetzt alles über die hethitische Armee.»

«Ich gebe zu, daß das womöglich von großem Nutzen sein wird. Falls wir ihm Uriteschup nicht zurückschicken, will Hattuschili nämlich den Krieg fortsetzen.»

«Uriteschup ist unser Gast.»

«Hattuschili will seinen Leichnam auf einem Scheiterhaufen brennen sehen.»

«Ich habe Muwatallis Sohn Zuflucht gewährt und werde mein Wort nicht brechen. Sonst würde die Maat aufhören, über Ägypten zu herrschen, um der Lüge und der Feigheit Platz zu machen.»

«Genau das habe ich Hattuschili auch gesagt, aber er wird von seinem Standpunkt nicht abrücken: Entweder wir liefern Uriteschup aus, dann ist ein Friedensabkommen denkbar, oder die Feindseligkeiten gehen weiter.»

«Auch ich werde von meinem Standpunkt nicht abrücken: Ägypten wird das Gastrecht nicht mit Füßen treten, Uriteschup wird nicht ausgeliefert.»

Acha ließ sich in einen Sessel fallen.

«All die verlorene Zeit, all die vergeblichen Bemühungen ... Diese Gefahr war unvermeidlich, aber du hast recht, Majestät: Lieber Krieg führen als wortbrüchig werden. Wenigstens wissen wir jetzt besser Bescheid, wenn wir gegen die Hethiter kämpfen müssen.»

«Gestattet mir der Pharao, mich einzumischen?» fragte Nefertari.

Die sanfte und ruhige Stimme der Großen königlichen Gemahlin entzückte den Herrscher, den Gesandten und den Schreiber.

«Es waren Frauen, die in der Vergangenheit Ägypten aus fremdländischer Herrschaft befreit haben», rief ihnen Nefertari in Erinnerung, «und Frauen haben auch Friedensverträge mit den Höfen anderer Staaten ausgehandelt. Hat nicht Tuja selbst diese Sitte fortgeführt und mich gelehrt, ihrem Beispiel zu folgen?»

«Was schlägst du vor?» erkundigte sich Ramses.

«Ich werde an Königin Puducheba schreiben. Falls es mir gelingt, sie von der Notwendigkeit der Verhandlungen zu überzeugen, wird sie dann nicht ihren Gemahl dazu überreden, sich versöhnlicher zu zeigen?»

«Das Hindernis, das Uriteschup darstellt, läßt sich nicht aus der Welt schaffen», wandte Acha ein. «Doch Königin Puducheba ist eine kluge, scharfsinnige Frau, die mehr auf Hattis Würde und Erhabenheit als auf ihren eigenen Vorteil bedacht ist. Daß die Königin von Ägypten sich an sie wendet, dürfte ihr nicht gleichgültig sein. Da Puduchebas Einfluß auf Hattuschili beträchtlich ist, könnte dieser Schritt vielleicht günstige Auswirkungen haben. Doch ich verhehle der Großen Königsgemahlin nicht, daß dieses Unterfangen auf erhebliche Schwierigkeiten stoßen wird.»

«Entschuldigt mich jetzt bitte», sagte Nefertari, «aber ihr werdet verstehen, daß eine schwere Bürde auf mir lastet.»

Bewegt und voller Bewunderung blickte Acha der Königin nach, die sich leichtfüßig und strahlend entfernte.

«Wenn es Nefertari gelingt, eine Bresche zu schlagen», sagte Ramses zu seinem Obersten Gesandten, «dann kehrst du nach Hatti zurück. Ich werde Uriteschup niemals ausliefern, aber du wirst dennoch den Frieden erlangen.»

«Du verlangst das Unmögliche. Deshalb arbeite ich so gern für dich.»

Der König wandte sich an Ameni.

«Hast du Setaou aufgefordert, eilends zurückzukommen?»

«Ja, Majestät.»

«Was ist geschehen?» fragte Acha besorgt.

«Moses hält sich für den Wortführer seines alleinigen Gottes, dieses Jahwe, der ihm befohlen hat, die Hebräer aus Ägypten hinauszuführen», erläuterte Ameni.

«Willst du damit sagen … alle Hebräer?»

«Für ihn sind sie ein Volk, das Anspruch auf seine Unabhängigkeit hat.»

«Aber das ist doch Irrsinn!»

«Es ist nicht nur unmöglich, vernünftig mit Moses zu reden, sondern er fängt sogar an zu drohen.»

«Hast du etwa Angst vor ihm?»

«Ich befürchte vor allem, daß aus unserem Freund Moses ein gefährlicher Feind wird», erklärte Ramses, «und ich habe es gelernt, meine Gegner nicht zu unterschätzen. Deshalb ist Setaous Anwesenheit unerläßlich.»

«Wie schade!» beklagte Acha. «Moses war ein starker und redlicher Mann.»

«Das ist er immer noch, aber er hat seine Fähigkeiten in den Dienst einer starren Glaubenslehre gestellt.»

«Du machst mir angst, Ramses. Ist dieser Krieg nicht schrecklicher als ein Feldzug gegen die Hethiter?»

«Entweder wir gewinnen ihn, oder wir gehen zugrunde.»

Setaou legte seine großen Hände auf Khas schmale Schultern.

«Bei allen Schlangen dieser Erde, du bist ja beinahe ein Mann geworden!»

Die beiden unterschieden sich auffallend voneinander. Kha, Ramses' erstgeborener Sohn, war ein junger Schreiber von bleicher Gesichtsfarbe und mutete eher zerbrechlich an. Setaou war dagegen von stämmigem Wuchs, unter seiner dunklen Haut zeichneten sich straffe Muskeln ab, er hatte einen kantigen Schädel und einen Stoppelbart, und er trug ein Gewand aus Antilopenleder mit zahlreichen Taschen, in dem er wie ein Abenteurer oder ein Goldsucher aussah.

Bei ihrem Anblick hätte niemand vermutet, daß auch nur irgendeine Art von Freundschaft sie verband. Dennoch betrachtete Kha den Schlangenkundigen als seinen Lehrmeister, der ihn in die Kenntnisse des Verborgenen eingeführt hatte, und Setaou sah in Kha ein außergewöhnliches Geschöpf, das imstande sein würde, zum Wesen der Geheimnisse vorzudringen.

«Hast du seit meiner Abreise auch nicht zu viele Dummheiten begangen?» fragte Setaou.

Kha lächelte.

«Nun ... ich hoffe, daß ich dich nicht enttäusche.»

«Wie ich höre, bist du befördert worden.»

«Ich habe einige rituelle Aufgaben im Tempel übernommen, das stimmt ... Es war nicht meine Entscheidung, doch ich freue mich sehr darüber.»

«Das ist schön, mein Junge! Aber ich sehe weder ein Amulett um deinen Hals noch ein Leinenband an deinem Handgelenk ...»

«Ich habe sie für die Reinigungszeremonie im Tempel abgenommen und danach nicht mehr gefunden. Nachdem du nun wieder da bist, besteht ja keinerlei Gefahr mehr, zumal mir obendrein die Magie der Riten zugute kommt.»

«Du solltest trotzdem Amulette tragen.»

«Trägst du denn welche, Setaou?»

«Ich habe immerhin mein Gewand aus Antilopenleder.»

Zu Setaous und Khas Überraschung flog ein Pfeil dicht an ihnen vorüber und bohrte sich genau in den Mittelpunkt einer Zielscheibe. Sie befanden sich auf dem Gelände, auf dem die besten Bogenschützen ihre Fähigkeiten übten, denn da hatte der König sie hinbeordert.

«Ramses ist immer noch so treffsicher wie früher», stellte Setaou fest.

Kha sah zu, wie sein Vater den Bogen sinken ließ und beiseite legte, den nur er allein zu spannen vermochte und den er bereits in der Schlacht bei Kadesch benutzt hatte. Seither schien die Gestalt des Herrschers noch stattlicher geworden zu sein. Durch seine bloße Anwesenheit gebot er Achtung.

Kha verneigte sich vor dem Mann, der viel mehr als nur sein Vater war.

«Weshalb hast du uns hierherkommen lassen?» wollte Setaou wissen.

«Weil ihr beide, mein Sohn und du, mir helfen werdet, einen Kampf zu führen, bei dem es gilt, genau zu zielen.»

«Ich fürchte, daß ich darin nicht sehr geschickt bin», entgegnete Kha ohne Umschweife.

«Glaube nur das nicht, mein Sohn! Wir werden mit Verstand und Magie kämpfen müssen.»

«Ich tue Dienst im Amun-Tempel und ...»

«Die Priester haben dich einhellig zum Vorsteher ihrer Gemeinschaft gewählt.»

«Aber ... ich bin noch nicht einmal zwanzig Jahre alt!»

«Was bedeutet denn das Alter! Dennoch habe ich ihren Vorschlag zurückgewiesen.»

Kha war erleichtert.

«Ich habe eine schlechte Nachricht erhalten», fuhr Ramses fort. «Der Oberpriester des Ptah ist überraschend verstorben. Dich, mein Sohn, habe ich dazu ausersehen, seine Nachfolge anzutreten.»

«Ich soll Oberpriester des Ptah werden … Aber das ist …»

«Das ist mein Wille. Als Inhaber dieses Amtes wirst du dem Kreis der Würdenträger angehören, vor denen Moses sein Anliegen zu verteidigen wünscht.»

«Was hat er sich denn ausgedacht?» fragte Setaou.

«Weil ich mich weigere, die Hebräer auf Gedeih und Verderb in die Wüste ziehen zu lassen, droht er Ägypten die Strafen seines Gottes an. Werden der neue Oberpriester des Ptah und mein bester Magier ihn von seinem Wahn heilen können?»

ACHTUNDVIERZIG

GEMEINSAM MIT AARON erschien Moses an der von Serramanna und einer Ehrengarde bewachten Tür des Audienzsaales im Palast von Pi-Ramses. Als der Hebräer vorüberging, warf ihm der Sarde einen erzürnten Blick zu. Wäre er der Herrscher, würde er diesen Aufrührer in ein unterirdisches Verlies werfen lassen oder, noch besser, in den entlegensten Winkel der Wüste verbannen. Der ehemalige Seeräuber vertraute auf seine innere Stimme: Dieser Moses hatte nichts anderes im Sinn, als Ramses zu schaden.

Während der Anführer und Fürsprecher des hebräischen Volkes in der Mitte des Audienzsaales zwischen den zwei Säulenreihen voranschritt, stellte er nicht ohne Freude fest, daß zahlreiche Höflinge anwesend waren.

Zur Rechten des Königs saß sein Sohn Kha, in ein mit goldenen Sternen verziertes Pantherfell gekleidet. Trotz seines noch jugendlichen Alters war Kha vor kurzem in ein sehr hohes Amt eingesetzt worden. In Anbetracht seines scharfen Verstandes und umfassenden Wissens hatte kein Priester Einspruch gegen diese Entscheidung erhoben. Der Sohn des Pharaos mußte seine Fähigkeiten unter Beweis stellen, indem er die Botschaft der Götter vernahm und sie in Hieroglyphen übertrug. Jeder würde sein Verhalten mit Aufmerksamkeit verfolgen, zumal es ihm oblag, die überlieferten

Werte zu bewahren, die auf die Zeit der Pyramiden zurückgingen, auf jenes goldene Zeitalter, in dem die schöpferischen Kräfte der ägyptischen Kultur erstmals in Worte gefaßt wurden.

Khas Ernennung hatte Moses in Erstaunen versetzt, doch als er ihn aus der Nähe sah, erkannte er, daß der junge Mann außerordentliche Entschlossenheit und Reife an den Tag legte. Er würde ohne jeden Zweifel ein gefährlicher Gegner werden.

Und was sollte er erst von dem Mann zur Linken des Pharaos halten? Setaou, der Schlangenbeschwörer und Oberste Magier des Königreichs! Setaou, der gleich Ramses sein Gefährte an der Hohen Schule der Schreiber gewesen war, ebenso wie Ameni, der etwas im Hintergrund saß und sich bereit hielt, das Wesentliche dieser Auseinandersetzung aufzuschreiben.

Moses wollte nicht mehr an die Jahre zurückdenken, in denen er mitgewirkt hatte, Ägyptens Ansehen zu heben. Diese Vergangenheit war an jenem Tag gestorben, da Jahwe ihn mit seiner Mission betraut hatte, und es kam ihm nicht zu, für immer verlorenen Stunden nachzuweinen.

Moses und Aaron blieben vor den Stufen zu dem Podest stehen, auf dem der Pharao und seine Würdenträger Platz genommen hatten.

«Welches Anliegen wünschst du vor diesem Hof zu erörtern?» fragte Ameni.

«Ich bin nicht gesonnen, etwas zu erörtern», antwortete Moses, «sondern ich fordere, was mir nach dem Willen Jahwes zusteht. Der Pharao möge mir die Genehmigung erteilen, an der Spitze meines Volkes Ägypten zu verlassen.»

«Die Genehmigung wird aus Gründen der öffentlichen Sicherheit abgelehnt.»

«Diese Ablehnung ist eine Beleidigung Jahwes.»

«Soviel ich weiß, herrscht Jahwe nicht über Ägypten.»

«Dennoch wird Sein Zorn Schrecken verbreiten. Gott beschützt mich, und Er wird Wunder vollbringen, um Seine Macht kundzutun.»

«Ich kenne dich seit langem, Moses, wir sind sogar Freunde gewesen. Als wir noch gemeinsam die Schule besuchten, lebtest du nicht in Wahnvorstellungen.»

«Du bist ein ägyptischer Schreiber, Ameni, ich bin der Anführer des hebräischen Volkes. Jahwe hat zu mir gesprochen, und ich werde es beweisen.»

Aaron warf seinen Stock auf den Boden. Moses sah ihn eindringlich an. Da kam Leben in den Stock, er begann sich zu winden und verwandelte sich in eine Schlange.

Erschrocken wichen einige Höflinge zurück. Die Schlange kroch auf Ramses zu, der indes keinerlei Furcht erkennen ließ. Setaou sprang auf und packte das Tier am Schwanz.

Viele der Anwesenden stießen vor Entsetzen einen Schrei aus, doch schon bald ertönten laute Jubelrufe, als sich die Schlange in Setaous Hand wieder in einen Stock verwandelte.

«Ich selbst habe Moses vor langer Zeit im Harim von Mer-Our dieses Zauberkunststück beigebracht. Um die Berater des Pharaos und den Hof von Ägypten zu beeindrucken, gehört mehr dazu.»

Moses und Setaou sahen einander herausfordernd an. Zwischen den beiden Männern bestanden keinerlei freundschaftliche Bande mehr.

«In einer Woche», so kündigte der Prophet an, «wird ein neues Wunder das Volk in Erstaunen versetzen.»

Unter den wachsamen Blicken von Wächter, der im Schatten einer Sykomore lag, badete Nefertari nackt im Wasserbecken neben dem Palast. Dank dünner, auf den Steinen befestigter Kupferplättchen sowie dank klug angelegter Zu- und Abflüsse, die das Wasser fortwährend erneuerten, war es stets sauber. Obendrein schüttete ein sachkundiger Diener in regelmäßigen Zeitabständen ein Pulver aus Kupfersalzen hinein.

Wenn die Überschwemmung nahte, wurde die Hitze erdrükkend. Deshalb kostete die Königin, ehe sie ihre Audienzen begann, diesen herrlichen Augenblick aus, in dem der Leib, erquickt und zufrieden, die Gedanken beflügelte und ihnen freien Lauf ließ. Während sie schwamm, legte Nefertari sich die bald tröstenden, bald strengen Worte für ihre Besucher zurecht, von deren Bittschriften wieder eine dringlicher als die andere sein würde.

Mit offenem Haar und in einem Kleid mit Trägern, das ihre Brüste unverhüllt ließ, näherte sich Iset lautlos dem Wasserbekken. Sie, die man immerhin «die Schöne» nannte, kam sich, an Nefertari gemessen, nahezu unscheinbar vor. Jede Bewegung der Königin war von unvergleichlicher Harmonie, als wäre sie den Pinselstrichen eines überaus begabten Malers entsprungen, der es verstanden hatte, dem Körper einer Frau vollkommene Schönheit zu verleihen.

Nachdem sie lange gezögert und sich ein letztes Mal mit Dolente besprochen hatte, deren glühender Eifer unvermindert anhielt, war Iset zu einer endgültigen Entscheidung gelangt.

Jetzt wollte sie wirklich handeln.

Sie verdrängte jedwede Furcht, die ihren Entschluß beeinträchtigen könnte, aus ihren Gedanken und trat noch einen Schritt näher an das Wasserbecken. Handeln ... Sie durfte sich nicht mehr anders besinnen.

Nefertari erblickte Iset.

«Komm und nimm auch ein Bad!»

«Ich fühle mich nicht wohl, Majestät.»

Die Königin schwamm an den Rand des Beckens und stieg auf einer steinernen Treppe aus dem Wasser.

«Was fehlt dir?»

«Ich weiß es nicht ...»

«Bereitet dir Merenptah Kummer?»

«Nein, ihm geht es ausgezeichnet, seine Widerstandskraft erstaunt mich jeden Tag aufs neue.»

«Lege dich hier auf die warmen Steinplatten, neben mich.»

«Vergib mir, aber mir bekommt die Sonne nicht.»

Nefertaris Körper bezauberte die Seele. Glich er nicht dem Leib der Göttin des Westens, die mit ihrem Lächeln das Jenseits wie das Diesseits erhellte? Mit geschlossenen Augen lag sie auf dem Rükken, ganz nahe und dennoch unnahbar.

«Was quält dich, Iset?»

Erneut bemächtigten sich Zweifel der zweiten Gemahlin des Königs. Sollte sie ihren Entschluß wirklich ausführen oder auf die Gefahr hin, daß sie für verrückt gehalten wurde, die Flucht ergreifen? Zum Glück sah Nefertari sie nicht an. Nein, die Gelegenheit war zu günstig. Sie durfte sie nicht ungenutzt verstreichen lassen.

«Majestät ... Majestät, ich würde gern ...»

Iset die Schöne kniete nieder, dicht neben Nefertaris Kopf. Nefertari blieb reglos liegen.

«Majestät, ich wollte dich töten.»

«Das glaube ich dir nicht, Iset.»

«Doch, ich mußte es dir gestehen ... Die Last auf meiner Seele wurde unerträglich. Jetzt weißt du es.»

Die Königin öffnete die Augen, setzte sich auf und ergriff Isets Hand.

«Wer hat versucht, dich zu einem Mord zu bewegen?»

«Ich habe geglaubt, du würdest Ramses nicht lieben und seist nur vom Ehrgeiz besessen. Ich war blind und töricht! Wie konnte ich nur widerwärtigen Verleumdungen mein Ohr leihen?»

«Jeder Mensch erlebt Augenblicke der Schwäche, Iset, in denen das Böse versucht, das Gewissen zum Schweigen zu bringen und das Herz zu verhärten. Du hast diesem furchtbaren Angriff standgehalten, ist das nicht das Entscheidende?»

«Ich schäme mich meiner, ich schäme mich so sehr ... Falls du beschließt, mich vor Gericht zu stellen, werde ich mich dem Urteil fügen.»

«Wer hat dir diese Lügen über mich erzählt?»

«Ich wollte dir meine Schuld gestehen, Majestät, und nicht andere anklagen.»

«Mit meinem Tod hoffte man, Ramses zu treffen. Wenn du den König liebst, Iset, mußt du mir die Wahrheit sagen.»

«Du ... du haßt mich jetzt nicht?»

«Du bist weder ehrgeizig noch heimtückisch, und du bringst den Mut auf, dich zu deinen Fehlern zu bekennen. Ich hasse dich nicht, sondern ich schätze dich darum noch mehr.»

Iset begann zu weinen, dann redete sie und redete und schüttete ihr Herz aus.

Am Ufer des Nils hatte Moses Tausende von Hebräern versammelt, zu denen sich ebenso viele Neugierige aus den verschiedenen Stadtvierteln gesellt hatten. Den Gerüchten zufolge würde der kriegerische Gott der Hebräer ein großes Wunder vollbringen, mit dem er beweisen wollte, daß er mächtiger sei als alle Götter Ägyptens zusammen. Sollte der Pharao nicht doch den Forderungen des Propheten stattgeben?

Gegen den Rat von Ameni und Serramanna hatte Ramses beschlossen, ihn gewähren zu lassen. Es wäre übertrieben gewesen, die Armee und Wachsoldaten einzusetzen, um die Massen zu zerstreuen. Weder Moses noch die Hebräer störten die öffentliche Ordnung, und die umherziehenden Händler beglückwünschten sich beim Anblick des Gewimmels.

Von der Terrasse seines Palastes aus betrachtete Ramses den Fluß, an dessen Ufer sich die Menschen ungeduldig drängten, doch er dachte vor allem mit Schaudern über das nach, was Nefertari ihm soeben enthüllt hatte.

«Besteht noch irgendein Zweifel?»

«Nein, Ramses, Iset ist aufrichtig.»

«Ich werde sie hart bestrafen müssen.»

«Ich bitte dich um Nachsicht mit ihr. Sie war doch nur aus Liebe nahe daran, diese furchtbare Tat zu begehen. Das Unabänderliche ist nicht geschehen, und dank ihrer wissen wir nun, wie sehr deine Schwester dich haßt, so sehr, daß sie auch vor einem Verbrechen nicht zurückschreckt.»

«Ich hoffte, sie habe die Dämonen, die so viele Jahre lang an ihrer Seele nagten, bezwungen ... Aber ich habe mich geirrt. Sie wird sich nie ändern.»

«Läßt du Dolente vor Gericht stellen?»

«Sie wird es leugnen und Iset beschuldigen, sie habe alles erfunden. Das Verfahren würde im Sande verlaufen und nur größtes Aufsehen erregen.»

«Soll die Anstifterin zu einem Mord ungestraft bleiben?»

«Nein, Nefertari. Dolente hat sich Isets bedient, und wir werden uns Dolentes bedienen.»

Am Ufer kam Unruhe auf, da und dort ertönte ein Schrei.

Moses warf seinen Stock in den Nil, der sich rötlich verfärbte.

Mit einer Schale schöpfte der Prophet ein wenig Wasser aus dem Fluß und goß es auf den Boden.

«Legt alle Zeugnis ab von diesem Wunder! Durch den Willen Jahwes hat sich das Wasser des Nils in Blut verwandelt. Und wenn sein Wunsch nicht erfüllt wird, strömt dieses Blut in alle Kanäle des Landes, und die Fische sterben. Das ist die erste Plage, die Ägypten heimsucht.»

Nun schöpfte auch Kha ein wenig dieses sonderbaren Wassers, das einen herben Geruch verströmte.

«Nichts dergleichen wird sich ereignen, Moses. Was du vorhergesagt hast, ist nur die rote Flut der Überschwemmung. Einige Tage lang ist dieses Wasser nicht trinkbar, und es darf kein Fisch gegessen werden. Wenn es sich dabei um ein Wunder handelt, so beschert es uns die Natur, deren Gesetze wir achten müssen.»

Der junge und zierliche Kha empfand keinerlei Furcht vor dem hünenhaften Moses. Der Hebräer zügelte seinen Zorn.

«Das sind schöne Worte, aber was sagst du dazu, daß mein Stock dieses blutrote Wasser hervorgerufen hat?»

«Wer wollte bestreiten, daß Moses über prophetische Gaben verfügt? Du hast diese Veränderung des Wassers gespürt, die Kraft, die aus dem Süden kommt, und du hast gewußt, wann die rote Flut hier eintrifft. Du kennst dieses Land so gut wie ich, keines seiner Geheimnisse ist dir verborgen.»

«Bisher», fuhr Moses mit dröhnender Stimme fort, «hat sich Jahwe mit Warnungen begnügt. Da Ägypten beharrlich an Ihm zweifelt, wird Er weitere, noch schlimmere Plagen aussenden.»

NEUNUNDVIERZIG

ACHA TRUG DAS Sendschreiben eigenhändig zur Großen königlichen Gemahlin, die sich mit Ramses gerade über die Verwaltung der Speicher unterhielt.

«Hier ist die Antwort, auf die du gewartet hast, Majestät. Sie kommt von Königin Puducheba selbst. Ich hoffe, daß ihr Inhalt dich nicht enttäuscht.»

Die in kostbaren Stoff eingehüllte Schreibtafel trug Puduchebas Siegel.

«Bist du so freundlich, sie uns vorzulesen, Acha? Zum einen vermagst du hethitische Schriftzeichen meisterhaft zu entziffern, und zum anderen betreffen alle Neuigkeiten aus Hattuscha auch dich.»

Der Oberste Gesandte gehorchte.

An meine Schwester, Königin Nefertari, Gemahlin der Sonne, Ramses' des Großen.

Wie geht es meiner Schwester, ist ihre Familie bei guter Gesundheit, sind ihre Pferde prächtig und kraftvoll? In Hatti hat die schöne Jahreszeit begonnen. Verheißt die Überschwemmung Ägypten eine gute Ernte?

Ich habe das lange Schreiben meiner Schwester Nefertari erhalten und es mit großer Aufmerksamkeit gelesen. König Hattuschili ist sehr verstimmt darüber, daß sich der nichtswürdige Uriteschup in Pi-Ramses aufhält. Uriteschup ist ein schlechter Mensch, voller Gewalt und Niedertracht. Möge er des Landes Ägypten verwiesen und nach Hattuscha gebracht werden, um hier vor einem Gericht zu erscheinen. König Hattuschili bleibt in dieser Sache unerbittlich.

Aber ist der Frieden zwischen unseren Ländern nicht ein so großer und schöner Wunsch, daß er manche Opfer rechtfertigt? Was Uriteschup betrifft, ist es gewiß nicht möglich, eine Übereinkunft zu erlangen, die alle billigen werden, und der König fordert mit gutem Recht seine Auslieferung. Dennoch bedränge ich ihn, er möge die redliche Gesinnung des Pharaos anerkennen, der zu seinem Wort steht, das er einmal gegeben hat. Welches Vertrauen könnten wir in einen Herrscher setzen, der sein Wort bricht?

Obgleich es in dem Zwist um den Verräter Uriteschup keine Einigkeit geben wird, frage ich meine Schwester: Weshalb stellen wir uns nicht vor, er sei behoben, und beschreiten den Weg zu einem Vertrag, in dem unsere beiden Länder versichern, nie mehr gegeneinander Krieg zu führen? Das Abfassen dieses Vertrages wird viel Zeit in Anspruch nehmen, also wäre es weise, mit den Beratungen anzufangen.

Teilt meine Schwester, die Königin von Ägypten, meine Gedanken? Wenn dies der Fall ist, wäre es gut, einen Unterhändler von hohem Rang, der das Vertrauen des Pharaos genießt, zu uns zu entsenden. Ich schlage den Namen Acha vor.

Möge Königin Nefertari, meine Schwester, heil und gesund bleiben.

«Diesen Vorschlag müssen wir leider ablehnen», bedauerte Ramses.

«Weshalb willst du ihn zurückweisen?» empörte sich Acha.

«Weil es sich um eine Falle handelt, mit der Hattuschili Rache zu nehmen gedenkt. Der König verzeiht dir nicht, daß du Uriteschup zur Flucht aus Hatti verholfen hast. Wenn du dich nach Hattuscha begibst, kehrst du nicht wieder.»

«Ich deute dieses Schreiben anders, Majestät. Königin Nefertari hat überzeugende Beweisgründe zu finden gewußt, und Königin Puducheba beteuert ihren Wunsch nach Frieden. In Anbetracht des Einflusses, den sie auf den König ausübt, ist das ein entscheidender Schritt.»

«Acha hat recht», befand Nefertari. «Meine Schwester Puducheba hat den Sinn meiner Zeilen genau verstanden: Reden wir nicht mehr von Uriteschup, sondern beginnen wir mit Verhandlungen, um einen sowohl dem Inhalt als auch der Form nach gültigen Friedensvertrag vorzubereiten.»

«Aber Uriteschup entschwindet nicht wie ein Trugbild!» wandte Ramses ein.

«Muß ich meinen Standpunkt und den meiner Schwester Puducheba noch deutlicher erklären? Hattuschili fordert Uriteschups Auslieferung, Ramses verweigert sie. Möge jeder doch entschlossen und unnachgiebig bleiben, solange die Verhandlungen nur ihren Lauf nehmen. Besteht nicht darin die hohe Kunst des Gesandtschaftswesens?»

«Ich habe Vertrauen zu Puducheba», fügte Acha hinzu.

«Wenn sich die Königin mit dir gegen mich verbündet, wie könnte ich da noch Widerstand leisten? Also schicken wir einen Unterhändler, aber nicht dich.»

«Das ist unmöglich, Majestät! Ohne jeden Zweifel kommen die Wünsche der Königin Befehlen gleich. Und wer kennt Hatti und diejenigen, mit denen es zu verhandeln gilt, besser als ich?»

«Bist du wirklich bereit, ein so großes Wagnis einzugehen, Acha?»

«Es wäre ein Verbrechen, eine solche Gelegenheit, Frieden zu schließen, ungenutzt vorübergehen zu lassen. Dieser Aufgabe müssen wir all unsere Kräfte widmen. Das Unmögliche erringen, ist das nicht das Kennzeichen deiner Herrschaft?»

«Ich habe dich selten in solchem Überschwang erlebt.»

«Ich liebe die Freude wie die Freuden, und der Krieg ist dem nicht zuträglich.»

«Aber ich werde ihn nicht um jeden Preis beenden. Ägypten darf unter keinen Umständen Verluste erleiden.»

«Einige Schwierigkeiten dieser Art habe ich bereits in Betracht gezogen, doch sie fallen in mein Aufgabengebiet. Wir werden mehrere Tage in Folge arbeiten, um einen Vertrag zu entwerfen, ich werde noch einigen Freundinnen, die mir sehr teuer sind, einen Besuch abstatten, danach begebe ich mich auf den Weg nach Hatti. Und ich werde Erfolg haben, weil du es verlangst.»

Zuerst machte er einen erstaunlichen Sprung, dann verharrte er reglos, kaum zwei Ellen von Setaou entfernt, der zufrieden feststellte, daß das Wasser des Nils wieder trinkbar geworden war.

Gleich darauf folgte ihm ein zweiter und noch ein dritter, geschmeidig, verspielt, in verschiedenen Grüntönen: Prächtige Frösche hüpften aus dem Schlamm, mit dem der Fluß die Erde Ägyptens bedeckte, um sie fruchtbar zu machen und dem Volk des Pharaos die Nahrung zu sichern.

An der Spitze eines eindrucksvollen Zuges deutete Aaron mit seinem Stock auf die Fluten des Nils und sprach mit lauter Stimme:

«Da der Pharao sich weigert, die Hebräer aus Ägypten ausziehen zu lassen, sucht Jahwe, nachdem er das Wasser in Blut verwandelt hat, nun das Land des Unterdrückers mit einer zweiten Plage heim: mit Fröschen, Tausenden von Fröschen, Millionen von Fröschen. Sie werden überall eindringen, in Werkstätten, in Häuser, in die Gemächer der Reichen.»

Unbekümmert ging Setaou gemessenen Schrittes in seine Forschungsstätte zurück, wo Lotos mit dem Gift herrlicher Kobras neue Arzneien zubereitete. Sie hatten die Tiere in der Umgebung von Abu Simbel gefangen, von wo beruhigende Nachrichten eintrafen, denn der Bau der Tempel ging zügig voran. Der Schlangenkundige und seine Gemahlin konnten es kaum erwarten, dahin zurückzukehren, sobald Ramses ihnen die Erlaubnis dazu erteilte.

Setaou lächelte. Weder er noch Kha brauchten gegen Aaron und diese vermeintliche Plage einzuschreiten. Der Hebräer hätte seinen Anführer zu Rate ziehen sollen, ehe er Verwünschungen aussprach, die keinen Ägypter in Angst versetzen würden.

Um diese Zeit des Jahres war die rasche Vermehrung der Frösche nichts Ungewöhnliches und in den Augen der Bevölkerung sogar ein gutes Vorzeichen. In der Hieroglyphenschrift drückte der Frosch die Zahl Hunderttausend aus, also eine beinahe nicht mehr berechenbare Menge, die Überfluß verhieß.

In den Entwicklungsstufen dieser Lurche hatten schon die Priester der ersten Dynastien den unablässigen Wandel des Lebens gesehen. Deshalb war der Frosch im Bewußtsein der Bevölkerung gleichermaßen zum Symbol für eine glückliche Geburt wie für die Ewigkeit geworden, die alle Zeiten überdauerte.

Bereits am nächsten Tag ließ Kha unentgeltlich Amulette aus gebrannter Tonerde in der Form von Fröschen verteilen. Von diesem unerwarteten Geschenk entzückt, priesen die Bewohner der Hauptstadt Ramses und waren Aaron und den Hebräern dankbar, weil ihr Aufruhr vielen Menschen, die in bescheidenen Verhältnissen lebten, den Besitz eines kostbaren Gegenstandes beschert hatte.

Acha legte letzte Hand an den gemeinsam mit dem Königspaar entworfenen Vertrag. Mehr als ein Monat harter Arbeit war vonnöten gewesen, um jeden Begriff abzuwägen. Wie der Oberste Gesandte es schon vermutet hatte, würden die Forderungen des Pharaos die Gespräche erschweren. Trotzdem behandelte Ramses Hatti nicht wie ein besiegtes Land, sondern wie einen ebenbürtigen Partner, der in dem Abkommen viele Vorteile entdecken würde. Falls Puducheba wirklich Frieden wollte, rückte er in greifbare Nähe.

Ameni brachte einen wundervollen, bernsteinfarbenen Papyrus, auf den Ramses selbst seine Vorschläge schrieb.

«Die Bewohner des südlichen Stadtviertels haben sich bei mir beschwert. Bei ihnen nehmen die Mücken überhand.»

«Um diese Jahreszeit vermehren sie sich immer rasch, wenn die zur Erhaltung der Gesundheit vorgeschriebenen Regeln nicht beachtet werden. Hat man vielleicht vergessen, einen Tümpel zu entwässern?»

«Aaron zufolge soll das die dritte Plage sein, mit der Jahwe Ägypten heimsucht, Majestät. Er hat seinen Stock ausgestreckt, den Staub auf dem Boden aufgewirbelt und behauptet, daß er sich in Mücken verwandelt. Du sollst darin den Fingerzeig eines rächenden Gottes erkennen.»

«Unser Freund Moses hat seit eh und je Hartnäckigkeit bewiesen», rief ihnen Acha in Erinnerung.

«Schicke unverzüglich die Leute vom Amt für Entseuchung in das südliche Stadtviertel», befahl Ramses seinem Obersten Schreiber, «daß sie die Bewohner von dieser Geißel befreien.»

Die ausgiebige Überschwemmung verhieß eine glückliche Zukunft. Ramses vollzog die Morgenriten im Tempel des Amun und gestattete sich dann, mit Schlächter einen Spaziergang über die

Anlegestelle im Hafen zu unternehmen, ehe er sich wieder in den Palast begeben wollte, um an Hattuschili noch einen Brief zu schreiben, der seine Vorschläge für den Frieden begleiten sollte.

Plötzlich stand Moses vor ihm und klopfte mit seinem Stock auf den Boden. Der riesige Löwe behielt den Hebräer im Blick, knurrte aber nicht.

«Laß mein Volk ziehen, Ramses, damit es Jahwe huldigen kann, wie Er es erwartet.»

«Haben wir einander nicht schon alles gesagt, Moses?»

«Wunder und Plagen haben dir den Willen Jahwes offenbart.»

«Ist das wirklich mein Freund, der so sonderbare Reden führt?»

«Es gibt keinen Freund mehr! Ich bin der Sendbote Jahwes, und du bist ein gottloser Pharao.»

«Wie kann man dich nur von deiner Verblendung heilen?»

«Du bist verblendet!»

«Gehe deinen Weg, Moses, ich werde meinen gehen, was auch immer geschehen mag.»

«Gewähre mir eine Gunst: Sieh dir die Viehherden meiner hebräischen Brüder an.»

«Was ist Besonderes an ihnen?»

«Komm, ich bitte dich.»

Schlächter, Serramanna und ein Trupp Söldner sicherten den Schutz des Herrschers. Moses hatte die Herden der Hebräer in ein sumpfiges, etwa fünf Meilen von der Hauptstadt entferntes Gelände holen lassen. Tausende großer, schwarzer Stechfliegen schwirrten um die Tiere herum, denen sie keine Ruhe ließen und die vor Schmerz brüllten.

«Hier siehst du die vierte Plage, die Jahwe befohlen hat», erklärte Moses. «Ich brauche diese Tiere nur auseinanderzutreiben, dann fallen die Stechfliegen in deiner Hauptstadt ein.»

«Ein erbärmlicher Plan … War es wirklich nötig, sie so vor Schmutz starren und leiden zu lassen?»

«Wir müssen Jahwe Widder, Kühe und andere Tiere opfern, die Ägypter als heilig erachten. Wenn wir unsere Rituale in deinem Land abhalten, erregen wir den Zorn der Bauern. Laß uns in die Wüste ziehen, sonst werden die Stechfliegen deine Untertanen angreifen.»

«Serramanna und eine Einheit der Armee werden dich, deine Priester und die kranken Tiere in eine Wüstenregion begleiten, in der ihr eure Opfer darbringen könnt. Die übrige Herde wird gesäubert und wieder auf die Weiden geführt. Danach kehrt ihr nach Pi-Ramses zurück.»

«Das ist nur ein Aufschub, Ramses. Schon bald wird dir nichts anderes übrigbleiben, als den Hebräern die Genehmigung zu erteilen, aus Ägypten auszuziehen.»

FÜNFZIG

WIR MÜSSEN KRÄFTIG zuschlagen», befand Ofir, «noch viel kräftiger.»

«Immerhin ist es uns bereits gelungen, in der Wüste Jahwe zu opfern, wie Er es gefordert hatte», bemerkte Moses. «Ramses hat nachgegeben, er wird weiter nachgeben.»

«Ist seine Geduld noch nicht am Ende?»

«Jahwe beschützt uns.»

«Mir kommt da ein Gedanke, Moses, der Gedanke zu einer fünften Plage, die den Pharao tief treffen wird.»

«Darüber entscheiden nicht wir, sondern Jahwe.»

«Müssen wir Ihm nicht zur Hand gehen? Ramses ist ein starrsinniger Tyrann, den nur Zeichen aus dem Jenseits so zu beeindrucken vermögen, daß er zurückweicht. Erlaube mir, dir zu helfen.»

Moses willigte ein.

Ofir verließ die Wohnstätte des Propheten und traf sich mit Amos und Baduk. Die zwei Beduinen horteten immer noch Waffen in den Kellern der Häuser des Hebräerviertels. Sie kehrten gerade aus dem Norden Syriens wieder, wo sie Verbindung zu Gewährsleuten aus Hatti aufgenommen hatten. Der Magier war begierig darauf, Kunde von den jüngsten Ereignissen, vielleicht sogar Anweisungen zu erhalten.

Amos hatte seinen kahlen Schädel mit Öl eingerieben.

«König Hattuschili ist erzürnt», berichtete er. «Da Ramses sich weigert, Uriteschup auszuliefern, ist er bereit, aufs neue Krieg zu führen.»

«Wunderbar! Und was erwartet er von mir und meinen Männern?»

«Die Befehle sind einfach: Schüre weiterhin die Unruhe unter den Hebräern, sorge dafür, daß es im ganzen Land zu gären beginnt, um Ramses zu schwächen, lasse Uriteschup außer Landes schaffen und nach Hattuscha zurückbringen! Oder töte ihn!»

Krummfinger war ein Bauer, der sein Stück Land ebenso liebte wie seine kleine Herde: an die zwanzig Kühe, eine schöner als die andere, sanft und anmutig, auch wenn die Leitkuh von recht eigenwilligem Wesen war und nicht jeden in ihre Nähe ließ. Mit ihr redete er oft stundenlang.

Des Morgens pflegte ihn eine schelmische Rotfellige zu wecken, indem sie ihm die Stirn leckte. Dabei mühte sich Krummfinger vergebens, sie an einem Ohr zu packen, doch letzten Endes erhob er sich stets von seinem Lager.

An diesem Morgen stand die Sonne schon hoch am Himmel, als er auf die Weide hinaustrat.

«Schelmin ... Wo bist du, Schelmin?»

Nachdem er sich die Augen gerieben hatte, lief er noch ein paar Schritte, dann sah er seine Kuh auf ihrer Flanke liegen.

«Was hast du denn, Schelmin?»

Mit heraushängender Zunge, glasigen Augen und aufgeblähtem Bauch rang seine schöne Kuh mit dem Tod. Nicht weit von ihr entfernt waren zwei andere bereits verendet.

Von übermächtiger Angst ergriffen, rannte Krummfinger zum Dorfplatz, um den Tierheilkundigen zu Hilfe zu holen. Doch der wurde bereits von einem Dutzend anderer Bauern bestürmt, denen das gleiche Unglück widerfahren war.

«Eine Seuche!» rief Krummfinger. «Wir müssen sogleich den Palast davon in Kenntnis setzen.»

Als Ofir von der Terrasse seines Hauses aus eine Schar besorgter und aufgebrachter Bauern zusammenströmen sah, wußte er, daß seine Anweisungen richtig ausgeführt worden waren. Amos und Baduk, die beiden Beduinen, hatten einige Kühe vergiftet und damit für helle Aufregung gesorgt.

Auf der breiten Straße, die zum Palast führte, hielt Moses den Zug an.

«Ihr seid Opfer der fünften Plage geworden, mit der Jahwe Ägypten heimsucht! Seine Hand wird alle Herden treffen, die Pest wird großes und kleines Vieh dahinraffen. Nur die Tiere, die meinem Volk gehören, werden verschont.»

Serramanna war im Begriff, die Bauern mit Soldaten zurückzudrängen, als Lotos auf einem schwarzen Pferd herangaloppierte und ihr Reittier neben den erregten Männern zum Stehen brachte.

«Niemand braucht zu verzweifeln», sagte sie mit ruhiger Stimme. «Es handelt sich nicht um eine Seuche, sondern um eine Vergiftung. Ich habe bereits zwei Milchkühe gerettet, und mit der Hilfe des Tierheilkundigen werde ich auch die übrigen, die noch nicht verendet sind, wieder gesund machen.»

Sogleich kam neue Hoffnung auf. Und als der Oberste Verwalter der Felder und Haine ankündigte, daß der Pharao auf Kosten des Staates die toten Tiere ersetzen werde, waren alle wieder zufrieden.

Ofir und seine Verbündeten besaßen noch genügend Gift, um Moses weiterhin zu unterstützen, dieses Mal ohne es ihm zu sagen. Auf Befehl Jahwes setzte der Prophet ein altes Zaubermittel ein. Er füllte seine Hände mit Ruß und blies ihn in die Luft, damit er sich wie Staub auf Mensch und Tier herabsenkte und Pusteln hervorrief. Diese sechste Plage sollte so viel Schrecken verbreiten, daß sie den Pharao letzten Endes zwingen würde, sich zu beugen.

Doch Ofir hatte noch einen anderen Einfall. Wie konnte man Ramses übler zusetzen, als wenn man Menschen etwas antat, die ihm nahestanden? Deshalb lieferte der kahlköpfige Amos, den eine tief in die Stirn gezogene Perücke unkenntlich machte, dem Koch, der die Mahlzeiten für Ameni und seine Schreiber zubereitete, verdorbene Nahrungsmittel.

Als der Sandalenträger des Königs ihm, wie jeden Tag, seine vertraulichen Schriftstücke brachte, bemerkte Ramses auf der linken Wange seines Freundes einen roten Fleck.

«Hast du dich verletzt?»

«Nein, es ist irgendein Ausschlag, aber er fängt an, weh zu tun.»

«Ich lasse Pariamakhou rufen.»

Atemlos eilte der Arzt des Palastes in Begleitung eines bezaubernden jungen Mädchens herbei.

«Fühlst du dich nicht wohl, Majestät?»

«Du weißt sehr wohl, mein lieber Pariamakhou, daß mir jedwede Krankheit fremd ist. Aber untersuche meinen Obersten Schreiber.»

Der Heilkundige lief um Ameni herum, betastete seine Arme, fühlte den Puls und preßte ein Ohr an seinen Brustkorb.

«Auf den ersten Blick kann ich nichts Ungewöhnliches feststellen … Ich muß darüber nachdenken.»

«Falls es sich um ein Geschwür handelt, das von einer Verdauungsstörung herrührt», schlug das Mädchen schüchtern vor, «müßte man dann nicht eine Mischung aus zerkleinerten Sykomorenfrüchten, Anis, Honig, Terebinthenharz und Fenchel zubereiten, die äußerlich angewendet und als Trank verabreicht wird?»

Pariamakhou setzte eine bedeutsame Miene auf.

«Das ist vielleicht kein schlechter Einfall ... Versuchen wir es, dann sehen wir weiter. Laufe in die Arzneikammer, mein Kind, und lasse dieses Mittel zubereiten.»

Das Mädchen huschte hinaus, nachdem es sich zitternd vor dem Herrscher verneigt hatte.

«Wie heißt deine Gehilfin?» fragte Ramses.

«Neferet, Majestät. Schenke ihr keinerlei Beachtung, sie steht erst ganz am Anfang ihrer Laufbahn.»

«Dennoch erscheint sie mir schon sehr sachkundig.»

«Sie hat nur die Zusammensetzung einer Arznei aufgesagt, die ich sie gelehrt habe. Ein Mädchen, das die Heilkunde erlernen möchte, aber ohne große Zukunft.»

Ofir hing seinen Gedanken nach.

Die Heilmittel hatten die sich rasch ausbreitenden Geschwüre bezwungen, und Ramses änderte seine Meinung noch immer nicht. Moses und Aaron hielten die Hebräer im Zaum, denn jede Übertreibung hätte das harte Eingreifen von Serramanna und seinen Ordnungskräften zur Folge gehabt.

Zu diesem Mißerfolg kam noch hinzu, daß auch die Verbindung zu Dolente, der Schwester des Königs, abgerissen war. Ohne jeden Zweifel war sie gescheitert. Nefertari lebte noch immer und litt unter keinerlei Beschwerden, die ihrer Gesundheit ernsthaft schaden könnten. Dolente fühlte sich hingegen gefährdet und wagte selbst nachts nicht mehr, ins Viertel der Hebräer zu kommen, weshalb Ofir auf unmittelbare Auskünfte über die neuesten Geheimnisse bei Hof verzichten mußte.

Doch das hinderte den Spion der Hethiter nicht daran, die Neigung der Hebräer zum Aufruhr weiterhin zu schüren, und eine kleine, fest entschlossene Gruppe, die sich um Moses und Aaron scharte, entwickelte sich zu einer immer bedrohlicheren Speerspitze.

Uriteschup außer Landes zu schaffen dürfte allerdings sehr schwierig werden. Da man ihm als Wohnsitz ein vornehmes Haus zugewiesen hatte, das Serramannas Männer Tag und Nacht bewachten, war Uriteschup zu nichts mehr nütze und eher lästig geworden. Anstatt ein ungeahntes Wagnis einzugehen, wäre es da nicht die bessere Lösung, ihn zu beseitigen, um Hattuschilis Wohlwollen zu erringen? Klug und listenreich, stand der neue König in seiner Erbarmungslosigkeit seinem Bruder Muwatalli in nichts nach.

Immerhin hatte Ofir noch einen Verbündeten, den niemand des Verrats verdächtigte: den Gesandten Meba. Trotz seiner Unzulänglichkeiten würde er ihm helfen, Uriteschup aus dem Weg zu räumen.

Acha ließ sich von nur sehr wenigen Männern Geleitschutz geben, denn im Gegensatz zu dem, was er Ramses erzählt hatte, schätzte der Oberste Gesandte seine Aussichten, in der hethitischen Hauptstadt freundlich aufgenommen zu werden, äußerst gering ein. In den Augen des neuen Königs war er nicht vertrauenswürdig, weil er Uriteschup ermöglicht hatte, sich seiner Strafe zu entziehen. Würde Hattuschilis Rachsucht größer sein als sein Sinn für kluge Staatsführung? Falls sein Haß überwog, würde er sämtliche Mitglieder der ägyptischen Abordnung, allen voran Acha, festnehmen, wenn nicht gar hinrichten lassen und Ramses auf diese Weise zu einem neuen Feldzug zwingen, um die Schmach zu tilgen.

Puducheba schien sich zwar wirklich für den Frieden einzusetzen, aber wie weit würde sie gehen, wenn es galt, gegen ihren Gemahl aufzubegehren? Die Königin von Hatti gab sich keinen Träumen hin. Falls sich die Verhandlung als zu schwierig erwies, würde sie die Fortsetzung des Krieges empfehlen.

Ein kräftiger Wind, wie er oft über die Hochebenen von Hatti pfiff, begleitete Acha und seine Männer bis vor die Tore der hethitischen Hauptstadt, die noch beängstigender als bei seinen früheren Reisen hierher den Eindruck einer uneinnehmbaren Festung erweckte.

Der Vorsteher des Amtes für die Beziehungen zu den Fremdländern übergab einem Wachsoldaten ein Schreiben, mit dem er sich als Oberster Gesandter Ägyptens auswies. Dann wartete er eine endlos lange Stunde vor einer kleinen Pforte, ehe ihm gestattet wurde, Hattuscha durch das Löwentor zu betreten. Anders als er es sich erhofft hatte, wurde Acha nicht zum Palast geleitet, sondern in ein Gebäude aus grob behauenen, grauen Steinen. Dort wurde er in einen Raum geführt, dessen einziges Fenster mit Eisenstäben vergittert war.

Selbst auf einen stets heiter-zuversichtlichen Menschen wirkte der Raum wie ein Gefängnis.

Wer sich auf die Gemütsart der Hethiter einließ, brauchte Fingerspitzengefühl und Glück, viel Glück. Und hatte Acha nicht das Maß, das ihm vom Schicksal zugestanden worden war, bereits ausgeschöpft?

Kurz nach Einbruch der Dunkelheit forderte ihn ein behelmter und schwerbewaffneter Soldat auf, ihm zu folgen. Dieses Mal schlug er einen Weg ein, der zum Burgberg führte.

Nun war die Stunde der Wahrheit gekommen, falls es in der Welt der Gesandten überhaupt eine solche gab.

In der Feuerstätte des mittlerweile mit Wandteppichen geschmückten Audienzsaales loderten Flammen. Königin Puducheba genoß die wohltuende Wärme.

«Möge der Gesandte Ägyptens die Güte haben, vor diesem Feuer neben mir Platz zu nehmen. Die Nacht droht kalt zu werden.»

Acha setzte sich in gebührendem Abstand auf einen klobigen Stuhl.

«Ich habe Königin Nefertaris Briefe sehr zu schätzen gewußt», erklärte Puducheba. «Ihre Denkweise ist klar, ihre Argumente sind überzeugend und ihre Absichten redlich.»

«Darf ich daraus den Schluß ziehen, daß der König bereit ist, in Verhandlungen einzutreten?»

«Der König und ich erwarten deine Vorschläge.»

«Ich überbringe einen von Ramses und Nefertari entworfenen Vertrag, den der Pharao mit eigener Hand niedergeschrieben hat. Er wird als Grundlage für unsere Gespräche dienen.»

«Das habe ich erhofft. Selbstverständlich wird Hatti Forderungen stellen.»

«Ich bin hier, um sie anzuhören, und habe den festen Vorsatz, zu einer Übereinkunft zu gelangen.»

«Von deinen Worten geht ebensoviel Wärme aus wie von diesem Feuer, Acha. Hat dich dieser kühle Empfang etwa beunruhigt?»

«Das wäre doch unziemlich, nicht wahr?»

«Hattuschili leidet an einer Erkältung und ist für einige Zeit im Bett geblieben. Meine Tage sind mit Arbeit überhäuft, deshalb mußte ich dich warten lassen. Ab morgen wird der König imstande sein, mit den Gesprächen zu beginnen.»

EINUNDFÜNFZIG

DER TAG WAR NOCH NICHT angebrochen, als Ramses sich in den Tempel des Amun begab. Plötzlich versperrte ihm Moses den Weg. Der König hielt den Wachsoldaten zurück, der ihn begleitete.

«Ich muß mit dir reden, Pharao!»

«Fasse dich kurz.»

«Begreifst du nicht, daß Jahwe sich bisher nachsichtig gezeigt hat? Wenn Er es gewollt hätte, wärest du samt deinem Volk bereits ausgelöscht. Er hat dich am Leben gelassen, um Seine Allmacht kundzutun, Er, der nicht seinesgleichen hat. Gestatte den Hebräern, aus Ägypten auszuziehen, sonst ...»

«Sonst?»

«Sonst wird eine siebente Plage unerträgliche Leiden über dein Land bringen, einen Hagelschlag von solcher Heftigkeit, daß ihm viele zum Opfer fallen werden. Wenn ich meinen Stock gen Himmel erhebe, rollt der Donner und Blitze zucken.»

«Ist dir nicht bekannt, daß einer der wichtigsten Tempel dieser Stadt Seth geweiht ist, dem Herrn über das Gewitter? Er verkörpert den Zorn des Himmels, und ich werde ihn durch Rituale zu besänftigen wissen.»

«Dieses Mal wird es dir nicht gelingen. Menschen und Tiere werden sterben.»

«Geh mir aus dem Weg.»

Am Nachmittag zog der König die Stundenpriester zu Rate, die den Himmel beobachteten, sich mit dem Lauf der Gestirne vertraut machten und den Zeitpunkt für Zeremonien festlegten. Sie sahen in der Tat starke Niederschläge vorher, die einen Teil der Flachsernte zu zerstören drohten.

Sobald die Unwetter losbrachen, schloß sich Ramses in das Heiligtum des Seth ein und blieb allein mit dem Gott. Die roten Augen der riesigen Statue leuchteten wie glühende Kohlen.

Der König besaß nicht die Macht, sich dem Willen des Gottes und der von ihm entfesselten Kraft der Wolken zu widersetzen, aber gelang es ihm, sich mit Seths Geist zu vereinen, milderte er die Auswirkungen des Unwetters ab und verkürzte dessen Dauer. Sethos hatte seinen Sohn gelehrt, mit dem Gott Zwiesprache zu halten und seine zerstörerische Macht in die richtigen Bahnen zu lenken, ohne ihr zum Opfer zu fallen. Der Pharao mußte seine ganze Kraft aufbieten, um ihm standzuhalten, und er durfte Seths unsichtbaren Flammen keinen Zollbreit Boden überlassen, aber seine Bemühungen wurden von Erfolg gekrönt.

Der Gesandte Meba zitterte vor Angst. Obgleich er eine kurze Perücke und einen groben, schlecht geschnittenen Mantel trug, befürchtete er, erkannt zu werden. Aber wer könnte in diesem Haus des Bieres mitten im Hafenviertel, in dem Lagerarbeiter und Schiffer ihren Durst löschten, schon herausfinden, wer er wirklich war?

Amos, der bärtige Kahlkopf, setzte sich ihm gegenüber.

«Wer … wer schickt dich?»

«Der Magier. Bist du …»

«Keinen Namen! Übergib ihm diese Schrifttafel. Sie enthält eine Nachricht, die für ihn wichtig sein dürfte.»

«Der Magier wünscht, daß du dich Uriteschups annimmst.»

«Aber … er wird ständig bewacht.»

«Der Befehl ist eindeutig: Töte Uriteschup, sonst verraten wir dich an Ramses.»

Bei den Hebräern stellten sich erste Zweifel ein. Sieben Plagen hatten Ägypten bereits heimgesucht, doch der Pharao blieb unbeugsam. Als der Rat der Ältesten zusammentrat, gelang es Moses dennoch, sich ihr Vertrauen zu bewahren.

«Was gedenkst du jetzt zu tun?»

«Ich werde eine achte Plage heraufbeschwören. Sie wird so furchtbar werden, daß die Ägypter sich von ihren Göttern verlassen wähnen.»

«Was wird das für eine Geißel sein?»

«Blickt zum Himmel, gen Osten, dann wißt ihr es.»

«Werden wir danach endlich Ägypten verlassen?»

«Erweist euch als so ausdauernd, wie ich es viele Jahre lang gewesen bin, und glaubt an Jahwe. Er wird uns ins Gelobte Land führen.»

Mitten in der Nacht schreckte Nefertari aus dem Schlaf auf.

Neben ihr lag Ramses in tiefem Schlummer. Lautlos schlich sie aus dem Gemach und trat ins Freie. Die Luft war von Wohlgerüchen erfüllt, die Stadt still und friedvoll, doch das Entsetzen der Großen Königsgemahlin wuchs. Das Bild des Grauens verblaßte nicht, der Alptraum schnürte ihr noch immer das Herz zusammen.

Da nahm Ramses sie sanft in die Arme.

«Hast du schlecht geträumt, Nefertari?»

«Wenn es nur das wäre …»

«Wovor hast du Angst?»

«Vor einer großen Gefahr, die von Osten kommt, mit einem furchterregenden Wind …»

Ramses blickte in diese Richtung.

Lange schärfte er all seine Sinne, als könnten sie die Finsternis durchdringen. Der Geist des Königs verschmolz mit Himmel und Nacht und enteilte an den Rand der Erde, dorthin, wo der Wind entstand.

Was Ramses gewahrte, war so beängstigend, daß er sich hastig ankleidete, die Dienerschaft der Palastverwaltung wecken und nach Ameni schicken ließ.

Ein heftiger Wind trieb von Osten eine riesige Wolke aus Millionen, aus Milliarden Heuschrecken heran. Es war nicht das erste Mal, daß sich derlei ereignete, doch dieses Mal erreichte der Ansturm ein grauenvolles Ausmaß.

Den Befehlen des Pharaos folgend, hatten die Bauern im Delta Feuer angezündet und warfen Kräuter hinein, deren Duft die Heuschrecken vertreiben sollte. Über manche Felder waren sogar große Tücher aus grobem Leinen gebreitet worden.

Als Moses verkündete, daß die Insekten alle Bäume Ägyptens kahlfressen und keine Frucht übriglassen würden, war dank der königlichen Boten die Kunde von der drohenden Gefahr bereits mit großer Schnelligkeit verbreitet worden, und nun beglückwünschte man sich dazu, daß man die von Ramses angeordneten Vorkehrungen unverzüglich getroffen hatte.

So blieben die Schäden verschwindend klein, und man erinnerte sich daran, daß die Heuschrecke eines jener symbolhaften Tiere war, dessen Gestalt die Seele des Pharaos annahm, um mit einem gewaltigen Sprung den Himmel zu erreichen. In geringer Zahl galt das Insekt als glückbringend, erst wenn es in Massen auftrat, wurde es bedrohlich.

Das Königspaar fuhr auf einem Wagen durch die Umgebung der Hauptstadt und hielt in mehreren Dörfern, in denen ein neuer

Ansturm der Heuschrecken befürchtet wurde. Doch Ramses und Nefertari versprachen ihnen, daß diese Geißel schon bald endgültig verschwunden sein würde.

Wie die Große königliche Gemahlin es vorhergesehen hatte, legte sich der Ostwind. Auf ihn folgte heftiger Regen, der die Heuschreckenschwärme aus dem Fruchtland ins Meer spülte.

«Du bist zwar nicht krank», sagte Pariamakhou zu Meba, «aber du solltest dir dennoch einige Tage der Ruhe gönnen.»

«Diese Beschwerden ...»

«Dein Herz ist in ausgezeichnetem Zustand, und die Leber arbeitet vortrefflich. Sei ohne Sorge, du wirst hundert Jahre alt werden.»

Meba hatte eine Erkrankung vorgetäuscht, weil er hoffte, Pariamakhou würde ihm verordnen, sein Gemach einige Wochen lang nicht zu verlassen, und womöglich wurden Ofir und seine Spießgesellen unterdessen festgenommen.

Dieser kindische Plan schlug jedoch fehl ... Und sie anzuzeigen hätte bedeutet, sich selbst anzuzeigen!

So blieb ihm nichts anderes übrig, als seinen Auftrag auszuführen. Doch wie sollte er sich Uriteschup nähern, ohne Serramanna und dessen gut ausgebildete Wachen auf sich aufmerksam zu machen?

Seine beste Waffe war letzten Endes das Geschick eines erfahrenen Unterhändlers. Als er den Sarden auf einem Flur des Palastes traf, sprach Meba ihn an.

«Acha hat mir ein Schreiben zukommen lassen, in dem er mich anweist, Uriteschup zu befragen und ihm vertrauliche Auskünfte über die hethitische Verwaltung zu entlocken», erklärte Meba. «Was er mir verrät, muß geheim bleiben, deshalb ist es erforderlich, daß wir uns unter vier Augen treffen. Ich werde seine Erklärungen auf einen Papyrus schreiben, ihn versiegeln und dem König übergeben.»

Serramanna schien verärgert.

«Wieviel Zeit wirst du dafür brauchen?»

«Das weiß ich nicht.»

«Hast du es eilig?»

«Es ist ein Auftrag, der keinen Aufschub duldet.»

«Gut … gehen wir.»

Uriteschup empfing den Gesandten mit Mißtrauen, doch Meba verstand es, den Hethiter durch Liebenswürdigkeit und Überzeugungskraft für sich einzunehmen. Er bedrängte ihn nicht mit Fragen, pries seine Bereitschaft zur Zusammenarbeit und versicherte ihm, daß ihm eine strahlende Zukunft bevorstehe.

Uriteschup erzählte von seinen schönsten Schlachten und machte sogar einige Scherze.

«Bist du mit der Art, wie du behandelt wirst, zufrieden?» erkundigte sich Meba.

«Die Unterkunft und das Essen sind gut, ich kann mir auch Bewegung verschaffen, aber … die Frauen fehlen mir.»

«Da könnte ich vielleicht etwas für dich tun …»

«Und wie?»

«Bestehe darauf, dich bei Einbruch der Dunkelheit ein wenig im Garten zu ergehen, um frische Luft zu schöpfen. Unter dem Tamariskenstrauch nahe der Pforte wird dich eine Frau erwarten.»

«Ich glaube, wir werden gute Freunde werden.»

«Das ist mein innigster Wunsch, Uriteschup.»

Die Luft wurde schwül, der Himmel verfinsterte sich. Der Gott Seth bekundete aufs neue seine Macht. Die drückende Hitze, in der sich kein Lüftchen regte, bot Uriteschup den Vorwand, einen kleinen Rundgang durch den Garten zu verlangen. Zwei Wachsoldaten begleiteten ihn zwar, ließen ihn aber nach Belieben zwischen Blumenbeeten und Büschen umherwandern, denn der Hethiter hatte keinerlei Möglichkeit zu entfliehen.

Unter den Tamarisken verborgen, schlotterte Meba vor Aufregung. Nachdem er einen Aufguß aus Mandragorenwurzeln getrunken hatte, war er wie im Traum über die Umfassungsmauer geklettert und lag nun auf der Lauer.

Sobald Uriteschup sich über ihn beugte, würde er ihm die Kehle durchschneiden. Den Dolch mit kurzer Klinge, einem Offizier der Fußtruppen gestohlen, wollte er bei dem Leichnam zurücklassen. So würde man Soldaten bezichtigen, sie hätten sich an einem Feind gerächt, der für den Tod zahlreicher Ägypter verantwortlich gewesen war.

Meba hatte noch nie einen Menschen getötet, und er wußte, daß ihm für diese Tat ewige Verdammnis drohte, doch er würde sich vor den Richtern im Jenseits verteidigen und ihnen erklären, daß er von anderen für deren Zwecke mißbraucht worden war. Zunächst durfte er jedoch nur an den Dolch und an Uriteschups Kehle denken.

Er hörte Schritte. Langsame, schleichende Schritte. Sein Opfer nahte, blieb stehen, beugte sich vor …

Meba hob den Arm, bereit zum Angriff, aber ein kräftiger Faustschlag auf seinen Schädel ließ ihn im Nichts versinken.

Serramanna packte den Gesandten und hob ihn hoch.

«Du Verräter, du armseliger Dummkopf … Komm zu dir!»

Doch Meba rührte sich nicht.

«Spiele mir nichts vor!»

Kopf und Hals bildeten einen absonderlichen Winkel. Da begriff Serramanna, daß er zu fest zugeschlagen hatte.

ZWEIUNDFÜNFZIG

IM LAUFE DER unerläßlichen amtlichen Untersuchung nach Mebas plötzlichem Ableben mußte Serramanna ein strenges, von Ameni geführtes Verhör über sich ergehen lassen. Der Sarde fühlte sich unbehaglich und fürchtete, bestraft zu werden.

«Die Sache ist klar», schloß der Schreiber. «Du argwöhntest zu Recht, daß der Gesandte Meba dich belogen hatte und Uriteschup ermorden wollte. Du hast ihn auf frischer Tat ertappt und versucht, ihn zurückzuhalten, aber er hat sich gewehrt, dein Leben in Gefahr gebracht und ist bei eurem Kampf zu Tode gekommen.»

Der ehemalige Seeräuber atmete auf.

«Das ist ein großartiger Bericht.»

«Obwohl Meba verstorben ist, wird ein Gericht über ihn befinden. Da seine Schuld außer Zweifel steht, wird sein Name aus allen amtlichen Schriftstücken entfernt. Aber es bleibt noch eine Frage: Für wen hat er gearbeitet?»

«Mir gegenüber hat er behauptet, in Achas Auftrag zu handeln.»

Ameni kaute an seiner Binse.

«Den Hethiter beseitigen zu lassen, um dem König einen ihn belastenden Menschen vom Hals zu schaffen ... Aber Acha hätte mit dieser Aufgabe nicht einen so furchtsamen Mann aus den Kreisen der Vornehmen betraut. Und vor allem hätte er nicht gegen

Ramses' Willen verstoßen, der Wert darauf legt, daß das Gastrecht geachtet wird. Da hat Meba einmal mehr gelogen. Ob er womöglich Mitglied des hethitischen Spionagenetzes war, das sich in unserem Land eingenistet hat?»

«Waren die nicht Uriteschup wohlgesinnt?»

«Heute heißt der König Hattuschili. Uriteschup ist nur noch ein Abtrünniger. Wenn sie den eingeschworenen Feind des neuen Herrschers umbringen, gewinnen sie seine Gunst.»

Der Sarde strich sich über seinen langen Schnurrbart.

«Mit anderen Worten: Ofir und Chenar sind nicht nur recht lebendig, sondern immer noch in Ägypten.»

«Chenar ist in Nubien verschwunden, und von Ofir hat man seit geraumer Zeit nichts mehr gehört.»

Serramanna ballte die Fäuste.

«Dieser fluchbeladene Magier hält sich vielleicht ganz in unserer Nähe auf. Die Aussagen, die seine Flucht nach Libyen bezeugten, waren nichts als Lügen, die mein Mißtrauen einschläfern sollten.»

«Hat Ofir nicht schon bewiesen, daß er es versteht, sich außer Reichweite zu bringen?»

«Nicht für mich, Ameni, nicht für mich ...»

«Und wie wäre es, wenn du uns den ausnahmsweise lebend brächtest?»

Drei endlos lange Tage verdeckten dichte Wolken die Sonne über Pi-Ramses. In den Augen der Ägypter hing das vom Gott Seth verursachte Ungemach mit den Gefahren zusammen, von denen die Sendboten der Göttin Sachmet kündeten, mit Krankheiten und Unheil.

Ein einziges Wesen konnte verhindern, daß die Lage noch schlimmer wurde: die Große königliche Gemahlin, die irdische

Verkörperung der zeitlosen Regel, die der Pharao durch Opfergaben nährte. In jenen Tagen prüfte jeder sich selbst und versuchte, ohne etwas zu beschönigen, auf den rechten Weg zurückzukehren. Nefertari nahm die Verfehlungen und Unzulänglichkeiten ihres Volkes auf sich und reiste nach Theben, in den Tempel der Mut, wo sie zu Füßen der Statue der gefürchteten Göttin Sachmet Opfergaben niederlegte, um die Finsternis wieder in Licht zu verwandeln.

In der Hauptstadt erklärte Ramses sich bereit, Moses zu empfangen, der lauthals beteuerte, die Dunkelheit über Pi-Ramses sei die neunte Plage, mit der Jahwe das ägyptische Volk heimsuche.

«Bist du endlich überzeugt, Pharao?»

«Du deutest nur Naturerscheinungen und schreibst sie deinem Gott zu. Das ist deine Sicht der Wirklichkeit, die dir gegönnt sei. Aber ich werde nicht hinnehmen, daß du im Namen einer Religion Unfrieden unter der Bevölkerung säst. Dieses Verhalten ist wider die Gesetze der Maat und kann nur ins Chaos und zu einem Bruderkrieg führen.»

«Jahwes Forderungen bleiben unverändert bestehen.»

«Verlasse samt deinen Anhängern Ägypten, Moses, und bete deinen Gott an, wo du dies zu tun wünschst.»

«Das ist nicht im Sinne von Jahwe. Das gesamte hebräische Volk muß mit mir ziehen.»

«Du läßt das Vieh hier, großes wie kleines, denn zum überwiegenden Teil ist es euch nur geliehen worden und gehört euch nicht. Wer Ägypten verschmäht, braucht nicht in den Genuß seiner Wohltaten zu kommen.»

«Unsere Herden werden uns begleiten, nicht ein Stück Vieh wird in deinem Land bleiben, denn es wird uns dazu dienen, Jahwe zu huldigen. Wir brauchen es, um Ihm Opfer darzubringen, bis wir das Gelobte Land erreicht haben.»

«Willst du dich wie ein Dieb benehmen?»

«Allein Jahwe kann ein Urteil über mich sprechen.»

«Welcher Glaube vermochte je eine solche Anmaßung zu rechtfertigen?»

«Du bist nicht fähig, das zu verstehen. Begnüge dich damit, dich zu beugen.»

«Die Pharaonen haben mit Erfolg blinden Eifer und Unduldsamkeit unterbunden, diese tödlichen Gifte, die am Herzen der Menschen nagen. Fürchtest du dich nicht, wie ich, vor den Folgen einer uneingeschränkten und endgültigen Wahrheit, die Menschen anderen Menschen aufzwingen?»

«Erfülle den Willen Jahwes.»

«Führst du nur noch Drohungen und Beschimpfungen im Munde, Moses? Was ist aus unserer Freundschaft geworden, die uns auf dem Weg zum Wissen geleitet hat?»

«Mein Sinnen und Trachten gilt nur der Zukunft, und diese Zukunft besteht im Auszug meines Volkes aus Ägypten.»

«Verlasse diesen Palast, Moses, und erscheine nie mehr vor mir. Sonst betrachte ich dich als Aufrührer, und der Gerichtshof wird die Strafe über dich verhängen, die Unruhestiftern gebührt.»

Wutentbrannt schritt Moses durch das Tor in der Umfassungsmauer des Palastes, würdigte die Höflinge, die gern ein paar Worte mit ihm gewechselt hätten, keines Grußes und kehrte in seine Wohnstätte im Hebräerviertel zurück, wo Ofir ihn erwartete.

Die Verbündeten des Magiers hatten ihm das Scheitern und den Tod Mebas gemeldet. Der letzte Bericht, den der Gesandte geschrieben hatte, enthielt indes eine wissenswerte Neuigkeit: Bei einer Zeremonie im Tempel des Ptah war Meba aufgefallen, daß Kha den von Setaou geschaffenen magischen Schutz abgelegt hatte. Das Amt des Oberpriesters bewahrte ihn zwar vor dem Einfluß dunkler Mächte, aber weshalb sollte Ofir nicht sein Glück versuchen?

«Hat Ramses nachgegeben?» erkundigte sich der Magier.

«Er wird nie nachgeben», antwortete Moses.

«Ramses kennt keine Angst. Diese Lage bleibt ausweglos, solange wir nicht Gewalt anwenden.»

«Ein Aufstand ...»

«Wir besitzen Waffen.»

«Das wäre der Untergang der Hebräer.»

«Wer spricht denn von offenem Aufruhr? Wir müssen den Tod einsetzen, er wird die zehnte und letzte Plage sein, die Ägypten heimsucht.»

Moses war zornig. Und während er Ofirs drohenden Worten lauschte, vermeinte er, die Stimme Jahwes zu hören.

«Du hast recht, Ofir. Wir müssen so kräftig zuschlagen, daß Ramses gezwungen ist, die Hebräer freizulassen. In der Nacht des Todes wird Jahwe durch Ägypten gehen, und die erstgeborenen Kinder werden sterben.»

Wie sehr hatte Ofir diesen Augenblick erwartet! Endlich würde er sich für die Niederlagen rächen, die der Pharao ihm zugefügt hatte.

«An der Spitze der erstgeborenen Kinder steht Kha, Ramses' Sohn, den er vermutlich zu seinem Nachfolger ausersehen hat. Bislang war ihm ein magischer Schutz zuteil geworden, den ich nie überwinden konnte. Aber jetzt ...»

«Jahwes Hand wird ihn nicht verschonen.»

«Wir müssen die Ägypter hinters Licht führen», schlug Ofir vor. «Die Hebräer sollen sich wie einst mit ihnen verbrüdern und daraus Nutzen ziehen, um sich möglichst viele kostbare Gegenstände zu verschaffen. Wir werden sie bei unserem Auszug brauchen.»

«Wir werden Pessach abhalten», kündigte Moses an, «und unsere Häuser rot kennzeichnen, mit einem Büschel Ysop, das wir in das Blut des Opferlammes tauchen. In der Nacht des Todes wird der Würgengel diese Häuser verschonen.»

Ofir stürzte in seine magische Wirkstätte. Dank der Kha gestohlenen Binse würde es dem Magier vielleicht gelingen, Ramses' erstgeborenen Sohn zu lähmen und ihn ins Nichts gleiten zu lassen.

Das Spiel von Licht und Schatten, das den Garten belebte, machte Nefertari noch schöner. Geheimnisvoll und erhaben bewegte sie sich mit der Anmut einer Göttin zwischen Bäumen und Blumen. Als Ramses ihre Hand küßte, spürte er dennoch sogleich, daß sie verstimmt war.

«Moses hat nicht aufgehört, uns zu bedrohen», murmelte sie.

«Er war mein Freund, und ich kann nicht glauben, daß seine Seele schlecht geworden ist.»

«Auch ich schätze ihn, aber ein zerstörerisches Feuer hat sich seines Herzens bemächtigt, und vor dem habe ich Angst.»

Mit besorgter Miene kam Setaou auf das Königspaar zu.

«Vergebt mir, ich pflege die Dinge geradeheraus zu sagen: Kha ist krank.»

«Ist es etwas Ernstes?» fragte Nefertari.

«Ich befürchte ja, Majestät. Meine Heilmittel scheinen nicht zu wirken.»

«Soll das heißen ...»

«Machen wir uns nichts vor: Es handelt sich um einen Zauber.»

Als Tochter der Isis, der mächtigen Magierin, eilte die Große königliche Gemahlin an das Krankenlager des erstgeborenen Sohnes von Ramses.

Trotz seiner Pein legte der Oberpriester des Ptah erstaunliche Würde an den Tag. Mit aschfahlem Gesicht und eingesunkenen Wangen lag Kha auf einem Bett und litt unter Atemnot.

«Meine Arme sind leblos», sagte er zu Nefertari, «und ich kann meine Beine nicht mehr bewegen.»

Die Königin legte ihre Hände auf die Schläfen des jungen Mannes.

«Ich werde dir all meine Kraft geben», versprach sie, «und wir werden gemeinsam gegen den heimtückischen Tod kämpfen. Ich werde dir alles Glück geben, das das Leben mir beschert hat, und du wirst nicht sterben.»

In der hethitischen Hauptstadt gingen die Verhandlungen nur langsam voran. Hattuschili erörterte jeden Abschnitt des Vertragsentwurfes, den Ramses aufgesetzt hatte, schlug einen anderen Wortlaut vor, feilschte hartnäckig mit Acha, bis sie zu einem für beide Seiten annehmbaren Ergebnis gelangten, von dem er jedes Wort wieder und wieder abwog. Puducheba fügte ihre Bemerkungen hinzu, die zu neuen Überlegungen führten.

Acha bewies eine Geduld, die jeder Prüfung standhielt. Er war sich dessen bewußt, daß er mitwirkte, einen Frieden zu schaffen, von dem das Glück des ganzen Vorderen Orients und eines Teiles von Asien abhing.

«Vergiß nicht, daß ich auf der Auslieferung Uriteschups bestehe.»

«Das wird der letzte Punkt sein, den es zu klären gilt», entgegnete Acha, «wenn wir Einvernehmen über den ganzen Vertrag erzielt haben.»

«Bemerkenswerte Zuversicht ... Bist du denn davon überzeugt, daß der König von Hatti uneingeschränktes Vertrauen zu dir hat?»

«Wenn er in diesen Fehler verfiele, wäre er dann der König von Hatti?»

«Gefährdest du nicht den Erfolg der Verhandlungen, indem du mir Hintergedanken unterstellst?»

«Du hast notgedrungen Hintergedanken, Majestät, und trachtest danach, einen Vertrag zu erreichen, der für Hatti günstiger ist als für Ägypten … Meine Aufgabe besteht darin, das Gleichgewicht zwischen den beiden Waagschalen wiederherzustellen.»

«Ein heikles Spiel, das vielleicht zum Scheitern verurteilt ist.»

«Die Zukunft der Welt … Ramses hat sie mir anvertraut, und nun liegt sie in deinen Händen, Majestät.»

«Ich bin geduldig, hellsichtig und dickköpfig, mein lieber Acha.»

«Ich auch, Majestät.»

DREIUNDFÜNFZIG

SERRAMANNA VERLIESS DIE seinen Söldnern vorbehaltene Wachstube nicht mehr. Er gönnte sich höchstens noch ein wenig Zerstreuung mit einem bereitwilligen Mädchen aus dem am besten beleumundeten Haus des Bieres. Doch selbst die Lust vermochte ihn nicht seiner Besessenheit zu entreißen: Irgendwann würde sein Gegner unweigerlich einen Fehler begehen, und er mußte wachsam sein, um daraus Nutzen zu ziehen.

Khas Krankheit erfüllte den Sarden mit tiefer Trauer. Alles, was die königliche Familie betraf, erschütterte ihn, als wäre sie seine eigene, und er stampfte wütend mit den Füßen, weil es ihm nicht gelang, Ramses' Feinde zu vernichten.

Einer seiner Söldner erstattete ihm Bericht.

«Bei den Hebräern gehen seltsame Dinge vor ...»

«Erzähle.»

«An den Türen ihrer Häuser sind Spuren von roter Farbe. Ich kann nicht sagen warum, aber ich dachte mir, du würdest es vielleicht wissen wollen.»

«Du hast recht getan. Schaffe mir unter irgendeinem Vorwand Abner herbei.»

Seit er zugunsten von Moses ausgesagt hatte, war von dem Ziegelmacher Abner, der einst dazu neigte, seine hebräischen Brüder zu erpressen, nie wieder die Rede gewesen.

Nun stand Abner mit gesenktem Kopf vor dem Sarden und fühlte sich sichtbar unbehaglich.

«Hast du dir etwas zuschulden kommen lassen?» fragte Serramanna grimmig.

«O nein, Herr! Mein Leben ist so makellos wie das weiße Gewand eines Priesters.»

«Weshalb zitterst du dann so?»

«Ich bin nur ein nichtswürdiger Ziegelmacher und ...»

«Das reicht, Abner. Weshalb hast du die Tür deines Hauses mit roter Farbe besudelt?»

«Das war ein Versehen, Herr.»

«Ein Versehen, das sich an Dutzenden anderer Türen wiederholt hat! Höre auf, mich für dumm zu halten!»

Der sardische Riese ließ die Knöchel seiner Finger knacken, und der Hebräer zuckte zusammen.

«Das ist ... das ist eine neue Mode.»

«Aha ... Und wenn meine neue Mode darin besteht, dir die Nase und die Ohren abzuschneiden?»

«Dazu hast du kein Recht, Herr, das Gericht würde dich dafür verurteilen.»

«Ein Fall von höherer Gewalt: Ich ermittle wegen eines Zaubers gegen Ramses' erstgeborenen Sohn und würde mich nicht wundern, wenn du damit etwas zu tun hättest.»

Die Richter ließen große Strenge gegen jene walten, die Schwarze Magie anwandten. Abner drohte eine harte Strafe.

«Ich bin unschuldig!»

«Bei deiner Vergangenheit ist das schwer zu glauben.»

«Tue mir das nicht an, Herr, ich habe eine Familie, Kinder ...»

«Entweder du redest, oder ich beschuldige dich.»

Bei der Wahl zwischen seiner eigenen Sicherheit und der von Moses zögerte Abner nicht lange.

«Moses hat einen bösen Zauber gegen die Erstgeborenen ausgesprochen», verriet er. «In der Nacht des Unheils wird Jahwe sie töten. Damit die Hebräer verschont werden, mußte an ihren Häusern ein Zeichen angebracht werden.»

«Bei allen Dämonen des Meeres, dieser Moses ist ein Ungeheuer!»

«Läßt ... läßt du mich jetzt gehen, Herr?»

«Du wärest zu geschwätzig, kleine Schlange. Im Gefängnis bist du gut aufgehoben.»

Eher erleichtert, nickte Abner.

«Und wann komme ich wieder heraus?»

«Für wann ist diese Nacht des Unheils vorgesehen?»

«Das weiß ich nicht, aber es kann nicht mehr lange dauern.»

Serramanna lief zu Ramses, der ihn empfing, sobald er sein Gespräch mit dem Obersten Verwalter der Felder und Haine beendet hatte. Tief bewegt von der Krankheit Khas, den allein Nefertaris Magie am Leben hielt, brachte Nedjem kaum die Kraft auf, sein Amt zu versehen. Aber Ramses hatte ihn davon überzeugt, daß dem Dienst am Staat und an der Gemeinschaft der Ägypter der Vorrang vor allem anderen gebührte, selbst vor großem persönlichem Kummer.

Der Sarde berichtete, was er von Abner erfahren hatte.

«Dieser Mann lügt», befand der König. «Nie hätte Moses eine solche Schandtat ausgeheckt.»

«Abner ist ein Feigling, und er hat Angst vor mir. Er hat mir bestimmt die Wahrheit gesagt.»

«Eine Abfolge von Verbrechen, das kalt und sorgfältig geplante Töten Erstgeborener ... Solche Greuel können nur in einem kranken Gehirn aufkeimen. Das kommt nicht von Moses.»

«Ich empfehle, alle Ordnungskräfte aufmarschieren zu lassen, um die Mörder davon abzuhalten, ihren Plan auszuführen.»

«Laß auch die Wachsoldaten der Provinzen einschreiten.»

«Vergib mir, Majestät ... aber sollte Moses nicht festgenommen werden?»

«Er hat kein Verbrechen begangen, das Gericht würde ihn freisprechen. Ich muß eine andere Lösung ins Auge fassen.»

«Ich würde dir gern zu einer Vorgehensweise raten, die du abscheulich finden wirst, die sich indes als wirksam erweisen könnte ...»

«Seit wann äußerst du dich so behutsam? Sprich, Serramanna!»

«Verbreiten wir die Kunde, daß Kha die nächsten drei Tage nicht überleben wird.»

Beim bloßen Gedanken an diese düstere Zukunft schauderte Ramses.

«Ich wußte, daß dir das mißfallen würde, Majestät, aber diese Neuigkeit treibt die Mörder zwangsläufig dazu, übereilt zu handeln, und ich habe vor, mir das zunutze zu machen.»

Der König überlegte nur wenige Augenblicke.

«Sei erfolgreich, Serramanna.»

Dolente, Ramses' Schwester, gab ihrer Haarmacherin eine Ohrfeige, weil sie zu heftig an einer Strähne ihrer prächtigen dunklen Locken gezogen hatte.

«Scher dich hinaus, du ungeschicktes Geschöpf!»

Weinend schlich die Frau von dannen. Sie wurde sogleich von der Fußpflegerin abgelöst.

«Entferne die abgestorbene Haut und bemale mir die Nägel rot ... Aber sieh dich vor, daß du mich nicht verletzt.»

Die Fußpflegerin beglückwünschte sich zu ihrer langen Erfahrung.

«Du arbeitest untadelig», stellte Dolente fest. «Ich werde dich gut entlohnen und meinen Freundinnen empfehlen.»

«Danke, Prinzessin! Trotz der allseits herrschenden Trauer bescherst du mir große Freude.»

«Von welcher Trauer sprichst du?»

«Meine erste Kundin heute morgen, eine Hofdame hohen Ranges, hat mir die furchtbare Neuigkeit erzählt: Der erstgeborene Sohn des Königs wird bald sterben.»

«Ist das nicht nur ein Gerücht?»

«Leider nein! Dem Arzt des Palastes zufolge wird Kha die nächsten drei Tage nicht überleben.»

«Spute dich, daß du fertig wirst, ich habe zu tun!»

Bei einer Nachricht von solcher Wichtigkeit war höchste Eile geboten, der einzige Umstand, unter dem Dolente sich verpflichtet fühlte, die Sicherheit außer acht zu lassen. Ohne sich zu schminken, setzte sie eine schlichte Perücke auf und schlang sich einen braunen Umhang um die Schultern. So würde sie niemand erkennen.

Dolente mischte sich unter das gaffende Volk und bog in das Viertel der hebräischen Ziegelmacher ein. Sie zwängte sich zwischen einem Wasserträger und einem Käseverkäufer hindurch, schob mit fahriger Hand zwei kleine Mädchen beiseite, die mitten auf der Gasse mit Puppen spielten, und bedrängte einen alten Mann, der zu langsam ging. Dann klopfte sie fünfmal an eine kleine dunkelgrün gestrichene Tür.

Sie öffnete sich knarrend.

«Wer bist du?» fragte ein Ziegelmacher.

«Eine Freundin des Magiers.»

«Tritt ein.»

Der Ziegelmacher ging Dolente voraus, zu einer Treppe, die in einen Keller hinunterführte. Der schwache Schein einer Öllampe beleuchtete Ofirs besorgtes Gesicht, das mit den vorstehenden Wangenknochen und der auffallend großen Nase an einen Raubvogel erinnerte und Ramses' Schwester immer noch in seinen geheimnisvollen Bann zog.

Der Magier hielt Khas Binse in der Hand. Er hatte sie mit sonderbaren Zeichen bedeckt und teilweise angesengt.

«Was gibt es so Dringliches, Dolente?»

«Kha wird in den nächsten Stunden sterben.»

«Haben die Ärzte des Palastes bereits aufgegeben, ihn zu heilen?»

«Pariamakhou meint, daß sein Tod unmittelbar bevorsteht.»

«Das ist eine vortreffliche Neuigkeit, aber sie bedeutet, daß wir unsere Pläne ein wenig ändern müssen. Du hast gut daran getan, mich davon in Kenntnis zu setzen.»

Die Nacht des Unheils würde demnach früher als vorgesehen stattfinden. Die Erstgeborenen, allen voran Ramses' Sohn, würden sterben, und Verzweiflung würde das ägyptische Volk erfassen, das sich, von Jahwes Macht und Zorn in Schrecken versetzt, dann gewiß gegen seinen König erhob. Das versprach ein gewaltiger Aufruhr zu werden.

Dolente warf sich zu Füßen des Magiers.

«Was wird geschehen, Ofir?»

«Ramses wird hinweggefegt, Moses und der wahre Gott werden triumphieren.»

«Wenn sich unser Traum erfüllt hat ...»

«Wir müssen uns an die Tatsachen halten, liebe Dolente ... Wie recht du mit deiner Beharrlichkeit gehabt hast!»

«Könnte man nicht gewisse Gewalttätigkeiten vermeiden?»

Ofir zog Dolente hoch und legte seine Handflächen auf die Wangen der Frau, die einer Ohnmacht nahe war.

«Moses trifft die Entscheidungen, und Moses empfängt seine Eingebungen von Jahwe. Wir dürfen seine Befehle nicht in Frage stellen, welche Folgen sie auch immer haben mögen.»

Auf der Treppe waren hastige Schritte zu hören. Dolente stieß einen erstickten Schrei aus, als die Tür aufgerissen wurde und der sardische Riese in den Keller stürmte.

Mit dem Handrücken stieß er Ramses' Schwester beiseite, der er bis zu dem Schlupfwinkel des Magiers gefolgt war. Er versetzte Ofir einen Schlag auf den Kopf. Selbst als er zu Boden stürzte, ließ der hethitische Spion Khas Binse nicht los, die er immer noch in der Hand hielt. Der ehemalige Seeräuber trat ihm auf den Arm und zwang ihn auf diese Weise, die Finger zu öffnen.

«Ofir ... endlich habe ich dich erwischt!»

VIERUNDFÜNFZIG

SETAOU KAM IN KHAS Gemach, warf die Binse auf den Boden und zertrampelte sie.

Nefertari, die nicht davon abgelassen hatte, Ramses' erstgeborenen Sohn zu magnetisieren, blickte dankbar zu ihm auf.

«Der Zauber ist gebrochen, Majestät. Kha wird rasch genesen.»

Nefertari nahm die Hände vom Nacken des jungen Mannes, dann brach sie erschöpft zusammen.

Nachdem der Heilkundige Pariamakhou der Königin harmlose Stärkungsmittel verordnet hatte, verabreichte Setaou ihr eine Arznei, die ihrem Blut die verlorengegangene Kraft wiedergeben sollte.

«Die Große königliche Gemahlin ist über die Grenzen der Erschöpfung hinausgegangen», bedeutete er Ramses.

«Ich will die Wahrheit wissen, Setaou.»

«Nefertari hat ihre Magie auf Kha übertragen und sich dadurch um viele Jahre ihres Lebens gebracht.»

Ramses blieb am Bett der Königin und versuchte, die Kraft, die von ihm ausging und auf die sich seine Herrschaft stützte, in ihren Leib strömen zu lassen. Er war bereit, diese Kraft zu opfern, auf daß Nefertari ein langes Leben und ein glückliches Alter beschieden sei und ihre Schönheit die Beiden Länder erhelle.

Es bedurfte Amenis ganzer Überredungskunst, Ramses zu den Staatsgeschäften zurückzuholen. Erst nachdem Nefertari ihm mit besänftigender Stimme versichert hatte, sie spüre, daß die Nacht sich von ihr entferne, war der König willens, wieder Gespräche mit seinem Freund zu führen.

«Serramanna hat mir ausführlich Bericht erstattet», erklärte Ameni. «Der Magier Ofir ist festgenommen worden und wird der Spionage, der Schwarzen Magie, des versuchten Mordes an Mitgliedern der königlichen Familie sowie des Mordes an der unglücklichen Lita und seiner Dienerin angeklagt. Aber er ist nicht der allein Schuldige: Moses ist ebenso gefährlich wie er. Ofir hat geredet, und er hat verraten, daß Moses gesonnen war, alle Erstgeborenen Ägyptens zu töten. Wie viele Opfer hätten wir zu beklagen, wenn Serramanna nicht eingegriffen und diesen ungeheuerlichen Plan zunichte gemacht hätte?»

Vom ältesten bis zum jüngsten, vom ärmsten bis zum reichsten, vom überheblichsten bis zum schlichtesten waren alle Hebräer verblüfft. Niemand hatte erwartet, den Pharao persönlich an der Spitze eines von Serramanna befehligten Trupps Soldaten im Viertel der Ziegelmacher erscheinen zu sehen. Die Straßen waren menschenleer, und man begnügte sich damit, den Herrscher hinter halbgeschlossenen Fensterläden zu beobachten.

Ramses begab sich auf kürzestem Weg zum Haus von Moses, der, von dem Geräusch der herannahenden Soldaten bereits gewarnt, mit dem Stock in der Hand am Eingang stand.

«Wir sollten einander doch nicht wiedersehen, Majestät.»

«Das wird auch unsere letzte Begegnung sein, Moses, sei dessen sicher. Weshalb hast du versucht, Tod zu verbreiten?»

«Ich gehorche nur Jahwe.»

«Ist dein Gott so grausam? Ich achte deinen Glauben, mein

Freund, aber ich bin nicht bereit, hinzunehmen, daß er ein Quell der Zwietracht auf dem Boden ist, den meine Vorfahren mir zum Erbe gemacht haben. Verlasse Ägypten, Moses, verlasse es mitsamt den Hebräern. Gehet hin und lebt andernorts eurer Wahrheit. Nicht weil du diesen Auszug verlangst, sondern weil ich ihn fordere.»

In einen langen Mantel aus roter und schwarzer Wolle gehüllt, blickte König Hattuschili vom Burgberg, auf dem der Palast stand, auf seine Hauptstadt hinunter. Da nahm ihn seine Gemahlin Puducheba zärtlich in die Arme.

«Unser Land ist rauh, doch es mangelt ihm nicht an Schönheit. Weshalb sollten wir es einem Gefühl der Rachsucht opfern?»

«Uriteschup muß bestraft werden», beteuerte der König.

«Ist er das nicht schon? Stell dir einmal diesen erbarmungslosen Krieger in einem von seinem schlimmsten Feind ständig überwachten Haus vor! Ist Uriteschups Eitelkeit nicht zu Tode verletzt?»

«Ich darf in diesem Punkt nicht nachgeben.»

«Assyrien wird uns nicht gestatten, noch lange eigensinnig zu sein. Seine Armee gebärdet sich zunehmend bedrohlicher und wird nicht zögern, uns anzugreifen, wenn sie erfährt, daß unsere Friedensverhandlungen mit Ägypten gescheitert sind.»

«Die Verhandlungen sind geheim.»

«Ist der König von Hatti etwa einfältig geworden? Sendboten sind unablässig auf dem Weg von Hatti nach Ägypten und von Ägypten nach Hatti. Was geheim war, ist es längst nicht mehr. Wenn wir nicht so schnell wie möglich ein Abkommen schließen, einander nicht mehr anzugreifen, werden uns die Assyrer für eine leichte Beute halten, zumal Ramses dann tatenlos unserem Untergang zusehen wird.»

«Die Hethiter werden sich zu verteidigen wissen.»

«Seit du herrschst, Hattuschili, hat sich dein Volk sehr verändert. Sogar die Soldaten hoffen auf den Frieden. Und du selbst, hast du etwa ein anderes Ziel?»

«Läßt du dich nicht zu sehr von Nefertari beeinflussen?»

«Meine Schwester, die Königin von Ägypten, teilt meine Überzeugungen. Ihr ist es gelungen, Ramses zu überreden, gegen die Hethiter nicht mehr Krieg zu führen, aber werden wir imstande sein, ihre Hoffnung zu erfüllen?»

«Uriteschup ...»

«Uriteschup gehört der Vergangenheit an. Soll er sich doch mit einer Ägypterin vermählen, mit dem Volk des Pharaos verschmelzen und unsere Zukunft nicht mehr behelligen!»

«Du verlangst viel von mir.»

«Ist das nicht die Pflicht der Königin?»

«Ramses wird in meinem Rückzug ein Zeichen der Schwäche sehen.»

«Weder Nefertari noch ich werden deine Großmut so deuten.»

«Lenken etwa die Frauen Hattis und Ägyptens Beziehungen zu den Fremdländern?»

«Weshalb nicht», antwortete Puducheba, «wenn das zum Frieden führt?»

Während er vor Gericht stand, redete Ofir viel. Er rühmte sich, der Drahtzieher des hethitischen Spionagenetzes in Ägypten gewesen zu sein und Kha nach dem Leben getrachtet zu haben. Als er beschrieb, wie er die beklagenswerte Lita und seine Dienerin umgebracht hatte, begriffen die Geschworenen, daß Ofir keinerlei Reue empfand und daß er nicht zögern würde, mit gleicher Gefühlskälte von neuem zu töten.

Dolente schluchzte. Von Ofir der tatkräftigen Mithilfe beschuldigt, erhob sie keinen Einspruch und verlegte sich darauf, ihren Bruder, den König von Ägypten, um Gnade anzuflehen. Sie bezichtigte Chenar, daß sein schlechter Einfluß sie vom rechten Weg abgebracht hätte.

Die Beratung der Geschworenen währte nicht lange. Der Wesir verkündete ihre Entscheidung. Zum Tode verurteilt, mußte Ofir durch Gift seinem Leben selbst ein Ende setzen. Dolente, deren Name ausgelöscht und aus allen amtlichen Schriftstücken entfernt werden sollte, wurde für immer in den Süden Syriens verbannt und einem Bauern als Zwangsarbeiterin zu Frondiensten auf den Feldern zugewiesen. Chenar wurde in Abwesenheit gleichfalls zum Tode verurteilt, und auch sein Name sollte für immer im Nichts versinken.

Setaou und Lotos brachen an dem Tag wieder nach Abu Simbel auf, an dem Acha aus Hatti zurückkehrte. Sie fanden kaum Zeit, einander zu beglückwünschen.

Acha wurde sogleich vom Königspaar empfangen. Obwohl Nefertari sehr geschwächt war, hatte sie nicht aufgehört, Briefe mit Puducheba auszutauschen. Schlächter, der nubische Löwe, und sein Freund Wächter, der goldgelbe Hund, der trotz seines fortgeschrittenen Alters noch verspielt war, wichen nicht von der Seite der Königin, als wüßten sie, daß ihre Gegenwart ihr ein wenig Kraft verlieh. Sooft Ramses sich den Erfordernissen seines Amtes zu entziehen vermochte, eilte er zu seiner Gemahlin. Sie ergingen sich in den Gärten des Palastes, oder er las ihr die Lehren der Weisen aus der Zeit der Pyramiden vor. Beide wurden sich zunehmend der unendlichen Liebe bewußt, die sie verband, dieser unbeschreiblichen Liebe, so glühend wie der Sommerhimmel und so sanft wie ein Sonnenuntergang über dem Nil.

Es war Nefertari, die Ramses nötigte, sich wieder Ägypten zu widmen, das Staatsschiff ins richtige Fahrwasser zu lenken und auf die tausenderlei Fragen zu antworten, die ihm die hohen Beamten Tag um Tag stellten. Dank Isets der Schönen, Merit-Amuns und Khas, der seine Gesundheit wiedererlangt hatte, wurde die Königin während ihrer Genesung von Freude und Jugend umgeben. Sie wußte auch die Besuche des kleinen Merenptah, der von bemerkenswert stattlichem Wuchs war, ebenso zu schätzen wie die Tujas, die ihre eigene Müdigkeit geschickt verbarg.

Acha verneigte sich vor Nefertari.

«Deine Klugheit und deine Schönheit haben mir sehr gefehlt, Majestät.»

«Bringst du gute Nachrichten?»

«Ausgezeichnete.»

«Will Hattuschili wirklich einen Vertrag unterschreiben?» fragte Ramses mißtrauisch.

«Dank der Großen königlichen Gemahlin und Königin Puduchebas ist der Fall Uriteschup beinahe geregelt. Er soll in Ägypten bleiben und sich hier einfügen. Auf diese Weise stellt er kein Hindernis mehr für ein Abkommen dar.»

Ein strahlendes Lächeln erhellte Nefertaris Antlitz.

«Sollten wir wahrlich den schönsten aller Siege errungen haben?»

«Die wichtigste Unterstützung haben wir von Königin Puducheba erhalten. Der Ton in den Briefen der Großen königlichen Gemahlin hat ihr Herz gerührt. Seit dem Beginn der Herrschaft von Hattuschili fürchten sich die Hethiter vor der Gefahr, die von der assyrischen Armee ausgeht, und sie wissen, daß wir, ihre Feinde von gestern, schon morgen ihr stärkster Rückhalt sein werden.»

«Handeln wir rasch», empfahl Nefertari, «um die Gunst der Stunde zu nutzen.»

«Ich bringe die Fassung des Vertrages, die Hattuschili vorschlägt. Prüfen wir sie aufmerksam. Sobald ich dein Einverständnis und das des Pharaos habe, begebe ich mich wieder auf den Weg nach Hatti.»

Das Königspaar und Acha machten sich an die Arbeit. Nicht ohne Überraschung stellte Ramses fest, daß Hattuschili auf den größten Teil seiner Bedingungen eingegangen war.

Acha hatte Erstaunliches vollbracht, ohne die Absichten des Königs zu verfälschen. Und als Tuja den Vertrag aufmerksam gelesen hatte, stimmte auch sie ihm zu.

«Was geht hier vor?» fragte der Vizekönig von Nubien, dessen von zwei Pferden gezogener und einem erfahrenen Mann gelenkter Wagen sich durch lärmende und überfüllte Straßen einen Weg zum Palast von Pi-Ramses bahnte.

«Das ist der Auszug der Hebräer», antwortete der Wagenlenker. «Von Moses angeführt, verlassen sie Ägypten, um ins Gelobte Land aufzubrechen.»

«Weshalb billigt der Pharao diese Torheit?»

«Ramses verweist sie wegen Störung der öffentlichen Ordnung des Landes.»

Verblüfft sah der in amtlicher Mission in die Hauptstadt gekommene Vizekönig Tausende hebräischer Männer, Frauen und Kinder Pi-Ramses verlassen. Sie trieben ihre Herden vor sich her und zogen mit Kleidungsstücken und Nahrungsmitteln beladene Karren. Manche sangen, andere machten traurige Gesichter. Dieses Land aufzugeben, in dem sie ein angenehmes Leben geführt hatten, entmutigte die meisten, doch sie wagten nicht, sich Moses zu widersetzen.

Ameni empfing den Vizekönig und führte ihn zu Ramses' Amtsräumen.

«Was ist der Grund für diesen Besuch?» fragte der Herrscher.

«Ich mußte dich so schnell wie möglich in Kenntnis setzen, Majestät. Deshalb habe ich nicht gezögert, ein Schnellboot zu besteigen, um dir selbst von den verhängnisvollen Ereignissen zu berichten, die in dem Gebiet Trauer auslösen, mit dessen Verwaltung du mich betraut hast ... Sie sind so plötzlich eingetreten, so unerwartet ... Ich hätte mir nicht vorstellen können ...»

«Höre auf, darum herumzureden», forderte Ramses, «und sage die Wahrheit.»

Der Viezekönig von Nubien schluckte.

«Ein Aufstand, Majestät. Ein furchtbarer Aufstand von Stämmen, die sich verbündet haben.»

FÜNFUNDFÜNFZIG

CHENAR HATTE ERFOLG GEHABT.
Monat für Monat hatte er Palaver um Palaver abgehalten, verbissen einen Häuptling nach dem anderen überredet, daß sie sich miteinander verbünden sollten, um sich der wichtigsten Goldmine Nubiens zu bemächtigen. Obgleich er ihnen fette Beute versprach und Silberstangen unter ihnen verteilte, waren die schwarzen Krieger vor dem Gedanken, Ramses den Großen anzugreifen, zurückgeschreckt. War es nicht Wahnsinn, sich gegen die ägyptische Armee aufzulehnen, die zu Beginn der Herrschaft von Sethos den Aufständischen so schwere Niederlagen zugefügt hatte?

Trotz zahlreicher Rückschläge gab Chenar jedoch nicht auf. Nur wenn er Ramses in einen Hinterhalt lockte, konnte er ihn beseitigen, das war seine letzte Hoffnung. Doch dazu brauchte er die Hilfe kampferprobter Krieger, die entschlossen waren, die beachtlichen Reichtümer in ihren Besitz zu bringen, und einen Zusammenstoß mit den Soldaten des Pharaos nicht scheuten.

Chenars Beharrlichkeit war belohnt worden. Ein erster Häuptling hatte nachgegeben, dann ein zweiter, ein dritter und noch mehrere … Darauf waren neue Palaver erforderlich gewesen, um den zu bestimmen, der den Aufstand anführen sollte.

Dabei war es zu einer Schlägerei gekommen, in deren Verlauf zwei Häuptlinge und der kretische Söldner getötet wurden.

Schließlich einigten sie sich auf Chenar als Anführer, obwohl er kein Nubier war, doch er kannte Ramses und seine Armee am besten.

Die mit der Überwachung der Minenarbeiter beauftragten Wachsoldaten leisteten der heranstürmenden Horde schwarzer, mit Speeren und Bogen bewaffneter Krieger nur geringen Widerstand. Innerhalb weniger Stunden brachten die Nubier das Gebiet unter ihre Gewalt, und einige Tage später drängten sie die Truppen zurück, die aus der Festung Buhen herbeigeeilt waren, um die Ordnung wiederherzustellen.

Angesichts des Ausmaßes dieser Empörung hatte der Vizekönig von Nubien keine andere Wahl gehabt, als Ramses davon zu unterrichten.

Chenar wußte, daß sein Bruder selbst kommen würde, um die Aufständischen zu unterwerfen.

Sandige Hügel, Inseln aus Granit, ein schmaler Streifen Fruchtlandes, der sich dem Vordringen der Wüste widersetzte, ein Himmel von makellosem Blau, Pelikane, Flamingos, Kronenkraniche und Störche, Palmen mit doppeltem Stamm ... Das war das bewundernswerte Nubien, das Ramses liebte und dessen Reiz er sich nicht zu entziehen vermochte, trotz der schlimmen Befürchtungen, die ihn gezwungen hatten, sich mit seiner Armee eilends in den tiefen Süden zu begeben.

Dem Bericht des Vizekönigs zufolge hatten sich die aufbegehrenden nubischen Stämme der wichtigsten Goldmine bemächtigt. Wenn die Förderung des kostbaren Metalls unterbrochen wurde, hatte das verheerende Folgen: Zum einen brauchten es die Goldschmiede, um die Tempel zu schmücken, zum anderen setzte es der König ein, um seine Vasallen damit zu beschenken und die guten Beziehungen zu ihnen aufrechtzuerhalten.

Sosehr er auch die Trennung von Nefertari bedauerte, mußte Ramses schnell und hart zuschlagen, dies um so mehr, als die Eingebung der Großen königlichen Gemahlin ihn in einer Gewißheit bestärkt hatte: Der Anstifter zu diesem Aufruhr konnte nur Chenar sein.

Sein älterer Bruder war nicht in der unendlichen Weite der Wüste verschwunden, wie man dies geglaubt hatte, sondern er lebte noch und setzte alles daran, Unruhen anzuzetteln. Sobald er sich die Herrschaft über das Gold gesichert hatte, würde er Horden von Söldnern anwerben, die ägyptischen Festungen angreifen und sich in ein unsinniges Abenteuer stürzen: die Eroberung des Landes der Pharaonen. Haß und Neid, von seinen Niederlagen zusätzlich geschürt, hatten Chenar in ein Reich getrieben, das er nicht mehr verlassen würde, in das Reich des Wahnsinns.

Zwischen ihm und Ramses waren alle Bande der Zuneigung zerschnitten. Selbst Tuja hatte keinen Einspruch erhoben, als der Pharao ihr seine Absichten kundgetan hatte. Diese Auseinandersetzung zwischen den zwei Brüdern würde die letzte sein.

Mehrere «Söhne des Königs» standen ihm zur Seite, begierig darauf, ihre Tapferkeit unter Beweis zu stellen. In langen Perükken, gefältelten Hemden mit weiten Ärmeln und vorne gebauschten Schurzen trugen sie voller Stolz das Wahrzeichen des Schakalgottes, des «Öffners der Wege».

Als ihnen ein riesenhafter Elefant den Weg versperrte, waren selbst die Ungestümsten nahe daran zu fliehen. Doch Ramses ging auf den lebenden Berg zu und ließ sich von dem Rüssel des Tieres auf dessen Nacken heben, genau zwischen die zwei großen Ohren, die vor Freude schlackerten. Wer konnte da noch daran zweifeln, daß der Pharao den Schutz der Götter genoß?

Schlächter, der Löwe mit der prachtvollen Mähne, schritt zur Rechten des Elefanten der Goldmine entgegen. Bogenschützen und Fußsoldaten waren davon überzeugt, der Pharao würde in einem gewaltigen Ansturm die feindlichen Reihen durchbrechen, aber Ramses ließ das Zeltlager noch weit vor seinem Ziel errichten. Die Köche machten sich sogleich an die Arbeit, Waffen wurden gesäubert, Klingen geschärft, und man fütterte die Esel und die Ochsen.

Ein «Sohn des Königs» von etwa zwanzig Jahren wagte, dagegen aufzubegehren.

«Worauf warten wir, Majestät? Ein paar aufrührerische Nubier sind doch nicht imstande, sich unserer Stärke zu widersetzen.»

«Du kennst dieses Land und seine Bewohner zuwenig. Die Nubier sind gefährliche Bogenschützen, und sie kämpfen mit unvergleichlicher Verbissenheit. Wenn wir uns bereits als Sieger wähnen, werden viele unserer Männer sterben.»

«Ist das nicht das Gesetz des Krieges?»

«Mein Gesetz besteht darin, so viele Menschenleben wie möglich zu erhalten.»

«Aber ... die Nubier werden sich nicht ergeben.»

«Solange sie bedroht sind, gewiß nicht.»

«Wir werden doch mit diesen Wilden nicht verhandeln, Majestät.»

«Man muß sie blenden. Die Wirkung, die wir ausstrahlen, wird uns zum Sieg verhelfen, nicht der bewaffnete Arm. Die Nubier pflegen ihren Gegnern aufzulauern, die Nachhut anzugreifen und dem Feind in den Rücken zu fallen. Dazu werden wir ihnen keine Gelegenheit geben, denn wir werden sie in größtes Erstaunen versetzen.»

Ja, Chenar kannte Ramses gut. Der König würde geradewegs vorrücken, auf der einzigen Wüstenstraße, die zur Goldmine führte. Die von der Sonne ausgeglühten Hügel und Felsen zu beiden Seiten des Geländes würden den nubischen Kriegern Schutz bieten. Hatten sie erst die Offiziere getötet, dann ergriff die ägyptische Armee die Flucht, und Chenar konnte mit eigenen Händen einen verzweifelt um Gnade flehenden Ramses ins Jenseits befördern.

Kein ägyptischer Soldat würde dieser Falle lebend entrinnen.

Danach wollte Chenar Ramses' Leichnam am Bug seines Schiffes befestigen und triumphalen Einzug in Elephantine halten, ehe er sich der Städte Theben, Memphis, Pi-Ramses und ganz Ägyptens bemächtigte. Das Volk würde ihm zu Füßen liegen, er könnte endlich herrschen und sich an all jenen rächen, die seinen wahren Wert nicht erkannt hatten.

Der Bruder des Königs trat aus seiner steinernen Hütte heraus, die einst der Aufseher über die Goldwäscher bewohnt hatte, und stieg zum höchsten Punkt der Anlage hinauf, in der das goldhaltige Erz ausgeschwemmt wurde. Nur das Wasser, das in sanftem Gefälle eine Rampe hinunterfloß, die in ein Klärbecken mündete, vermochte das edle Metall von dem ihm anhaftenden Erdreich zu befreien. Es war eine mühsame Arbeit, die viel Geduld erforderte. Chenar verglich sie mit seinem Leben. Wie viele endlos lange Jahre hatte er gebraucht, um Ramses' Magie zu überwinden, ehe er ihn nun besiegen und seine eigene Größe unter Beweis stellen konnte. In der Stunde des Triumphes fühlte er sich wie trunken.

Ein Späher fuchtelte wild mit den Armen, Schreie zerrissen die Stille. Mit ihren Federn im krausen Haar liefen die schwarzen Krieger kreuz und quer durcheinander.

«Was ist denn hier los? Hört auf so herumzurennen!»

Chenar stieg hinunter und hielt einen Häuptling fest, der aufgeregt im Kreis lief.

«Beruhige dich, das ist ein Befehl! Ich führe hier das Kommando.»

Der Krieger wies mit seinem Speer auf die umliegenden Hügel und Felsen.

«Überall ... sie sind überall!»

Chenar ging in die Mitte des großen freien Platzes, hob die Augen und sah sie.

Tausende ägyptischer Soldaten hatten die Goldmine umzingelt.

Auf der Kuppe des höchsten Hügels errichteten etwa zehn Männer einen Baldachin, unter den sie einen Thron stellten. Die blaue Krone auf dem Haupt, nahm Ramses auf ihm Platz. Sein Löwe legte sich zu seinen Füßen.

Nicht ein Nubier konnte den Blick von diesem mittlerweile zweiundvierzig Jahre alten Herrscher losreißen, der nun, in seinem zwanzigsten Regierungsjahr, den Gipfel der Macht erreicht hatte. Trotz ihres Mutes begriffen die schwarzen Krieger, daß ihn anzugreifen einem Selbstmord gleichkäme. Die Falle, die Chenar dem König gestellt zu haben vermeinte, schnappte über ihm selbst zu. Die Soldaten des Pharaos hatten die Wachen überwältigt und ließen den Eingeschlossenen keinerlei Möglichkeit zur Flucht.

«Wir werden siegen!» brüllte Chenar. «Alle mir nach!»

Die nubischen Häuptlinge faßten sich wieder. Ja, sie mußten kämpfen. Einer von ihnen, dem an die zwanzig schreiende und ihre Speere schwenkende Männer folgten, stürmte die Anhöhe hinauf, auf den Pharao zu.

Ein Pfeilhagel streckte sie nieder. Geschickter als seine Gefährten, war ein Kämpfer im Zickzack gelaufen und beinahe bis zum Thron gelangt. Da schnellte Schlächter vor und hieb dem Angreifer die Krallen in den Kopf.

Das Zepter in der Hand, hatte Ramses sich nicht von der Stelle gerührt. Schlächter scharrte im Sand, schüttelte seine Mähne und legte sich wieder zu Füßen seines Herrn.

Beinahe alle nubischen Krieger ließen ihre Waffen fallen und warfen sich, als Zeichen ihrer Ergebenheit, zu Boden. Wütend versetzte Chenar den Häuptlingen Fußtritte.

«Steht auf und kämpft! Ramses ist nicht unschlagbar!»

Da ihm niemand gehorchte, stieß Chenar sein Schwert in den Rücken eines schon sehr bejahrten Häuptlings, der sich wie in einem Krampf kurz und heftig wand. Sein Todesröcheln erschütterte seine Brüder. Wie benommen standen sie auf und blickten Ramses' Bruder haßerfüllt an.

«Du hast uns betrogen», erklärte einer von ihnen. «Du hast uns betrogen und belogen. Niemand kann Ramses besiegen, und du bringst Unglück über uns.»

«Kämpft, ihr Feiglinge!»

«Du hast uns belogen», wiederholten sie im Chor.

«Folgt mir, töten wir Ramses!»

Mit irrem Blick und erhobenem Schwert erklomm Chenar wieder den Hügel über der Zisterne mit dem Wasser zum Goldwaschen.

«Ich bin der Herr, der alleinige Herr über Ägypten und Nubien, ich bin …»

Zehn Pfeile, von den Häuptlingen abgeschossen, bohrten sich gleichzeitig in seinen Kopf, seine Kehle und seine Brust. Chenar kippte nach hinten, fiel auf die Rampe, und langsam glitt sein Körper über den Schlamm, aus dem das ruhig fließende Wasser das Gold auswusch, in das Klärbecken.

SECHSUNDFÜNFZIG

Beim Aufbruch der Hebräer ereignete sich kein Zwischenfall. Viele Ägypter beklagten den Verlust von Freunden und Angehörigen, die einer ungewissen Zukunft entgegengingen. Zahlreiche Hebräer hatten ihrerseits Angst vor der beschwerlichen Durchquerung der Wüste, in der tausenderlei Gefahren lauerten. Wie vielen Feinden würden sie trotzen müssen, wie viele Völker und Stämme mochten sich den Anbetern Jahwes in den Weg stellen?

Serramanna war wütend.

Ehe Ramses gen Nubien zog, hatte er Ameni und den Sarden damit betraut, für die Aufrechterhaltung der Ordnung in der Hauptstadt zu sorgen. Bei der geringsten von den Hebräern ausgelösten Unruhe sollten die Sicherheitskräfte unverzüglich und mit Härte eingreifen. Da sich der Auszug aber ohne jedwede Störung vollzog, hatte Serramanna keinen Vorwand, Moses und Aaron festzuhalten.

Dennoch war der Sarde nach wie vor davon überzeugt, der Pharao habe einen Fehler begangen, daß er den Anführer der Hebräer geschont hatte. Selbst eine alte und tiefe Freundschaft rechtfertigte solche Nachsicht nicht. Auch fern von Ägypten war Moses noch imstande, ihm zu schaden.

Aus Vorsicht hatte Serramanna zehn Söldner gebeten, den Hebräern zu folgen und ihm regelmäßig Berichte zukommen zu lassen. Zu seiner großen Überraschung hatte der Prophet nicht die Straße nach Sile eingeschlagen, an der es Brunnen gab und die von der ägyptischen Armee überwacht wurde, sondern er hatte sich für einen unwegsamen Pfad entschieden, der zum Schilfmeer führte. Damit hatte Moses jedweden Versuch zur Umkehr unterbunden.

«Serramanna!» rief Ameni. «Ich suche dich schon überall. Stehst du eine Ewigkeit da und betrachtest die Straße gen Norden?»

«Dieser Moses hat soviel Übles getan und kommt ungestraft davon ... Ich mag Ungerechtigkeiten nicht.»

«Ehe Ofir starb, hat er uns noch etwas Wichtiges verraten, als wollte er sich gleich einem Skorpion selbst vollkommen vernichten: Zwei Anführer von Beduinenstämmen, Amos und Baduk, haben mit den Hebräern Pi-Ramses verlassen. Diese beiden haben den Anhängern Jahwes Waffen geliefert, für die Kämpfe, die ihnen bei ihrem Auszug bevorstehen würden.»

Der Sarde schlug sich mit der rechten Faust in die linke Handfläche.

«Diese zwei Schurken muß man als Verbrecher ansehen ... Also habe ich die Pflicht, sie und ihren Mitverschwörer, Moses, festzunehmen.»

«Deine Beweisführung ist unangreifbar.»

«Ich mache mich sofort mit fünfzig Streitwagen auf den Weg und bringe diese feinen Herren zurück, um sie ins Gefängnis zu stecken.»

Ramses schloß Nefertari in die Arme. Seine Gemahlin, kaum geschminkt und duftend wie eine Göttin, war schöner denn je.

«Chenar ist tot», verkündete der König, «und der Aufruhr der Nubier ist zu Ende.»

«Wird in Nubien jetzt endlich Frieden herrschen?»

«Die Anführer der Aufständischen sind wegen Hochverrats hingerichtet worden. Die Dörfer, mit denen sie rücksichtslos und grausam verfahren waren, haben Freudenfeste veranstaltet, um ihren Tod zu feiern. Das gestohlene Gold wurde mir zurückgegeben, und ich habe einen Teil davon in Abu Simbel gelassen, den anderen in Karnak.»

«Gehen die Arbeiten in Abu Simbel voran?»

«Setaou leitet die Baustätte mit bemerkenswerter Kraft.»

Die Königin verhehlte ihm die wichtigste Nachricht nicht mehr länger.

«Serramanna verfolgt Moses mit einem Troß von Streitwagen.»

«Aus welchem Grund?»

«Zwei Beduinen, die Spione im Dienste der Hethiter sind, befinden sich unter den Hebräern. Serramanna will diese beiden Männer und Moses festnehmen. Ameni hatte gegen diese Expedition nichts einzuwenden, weil sie dem Gesetz entspricht.»

Ramses stellte sich Moses an der Spitze seines Volkes vor, wie er mit seinem Stock auf den Boden klopfte, den Weg bahnte, die Unschlüssigen zum Weitergehen mahnte und Jahwe anflehte, er möge sich des Nachts als Feuersäule und am Tag als Wolke offenbaren. Kein Hindernis würde ihn zum Umkehren bewegen, kein Feind ängstigen.

«Ich habe soeben wieder ein langes Sendschreiben von Puducheba erhalten», erzählte Nefertari weiter. «Sie glaubt fest daran, daß wir zu einer Übereinkunft kommen.»

«Welch wunderbare Neuigkeit!»

Ramses hatte die Worte geistesabwesend ausgesprochen, seine Gedanken waren anderswo.

«Du hast Angst, daß Moses getötet wird, nicht wahr?»

«Ich möchte ihn nie mehr wiedersehen.»

«Was den Friedensvertrag betrifft, da gibt es noch einen heiklen Punkt.»

«Immer noch Uriteschup?»

«Nein, eine Frage der Formulierung ... Hattuschili wehrt sich dagegen, daß die Hethiter allein für die kriegerischen Auseinandersetzungen der Vergangenheit verantwortlich gewesen sein sollen, und er beklagt sich darüber, daß er als Unterlegener angesehen wird, der sich dem Willen des Pharaos zu beugen habe.»

«Ist das nicht so?»

«Der Wortlaut des Vertrages wird öffentlich kundgetan, künftige Generationen werden ihn lesen: Hattuschili möchte das Gesicht nicht verlieren.»

«Der Hethiter soll sich fügen, oder er wird vernichtet!»

«Sollen wir wegen einiger zu harter Worten auf den Frieden verzichten?»

«Auch das kleinste Wort zählt.»

«Darf ich dennoch dem Herrn der Beiden Länder eine Änderung des Wortlautes vorschlagen?»

«Im Sinne der Forderungen von Hattuschili, wie ich vermute.»

«Im Sinne der Zukunft der beiden Völker, die sich fortan Krieg, Gemetzel und Unheil ersparen wollen.»

Ramses küßte Nefertari auf die Stirn.

«Habe ich denn noch eine Möglichkeit, dem unterhändlerischen Eifer der Großen Königsgemahlin zu entrinnen?»

«Nicht die geringste», antwortete sie, während sie ihren Kopf an Ramses' Schulter schmiegte.

Moses war sehr erzürnt, und Aaron mußte einigen aufsässigen Hebräern mit seinem Stock auf den Rücken schlagen, weil sie des Auszugs bereits überdrüssig waren und nach Pi-Ramses zurückkehren wollten, wo sie reichlich zu essen gehabt und in behaglichen Häusern gewohnt hatten. Die meisten verabscheuten die Wüste und konnten sich nicht daran gewöhnen, unter freiem Himmel oder in Zelten zu schlafen. Viele begannen, gegen das rauhe Leben aufzubegehren, zu dem der Prophet sie zwang.

Also erhob Moses seine laute Stimme und befahl den Wankelmütigen und Furchtsamen, Jahwe zu gehorchen und ihren Weg ins Gelobte Land fortzusetzen, welche Fallgruben und Prüfungen ihnen auch bevorstehen mochten. Dann ging der lange Marsch weiter, in eine feuchte, morastige Region. Zuweilen sanken die Hebräer im Schlamm ein, Karren stürzten um, und Blutegel setzten Menschen und Tieren zu.

Moses beschloß, nicht weit von der Grenze entfernt, nahe dem See Sarbonis und dem Mittelländischen Meer, eine Rast einzulegen. Die Gegend wurde als gefährlich angesehen, weil der Wind aus der Wüste große Mengen Sandes in die Sümpfe, in das «Schilfmeer», wehte, so daß der Boden trügerisch war.

Niemand lebte in diesen trostlosen, den Winden und dem Zorn des Meeres und des Himmels überlassenen Gefilden. Selbst die Fischer mieden sie aus Angst, Opfer des schwimmenden Sandes zu werden.

Eine Frau mit zerzaustem Haar warf sich Moses zu Füßen.

«Wir werden alle hier sterben, in dieser Abgeschiedenheit.»

«Du irrst.»

«Sieh dich doch um, ist das vielleicht das Gelobte Land?»

«Nein, gewiß nicht.»

«Wir gehen nicht mehr weiter, Moses.»

«O doch! In den nächsten Tagen werden wir die Grenze überschreiten und dorthin gehen, wohin Jahwe uns ruft.»

«Wie kannst du deiner so sicher sein?»

«Weil ich Ihn geschaut habe, Frau, und weil Er zu mir gesprochen hat. Lege dich jetzt schlafen. Uns stehen noch große Anstrengungen bevor.»

Widerstrebend gehorchte die Frau.

«Dieser Ort ist grauenhaft», befand Aaron. «Ich möchte so schnell wie möglich weiterziehen.»

«Eine lange Rast war notwendig. Morgen, bei Tagesanbruch, wird Jahwe uns die Kraft verleihen, unseren Weg fortzusetzen.»

«Zweifelst du nie an unserem Erfolg, Moses?»

«Nein, Aaron, nie.»

Von einem «Sohn des Königs» begleitet, der Ramses vertrat, waren Serramannas Streitwagen den Hebräern gefolgt. Als der ehemalige Seeräuber Meeresluft schnupperte, blähten sich seine Nasenflügel. Mit einem Wink gebot er seinen Männern anzuhalten.

«Wer von euch kennt diese Gegend?»

Da ergriff ein erfahrener Wagenlenker das Wort.

«Das ist eine Region, in der Dämonen umgehen. Ich rate dir nicht, sie zu stören.»

«Dennoch haben die Hebräer diesen Weg eingeschlagen», erwiderte der Sarde.

«Ihnen steht es frei, sich aufzuführen, als wären sie von Sinnen … Aber wir sollten besser umkehren.»

In der Ferne stieg Rauch auf.

«Bis zum Lager der Hebräer kann es nicht mehr weit sein», bemerkte der Sohn des Königs. «Nehmen wir die Übeltäter fest.»

«Die Anhänger Jahwes sind bewaffnet», rief ihm Serramanna in Erinnerung, «und es sind viele.»

«Unsere Männer wissen zu kämpfen, und dank unserer Wagen sind wir ihnen überlegen. Wir schießen aus sicherer Entfernung einige Pfeile ab und fordern, daß uns Moses und die zwei Beduinen ausgeliefert werden. Wenn nicht, greifen wir an.»

Nicht ohne Besorgnis wagten sich die Ägypter in das sumpfige Gelände vor.

Aaron schreckte aus dem Schlaf hoch. Moses war bereits aufgestanden und hielt seinen Stock in der Hand.

«Dieses dumpfe Geräusch ...»

«Ja, das ist das Geräusch ägyptischer Streitwagen.»

«Sie kommen auf uns zu.»

«Wir haben noch Zeit, ihnen zu entrinnen.»

Die zwei Beduinen, Amos und Baduk, weigerten sich, weiter in das Schilfmeer vorzudringen, doch die völlig verstörten Hebräer waren bereit, Moses zu folgen. In der Dunkelheit vermochte niemand den Streifen Sandes vom Wasser zu unterscheiden, aber Moses ging sicheren Schritts zwischen dem Meer und dem See voran, geleitet von dem Feuer, das ihm seit seinen Jugendjahren in der Seele brannte, von diesem Feuer, das zur Sehnsucht nach dem Gelobten Land geworden war.

Indem sie darauf verzichteten, hintereinander zu fahren, begingen die Lenker der ägyptischen Streitwagen einen verhängnisvollen Fehler. Die einen sanken in den Treibsand ein, die anderen in die von unsichtbaren Strömungen durchzogenen Sümpfe. Der Sohn des Königs blieb mit seinem Wagen im Schlamm stecken, wogegen Serramanna in voller Fahrt mit den zwei Beduinen zusammenstieß, die sich von den Hebräern getrennt hatten.

Da erhob sich im Osten ein Wind, der mit dem aus der Wüste zusammentraf und den Weg austrocknete, den die Hebräer eingeschlagen hatten, um das Schilfmeer zu durchqueren.

Unbeirrt vom Tod der beiden Spione, die von den Rädern seines Wagens zermalmt worden waren, fuhr Serramanna weiter, blieb aber kurz danach ebenfalls im Sand stecken. Bis er seine Männer wieder um sich geschart hatte, von denen einige verletzt waren, und bis die Fahrzeuge aus Sand und Sümpfen gezogen waren, hatte sich der Wind gedreht. Nun peitschten heftige Böen die Wellen auf, die den schmalen Streifen festen Bodens überspülten.

Wutentbrannt sah Serramanna Moses entfliehen.

SIEBENUNDFÜNFZIG

TROTZ DER PFLEGE, die Neferet, eine junge Heilkundige mit außerordentlichen Fähigkeiten, ihr angedeihen ließ, bereitete sich Tuja, die Mutter des Königs, auf ihre letzte Reise vor. Schon bald würde sie wieder mit Sethos vereint sein und ein irdisches Ägypten verlassen, dessen glückliche Zukunft beinahe gesichert war. Beinahe, denn der Friedensvertrag mit den Hethitern war noch nicht geschlossen.

Als Nefertari zu ihr in den Garten kam, wo sie innere Einkehr hielt, spürte Tuja sogleich die Ergriffenheit der Großen königlichen Gemahlin.

«Majestät, ich habe soeben dieses Sendschreiben von Königin Puducheba erhalten.»

«Meine Augen sind schwach geworden, Nefertari. Lies es mir vor, ich bitte dich.»

Die sanfte und bezaubernde Stimme der Königin erfreute Tujas Herz.

An meine Schwester, die Gemahlin der Sonne, Nefertari.

Für unsere beiden Länder steht alles zum besten. Ich hoffe, Du bist bei guter Gesundheit, und Deine Angehörigen sind es ebenso. Meiner Tochter geht es ausgezeichnet, und meine Pferde sind prächtig. Möge dies auch auf Deine Kinder, Deine Pferde und auf den Löwen Ramses' des Großen zutreffen. Dein Diener, Hattuschili, wirft sich dem Pharao zu Füßen.

Frieden und Brüderlichkeit, das sind die Worte, die jetzt gesprochen werden müssen, denn der Sonnengott von Ägypten und der Wettergott von Hatti wollen sich verbrüdern.

Die Gesandten von Ägypten und von Hatti haben sich mit dem Vertrag auf den Weg nach Pi-Ramses begeben, auf daß der Pharao unsere gemeinsame Entscheidung für alle Zeit besiegle.

Mögen die Götter und Göttinnen meine Schwester Nefertari beschützen.

Nefertari und Tuja fielen einander in die Arme und weinten vor Freude.

Serramanna fühlte sich wie ein Insekt, das die Sandale des Königs gleich zertreten würde. Mit hängendem Kopf stellte sich der Sarde darauf ein, aus dem Palast gejagt zu werden, und dieser Abstieg bedrückte ihn in unerträglicher Weise. Er, der ehemalige Seeräuber, hatte sich an sein Leben als rechtschaffener Mann und als Beschützer gewöhnt. Bedingungslose Treue gegenüber Ramses hatte seinem Dasein einen Sinn gegeben und seiner Rastlosigkeit ein Ende gesetzt. Dieses Ägypten, das er einst ausplündern wollte, war seine Heimat geworden. Er, der Seefahrer, war an Land gegangen und empfand kein Bedürfnis, es wieder zu verlassen.

Serramanna war Ramses dankbar dafür, daß er ihm eine Demütigung vor dem Hof und seinen Untergebenen ersparte. Der König empfing ihn in seinem Amtsraum, unter vier Augen.

«Majestät, ich habe einen Fehler begangen. Niemand kannte das Gelände und ...»

«Wo sind die zwei Spione, die Beduinen?»

«Sie sind umgekommen, unter den Rädern meines Wagens.»

«Bist du sicher, daß Moses dem Sturm entronnen ist?»

«Er und die Hebräer haben das Schilfmeer durchquert.»

«Vergessen wir sie, zumal sie die Grenze überschritten haben.»

«Aber ... Moses hat dich betrogen!»

«Er folgt seinem eigenen Weg, Serramanna. Da keine Gefahr mehr besteht, daß er die Harmonie der Beiden Länder stört, möge er seinem Schicksal entgegengehen. Ich habe einen wichtigen Auftrag für dich.»

Der Sarde traute seinen Ohren nicht. Vergab ihm der König seine Niederlage?

«Du begibst dich mit zwei Einheiten von Streitwagen an die Grenze, um den hethitischen Gesandten zu empfangen, für dessen Schutz du sorgst.»

«Das ist eine Aufgabe ... eine Aufgabe ...»

«Eine Aufgabe, die für den Frieden in der Welt entscheidend ist, Serramanna.»

Hattuschili hatte nachgegeben.

Seiner zu weiser Staatsführung mahnenden inneren Stimme, den Ratschlägen seiner Gemahlin Puducheba und den Empfehlungen des ägyptischen Gesandten Acha gleichermaßen Gehör schenkend, hatte er einen Vertrag mit Ägypten verfaßt, in dem er sich Ramses' Forderungen nicht widersetzte, und dann zwei Sendboten damit betraut, dem Pharao die silbernen Tafeln zu überbringen, in die das Abkommen in Keilschrift eingeritzt war.

Hattuschili versprach Ramses, den Vertrag im Tempel der Sonnengöttin in Hattuscha zur Schau zu stellen, unter der Bedingung, daß der ägyptische Herrscher Gleiches in einem der großen Heiligtümer der Beiden Länder tat. Aber würde Ramses dieses Abkommen billigen, ohne ihm weitere Klauseln hinzuzufügen?

Von der hethitischen Hauptstadt bis zur ägyptischen Grenze

herrschte in dem Troß, der sich auf den Weg begeben hatte, angespannte Stimmung. Acha war sich dessen bewußt, daß er Hattuschili nicht mehr abverlangen konnte. Falls Ramses eine wie auch immer geartete Unzufriedenheit zum Ausdruck brachte, dann waren alle Bemühungen um einen Vertrag vergebens gewesen. Auch die hethitischen Soldaten machten keinen Hehl aus ihrer Besorgnis. Einige anders Gesinnte versuchten womöglich, sie unterwegs zu überfallen, um die Botschafter des Friedens daran zu hindern, ihr Ziel zu erreichen. Jeder Hügel, Engpaß oder Wald erschien ihnen wie ein Hinterhalt, doch die Fahrt verlief ohne Zwischenfälle.

Als sie Serramanna und die ägyptischen Streitwagen erblickten, stieß Acha einen tiefen Seufzer der Erleichterung aus. Von nun an konnten sie beruhigt weiterreisen.

Der Sarde und der hohe Offizier der hethitischen Wagenkämpfer begrüßten einander kühl. Der ehemalige Seeräuber hätte den Barbaren gern den Garaus gemacht, aber er mußte Ramses gehorchen und seine Mission erfüllen.

Zum erstenmal fuhren hethitische Streitwagen ins Delta hinein und rollten über die Straße, die nach Pi-Ramses führte.

«Was ist aus dem Aufstand in Nubien geworden?» fragte Acha.

«Hat man in Hattuscha davon reden hören?» erkundigte sich der Sarde erschrocken.

«Sei ohne Sorge, diese Nachricht ist vertraulich geblieben.»

«Ramses hat die Ruhe wiederhergestellt, und Chenar ist von seinen Bundesgenossen getötet worden.»

«Möge der Frieden im Norden ebenso einkehren wie im Süden! Wenn Ramses den Vertrag annimmt, den ihm die hethitischen Abgesandten vorlegen werden, beginnt eine Zeit der Blüte, an die sich noch künftige Generationen erinnern werden.»

«Weshalb sollte er ihn ablehnen?»

«Weil er eine Kleinigkeit enthält, die keine ist ... Aber seien wir zuversichtlich, Serramanna.»

Am einundzwangzigsten Tag des Winters im einundzwanzigsten Jahr der Herrschaft Ramses' des Großen wurden Acha und die zwei hethitischen Abgesandten von Ameni in den Audienzsaal des Palastes von Pi-Ramses geführt, dessen Prunk sie verblüffte. An die Stelle der grauen Welt ihres Kriegerdaseins trat eine Farbenpracht, in der Erhabenheit und erlesener Geschmack miteinander verschmolzen.

Die Sendboten überreichten dem Pharao die silbernen Tafeln. Acha verlas die einleitende Erklärung.

Mögen tausend Götter und Göttinnen des Hethiterreiches und tausend Götter und Göttinnen des Landes Ägypten Zeugen dieses Vertrages sein, den der König von Hatti und der Pharao von Ägypten schließen. Ferner bezeugen ihn die Sonne, der Mond, die Götter und Göttinnen des Himmels und der Erde, der Berge und der Flüsse, des Meeres, der Winde und der Wolken.

Wer die Worte auf dieser Silbertafel nicht beachtet, möge von tausend Göttern aus dem Hethiterland und tausend Göttern aus dem Lande Ägypten vernichtet werden und mit ihm sein Haus, sein Land und seine Dienerschaft. Dem, der diese Worte beachtet, mögen die tausend Götter aus dem Hethiterland und die tausend Götter aus dem Lande Ägypten Wohlstand bescheren und ein glückliches Leben in seinem Haus, mit seinen Kindern und mit seiner Dienerschaft.

Im Beisein der Großen königlichen Gemahlin und der Mutter des Königs billigte Ramses diese Erklärung, die Ameni auf einen Papyrus übertrug.

«Erkennt König Hattuschili die Verantwortung der Hethiter für die kriegerischen Handlungen während der vergangenen Jahre an?»

«Ja, Majestät», antwortete einer der beiden Abgesandten.

«Gesteht er zu, daß dieser Vertrag auch für unsere Nachfolger Geltung hat?»

«Unser König wünscht, daß dieses Abkommen zu Frieden und Brüderlichkeit führt und daß es auch von unseren Kindern und den Kindern unserer Kinder eingehalten wird.»

«Und wie ist der Verlauf der Grenze?»

«Der Orontes, eine Befestigungslinie im Süden von Syrien, die Straße, die Byblos die Ägyptische von der Provinz Amurru trennt, die als hethitisches Schutzgebiet erachtet wird, dann die Straße, die südlich von Kadesch der Hethitischen verläuft und sie vom nördlichen Ausgang der Ebene von Bekaa trennt, die unter ägyptischem Einfluß steht. Die phönizischen Häfen bleiben unter der Aufsicht des Pharaos. Ägyptische Gesandte und Kaufleute können sich auf der Straße nach Hatti frei bewegen.»

Acha hielt den Atem an.

Würde Ramses es hinnehmen, endgültig auf die Zitadelle von Kadesch zu verzichten und vor allem auf die Provinz Amurru? Weder Sethos noch seinem Sohn war es je gelungen, das berühmte Bollwerk einzunehmen, an dessen Fuß Ramses seinen größten Sieg errungen hatte. Demzufolge sprach nichts dagegen, daß Kadesch im Schoße der Hethiter bleiben sollte. Aber Amurru ... Ägypten hatte sehr darum gekämpft, sich diese Provinz zu erhalten, Soldaten waren ihretwegen ums Leben gekommen.

Acha befürchtete, der Pharao könnte unerbittlich sein.

Da blickte der Herrscher Nefertari an. In ihren Augen las er die Antwort.

«Wir sind damit einverstanden», erklärte Ramses der Große.

Ameni schrieb emsig weiter, und Acha spürte, wie unermeßliche Freude in ihm aufstieg.

«Was wünscht mein Bruder Hattuschili noch?» fragte Ramses.

«Ein endgültiges Abkommen, einander nicht mehr zu überfallen, Majestät, und ein Verteidigungsbündnis gegen jedwedes Land, das Ägypten oder Hatti angreifen könnte.»

«Denkt er dabei an Assyrien?»

«An jedes Volk, das versuchen sollte, sich des Landes Ägypten oder des Hethiterlandes zu bemächtigen.»

«Auch wir wollen dieses Abkommen und dieses Bündnis. Mit ihrer Hilfe werden wir Wohlstand und Glück aufrechterhalten.»

Mit sehr sicherer Hand fuhr Ameni in seinen Aufzeichnungen fort.

«Majestät, König Hattuschili wünscht auch, daß bei der Wahl der königlichen Nachfolge in unseren Ländern die jeweils überlieferten Riten und Gepflogenheiten eingehalten und bewahrt werden.»

«Daran wird sich nichts ändern.»

«Unser Herrscher möchte schließlich noch die Frage der Auslieferung Entflohener regeln.»

Acha war vor diesem letzten Hindernis bang. Ein einziger noch umstrittener Punkt könnte das ganze Abkommen in Frage stellen.

«Ich verlange, daß die Entflohenen menschlich behandelt werden», erklärte Ramses. «Werden sie in ihr Land, ob Ägypten oder Hatti, zurückgebracht, dürfen sie weder bestraft noch verunglimpft werden, und ihr Haus muß ihnen in unversehrtem Zustand zurückgegeben werden. Uriteschup, der Ägypter geworden ist, soll es freistehen, selbst über sein Schicksal zu entscheiden.»

Da sie Hattuschilis Einverständnis hatten, diese Bedingungen anzunehmen, stimmten die beiden Abgesandten zu.

Der Vertrag konnte in Kraft treten.

Ameni würde seine endgültige Fassung den königlichen Schreibern aushändigen, die sie auf Papyrusrollen erster Güte übertragen sollten.

«Der Wortlaut dieses Vertrages wird in den Stein mehrerer Tempel Ägyptens eingemeißelt», kündigte Ramses an, «vor allem in das Heiligtum des Re in Heliopolis, in die gen Süden gewandte Fassade des neunten Pylonen von Karnak und in die gen Süden gewandte Fassade des großen Tempels von Abu Simbel. Auf diese Weise wissen die Ägypter von Norden bis Süden, vom Delta bis Nubien, daß sie unter den Blicken der Götter mit den Hethitern für alle Zeit in Frieden leben werden.»

ACHTUNDFÜNFZIG

In dem fremdländischen Besuchern vorbehaltenen Palast untergebracht, nahmen die hethitischen Abgesandten an dem allgemeinen Jubel teil, der in der ägyptischen Hauptstadt ausgebrochen war. Sie stellten fest, wie sehr das Volk Ramses liebte, und vernahmen das immer wieder gern im Chor gesungene Loblied auf ihn: «Er leuchtet wie die Sonne, er belebt uns wie das Wasser und der Wind, wir lieben ihn wie Brot und schöne Stoffe, denn er ist der Vater und die Mutter des ganzen Landes, das Licht der beiden Ufer.»

Nefertari lud die Hethiter ein, einem Ritual im Tempel der Hathor beizuwohnen. Dort hörten sie die Anrufung der einzigartigen Macht, die sich jeden Tag selbst erschuf, alle Formen des Lebens ins Dasein rief, die Gesichter erhellte und Bäume wie Blumen vor Freude erzittern ließ. Als sich die Blicke dem im Gold des Himmels Verborgenen zuwandten, schwangen sich die Vögel empor, und unter den Schritten der Menschen tat sich ein Weg des Friedens auf.

Der anfänglichen Verwunderung der Hethiter folgte Fröhlichkeit. Sie wurden zu einem Gastmahl geladen, in dessen Verlauf ihnen allerlei Köstlichkeiten aufgetragen wurden: geschmorte Tauben in würziger Soße, eingelegte Nieren, Rinder- und Gänsebraten, Barsche aus dem Nil, Linsen, Knoblauch und süße Zwiebeln, Lattich, Gurken, Erbsen, Bohnen, Feigenmus, Äpfel, Datteln, Wassermelonen, Ziegenkäse, vergorene Milch, runde Honigkuchen, frisches Brot, süßes Bier sowie roter und weißer Wein. Zu diesem außerordentlichen Anlaß wurde ein erlesener Wein gereicht, den man am sechsten Tag des vierten Jahres der Herrschaft von Sethos in die Krüge gefüllt hatte, die das Symbol des Gottes Anubis, des Herrn über die Wüste, trugen. Die hethitischen Abgesandten staunten über die Fülle und den Wohlgeschmack der Gerichte, bewunderten die schönen steinernen Teller und Schüsseln, bis sie sich der allseits herrschenden Freude hingaben und schließlich in ägyptischer Sprache die Loblieder auf Ramses mitsangen.

Ja, es herrschte wirklich Frieden.

Endlich war die Hauptstadt in den Schlaf gesunken.

Trotz der späten Stunde schrieb Nefertari noch mit eigener Hand einen langen Brief an ihre Schwester Puducheba, um ihr für ihre Bemühungen zu danken und die wunderbaren Zeiten heraufzubeschwören, denen Hatti und Ägypten entgegensahen. Als die Königin ihm ihr Siegel aufgedrückt hatte, legte ihr Ramses sachte die Hände auf die Schultern.

«Ist es nicht an der Zeit, mit der Arbeit aufzuhören?»

«Der Tag umfaßt mehr Pflichten als Stunden. Daran wird sich nichts ändern, und das ist gut so. Sagst du das nicht immer wieder deinen hohen Beamten? Die Große Königsgemahlin kann sich von dieser Regel nicht ausnehmen.»

Der Duft des Öls, mit dem Nefertari sich für das Fest gesalbt hatte, benahm Ramses die Sinne. Bei der Zubereitung hatte der Sachkundige im Tempel nicht weniger als sechzehn Zutaten verwendet, zu denen wohlriechendes Schilf, Wacholder, Ginsterblüten, Terebinthenharz, Myrrhe und verschiedene Gewürze gehörten. Grüne Schminke betonte ihre Augenlider, und eine mit Öl aus Libyen gesalbte Perücke brachte die Schönheit ihres Antlitzes zur Geltung.

Ramses nahm ihr die Perücke ab und löste Nefertaris langes gelocktes Haar.

«Ich bin so glücklich ...», sagte sie. «Haben wir nicht auf das Glück unseres Volkes hingewirkt?»

«Dein Name wird für immer mit diesem Vertrag verbunden sein. Dieser Friede, den hast du geschaffen.»

«Was bedeutet schon unser Ruhm?»

Der König ließ die Träger des Kleides über ihre Schultern gleiten und küßte Nefertari auf den Nacken.

«Wie soll ich nur die richtigen Worte für meine Liebe zu dir finden?»

Da wandte sie sich zu ihm um.

«Ist das noch die Stunde für Gespräche?»

Das erste amtliche Sendschreiben aus Hatti nach dem Abschluß des Friedensvertrages erregte am Hof von Pi-Ramses große Neugierde. Wollte Hattuschili noch einmal auf einen wesentlichen Punkt zurückkommen?

Der König löste das Siegel von dem Stoff, der die hölzerne Schreibtafel umhüllte, und überflog die in Keilschrift verfaßten Worte.

Dann begab er sich sogleich zur Königin, die gerade die Anweisungen für das Ritual des Frühlingsfestes noch einmal gelesen hatte.

«Ein wahrlich sonderbares Schreiben.»

«Hat sich etwas Schlimmes zugetragen?» fragte Nefertari besorgt.

«Nein, es ist eine Art Hilferuf. Eine hethitische Prinzessin mit einem unmöglichen Namen ist erkrankt. Hattuschili zufolge scheint sie von einem Dämon besessen zu sein, den die Heilkundigen Hattis nicht aus ihrem Leib vertreiben können. Da ihm der Ruf unserer Ärzte bekannt ist, fleht mich unser neuer Verbündeter an, ihm einen Heiler aus dem Haus des Lebens zu entsenden, um die Gesundheit der Prinzessin wiederherzustellen und ihr zu ermöglichen, ein Kind zu bekommen, nach dem sie sich so sehnt.»

«Eine vortreffliche Neuigkeit. Das wird die Beziehungen zwischen unseren Ländern weiter stärken.»

Ramses ließ nach Acha schicken und reichte ihm Hattuschilis Schreiben.

Der Oberste Gesandte Ägyptens brach in schallendes Gelächter aus.

«Ist diese Bitte so erheiternd?» fragte die Königin verwundert.

«Ich habe den Eindruck, Hattuschili setzt wirklich grenzenloses Vertrauen in unsere Heilkundigen. Er verlangt nicht weniger als ein Wunder.»

«Unterschätzt du etwa unsere Wissenschaft?»

«Gewiß nicht, aber wie soll sie eine Frau, und sei es eine hethitische Prinzessin, in die Lage versetzen, ein Kind zu bekommen, wenn sie bereits mehr als sechzig Jahre zählt?»

Nach einem Augenblick freimütigen Lachens diktierte der König Ameni eine Antwort an seinen Bruder Hattuschili.

Die Prinzessin, die – vor allem an ihrem Alter – leidet, ist uns bekannt. Niemand vermag Arzneien zu bereiten, die ihr zu einer Schwangerschaft verhelfen könnten. Doch wenn der Gott des Wetters und der Gott der Sonne es beschließen ... Deshalb werde ich einen vortrefflichen Magier und einen sehr fähigen Arzt nach Hatti entsenden.

Unverzüglich ließ Ramses eine Statue des heilkundigen, mit einer Mondscheibe auf dem Haupt dargestellten Gottes Chons, der den Raum durchwandert, nach Hattuscha schicken. Wer sonst als ein Gott könnte je die Gesetze des menschlichen Körpers überwinden?

Als die Nachricht Nebous, des Oberpriesters von Karnak, in Pi-Ramses eintraf, beschloß der König, mit seinem Gefolge nach Theben aufzubrechen. In gewohnter Tüchtigkeit kümmerte Ameni sich um die erforderlichen Boote und erteilte vielfältige Anweisungen, auf daß die Reise unter den bestmöglichen Bedingungen stattfinde.

Auf dem königlichen Schiff hatten alle Platz genommen, die Ramses lieb und wert waren: seine Gemahlin Nefertari, in strahlendem Glanz; seine Mutter Tuja, die ihre Freude darüber bekundete, daß sie den Frieden zwischen Ägypten und Hatti noch erlebt hatte; Iset die Schöne, die sehr gerührt war, daß sie an dem bevorstehenden, großen Fest teilnehmen konnte; sein Sohn Kha, der Oberpriester des Ptah, seine Tochter Merit-Amun, die Musikantin, und sein jüngster Sohn, Merenptah; seine getreuen Freunde Ameni und Acha, mit deren Hilfe er ein glückliches Königreich hatte aufbauen können; der Oberste Verwalter der Felder und Haine, Nedjem, und Serramanna, seine redlichen Diener. Nur Setaou und Lotos fehlten, die von Abu Simbel kommen mußten und deshalb erst in Theben zu ihnen stoßen würden. Und es fehlte Moses ... Moses, der sich von Ägypten losgesagt hatte.

An der Anlegestelle empfing der Oberpriester von Karnak persönlich das Königspaar. Dieses Mal war Nebou wirklich von seinem Alter gezeichnet. Gebeugt, von Gliederschmerzen geplagt, die Hand um seinen Stock geklammert, konnte er sich nur noch mit Mühe fortbewegen. Die Stimme war stockend geworden, nur die Sehkraft und der Sinn für die Machtbefugnisse seines Amtes waren ungebrochen geblieben.

Der König und der Oberpriester umarmten einander.

«Ich habe mein Versprechen gehalten, Majestät. Dank des Eifers von Bakhen und seiner Handwerker ist dein Tempel für die Ewigkeit vollendet. Die Götter haben mir das Glück beschert, dieses Meisterwerk, in dem sie wohnen werden, noch zu schauen.»

«Und ich werde mein Versprechen halten, Nebou. Wir werden gemeinsam auf das Dach des Tempels steigen und auf das Heiligtum, seine Nebengebäude und den Palast blicken.»

Überglücklich bewunderte das Herrscherpaar die ganze Pracht: den mit Szenen aus der Schlacht bei Kadesch verzierten riesigen Pylonen, den großen ersten Innenhof, an dessen Pfeilern der König als Osiris dargestellt war, die fünfunddreißig Ellen hohe Kolossalstatue des auf seinem Thron sitzenden Pharaos, einen zweiten Pylonen, auf dem das Ritual der Ernte zu sehen war, die sechzig Ellen tiefe und achtzig Ellen breite Säulenhalle, das Allerheiligste, dessen Reliefs von den Mysterien des täglichen Kultes kündeten, den aus Stein gemeißelten großen Baum, der den Fortbestand des Pharaonentums symbolisierte …

Die Feierlichkeiten der Einweihung des Tempels der Millionen Jahre währten mehrere Wochen. Für Ramses bedeutete das Ritual, mit dem die seinem Vater und seiner Mutter gewidmete Kapelle zum Leben erweckt wurde, den Höhepunkt. Der Herrscher und seine Gemahlin würden die magischen Worte sprechen, die in langen Reihen von Hieroglyphen für immer in den Stein gemeißelt waren.

Als der Pharao sich am Tage dieser Zeremonie in seinem Morgengemach gerade fertig angekleidet hatte, tauchte Ameni auf. Ihm stand blankes Entsetzen ins Gesicht geschrieben.

«Deine Mutter ... deine Mutter schickt nach dir.»

Mit halbgeschlossenen Augen lag Sethos' Witwe auf dem Rükken. Der König kniete nieder und küßte ihre Hände.

«Bist du zu müde, um an der Einweihung deiner Kapelle teilzunehmen?»

«Es ist nicht mehr die Müdigkeit, die mich überwältigt, sondern der nahende Tod.»

«Wir drängen ihn gemeinsam zurück.»

«Ich habe nicht mehr die Kraft dazu, Ramses ... Und weshalb sollte ich mich gegen ihn auflehnen? Die Stunde ist gekommen, da ich wieder mit Sethos vereint werde, und das ist ein glücklicher Augenblick.»

«Bist du so herzlos, Ägypten im Stich zu lassen?»

«Das Königspaar herrscht, es folgt dem rechten Weg ... Ich weiß, daß die nächste Überschwemmung segensreich sein wird und daß im Lande Gerechtigkeit waltet. Dank des Friedens, den ihr beide, Nefertari und du, geschaffen habt und bewahren werdet, kann ich heiteren Sinns Abschied nehmen, mein Sohn. Wie schön ist ein friedliches Land, in dem die Kinder spielen, in dem die Herden von den Weiden zurückkehren, indes die Hirten ein Lied trällern, in dem die Menschen einander achten und wissen, daß der Pharao sie beschützt ... Erhalte dieses Glück, Ramses, und gib es an deinen Nachfolger weiter.»

Tuja zitterte nicht vor der letzten Prüfung. Sie blieb stolz und beherrscht, und ihr ruhiger Blick war bereits auf die Ewigkeit gerichtet.

«Liebe Ägypten mit deinem ganzen Wesen, Ramses, daß keine menschliche Empfindung diese Liebe übertreffen und keine noch so grausame Prüfung dich von deinen Pflichten als Pharao abbringen möge.»

Tujas Hand drückte die ihres Sohnes.

«Wünsche mir, König von Ägypten, daß ich das Feld der Opfergaben, das Land der Glückseligkeit erreiche, wünsche mir, daß ich für immer in diese herrlichen Gefilde aus Wasser und Licht eingehe und dort gemeinsam mit unseren Vorfahren und mit Sethos erstrahle …»

Tujas Stimme erstarb in einem Seufzer so tief wie das Jenseits.

NEUNUNDFÜNFZIG

IM TAL DER KÖNIGINNEN, der Stätte der Schönheit und Vollkommenheit, lag Tujas Grab ganz in der Nähe von jenem, das für Nefertari vorgesehen war. Die Große königliche Gemahlin und der Pharao leiteten die Beisetzung der Witwe Sethos'. In Osiris und Hathor verwandelt, würde Tuja in einem Leib aus Licht weiterleben, das jeden Tag die aus der Weite des Himmels kommende Kraft erneuerte. Das rituelle Mobiliar, die Kanopenkrüge, die ihre Eingeweide enthielten, kostbare Stoffe, Krüge mit Wein, Gefäße mit Ölen und Salben, haltbar gemachte Speisen, die Gewänder der Priesterin, die Zepter, Halskragen und Schmuck, goldene und silberne Sandalen sowie weitere Schätze wurden in das Haus für die Ewigkeit getragen, damit Tuja sorglos auf den Pfaden des Westens und durch die Gefilde des Jenseits wandeln konnte.

Ramses versuchte, das Leid mit gleicher Seelenstärke zu tragen wie das Glück, die Freude über den so sehr ersehnten Frieden mit den Hethitern und die Vollendung seines Tempels der Millionen Jahre wie die Trauer über Tujas Ableben. Der Sohn und der Mensch waren zutiefst niedergeschlagen, doch der Pharao durfte nicht Verrat üben an seiner königlichen Mutter, die so unerschütterlich gewesen war, daß selbst der Tod ihr nichts hatte anhaben können. Er mußte ihren letzten Willen erfüllen: Ägypten hatte Vorrang vor seinen Gefühlen, seiner Freude und seinem Kummer.

Und Ramses unterwarf sich den Erfordernissen seines Amtes, von Nefertari unterstützt. Er hielt weiterhin das Ruder des Staatsschiffes in der Hand, als wäre Tuja noch an seiner Seite. Künftig mußte er lernen, ohne ihren Rat und ohne ihre tatkräftige Hilfe auszukommen. Nun fielen die Aufgaben, die Tuja erfüllt hatte, Nefertari zu. Ungeachtet der beherzten Entschlossenheit seiner Gemahlin spürte Ramses, daß die Bürde erdrückend wurde.

Nachdem es die Morgenriten vollzogen hatte, hielt das königliche Paar jeden Tag in der Tuja und Sethos gewidmeten Kapelle des Ramesseums innere Einkehr. Der König bedurfte dieser unsichtbaren Kraft, die von den durch das Wort zum Leben erweckten Steinen und Hieroglyphen ausging. Indem sie sich mit den Seelen ihrer Vorgänger vereinten, nahmen Ramses und Nefertari dieses verborgene Licht in sich auf, das ihr Denken bestimmte.

Nach den siebzig Tagen der Trauer hielt Ameni es für unerläßlich, Ramses über die Dinge in Kenntnis zu setzen, die keinen Aufschub duldeten. Mit seinen zwar nicht so zahlreichen, aber tüchtigen Schreibern in den Amtsstuben des Ramesseums untergebracht, war er durch Boten in ständiger Verbindung mit Pi-Ramses und hatte in der Bearbeitung seiner Schriftstücke keinen Augenblick Zeit verschwendet.

«Die Überschwemmung ist vielversprechend», berichtete er Ramses, «das königliche Schatzhaus ist nie so gut gefüllt gewesen, die Verwaltung unserer Nahrungsmittelvorräte weist keinerlei Mängel auf, und die Handwerker arbeiten unermüdlich.»

«Wie steht es um das Gold aus Nubien?»

«Der Abbau und die Beförderung sind zufriedenstellend.»

«Beschreibst du mir ein Paradies?»

«Gewiß nicht ... Aber wir bemühen uns, Tujas und Sethos' würdig zu sein.»

«Und weshalb schwingt in deiner Stimme dieser Mißmut mit?»

«Nun ... Acha würde dich gern sprechen, aber er weiß nicht, ob der Augenblick ...»

«Man möchte meinen, er habe dir das Geschick des Unterhändlers beigebracht. Ich erwarte ihn in der Bibliothek.»

Die Bibliothek des Ramesseums hätte selbst dem Haus des Lebens von Heliopolis Ehre gemacht. Tag für Tag trafen Papyrusrollen und Schrifttafeln ein, deren wohldurchdachte Anordnung und Unterbringung der Herrscher persönlich überwachte. Ohne die Kenntnis der Riten und der gelehrten Schriften wäre es nicht möglich, Ägypten weise zu regieren.

Elegant, in einem mit farbigen Fransen besetzten Gewand aus feinstem Leinen, geriet Acha in helles Entzücken.

«Hier zu arbeiten, Majestät, ist eine wahre Freude.»

«Das Ramesseum wird eine der lebenswichtigen Stätten des Königreichs. Wolltest du mit mir über ein Buch der Weisen sprechen?»

«Ich wollte dich nur sehen.»

«Mir geht es gut, Acha. Nichts vermag den Schmerz über Tujas Tod auszulöschen, und ich werde Sethos nie vergessen, aber sie haben mir einen Weg vorgezeichnet, von dem ich nicht abweichen werde. Bereiten uns die Hethiter Verdruß?»

«Nicht den geringsten, Majestät. Hattuschili ist von unserem Vertrag um so mehr angetan, als er Assyrien dazu bewogen hat, sich zurückzuziehen wie eine Muschel in ihre Schale. Das Abkommen zwischen Ägypten und Hatti, sich im Falle einer kriegerischen Auseinandersetzung mit einem anderen Land gegenseitig Beistand zu leisten, hat die assyrischen Befehlshaber davon überzeugt, daß jeder Angriff unverzüglich einen harten Gegenschlag zur Folge hätte. Es sind bereits zahlreiche Handelsbeziehungen zu

Hatti geknüpft worden, und ich kann dir versichern, daß der Frieden viele Jahre lang währen wird. Ist ein einmal gegebenes Wort nicht so dauerhaft wie Granit?»

«Worüber machst du dir dann Sorgen?»

«Es geht um Moses ... Bist du bereit, dir über ihn berichten zu lassen?»

«Ich höre dir zu.»

«Meine Kundschafter behalten die Hebräer im Auge.»

«Wo sind sie jetzt?»

«Obwohl sich in ihren Reihen immer häufiger Widerspruch regt, irren sie noch immer in der Wüste umher. Aber Moses regiert sein Volk mit eiserner Faust. ‹Jahwe ist ein verzehrendes Feuer und ein eifriger Gott›, pflegt er gern zu wiederholen.»

«Weißt du, wohin sie wollen?»

«Wahrscheinlich ist Kanaan das Gelobte Land, aber es ist schwierig, sich seiner zu bemächtigen. Die Hebräer haben sich bereits mit den Bewohnern von Midian und mit den Amoritern einen Kampf geliefert. Zur Zeit sind sie im Gebiet von Moab. Die Völker der Region fürchten die hebräischen Nomaden, die sie für gefährliche Plünderer halten.»

«Moses wird den Mut nicht verlieren. Und wenn er hundert Schlachten schlagen muß: er wird siegen. Ich bin sicher, daß er von einem Berg im Negeb auf Kanaan hinuntergeblickt und dort einen Landstrich entdeckt hat, in dem Milch und Honig fließen.»

«Die Hebräer säen Unfrieden, Majestät.»

«Was empfiehlst du, Acha?»

«Beseitigen wir Moses. Wenn sie ihres Anführers beraubt sind, kehren die Hebräer nach Ägypten zurück, vorausgesetzt, daß du ihnen versprichst, sie nicht zu bestrafen.»

«Schlage dir diese Absicht aus dem Kopf. Moses folgt seiner Bestimmung.»

«Der Freund in mir freut sich über deine Entscheidung, doch der Gesandte beklagt sie. Wie ich bist auch du davon überzeugt, daß Moses sein Ziel erreichen wird und daß seine Ankunft im Gelobten Land das Gleichgewicht im Vorderen Orient stören wird.»

«Unter der Voraussetzung, daß Moses seinen Glauben nicht zu verbreiten sucht, weiß ich nicht, weshalb wir nicht zu gutem Einvernehmen gelangen sollten. Der Frieden zwischen unseren Völkern wird dazu beitragen, das Gleichgewicht zu erhalten.»

«Du erteilst mir da eine schöne Lehre in der Gestaltung der Beziehungen zu den Fremdländern und in der Kunst des Gesandtschaftswesen.»

«Nein, Acha. Ich versuche nur, einen Weg der Hoffnung aufzuzeigen.»

Im Herzen Isets der Schönen hatte die Zärtlichkeit den Platz der Leidenschaft eingenommen. Sie, die Ramses zwei Söhne geschenkt hatte, empfand noch immer die gleiche Bewunderung für den König, hatte aber ihrem Wunsch, ihn zu erobern, entsagt. Wie hätte sie auch mit Nefertari wetteifern sollen, die in den vergangenen Jahren immer schöner und strahlender geworden war. Dank der gewonnenen Reife hatte sie innere Ruhe erlangt und es gelernt, die glücklichen Stunden zu genießen, die das Leben ihr bescherte. Sie redete mit Kha über die Geheimnisse der Schöpfung, sie hörte Merenptah zu, wenn er ihr beschrieb, wie das ägyptische Gemeinwesen aufgebaut war, dem er mit dem Ernst eines künftigen Machthabers auf den Grund ging, sie plauderte mit der Königin in den Gärten des Palastes und hielt sich so oft wie möglich in Ramses' Nähe auf ... Wurden ihr nicht unschätzbare Reichtümer zuteil?

«Komm», schlug die Große Königsgemahlin ihr vor, «machen wir eine Bootsfahrt auf dem Fluß.»

Es war Sommer, die Überschwemmung hatte Ägypten in einen

riesigen See verwandelt, so daß man von einem Dorf zum anderen segeln konnte. Eine sengende Sonne ließ die fruchtbarkeitbringenden Fluten glitzern, und Hunderte von Vögeln tanzten am Himmel.

Die beiden Frauen, die unter einem weißen Baldachin saßen, hatten sich die Haut mit duftendem Öl eingerieben. In ihrer Reichweite standen irdene Krüge mit frischem Wasser.

«Kha hält sich die meiste Zeit im Tempel auf», erzählte Iset die Schöne.

«Bedauerst du es?»

«Der erstgeborene Sohn des Königs hat nur alte Bauwerke, Symbole und Rituale im Sinn. Wie wird er sich verhalten, wenn sein Vater ihn dereinst zu sich holt, damit er sich um Staatsgeschäfte kümmert?»

«Er ist so klug, daß er es verstehen wird, sich anzupassen.»

«Was hältst du von Merenptah?»

«Er ist ganz anders als sein Bruder, läßt aber bereits erkennen, daß er einmal ein außergewöhnlicher Mann wird.»

«Deine Tochter, Merit-Amun, ist eine wundervolle Frau geworden.»

«Sie verwirklicht meinen Kindertraum: in einem Tempel leben und dort zu Ehren der Götter musizieren.»

«Dich verehrt das ganze Volk, Nefertari. Seine Liebe zu dir ist so groß wie die Liebe, die du ihm gibst.»

«Wie sehr du dich verändert hast, Iset!»

«Ich habe mich mit den Dingen abgefunden, die Dämonen der Begierde sind aus meiner Seele gewichen. Ich habe mit mir Frieden geschlossen. Und wenn du wüßtest, wie sehr ich dich bewundere für das, was du bist, für die Pflichten, die du erfüllst ...»

«Dank deiner Hilfe wird das Fehlen Tujas leichter zu ertragen sein. Du bist doch jetzt von den Sorgen um die Erziehung der Kinder befreit, würdest du es auf dich nehmen, an meiner Seite zu arbeiten?»

«Dessen bin ich nicht würdig ...»

«Laß mich das beurteilen.»

«Majestät ...»

Nefertari küßte Iset die Schöne auf die Stirn. Es war Sommer, und Ägypten ließ es sich wohl ergehen.

Ameni nahm die von Setaou unterzeichnete Botschaft in Empfang. Vor Aufregung außer Atem geraten, ließ der Oberste Schreiber alles liegen und stehen und machte sich auf die Suche nach Ramses, den er im großen Wasserbecken neben dem Palast fand. Wie jeden Tag während der heißen Jahreszeit schwamm der König mindestens eine halbe Stunde.

«Majestät, ein Sendschreiben aus Nubien!»

Der Herrscher kam an den Rand des Beckens. Ameni kniete nieder und reichte ihm den Papyrus.

Er enthielt nur wenige Worte, diejenigen, die Ramses erhofft hatte.

SECHZIG

Am Bug des königlichen Schiffes prangte ein Kopf der Göttin Hathor aus vergoldetem Holz, der zwischen seinen Hörnern die Sonnenscheibe trug. Die Herrscherin über die Gestirne war auch die Herrin der Schiffahrt. Ihre Wachsamkeit bot die Gewähr für eine friedliche Reise nach Abu Simbel.

Abu Simbel, wo die zwei Tempel, die den Bund zwischen Ramses und Nefertari rühmen sollten, nun vollendet waren. Setaous Botschaft war unmißverständlich, und der Schlangenkundige pflegte nicht zu prahlen. In der Mitte des Schiffes erhob sich eine gut durchlüftete Kajüte mit gewölbtem Dach, das auf kleinen Säulen mit Kapitellen ruhte, von denen die zwei hinteren wie Papyrus und die vorderen wie Lotos geformt waren. Träumerisch genoß die Königin diese Reise gleich Naschwerk.

Nefertari verbarg ihre Müdigkeit, um den König nicht zu beunruhigen. Sie stand auf und stellte sich zu ihm unter das weiße Segel. Der riesige Löwe lag auf seiner Flanke und döste vor sich hin. Dicht neben ihm hatte sich Wächter, der gelbe Hund, niedergelassen und war in tiefen, erholsamen Schlaf gesunken.

«Abu Simbel … Hat jemals ein anderer König einer Königin ein solches Geschenk gemacht?»

«War jemals ein anderer König vom Schicksal so begünstigt, Nefertari zur Gemahlin zu haben?»

«Das ist zuviel Glück, Ramses … Zuweilen beschleicht mich Furcht.»

«Wir müssen dieses Glück mit unserem Volk teilen, mit ganz Ägypten und es an die Generationen weitergeben, die uns nachfolgen werden. Deshalb wollte ich, daß das Königspaar für alle Zeit im Stein von Abu Simbel gegenwärtig sei, nicht du und ich, Nefertari, sondern der Pharao und die Große Königsgemahlin. Wir stellen nur ihre irdische und vergängliche Verkörperung dar.»

Nefertari schmiegte sich an Ramses und betrachtete das wilde, herrliche Nubien.

Vor ihnen tauchte das Sandsteingebirge auf, das Reich der Göttin Hathor, das im Westen eine Biegung des Flusses einrahmte. Eine mit hellem Sand gefüllte Mulde trennte zwei Felsvorsprünge, die nach der Hand des Baumeisters und der Bildhauer riefen. Und diese Hand war tätig geworden, hatte das wie Verliebte anmutende Felsenpaar in zwei tief in ihr Inneres getriebene Tempel verwandelt, deren mächtige und zugleich anmutige Fassaden die Königin verblüfften. Vor dem südlichen Heiligtum ragten vier Kolossalstatuen von Ramses auf, vierzig Ellen hoch, die ihn in sitzender Haltung darstellten, und vor dem nördlichen Tempel rahmten Kolossalstatuen des stehenden oder schreitenden Pharaos eine zwanzig Ellen hohe Nefertari ein.

Fortan war Abu Simbel nicht mehr nur eine schlichte Landmarke für die Schiffer, sondern eine vom Feuer des Geistes verklärte Stätte, reglos und unwandelbar, im goldenen Sand der nubischen Wüste.

Vom Ufer her winkten Setaou und Lotos, und alle Handwerker um sie herum taten es ihnen gleich. Einige wichen indes zurück, als Schlächter die Laufplanken betrat, um an Land zu gehen, doch die erhabene Gestalt des Königs zerstreute ihre Ängste. Die Raubkatze hielt sich zu seiner Rechten und der alte gelbe Hund zu seiner Linken.

Noch nie hatte Ramses einen Ausdruck so großer Zufriedenheit auf Setaous Gesicht gesehen.

«Du kannst stolz auf dich sein», sagte der Pharao, während er seinen Freund umarmte.

«Beglückwünsche nicht mich, sondern die Baumeister und Bildhauer. Ich habe sie nur ermuntert, ein Werk zu schaffen, das deiner würdig ist.»

«Würdig der geheimnisvollen Mächte, die diesem Tempel innewohnen, Setaou.»

Als Nefertari von der Laufplanke stieg, strauchelte sie. Lotos stützte sie und merkte, daß die Königin einen Schwächeanfall hatte.

«Gehen wir weiter», drängte Nefertari. «Mir fehlt nichts.»

«Aber, Majestät ...»

«Verderben wir nicht die Freude der Einweihung, Lotos.»

«Ich verfüge über ein Mittel, das vielleicht deine Müdigkeit vertreibt.»

Der sonst so rauhe Setaou wußte kaum, wie er sich Nefertari gegenüber verhalten sollte, deren Schönheit ihn in ihren Bann schlug. Gerührt verneigte er sich.

«Majestät ... ich wollte sagen ...»

«Erwecken wir Abu Simbel zum Leben, Setaou. Ich möchte, daß seine Geburtsstunde unvergeßlich wird.»

Alle Häuptlinge der nubischen Stämme waren eingeladen worden, an den Feierlichkeiten zur Einweihung der Tempel teilzunehmen. Sie hatten ihre schönsten Halsketten und neue Schurze angelegt und küßten Ramses und Nefertari die Füße, ehe sie ein Siegeslied anstimmten, das zum bestirnten Himmel emporstieg.

In dieser Nacht gab es mehr köstliche Speisen als Sandkörner am Ufer, mehr Stücke gebratenen Ochsenfleisches als Blumen in den königlichen Gärten sowie unzählige Brote und Kuchen. Der Wein floß gleich den Fluten der Überschwemmung. Auf den unter freiem Himmel errichteten Altären wurden Weihrauch und andere wohlriechende Harze verbrannt. So wie es im hohen Norden gelungen war, mit den Hethitern Frieden zu schließen, so würde er nun auch für lange Zeit im tiefen Süden währen.

«Abu Simbel wird fortan der geistige Mittelpunkt Nubiens sein und die Liebe symbolisieren, die den Pharao und die Große königliche Gemahlin eint», erklärte Ramses Setaou. «Du, mein Freund, du wirst hier in regelmäßigen Abständen die Häuptlinge der Stämme zusammenrufen und sie an den Riten teilhaben lassen, die diese Stätte heiligen.»

«Mit anderen Worten: Du gestattest mir, in Nubien zu bleiben ... Das wird mir Lotos' Liebe bewahren.»

Dieser milden Septembernacht folgte eine Woche der Feste und Rituale, in deren Verlauf die Teilnehmer staunend das Innere des großen Tempels erkundeten. In dem dreigeteilten Saal mit den acht Pfeilern, vor denen zwanzig Ellen hohe Statuen des Königs in Gestalt des Osiris standen, bewunderten sie Szenen aus der Schlacht bei Kadesch sowie die Begegnung des Herrschers mit den Göttern, die ihn umschlangen, um ihm ihre Kraft zu spenden.

Am Morgen der Tagundnachtgleiche des Herbstes betraten nur Ramses und Nefertari das Allerheiligste. Bei Sonnenaufgang fiel das Licht so in den Tempel ein, daß es auch den hinteren Teil des Heiligtums erhellte, in dem auf einer steinernen Bank vier Götter saßen: Horus-Re aus den leuchtenden Gefilden, der Ka von Ramses, der verborgene Gott Amun und Ptah, der Baumeister. Letzterer blieb bis auf die zwei Tagundnachtgleichen des Jahres im Dunkeln. Nur an diesen beiden Tagen streifte das Licht der aufgehenden Sonne die Statue des Ptah, dessen Worte Ramses aus dem Inneren des Felsens aufsteigen hörte: «Ich bin dein Bruder, ich verleihe dir Dauer, Festigkeit und Macht; wir sind vereint in der Freude des Herzens; ich bewirke, daß deine Gedanken im Einklang mit denen der Götter stehen; ich habe dich erwählt und ich trage Sorge, daß deine Worte gehört werden. Ich spende dir Leben, auf daß du andere am Leben erhältst.»

Als das Königspaar aus dem Tempel heraustrat, stießen Ägypter wie Nubier Jubelrufe aus. Nun war der Augenblick gekommen, den zweiten Tempel einzuweihen, das der Königin geweihte Heiligtum, das den Namen «Nefertari, für die sich die Sonne erhebt» trug.

Die Große Königsgemahlin brachte der Göttin Hathor Blumen dar, damit sich das Antlitz der Herrscherin über die Gestirne erhelle. Als Verkörperung der Göttin Seschat, der Herrin über das Haus des Lebens, wandte Nefertari sich an Ramses:

«Du hast Ägypten aufs neue Kraft und Mut gegeben, du bist sein Herr; als himmlischer Falke hast du deine Schwingen über dein Volk gebreitet. Für dein Volk bist du eine Wand aus himmlischem Metall, die keine feindselige Macht zu durchdringen vermag.»

«Für Nefertari», antwortete der König, «habe ich einen Tempel erbaut, aus dem reinen Berg Nubiens gehöhlt, in schönem Sandstein, für immer.»

Die Königin trug ein langes, gelbes Kleid, einen Halskragen aus Türkisen und goldene Sandalen. Ihre blaue Perücke krönte ein von zwei hohen Federn überragtes Rindergehörn, das die Sonne umschloß. In der rechten Hand hielt sie den Lebensschlüssel und in der linken ein biegsames Zepter, das Symbol für den zu Anbeginn der Welt aus den Wassern gesprossenen Lotos.

Die Pfeiler im Tempel der Königin zierten lächelnde Antlitze der Göttin Hathor, und an den Wänden waren rituelle Szenen dargestellt, die Ramses, Nefertari und die Götter vereinten.

Plötzlich stützte sich die Königin auf den Arm des Herrschers.

«Was hast du, Nefertari?»

«Nur eine kleine Schwäche ...»

«Sollen wir das Ritual unterbrechen?»

«Nein, ich möchte jede Szene in diesem Tempel mit dir entdekken, jedes Wort der Inschriften lesen, jeder Opferung beiwohnen ... Ist das nicht die Stätte, die du für mich errichtet hast?»

Das Lächeln seiner Gemahlin beruhigte den König wieder. Er entsprach ihrem Wunsch, und sie erweckten jeden Teil des Tempels zum Leben, bis hin zum Naos, wo die himmlische Kuh, die Verkörperung der Hathor, aus dem Felsen heraustrat.

Lange verweilte Nefertari im Zwielicht des Allerheiligsten, als könnte die Sanftmut der Göttin die Kälte vertreiben, die sich in ihre Adern schlich.

«Ich möchte die Krönungsszene noch einmal sehen», bat sie.

Zu beiden Seiten der in nahezu unwirklicher Zartheit dargestellten Königin standen Isis und Hathor und magnetisierten ihre Krone. Der Bildhauer hatte den Augenblick verherrlicht, da eine Frau dieser Welt in das göttliche Universum eingetreten war, um auf Erden seine Wirklichkeit zu bezeugen.

«Nimm mich in die Arme, Ramses.»

Nefertari fühlte sich eiskalt an.

«Ich sterbe, Ramses. Ich sterbe, weil meine Kräfte schwinden, aber hier, in meinem Tempel, bei dir, so nahe bei dir, daß wir ein einziges Wesen bilden, für immer.»

Der König drückte sie so fest an sich, daß er hoffte, ihr Leben erhalten zu können, dieses Leben, das sie verschwenderisch ihren Nächsten und ganz Ägypten geopfert hatte, um sie bösem Zauber zu entreißen.

Ramses sah, wie die edlen, reinen Gesichtszüge der Königin erstarrten und ihr Kopf sich langsam neigte. Ohne daß sie dagegen aufbegehrt oder Furcht gezeigt hätte, erlosch Nefertaris Atem.

Der Pharao trug die Große königliche Gemahlin auf seinen Armen, wie ein Bräutigam die Braut über die Schwelle seines Hauses trägt. Er wußte, daß Nefertari ein unvergänglicher Stern werden würde, daß sie im Jenseits zu neuem Leben erwachen und die Barke der ewigen Reise besteigen würde, doch wie hätte dieses Wissen das unerträgliche Leid lindern können, das ihm das Herz brach?

Ramses schritt auf das Tor des Tempels zu. Mit leerer Seele und verlorenem Blick verließ er das Heiligtum.

Wächter, der alte goldgelbe Hund, war soeben zwischen den Pranken des Löwen verschieden, der sacht den Kopf seines Gefährten leckte, um ihn vom Tod zu heilen.

Der Schmerz des Königs war zu groß, als daß er hätte weinen können. In diesem Augenblick halfen ihm auch seine Macht und seine Größe nicht.

Der Pharao hob den Leichnam seiner Gemahlin der Sonne entgegen. Er würde sie bis in alle Ewigkeit lieben, Nefertari, die Herrin von Abu Simbel, für die das Licht strahlte.

Christian Jacq

Christian Jacq, geboren 1947 bei Paris, promovierte in Ägyptologie an der Sorbonne. Er veröffentlichte zahlreiche wissenschaftliche Aufsätze und wurde von der *Académie française* ausgezeichnet. Neben Beiträgen zur Fachliteratur schrieb er mehrere erfolgreiche Ro-mane. Mit «Ramses» gelang ihm auf Anhieb der Sprung an die Spitze der Bestsellerlisten.

Ramses Band 1:
Der Sohn des Lichts
Deutsch von
Annette Lallemand
(rororo 22471) *

Ramses Band 2:
Der Tempel der Ewigkeit
(rororo 22472) *

Ramses Band 3:
Die Schlacht von Kadesch
Deutsch von
Annette Lallemand
(rororo 22473) *

Ramses Band 4:
Die Herrin von Abu Simbel
Deutsch von
Ingrid Altrichter
(rororo 22474) *

Ramses Band 5:
Im Schatten der Akazie
Deutsch von
Ingrid Altrichter
448 Seiten. Gebunden
(rororo 22475) *

Der Tempel zu Jerusalem *Roman*
Deutsch von
Dorothee Asendorf
416 Seiten. Gebunden und
als rororo 22890

Unterhaltung

Der schwarze Pharao *Roman*
Deutsch von
Dorothee Asendorf
400 Seiten. Gebunden und
als rororo 22760

Folge deinem Herzen, solange du lebst *Weisheiten der alten Ägypter*
Deutsch von Ingrid Altrichter.
Mit Illustrationen von
Doro Göbel
176 Seiten. 4farbig. Gebunden

Der lange Weg nach Ägypten
Roman
(rororo 22227)

Der Mönch und der Meister
Roman
(rororo 22430)

*Auch in der Reihe **Großdruck** lieferbar

Weitere Informationen und ein Verzeichnis aller lieferbaren Titel von **Christian Jacq** finden Sie in der **Rowohlt Revue**, kostenlos in Ihrer Buchhandlung, und im **Internet: www.rowohlt.de**

3649/8

Pauline Gedge

Pauline Gedge, geboren 1945 in Auckland, Neuseeland, verbrachte einen Teil ihrer Kindheit in England und lebt heute in Alberta, Kanada. Mit ihren Büchern, die in zahlreiche Sprachen übersetzt sind, gehört sie zu den erfolgreichsten Autorinnen historischer Romane.

Die Herrin vom Nil *Roman einer Pharaonin*
(rororo 15360)
Vor dreieinhalb Jahrtausenden bekam in Agypten die Sonne eine Tochter: Hatschepsut. In diesem spannenden biographischen Roman zeichnet Pauline Gedge diese einzigartige und erste bedeutende Frau der Weltgeschichte nach.

Das Mädchen Thu und der Pharao *Roman*
(rororo 13998)
«Eine aufregende Story aus dem Land der Pharaonen mit aufschlußreichen Einblicken in das gesellschaftliche Leben der damaligen Zeit.» *Brigitte*

Die Herrin Thu *Roman*
Deutsch von
Dorothee von Asendorf
544 Seiten. Gebunden
Wunderlich und als rororo Band 22835

Pharao *Roman*
(rororo 12335)
«Eine elegante, spannende, ja faszinierende *Hofberichterstattung* aus der Zeit des großen Umbruchs Ägyptens.» *Die Rheinpfalz*

Der Sohn des Pharao *Roman*
(rororo 13527)

Unterhaltung

Die Herren von Rensby Hall
Roman
(rororo 13430)

Herrscher der zwei Länder
Band 1: Der fremde Pharao
Deutsch von
Dorothee Asendorf
416 Seiten. Gebunden

Band 2: In der Oase
Deutsch von
Dorothee Asendorf
672 Seiten. Gebunden

Band 3: Die Straße des Horus
Deutsch von
Dorothee Asendorf
512 Seiten. Gebunden.
Wunderlich

Weitere Informationen in der **Rowohlt Revue**, kostenlos im Buchhandel, und im Internet: **www.rororo.de**

3739/2